企业战略管理

刘平 金环 编著

清华大学出版社
北京

内 容 简 介

本书是以项目教学方式展开的战略管理教材,根据高素质职业人才的培养目标和"以人为本、学以致用"的办学理念,在学习和借鉴 CDIO 国际工程教育理念与方法的基础上,通过多年的项目教学实践,建立了"教学内容与实际工作相结合、校内培养与企业培养相结合、学生角色与员工角色相结合"的项目教学内容体系,其最大特点是以项目驱动教学,以任务引领学习。本书由一个完整的课程项目"为家乡企业制定战略规划"发端,分为 6 个任务,将相关知识点有机融合到各个任务里,最后由"为自己制定人生发展规划"收尾。

本书适合作为企业战略管理课程项目教学的教材,也可作为人生发展规划的参考书。

图书在版编目(CIP)数据

企业战略管理 / 刘平,金环编著. -- 北京:清华
大学出版社,2025.5. -- ISBN 978-7-302-68998-0
Ⅰ.F272.1
中国国家版本馆 CIP 数据核字第 2025VR0094 号

责任编辑:孟毅新
封面设计:傅瑞学
责任校对:刘 静
责任印制:宋 林

出版发行:清华大学出版社
        网 址:https://www.tup.com.cn,https://www.wqxuetang.com
        地 址:北京清华大学学研大厦 A 座   邮 编:100084
        社 总 机:010-83470000   邮 购:010-62786544
        投稿与读者服务:010-62776969,c-service@tup.tsinghua.edu.cn
        质量反馈:010-62772015,zhiliang@tup.tsinghua.edu.cn
        课件下载:https://www.tup.com.cn,010-83470410
印 装 者:三河市铭诚印务有限公司
经 销:全国新华书店
开 本:185mm×260mm   **印 张**:17.25   **字 数**:392 千字
版 次:2025 年 5 月第 1 版   **印 次**:2025 年 5 月第 1 次印刷
定 价:59.00 元

产品编号:089261-01

在高校课堂中,传统的教学方式越来越难以吸引学生的注意力,越来越多的教师开始引入项目教学,以激发学生的学习兴趣和内在潜力。然而,真正适应项目教学的实用教材却非常匮乏。许多项目教学或任务驱动型的教材,仅仅是在原教材的体系基础上,在每章或部分章的后面增加一个项目或任务。

为此,我们贯彻"以人为本、学以致用"的办学理念,在学习和借鉴CDIO国际工程教育理念与方法的基础上,通过多年的项目教学实践,建立了"教学内容与实际工作相结合、校内培养与企业培养相结合、学生角色与员工角色相结合"的项目教学内容体系,同时开发了这本项目教学版战略管理教材。本书最大的特点在于用项目驱动教学,用任务引领学习。本书由一个完整的课程项目"为家乡企业制定战略规划"为发端,分为"知彼——分析外部的机会与威胁""知己——找出自身的优势与劣势""定位——确定企业使命与战略目标""路径之选——确定企业的总体战略""短兵相接——确定企业的竞争战略""全力以赴——主要任务与保障措施"6个任务,将相关知识点有机融合到各个任务里,最后由"为我们未来的成功——为自己制定人生发展规划"收尾。

教师由传统的授课角色转为项目发包人兼项目导师的角色,通过发包实际任务激发学生的学习热情,挖掘学生的内在潜力;通过指导学生亲自完成实际任务使学生掌握相关知识要点,掌握项目实施理念和方法。

这种以项目为核心的教学方式打破了教室和实验室的界限,实现了理论教学与实践教学的高度融合,学生的工程实践能力得到显著加强。通过做项目,培养了学生的创新精神与团队合作意识,使学生学会了做事,也学会了合作,使学生毕业时真正成为"懂专业、技能强、能合作、善做事"的可以直接上岗的高素质技能型人才。

虽然CDIO项目教学引入我国已经有一段时间,但仍处于探索推广阶段,需要广大的教育工作者共同努力,勇于探索,积极交流。为此,我们热切欢迎广大读者提出宝贵的意见和建议,同时也欢迎有志于项目教学探索与推广的教师参与系列教材的编写与开发。

如今,大数据浪潮正在迅速地朝人们涌来,并将触及各个行业。大数据浪潮将比之前发生过的浪潮更大、触及面更广,给人们的工作和生活带来的变化和影响更深刻,悄然改变了人们的生活方式和思维习惯,同时也为企业发展战略的制定带来了机遇和挑战。

自 2014 年"大数据"首次出现在我国的政府工作报告中以来,"大数据"已经连续多年出现在国务院政府工作报告中,并上升为国家战略。大数据概念已逐渐在国内成为热议话题。2015 年国务院正式印发《促进大数据发展行动纲要》,2016 年国家出台《大数据产业发展规划(2016—2020)》指出,数据是国家基础性战略资源,是 21 世纪的"钻石矿"。吕本富在《飞轮效应:数据驱动的企业》中指出,数据是企业发展的基础设施和核武器。数据资源成为企业发展的新型动力源,数据分析系统是企业腾飞的动力系统,决定了企业运行的速度与高度。

2021 年 3 月通过的《中华人民共和国国民经济和社会发展第十四个五年规划和 2035 年远景目标纲要》明确提出:加快数字化发展,建设数字中国。迎接数字时代,激活数据要素潜能,推进网络强国建设,加快建设数字经济、数字社会、数字政府,以数字化转型整体驱动生产方式、生活方式和治理方式变革。构筑美好数字生活新图景。

2021 年 10 月 18 日,中共中央政治局就推动我国数字经济健康发展进行第三十四次集体学习。习近平总书记强调:发展数字经济是把握新一轮科技革命和产业变革新机遇的战略选择。充分发挥海量数据和丰富应用场景优势,促进数字技术与实体经济深度融合,赋能传统产业转型升级,催生新产业新业态新模式,不断做强做优做大我国数字经济。

2021 年 11 月 30 日,工业和信息化部出台的《"十四五"大数据产业发展规划》指出,数据是新时代重要的生产要素,是国家基础性战略资源。大数据是数据的集合,以容量大、类型多、速度快、精度准、价值高为主要特征,是推动经济转型发展的新动力,是提升政府治理能力的新途径,是重塑国家竞争优势的新机遇。大数据产业是以数据生成、采集、存储、加工、分析、服务为主的战略性新兴产业,是激活数据要素潜能的关键支撑,是加快经济社会发展质量变革、效率变革、动力变革的重要引擎。发展目标:到 2025 年,大数据产业测算规模突破 3 万亿元,年均复合增长率保持在 25% 左右。

2022 年 1 月 12 日,国务院发布《"十四五"数字经济发展规划》指出,数字经济是继农业经济、工业经济之后的主要经济形态,是以数据资源为关键要素,以现代信息网络为主要载体,以信息通信技术融合应用、全要素数字化转型为重要推动力,促进公平与效率更加统一的新经济形态。数字经济发展速度之快、辐射范围之广、影响程度之深前所未有,正推动生产方式、生活方式和治理方式深刻变革,成为重组全球要素资源、重塑全球经济结构、改变全球竞争格局的关键力量。"十四五"时期,我国数字经济转向深化应用、规范发展、普惠共享的新阶段。

2022 年 10 月 16 日,习近平总书记在二十大报告中明确提出,加快发展数字经济,促进数字经济和实体经济深度融合,打造具有国际竞争力的数字产业集群。随后,2023 年 2 月 27 日,中共中央、国务院印发了《数字中国建设整体布局规划》(以下简称《规划》),《规划》指出,建设数字中国是数字时代推进中国式现代化的重要引擎,是构筑国家竞争新优势的有力支撑。加快数字中国建设,对全面建设社会主义现代化国家、全面推进中华民族伟大复兴具有重要意义和深远影响。

《规划》提出,到 2025 年,基本形成横向打通、纵向贯通、协调有力的一体化推进格局,数字中国建设取得重要进展。数字基础设施高效联通,数据资源规模和质量加快提升,数据要素价值有效释放,数字经济发展质量效益大幅增强,政务数字化智能化水平明显提升,数字文化建设跃上新台阶,数字社会精准化普惠化便捷化取得显著成效,数字生态文明建设取得积极进展,数字技术创新实现重大突破,应用创新全球领先,数字安全保障能力全面提升,数字治理体系更加完善,数字领域国际合作打开新局面。到 2035 年,数字化发展水平进入世界前列,数字中国建设取得重大成就。数字中国建设体系化布局更加科学完备,经济、政治、文化、社会、生态文明建设各领域数字化发展更加协调充分,有力支撑全面建设社会主义现代化国家。

目前,世界已经进入大数据时代。在大数据时代,数据就是一座"金矿",而思维是打开矿山大门的钥匙。只有建立符合大数据时代发展的思维,才能最大限度地挖掘大数据的潜在价值。维克托·迈尔·舍恩伯格在《大数据时代:生活、工作与思维的大变革》一书中明确指出,大数据时代最大的转变就是思维方式的 3 种转变:全样而非抽样、效率而非精确、相关而非因果。

具体而言,有了大数据技术的支持,科学分析完全可以直接针对全集数据而不是抽样数据进行;抽样分析需要追求精确性,大数据时代需要的是响应效率,具有"秒级响应"的特征;过去数据分析注重因果关系,大数据时代因果关系不再那么重要,人们转而追求相关性,大家耳熟能详的"啤酒与尿布"的故事就很好地诠释了这一点。

大数据时代已经来临,让我们拥抱数字经济、数字社会、数字时代!

本书由沈阳工学院刘平、金环教授编著。由于编著者水平有限,书中难免有不足之处,欢迎广大读者批评、指正。

刘　平

2025 年 1 月

1. 教学目的

本课程的教学目的是通过做项目激发学生的学习热情和求知欲望,使学生在做项目的过程中对战略管理的核心观念、基础知识、基本原理及在企业中的应用有较深的理解,熟悉基本的战略分析、制定和实施的方法与工具,具备良好的战略管理实际应用能力,树立全局观念并提升学生的战略思维与决策能力;使学生学会观察和分析影响企业经营的社会经济环境的变化,时刻关注战略发展的新动向,明确战略规划方案的基本组成部分,能够制定出与实际企业相结合的战略方案,同时会为自己做人生规划。

2. 先修、后续课程及关系

对于工商管理类专业的学生来说,本课程是核心专业课,是在学习市场营销、财务管理、人力资源管理、生产运作管理等课程基础上综合培养学生市场经济意识、创业创新意识、全局和长远观念、战略思维能力和综合管理与实践能力的重要课程,在课程体系中居于重要位置。

本课程的先修课程是经济学基础、管理学原理、财务会计、市场营销、人力资源原理、生产运作管理等,后续课程则是管理综合实训、毕业实习、毕业设计等综合实践课程。

3. 教学方式、方法及手段建议

核心方法与手段:项目教学。教师由传统的授课角色转为项目发包人兼项目导师的角色,通过发包实际任务激发学生的学习热情,挖掘学生的内在潜力;通过指导学生亲自完成实际任务来掌握相关知识要点,掌握项目实施理念和方法。

在项目实施的过程中,还可以采取案例引导教学法(二次开发案例、自编案例)、启发式教学和讨论式教学法(情境教学)、仿真加全真体验式教学法(模拟企业经营)、学生分享教学法(学生讲解相关知识)等多种教学方法和手段,充分发掘学生的潜力,锻炼学生的实际动手能力,突出应用能力的培养。

学时分配表(供参考)

序号	内　　容	课内学时	课内辅导	课内操作	课外学时
1	项目导入 为了家乡企业的腾飞——为家乡企业制定战略规划	4	4		2
2	任务1 知彼——分析外部的机会与威胁	6	2	4	4
3	任务2 知己——找出自身的优势与劣势	6	2	4	2
4	任务3 定位——确定企业使命与战略目标	6	2	4	2
5	任务4 路径之选——确定企业的总体战略	4	2	2	2
6	任务5 短兵相接——确定企业的竞争战略	6	2	4	4
7	任务6 全力以赴——主要任务与保障措施	4	2	2	4
8	项目总结 为了我们未来的成功——为自己制定人生发展规划	6	4	2	8
9	课程复习与总结、机动	3	2	1	
	合　　计	45	22	23	28

项目进程表(供参考)

进展时间	项目内容	要　　求
第1~2周	项目导入,接受项目任务	真正了解项目的价值,清楚项目的构成
第3~6周	企业外部环境分析	找出外部的机会和威胁
第3~6周	企业内部环境分析	找出企业的优势和劣势
第7~11周	使命与战略目标分析	运用SWOT等方法确定企业使命和目标
第7~11周	确定企业的总体战略	确定实现战略目标的企业发展战略
第7~11周	确定企业的竞争战略	确定竞争策略,设计赢利模式
第10~13周	主要任务与保障措施	确定实现目标的主要任务与保障措施
第13~15周	项目总结,交流提升	提交规划文本(文本格式和要求见7.2节),进行分享交流

目 录

为了家乡企业的腾飞
——为家乡企业制定战略规划

思路决定出路,格局决定结局。

企业为什么需要战略?根本原因是因为资源有限。

战略没有好坏,只有适合和不适合;适合自己的战略就是最好的战略。

有战略不一定能成功,但没有战略却很难成功。企业战略就是描述一个企业在资源有限的情况下,打算如何实现自己的目标和使命。

你是否正在寻求更强大有效的方法来应对眼前的压力和挑战?你是否还在用原始固有的模式经营你的事业?你是否需要脱胎换骨式的改变和疾风暴雨式的突破?

世界在变小,竞争在加剧!许许多多的企业始终挣扎在生存的边缘。由美国次贷危机引发的全球性经济危机还在继续,企业的生存环境从来没有像今天这样艰难!许多正义的企业家和富有使命感的名师在高呼:这是十年来中国企业所遭遇的最糟糕的经济前景! 如果你不立即做出痛苦的改变,你就始终无法突破被禁锢的自己,始终在苦海无边的事业中碌碌无为的漂泊……是在危机中衰退沉沦?还是逆流而上?是成为行业的守业者,还是破局者?

未来 20 年,如何去把握新时代带来的财富?

如何才能像 20 世纪八九十年代一样淘金?

把握未来,无疑是企业与政府都同样关注的话题!

战略决定成败——运筹帷幄,方能决胜千里

1. 未来的利润在哪里

(1)思想力:思维决定着企业的命运,只有超前才有未来! 眼光决定着政府的能量,只有预见未来方能促进经济发展!

(2)预见力:每个时代都能制造一批富翁,只要你能把握企业发展的大趋势!

2. 企业如何寻求战略突破

(1)思想力:企业家的战略性思维模式是决定企业成败和商业社会发展的关键。

(2)预见力:从中国企业战略性运作案例,预见企业未来竞争的制胜之道。

- 企业竞争战略——凭什么战胜对手?
- 企业扩张战略——凭什么成功扩张?
- 企业危机战略——凭什么摆脱困境?

3. 为什么有些企业成功,有些企业失败

什么样的思维成就什么样的企业。

(1) 企业如何转型升级商业模式?

- 开创无人竞争的全新市场。
- 避免企业发展中的致命"死穴"。

(2) 大环境下企业家如何寻求"严冬"后的生机?

- 突破成长瓶颈,快速做大做强。
- 中小企业规模发展与二次创业。

(3) 借力资本做强做大。

- 企业家如何把握天时、巧借地利、汇聚人和?
- 如何选择和创造有利于财富的企业环境?

0.1 项目任务与项目团队组成

1. 项目任务

为家乡××企业制定发展规划。

2. 项目指标

(1) 分析该企业的外部环境,得出符合该企业实际的外部分析结论。

(2) 分析该企业的内部环境,得出符合该企业实际的内部分析结论。

(3) 在企业价值观的指引下,结合内外部分析结论,确定企业的使命和战略目标。

(4) 选择确定为实现企业使命和战略目标的企业总体战略模式。

(5) 根据总体战略要求,选择确定企业的竞争战略和盈利模式。

(6) 选择确定为了实现战略目标的关键任务和主要配套政策。

(7) 最终形成符合该企业发展实际的战略规划文本,字数在 1 万～1.5 万字。

(8) 制作简明扼要的 PPT 进行汇报交流,自述 10 分钟,提问 5 分钟。

3. 项目要求

(1) 要求是已经存在并经营一年以上的实际企业,企业大小不限,建议选择小企业,便于掌握一手材料,如家乡的小工厂、小区物业管理公司、学校周边的餐馆等都可以。

(2) 要求对企业进行实地调研,要有针对性地提出个性化的企业发展规划。

(3) 能否认清本项目的意义和价值是能否做好本项目的前提,也是能否激发项目团队的热情、立志完成好本项目的关键,因此首先要特别重视项目的导入。

4. 项目团队组成

(1) 5～6 人组成一个项目团队,每个团队设项目经理 1 人,负责整个团队管理,并负责组织协调团队成员完成整个项目;其余团队成员分工建议如下:1 人负责企业外部环境分析;1 人负责企业内部环境分析;1 人负责企业使命与战略目标以及企业总体战略设计;1 人负责企业竞争战略和盈利模式设计;1 人负责实现目标的关键任务与主要配套政策设计。

（2）团队组成由项目导师根据实际情况掌握，可由项目导师随机分组，也允许学生自由组合。团队内角色分工由各团队自行协商产生，报项目导师备案。

我们的项目经理：＿＿＿＿＿＿＿＿＿

我们的团队成员：＿＿＿＿＿＿＿＿＿

我们的团队名称：＿＿＿＿＿＿＿＿＿

我们的团队口号：＿＿＿＿＿＿＿＿＿

我们的团队目标：＿＿＿＿＿＿＿＿＿

我们的成员分工：＿＿＿＿＿＿＿＿＿

5．团队成果评定方法

（1）流程形式占50％，考查对规划规范的理解和运用，主要体现的是态度，决定的是成绩能否通过的问题。

（2）内容水平占50％，考查对相关知识的创造性运用能力，主要体现的是能力水平，决定的是成绩高低的问题。

6．个人成绩评定方法

个人成绩可依据以下几个方面综合给出。

（1）项目团队成绩，决定团队平均成绩以及项目经理的成绩。

（2）团队内排名，由项目经理根据团队成员的参与程度和对团队的贡献给出。

（3）个人在项目教学实施过程中的表现，如出勤情况、回答问题、项目交流等。

个人成绩可以按照优、良、中、及格、不及格五级记分制评定。

0.2 项目的提出（意义与价值）

引入案例

百年柯达成也战略，败也战略
——柯达百年沉浮录

1888年，乔治·伊斯曼使照相机走入寻常百姓家，"柯达"也几乎成为摄影的代名词。此后的100年间，柯达公司曾占据过全球2/3的摄影产业市场份额，拥有超过14.5万名员工。然而数码时代的转型失败，使其市值在15年间从300亿美元蒸发至1.75亿美元，它进入了"破产倒计时"。

1．战略的变革成就了柯达的辉煌[①]

1963年2月28日——这是一个世界照相史上划时代的日子，柯达公司率先推出了"傻瓜相机"。当年营业额超过了20亿美元，纯利润3亿多美元，所花费的600万美元开发费带来了巨大利润。可就在柯达的"傻瓜相机"大为走俏时，柯达做出了出人意料的惊人之举：公布了"傻瓜相机"的专利技术。为什么？

其实，柯达公司公开"傻瓜相机"技术正是该公司战略变革的体现。一方面，当时，

---

① 杨明刚.市场营销策划[M].北京：高等教育出版社，2002：25-26.

世界上相机拥有量已有数千万部,而且日本自行研究的"傻瓜相机"也将问世,即使不公开其技术,其他公司也已模仿研制出同类产品。另一方面,相机是耐用品,可以重复使用,而胶卷软片是一次性使用的,其市场需求越来越大。

鉴于以上考虑,柯达公司才做此战略转变,公布了"傻瓜相机"技术。公布的结果使日本的独立开发与其他公司的模仿开发变得一钱不值,没有投入研制的公司不费吹灰之力就拥有了柯达提供的技术。此时,柯达正好收缩精力,全力生产高质量的胶卷,结果成功变身为处于垄断地位的胶卷业巨头。

2. 不能因需而变陷入困境①

然而,柯达公司却在从"胶卷时代"走入"数字时代"中迷失,在21世纪初IT泡沫破裂时陷入严重的经营危机。究其根源,有以下几个原因。

(1)投资方向单一,过分依赖传统胶片部门。对数字科技给予传统影像部门的冲击,反应迟钝。这主要是由于对现有技术带来的现实利润的依赖和对新技术带来的未来利润的不确定,造成柯达公司大量资金用于传统胶片业务的简单扩张上,无暇他顾。

(2)公司高层作风保守,迷恋既有优势,忽视对新技术和替代技术的开发。化学胶片与数字科技相隔甚远,而柯达的管理层多为化学等传统行业出身,满足于传统胶片产品的市场份额和垄断地位。

(3)缺乏对市场前瞻性分析,战略联盟被短期市场行为左右,没能及时调整公司经营战略重心和组织架构,决策犹豫不决,错失良机。

针对上述问题和资本市场的反应,柯达公司于2003年9月26日宣布实施战略性转变:放弃传统的胶卷业务,重心向新兴的数字产品转移。

(1)"以变应变",增加非影像业务领域的投资。

(2)不再向传统胶片业务进行重大的长期投资。

(3)公司重组,机构进行了大幅调整。

2005年1月,柯达公司任命在惠普工作了31年的技术专家,被外界冠为"数字CTO"的William Lloyd为新的CTO。2005年6月,曾为惠普效力25年的彭安东(Antonio Perez)出任柯达首席执行官,其率领的惠普打印机部门每年的盈利高达100亿美元。

在全球传统胶卷市场迅速萎缩的当口,彭安东的走马上任被外界解读为柯达加速转型的一个重要信号,即这家企业已决心要把自己带入数字时代。

3. 转型失利从老大成追随者②

2009年6月,美国柯达公司宣布,将停止生产拥有74年历史的Kodachrome品牌胶卷。"这意味着一个时代的结束。"24年前曾使用柯达克罗姆反转片拍摄《阿富汗少女》的著名摄影师史蒂夫·麦凯瑞公开表示。

尽管历经挣扎,柯达还是走到了这一步——2012年1月19日。在纽约依据美国《企业破产法》第十一章提出破产保护申请。这家创立于1880年的世界最大的影像产

① 罗雁. 百年柯达痛苦转型,战略性危机获得软着陆[J]. 中外管理,2005(7).
② 宋文明. 柯达2010或出局:两次转型失败 从老大到追随者[N]. 中国经营报,2010-1-10.

品及相关服务生产和供应商,由于担心其胶卷销量受到影响,一直未敢大力发展数字业务,使其逐渐被数字化潮流淘汰,而不得不面对残酷的结局。

2013年5月,伊斯曼柯达公司正式提交退出破产保护的计划,如果计划获批,该公司无担保债权人可获得重组后公司总值22亿美元的股份。当地时间2013年8月20日,美国联邦破产法院批准美国柯达公司脱离破产保护、重组为一家小型数码影像公司的计划。柯达公司计划9月3日退出破产保护。

2013年11月,完成重组的伊斯曼柯达重返纽约证券交易所。重组完成后,这个昔日的业界霸主的市值已经不足10亿美元。柯达公司破产又重组后,公司主要业务就来自于小众电影市场——现在仍有一小部分导演是胶片的忠实粉丝,不肯运用数码手段拍摄影片;此外,柯达公司也向报纸印刷、包装和一些相关企业出售设备。柯达目前的主要营业收入仍然来自传统业务。根据电影制片人的数据,在2015年约有64部电影采用35mm胶片拍摄,2016年降到29部,2017年戛纳电影节上仅剩15部。2017年柯达公司三季度收入3.79亿美元,净亏损4600万美元,于是柯达公司决定裁员425人。

战略失误,胶片巨头被数码时代淘汰。在从传统影像到数码影像的转型战略中,始终犹豫不决贻误战机,因为它不希望放弃自己在传统胶片时代的优势。从2003年开始,才逐渐加快转型的步伐,但已错过了最佳时机。在此过程中,黯然失色的不只柯达一家,柯尼卡、美能达也已淡出了人们的视野。

相比之下,柯达在胶片行业的老对手富士在"做事"上就要"激进"得多。在他们意识到胶片行业已经是一个末路行业后,迅速关掉了其胶片生产的绝大多数生产线,转投与之前业务毫不相干的医药甚至化妆品行业。

案例点评:

经营范围做大了,什么都做,而且习惯于用过去成功的方法做未来的事情,问题也就随之而来了。因为用过去成功的方法做未来的事情不担风险。做好了,自然不用说;做坏了,别人也说不出什么。如果你用新方法去做,做好了还行;做不好,麻烦就大了。因此也就严重影响了创新。往往是当用过去成功的方法使企业陷入困境时,才想起创新;或者说不得不创新,否则只有死路一条。这就是"成功的负担",如图0-1所示。

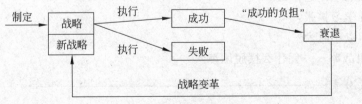

图0-1 战略管理循环图

有资料表明,美国平均每年要注册50万家企业,可只有不到千分之一的企业能上升到中型企业,或者称为稳定企业。1000家企业中有999家都是在这个水平线上退下来,其中95%的企业在3年之内必定破产,其余企业就永远停留在小老板的行列中。[①] 2005 年 7 月 1 日公布的中国首部民营企业发展报告"蓝皮书"称：20 年来,中国每年新诞生的企业接近 15 万家,而每年消亡的企业也有十几万家。60％的民营企业在 5 年内破产,85％的企业在 10 年内死亡。中国民营企业的平均寿命仅有 2.9 年。究其根源,战略决策失误、经营管理不善是重要原因。

不管你的公司是大是小,中国企业都必须面对世界范围内的激烈竞争!

——为什么许多中国大型企业普遍陷入了停滞状态?

——从暴利时代到微利时代,怎样增强企业的市场竞争力? 怎样与竞争对手进行竞争?

——成长型企业如何顺利转型与实现跨越? 靠什么方法更好地生存?

——为什么有些企业多元化成功,而多数企业多元化和扩张失败?

——怎样用国际化的新思维来进行产业整合和市场资本运作?

1. 十年后你的企业还存在吗

企业经营犹如在波涛汹涌的大海中航行。航船要驶向希冀的彼岸,就离不开罗盘和舵柄。企业要在瞬息万变的竞争环境里生存和发展,也离不开企业战略的指引。

(1) 胶卷业世界巨头柯达公司为何迷失在数字时代?

(2) 明基兼并西门子手机部门后,为何不得不壮士断臂?

(3) 为何联想兼并 IBM PC 业务后,在一片质疑中越做越好?

(4) "波导,手机中的战斗机"为何现在变得鸦雀无声?

答案,就是战略,或正确,或错误。正确的战略引导企业走向成功的彼岸,错误的战略却使企业葬身大海。

2. 企业战略突破,从战斗的一开始就决定胜负

企业竞争战略——凭什么战胜对手?

(1) 新竞争者如何从对手手中抢占市场?

(2) 两个势均力敌的对手如何相互竞争,抢夺市场?

(3) 两个势均力敌的对手如何相互合作,对付其他对手?

企业扩张战略——凭什么成功扩张?

(1) 扩张的准则是什么?

(2) 向谁学习扩张?

(3) 如何以小吃大?

企业危机战略——凭什么摆脱困境?

专论摘要 0-1

产业整合突破——中国企业做大做强的必经之路

思想力:用精益求精的思维做大做强中国企业,用做大做强的思维做企业必死无疑。

---

① 刘平. 快速成长型企业的危机基因[J]. 中外管理,2006(6)：56-57.

预见力：中国企业想要做大做强，就必须尽快做产业整合，把所有投资、融资彻底忘掉。

（1）企业做大做强的陷阱——防止成本失控。

① 如何解决企业扩张中，总资产上升而市盈率和总资产回报率不断下跌的问题。

② 企业重组无法解决快速扩张而造成的成本失控。

③ 如何解决快速收购导致的资产质量下滑，经营陷入危机？

（2）企业多元化经营的突破——策略决定成败。

① 多元化经营之道一：有序投资，稳定进取。

② 多元化经营之道二：集中产业，有限多元化。

③ 多元化经营之道三：投资选择在于集团企业间的盈利和风险的互补性。

（3）企业多元化困境下的专业化整合突破——如何防止整体绩效下跌。

① 专业化整合之道一：卸除非主流业务，专注垂直整合战略。

② 专业化整合之道二：谁的专业化更为彻底？——主营业务的扩张。

③ 专业化整合之道三：专注。

（资料来源：摘自郎咸平中国企业战略突围报告会资料.）

3. 战略规划，指引企业前进的行动指南

为了使企业走向成功，经营者必须从实际出发，在认真分析内外部环境因素的基础上，通过周密的思考，制定出一个实现战略目标的行动方案，这就是战略规划。如果没有这张导航图，企业之舟就不能或很难到达成功的彼岸。

有人说，计划没有变化快，走一步算一步，这是盲目主义的撞大运思想。固然，没有战略规划不能说一定就不能成功，然而成功的概率却非常小；有战略规划虽不能保证企业必然成功，但却能大大提高企业的成功机会。

作为名词，战略规划是由企业经营者准备的一份书面计划，用于描述与所在企业相关的外部和内部的要素，以及企业所要达到的目标和实现目标的方法与途径等。如果把战略规划当作行路图，我们就能够更好地理解它的意义。假设我们试图决策如何驱车从沈阳到上海，这里有很多可能的路线，走海路、走陆路和走空中，每条路线所花的时间和成本不同。旅行者必须做出一些重要的决策，然而在做出决策和制定规划之前必须收集足够的信息。比如一些外部的因素，如紧急状况下的汽车修理、气候条件、路况等，这些因素是旅行者所不可控的，但又必须在规划中考虑；同时旅行者还要考虑手上有多少钱、多少时间以及对高速公路、铁路班次、民用航班的选择等。这些反映在经营者这里，就体现在战略规划之中。

作为动词，战略规划是一个决策过程，是指经营者在充分分析内外部环境因素的基础上，特别是对企业所拥有或能使用的人力资源、市场资源、技术资源、资金资源、原材料资源、信息资源等关键资源充分挖掘的情况下，制定出未来的发展目标、战略和策略的全过程。

从形式上讲，由于经营者的经营思路、经营方式以及企业所涉及的领域不同，战略规划本身也表现出各自的独特性。但是，作为战略规划尤其是比较成功的战略规划还是具有很多共同点的,主要有以下特点。

(1)循序渐进。战略规划的制定往往要经过几个阶段并在每个阶段进行多次修改,循序渐进而形成。

(2)一目了然。战略规划应该重点突出经营者和投资者所关心的议题,对关键的问题进行直接明确的阐述,好的战略规划给人的印象往往是意思表达明确,文章脉络清晰。

(3)令人信服。战略规划在内容表达方面应注意运用比较中性的语言,保持客观的调子,力求对规划中所涉及的内容进行不加主观倾向性的评论,尤其不能使用广告性的语言。

(4)通俗易懂。在战略规划的编写过程中,不应该对技术或工艺进行过于专业化的描述或进行过于复杂的分析,而应力求简单明了、深入浅出,对必须引用的专业术语及特殊概念在附录中要给予必要的解释和说明。

(5)风格统一。战略规划的编写如果是由多人协作完成的,那么最后应由一人统一修订成文,力求战略规划的风格统一,同时对规划中引用数据的来源给予明确的记录,并统一标明出处。

(6)严谨周密。战略规划是以客观表述企业状况为宗旨的,因此格式必须严谨统一,必须有自己完整的格式。

战略规划具有以下典型作用。

(1)战略规划指明了企业的目标和方向。企业目标的不同决定着企业的未来发展与走向的不同。对希望建立可持续发展的企业,并将其所在的企业看成是自己毕生追求的事业型经营者,可能会不管有人出价多少都拒绝被收购;而对追求迅速盈利的投资型经营者,则不会潜心于构建一家持久经营才能长远获利的公司;同样对那些谋生型经营者,他们只管赚取足够的现金来维持自己的某种生活方式,谋划着不断扩大自己的公司。因此,不同的企业目标决定着企业的不同走向,也决定着经营者不同的生存方式。

(2)战略规划为经营者提供了行动指南。具体包括:认识并关注客户;认清企业在产业价值链中的位置;熟悉企业所在的行业;善于利用外部资源;加强管理团队建设和企业文化建设;关注财务管理和企业的现金流;正确对待技术等。值得特别提醒的:一是关注现金流,这是以前被我们经常忽略的;二是不要过分注重技术。在技术人员占主导地位的企业里,往往会陶醉于自己技术的先进性,而对客户需要和消费习惯不注意研究。有很多技术和产品很好的企业反而失败,而技术水平一般的企业却大获成功。我们建议刚起步的企业把50%的精力放在营销上,把30%的精力放在团队建设上,而只把20%的精力放在技术和其他方面上。

(3)战略规划使企业活动有序发展、持续进行。面对纷繁复杂、瞬息万变的市场经济汪洋大海,经营者不能依靠自己的想象任意而为,也不能只凭兴趣大胆妄为,或凭自己的感觉摸着石头过河,这样的成功概率很低。要想取得企业经营的成功,既要讲究艺术,也要讲究科学。根据企业的需要,制定适合自己的战略规划就是讲究科学的体现。只有这样才能保证企业的经营活动不受外界变化的干扰,更有把握地使企业获得成功。

(4)战略规划使企业活动落到实处。战略规划不仅包括企业的战略目标,也包括策略规划、竞争规划和职能规划,如组织规划、营销规划、生产规划、开发规划等。因此,战略规划不仅告诉经营者做什么,也告诉经营者怎么做,分几个部分、几个步骤、采取哪些措施方法去做等。所以,一个好的战略规划可以使企业的各项活动和事务落到实处,具有可行性和可操作性,最终物化为人的具体活动,取得预期的结果。不然,企业目标可能只是镜中花、水中月,可望而不可即。

(5)战略规划是有效的沟通工具。战略规划将企业的发展潜力、所面临的机会,以及以一种明确的、有效的方式来开发这个机会等清晰地展现出来,发挥着强大的与人沟通的作用。沟通的对象包括内外部的利益相关者。战略规划可以将经营者与内部员工凝聚起来并指导他们的行动;也可以引起外部投资者的兴趣,吸引他们投资。没有可信和有吸引力的战略规划,不能吸引到优秀的员工和谨慎、精明的投资者。因此,战略规划是获取人力资源、资本和运作资金的有效工具。

0.3 本项目的构成

1. 战略规划的形成过程

企业战略规划的形成过程见战略规划模型(流程),如图 0-2 所示。这也是本项目后面陆续要完成的任务。任务 1 外部分析,任务 2 内部分析,任务 3 确定企业使命与战略目标(愿景、价值与使命),任务 4 确定企业总体战略,任务 5 确定企业竞争战略,任务 4 和任务 5 构成总体经营模块(SWOT 分析、战略选择/方向),任务 6 确定关键任务与主要配套政策(资源配置模块)。自我经营模块为分公司战略规划。

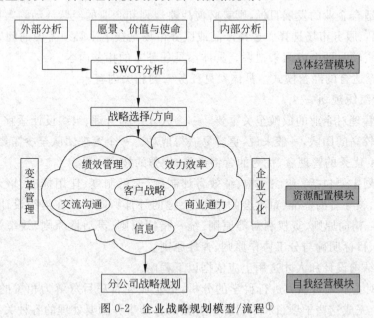

图 0-2　企业战略规划模型/流程①

---

① 刘平.寿险营销:战略导航,规划先行[J].保险赢家,2007(1):64-67.

2. 战略规划的基本内容

一个规范性的、全面的战略规划至少应包括以下几方面的内容。

1) 确立企业的目标、经营模式及产品服务市场

一位名人曾说过：成功＝计划（目标）＋正确的方法＋有效的行动。因此，根据外部环境和自身的实际情况，明确企业的发展目标、经营模式和产品服务市场是首先要回答的问题。

(1) 明确企业的发展目标。在企业价值观的指导下，结合企业内外部环境的条件，确定企业的宗旨、使命任务、发展哲学和愿景、目标等。企业使命是战略规划最先应该回答的问题，它不是企业经营活动具体结果的表述，而是为企业提供了一种原则、方向和哲学。企业使命的定位包括企业生存目的定位、企业经营哲学定位和企业形象地位。企业使命是战略规划制定的前提，为战略规划指明了方向，是战略规划的行动基础。

发展目标是具体化、时间化的企业使命，是制定战略规划的前提和关键。发展目标包括总体战略目标、市场目标、盈利目标、创新目标和社会目标等，根据具体情况，可以是定量的指标，也可以是定性的指标。

发展目标对企业行为有着重大指导作用：首先，它是战略规划的基本依据和出发点，发展目标明确了企业的努力方向，体现了企业的具体期望，表明了企业的行动纲领；其次，它是战略规划实施的指导原则，发展目标必须能使企业中的各项资源和力量集中起来，减少企业的内部冲突，提高管理效率和经济效益；最后，它是战略规划控制的评价标准，发展目标必须是具体的和可衡量的，以便对目标是否最终实现进行比较客观的评价考核。如果没有一个适合企业的发展目标，则势必使战略规划和企业的经营活动陷入盲目的境地。

(2) 产品、服务市场选择。选择产品或服务市场是接下来必须考虑的问题，主要从投资方向和投资项目两个方面来把握。具体参见任务 4 的相关内容。

(3) 选择适合的经营模式。具体参见任务 5 的相关内容。

2) 企业组织规划

组织和管理对企业的成败至关重要。一个人才结构合理、组织设计适宜、管理与技术及营销水平较高的团队，一般来说，更容易获得成功。一个管理团队至少需要以下三方面的优秀人才：优秀的管理者、优秀的营销人员、优秀的技术人员。

组织规划主要包括：组织结构、绩效考评制度、奖惩制度、任用标准、培训、工作描述与职务分析、领导者的标准、董事会的作用、关键的外部顾问等。在组织设计上要遵循以下基本原则：精简原则、责权利对等原则、统一指挥原则、灵活性原则、效率效益原则、管理宽度原则、目标明确与分工协作原则、弹性原则。

在组织结构设计和人才选用上应依据以下程序。

(1) 要对企业经营项目进行科学的分析，把企业经营项目分解为相关的子项目和子目标，再分析完成这些子项目和子目标所要做的各项事务和要处理的各种关系，以此为依据选择合适的组织架构、管理跨度和管理梯度。再依据各部门的结构和职能设置相应的职位，做到"因事设岗"。

(2) 对各职能部门要完成的任务进行分析，了解各岗位对担当者知识、能力和素质等方面的要求及各要求之间的关系，制定出用人原则和标准，依据该要求即可选拔与之相符

的相关人才加以委任和使用,做到"因岗用人"。

(3) 依照各种事务和各部门之间的相互关系,制定出协调各部门责、权、利关系的有关典章制度及工作规范,选择和设置适合各层次人员特质及符合项目目标的特定的管理方式。协调各种关系,使其责、权、利关系分明,各部门和各主管之间既能各司其职,又能相互沟通协作,使组织处于与内外环境的良性循环之中。

3) 财务规划

财务规划包括资产流动性、收益预测与资产负债预测。资产流动性主要考虑未来3~5年现金的流入和流出、筹资安排和现金储备等;收益预测主要考虑销售收入、成本及费用、净利润等;资产负债预测主要考虑某几个时间节点上的资产与负债的情况。

编制财务规划需要做资本需求预算、预期年度收入表、现金流量估计表、资产负债估计表、资金回报计划和盈亏平衡分析等。资本需求预算应包括以下项目:完成开发项目费、购买设备费、引进生产线费、流动资金投入、资金使用计划、筹资渠道等。

除此之外,还要做风险分析,主要包括对最好、一般、最差三种情况的预测,因素变动下的盈亏平衡分析和敏感性分析。风险分析的编写方法,一是确定主要的机会和风险;二是改变不同的参数,看结果如何变化。

3. 战略规划制定应遵循的基本原则

战略规划的有效制定是在充分了解并掌握相关知识的基础上进行的综合性、创造性工作;同时也是一个相对复杂的过程。战略规划的制定应遵循以下基本原则。

1) 可行性原则

战略规划要有事实依据,要从企业的实际情况和发展需要,从社会的发展需要来制定,不能做不着边际的梦想。

2) 长期性原则

战略规划虽然要立足现实,但一定要从长远来考虑,只有这样才能给企业发展设定一个大方向,使企业集中力量紧紧围绕这个方向做出努力,最终取得成功。

3) 清晰性原则

战略规划一定要清晰、明确,能够把它转化为一个个可以实行的行动。战略的各阶段的线路划分与安排一定要具体可行。

4) 挑战性原则

战略规划要在可行性的基础上具有一定的挑战性,实现规划要付出一定的努力,成功之后能有较大的成就感。

5) 适应性原则

规划未来的活动,牵扯到多种可变因素,因此战略规划要有弹性,以增加其适应性。

0.4 实施项目的预备知识

【预备知识的重点内容】

(1) 管理理论的划分与战略管理的地位。

(2) 战略、战略规划与战略管理的内涵及关系。

（3）战略管理的层次、特点及过程。

（4）战略规划流程及其逻辑关系。

（5）三大主要利益集团对战略的影响。

【关键术语】

战略；战略规划；战略管理；战略管理过程。

【预备知识的内容结构】

预备知识的内容可以概括为"一二三"，即一个结构、两大问题、三大集团。

一个结构：战略管理的逻辑结构。

两大问题：企业战略和战略管理。

    企业战略：含义、特征和构成要素

    战略管理：概念、作用、层次和过程

三大集团：企业战略的相关利益者、战略决策（管理）者和战略实施者。

  相关利益者 —— 资本市场相关利益者：股东、主要资本提供者

        产品市场相关利益者：顾客、供应商、社区、工会

  战略管理者 —— 董事会

        高层管理者

  战略实施者 —— 中低管理者

        员工

0.4.1　战略的基本概念

1. 战略的内涵

"战略"一词源于军事，就是作战的谋略。依据《辞海》的解释：战略泛指重大的、带有全局性和决定全局的计谋。随着企业竞争的日益激烈，战略一词被广泛地应用到企业管理中来。然而究竟什么是企业战略，目前尚无一个统一的定义。不同的学者与管理者赋予企业战略不同的含义。以下列出关于企业战略的主要观点。

1）早期的战略定义

很多学者都认为，真正为企业战略下定义的第一人是钱德勒（Chandler），他将战略定义为"确定企业基本长期目标、选择行动途径和为实现这些目标进行资源分配"。

2）安索夫（H. I. Ansoff）的定义

美国著名战略学家安索夫和安德鲁斯一样，都是战略管理第一次浪潮的代表人物，自从他的战略定义提出以后，西方战略管理文献一般便将战略管理分为两大类：企业总体战略和经营战略（竞争战略）。企业总体战略考虑的是企业应该选择进入哪种类型的经营业务；经营战略考虑则是企业一旦选定了某种类型的经营业务后，确定应该如何在这一领域里进行竞争或运行。

3）明茨伯格的定义

加拿大麦吉尔大学管理学教授明茨伯格归纳总结出人们对战略的五个定义。他认为，人们在不同的场合以不同的方式赋予战略不同的内涵，说明人们可以根据需要来接受

各种不同的战略概念。只不过在正式使用战略概念时,人们只引用其中的一个罢了。

为此,明茨伯格借鉴市场营销学中四要素的(4P's)的提法,即产品(Product)、价格(Price)、地点/渠道(Place)、促销(Promotion),提出了企业战略由五种规范的定义来阐明,即计划(Plan)、计谋(Ploy)、模式(Pattern)、定位(Position)和观念(Perspective),这五种定义构成了企业战略的5P's。值得强调的是,企业战略仍只有一个,这五个定义只不过是从不同角度对战略加以阐述。

(1) 战略是一种计划。大多数人将战略看作一种计划,认为它是一种有意识的、正式的、有预计的行动程序。计划在先,行动在后。根据这个定义,战略应具有两个基本特征:一是战略需在企业经营活动之前制定,以备使用;二是战略是有意识、有目的地开发和制定的。借用彼得·德鲁克的话:"战略是一种统一的、综合的、一体化的计划,用来实现企业的基本目标。"

(2) 战略是一种计谋。这是指在特定环境下,企业把战略作为威慑和战胜竞争对手的一种"手段",此时,战略强调的已不是竞争性行动本身,而是要阻止竞争对手正在准备中的、有可能对本企业造成严重打击的那些战略性行动。在军事上被称为"威慑性战略"。

例如,一个企业得知竞争对手想要扩大生产能力以抢占市场时,便迅速提出大规模扩大厂房面积和生产能力的新战略。由于该企业资金雄厚、产品质量优异,竞争对手得知这个"信号"后,便放弃了扩大产能抢占市场的设想。一旦竞争对手放弃了扩大产能的想法,该企业也没有将新战略付诸实施。因此,这种战略只能称为一种对竞争对手构成威慑的计谋。

(3) 战略是一种模式。明茨伯格认为,仅把战略定义为企业采取经营活动之前的一种计划是不充分的。因此他引用钱德勒在《战略与结构:美国工商企业发展的若干篇章》一书中的观点,战略是企业为了实现战略目标进行竞争而进行的重要决策、采取的途径和行动以及为实现目标对企业主要资源进行分配的一种模式。

这种定义认为战略是一种模式,它反映企业的一系列活动。这就是说,无论企业是否事先对战略有所考虑,只要有具体的经营行为,就有战略。这种定义将战略视为行动的结果,与企业的行为相一致,行为的最终结果说明了战略的执行情况,使之有水到渠成的效果。

图 0-3 表明,战略实际上是一种从计划向实现流动的结果。那些不能实现的战略设计或实施失败的战略通过一个单独的渠道流失,脱离准备实施战略的渠道变成没有实现的战略。此外,准备实施的战略与自发形成的战略则通过各自的渠道,流向已实现的战略。这是一种动态的观点,将战略看成是一种"行为流"的运动过程。

(4) 战略是一种定位。战略应对一个组织在环境中正确确定自己的位置,从而使产品开发、顾客选择、市场策略等各项企业行为在正确的定位之下来进行。这种意义上的战略成为企业与环境之间的纽带,使得企业的外部环境和内部环境更加融洽。根据这一概念,战略首先要确定企业应该进入的经营(业务)领域;其次要确定在选定的业务领域进行竞争或运作的方式。

值得指出的是,战略是一种定位的概念引进了"多方竞争"以及超越竞争的含义。也就是说,企业在活动中既可以考虑单个竞争对手在面对面的竞争中处于何种位置,也可以考虑在若干个竞争对手面前自己在市场中所处的地位,甚至企业还可以在市场中确定一

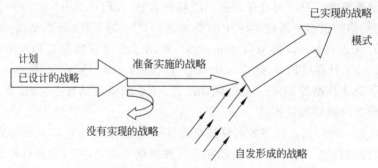

图 0-3　明茨伯格 5P's 中计划与模式的关系

个特殊的地位,使得对手无法与之竞争。

（5）战略是一种观念。这种定义强调战略是一种概念的内涵,它深藏于企业内部、企业主要领导者头脑中感知世界的方式。战略是以思维和智力为基础的,它具有精神导向性,体现了企业中人们对客观世界的认识,它同企业中人们的世界观、价值观和理想等文化因素相联系。

首先,战略存在于战略者的头脑之中,是战略者的独创性和想象力的体现;其次,战略的观念被组织成员所共享,构成组织文化的一部分,由此而指导组织成员的意图和行动。

概念辨析 0-1

五种定义之间的关系

这些不同的定义,有助于对战略管理及过程的深刻了解,避免发生观念上的混乱。同时应该看到,这五种定义彼此之间存在着一定的内在联系。它们有时是某种程度的替代,如定位型战略定义可替代计划型战略定义,但在大多数情况下,它们之间的关系是互补的,使战略内涵趋于完善。因此,不同的定义只能说明人们对战略的特性的不同认识,不能说明哪种战略定义更为重要。

专论摘要 0-2

对企业战略的图解

企业战略就是描述一个企业打算如何实现自己的目标和使命,如图 0-4 所示。

为什么需要战略:根本原因是资源有限。

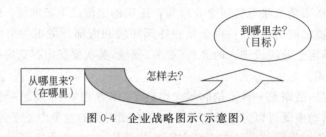

图 0-4　企业战略图示(示意图)

专论摘要 0-3

若热·瓦斯康塞洛斯·伊·萨的观点①

若热·瓦斯康塞洛斯·伊·萨认为战略决策可被分解为三个基本要素。

(1) 对公司活动地域的选择,即在什么地域进行商业投资,如美国、加拿大、墨西哥等。

(2) 在某个地域内对产业的选择,即在某个地域的什么产业进行商业投资,如纺织品、鞋类、酿酒业、纸浆业等。

(3) 公司在某一产业、某一地域内从事业务的条件下,对细分市场的选择。例如,在纺织品和成衣行业中,一家公司可以在帽类、运动服装、饰品、T恤、高领衫等当中选择经营。

2. 战略的特征

尽管人们对企业战略的内涵各有不同的认识,但是对于企业战略的特征,人们的认识没有太大的分歧。概括起来,企业战略具有如下十大特征。

(1) 全局性(总体性)。这是企业战略最根本的特征。全局性是指企业战略是以企业的全局为研究对象来确定企业的总目标,规定企业的总行动,追求企业的总数量。也就是说,企业战略的重点不是研究企业的某些局部性质的问题,而是研究企业的整体发展。

(2) 指导性。企业战略规定了企业在一定时期内基本的发展目标,以及实现这一目标的基本途径,指导和激励着企业全体员工努力工作。形象地说,企业战略就是企业的发展蓝图,制约着企业经营管理的一切具体活动。

(3) 长远性。企业战略考虑的是企业未来相当长一段时间内的发展问题。经验表明,企业战略通常着眼于未来三年至五年乃至更长远的目标。

(4) 综合性。企业战略与战术、策略、方法、手段相结合,一个好的企业战略如果缺乏实施的力量与技巧,也不会取得好的效果。

(5) 竞争性。企业战略也像军事战略一样,其目的是克敌制胜,赢得市场竞争的胜利。

(6) 现实性。企业战略是建立在现有的主客观条件基础上的,一切从现有起点出发。

(7) 创新性。企业战略的创新性源于企业内外部环境的发展变化及市场竞争的需要,因循守旧、缺乏特色的企业战略是无法适应时代发展和市场竞争的。

(8) 稳定性。企业战略一经制定,在一个较长的时期内应保持稳定(不排除局部调整),以利于上下员工贯彻执行,除非环境发生重大变化。

(9) 适应性。企业战略应使企业具有一定的适应环境的能力。

(10) 风险性。企业战略是对未来发展的规划,然而环境总是处于不确定的、变幻莫测的趋势中,任何企业战略都伴随着风险。

企业战略的根本要求/根本特点:创新性思维和差异化战略。

---

① 若热·瓦斯康塞洛斯·伊·萨. 战略管理方法[M]. 邓盛华,译. 北京:中国标准出版社,2003.

3. 战略的结构

一般来说,一个企业的战略可划分为三个层次,即总体战略、竞争战略和职能战略。

1) 总体战略

总体战略也称为公司战略,是企业总体的、最高层次的战略,是有关企业全局发展的、整体性的、长期的战略规划,是企业最高管理层指导和控制企业一切行为的最高行动纲领。从参与战略形成的人员看,企业总体战略的制定者主要是企业的高层管理者。

总体战略的着重点在于以下两个方面。

(1) 根据内外部环境情况,从公司全局出发,选择企业所从事的经营范围和领域,即确定企业从事哪些业务领域,为哪些消费者服务以及向哪些市场发展。

(2) 在确定所从事的业务后,在公司层面对各项业务进行资源分配,以实现公司整体战略的意图,这也是公司战略实施的关键措施。

2) 竞争战略

竞争战略也称为经营战略,是企业内战略经营单位战略竞争的简称,处于战略结构中的第二个层次。竞争战略着眼于在选定的业务范围、市场应在什么样的基础上来进行竞争,以取得超越竞争对手的竞争优势。

总体战略主要由企业的最高层参与决策、制定和组织实施;而经营战略制定的参与者主要是具体的事业部或子公司的决策层。竞争战略的侧重点在于:一是如何贯彻企业的宗旨;二是企业发展的机会与危险分析;三是企业内在条件分析;四是确定经营单位战略的重点和主要战略措施。

3) 职能战略

职能战略也称为职能部门战略,是指为了贯彻、实施和支持总体战略与竞争战略而在企业特定的职能管理领域制定的战略。职能战略通常包括市场战略、生产战略、研发战略、财务战略、人力资源战略等。

如果说总体战略与竞争战略强调“做正确的事情”的话,则职能战略强调“将事情做好”。职能战略直接处理各职能领域内的问题,如提高生产及市场营销系统的效率,改善客户服务的质量及程度等。职能战略通常由职能部门管理者依据总体战略与经营战略的需要负责参与制定。

职能战略的侧重点在于:一是如何贯彻企业的总体目标;二是职能目标的论证及其细分,如规模与生产能力、主导产品与品种目标、技术进步目标、市场目标等;三是确定职能部门的战略重点和主要战略措施;四是战略实施中的风险分析和应变能力分析。

概念辨析 0-2

三个层次战略之间的关系

总体战略、竞争战略与职能战略构成一个企业战略的三个层次,它们之间相互作用,紧密联系,共同构成了企业的战略体系。企业要想获得成功,必须将三者有机地结合起来。三个层次战略的制定与实施过程实际上是各级管理者充分协商、密切配合的结果。如图 0-5 所示,企业中每一层次的战略构成下一层次的战略环境。同时,低一层的战略为上一层次战略目标的实现提供保障和支持。

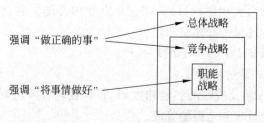

图 0-5 企业中的战略层次

对于单一经营的大型企业,总体战略和竞争战略是一样的,两种战略的决策权都集中于董事会和最高管理者手中。其管理结构类似于中小型企业的组织形式,如图 0-6 所示。然而,中小型企业战略层次往往不明显,经营战略对其十分重要。

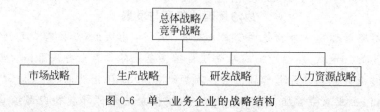

图 0-6 单一业务企业的战略结构

如果一个企业属跨行业经营,即有多项经营业务,则战略层次呈现本书所述的结构形式。总体战略为上层结构、最高层次的战略,它为竞争战略和职能战略提供发展的方向和支持。这种典型的战略结构如图 0-7 所示。

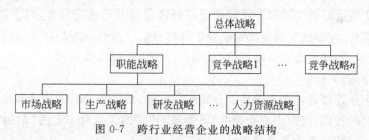

图 0-7 跨行业经营企业的战略结构

0.4.2 战略管理的内涵

1. 战略管理的概念

战略管理是指企业为了长期的生存和发展,依据确定的企业使命,在充分分析企业外部环境和内部条件的基础上,确定和选择达到目标的有效战略,并将战略付诸实施及对战略实施的过程进行控制和评价的一个动态管理过程。

战略管理的概念主要涵盖以下五方面内容。

(1) 对象:战略管理的对象是战略。

(2) 主体:战略管理的主体是企业。

(3) 目的:战略管理的目的是企业长期的生存和发展。

(4) 任务:战略管理的任务包括确定其使命,根据外部环境和内部条件设定企业的战略目标,为保证目标的实现进行谋划,并依靠企业内部能力将这种谋划和决策付诸实施,以及对战略实施的过程进行控制和评价。

(5)特征:战略管理是一个动态管理过程。

这里有以下两点需要强调说明。

(1)战略管理不仅涉及战略的制定和规划,而且也包含着将制定出的战略付诸实施的管理,因此是一个全过程和全面的管理。

(2)战略管理不是静态的、一次性的管理,而是一种循环的、往复性的动态管理过程,需要根据外部环境的变化、企业内部条件的改变以及战略执行结果的反馈等信息,重复进行新一轮的战略管理过程,是不间断的管理。

知识链接 0-1

战略管理的起源与发展

企业战略管理一词最初是由安索夫在其 1976 年出版的《从战略规划到战略管理》一书中提出的。他认为,企业的战略管理是指将企业的日常业务决策同长期计划决策相结合而形成的一系列经营管理活动。斯坦纳在 1982 年出版的《企业政策与战略》一书中则提出,企业战略管理是确定企业使命,根据企业外部环境和内部经营要素确定企业目标,保证目标的正确落实并使企业使命最终得以实现的一个动态过程。

战略管理的关键词不是战略而是动态的管理,它是一种崭新的管理思想和管理方式。指导企业全部活动的是企业战略,企业全部管理活动的重点是制定战略和实施战略。而制定战略和实施战略的关键都在于对企业外部环境的变化进行分析,对企业的内部条件和素质进行审核,并以此为前提确定企业的战略目标。战略管理的任务,就在于通过战略分析、战略制定、战略实施和战略评价与控制,实现企业的战略目标。

2. 战略管理的性质

以往的企业管理是将企业的活动分成多种职能,如生产、财务、市场营销等,对不同的职能实行不同的管理,因而出现企业的"职能管理"一词。由对企业的"职能管理"走向对企业的"战略管理"是现代企业管理的一次飞跃。

1)战略管理是整合性管理理论

营销管理、财务管理、生产管理、人力管理等职能管理理论是从企业局部的角度来讨论管理的问题。应当承认这种解剖式的理论创建和发展方式,对管理理论的发展以及深入了解某一方面的管理问题提供了丰富的要素。

但带来的弊端也是显而易见的,被分解的管理理论无法解决企业整体性的管理问题。因为在实际的管理活动中企业是不能分割的,它是由具有执行不同功能的部分所组成的一个统一体。如何将企业的各个职能部门协调一致、有机运作,就需要企业战略管理发挥作用。

企业战略管理理论从企业整体的、全局的角度出发,综合运用职能管理理论,处理涉及企业整体的和全面的管理问题,使企业的管理工作达到整体最优的水平。

知识链接 0-2

三个层次管理理论的划分

按照内容所涉及的范围和影响的程度,人们将管理理论分成以下三个不同的层次。

(1) 管理基础理论:管理中带有共性的基础理论、基本原则和基本技术;主要包括管理数学、管理经济学、管理心理学、管理原理与原则等。

(2) 职能管理理论:将管理基础理论与特定的管理职能相结合,以提高职能部门的效率;主要包括生产运作管理、财务管理、营销管理、人力资源管理、研发管理等。

(3) 战略管理理论:最高层次的整合性管理理论,它不仅以管理基础理论和职能管理理论为基础,还融合了政治学、法学、社会学、经济学等方面的知识。

三个层次管理理论的划分指明了战略管理的地位。

2) 战略管理是企业高层管理者最重要的活动和技能

由于战略决策涉及一个企业活动的各个方面,虽然它也需要企业中、下层管理者和全体员工的参与和支持,但企业最高层管理者介入战略决策不仅必须而且非常重要。这不仅仅是由于他们能够统观企业全局,了解企业的全面情况,更重要的是他们具有对战略实施所需资源进行分配的权利。

20 世纪 80 年代,在美国的一次调查中,90% 以上的企业家认为:"企业家最占时间、最为困难、最为重要的事是制定企业战略。"对于企业高层管理者来说,最重要的活动和技能是制定战略和推进战略管理,以保证企业整体的有效性。

知识链接 0-3

对管理者能力的要求

美国学者罗伯特·卡茨将企业管理工作对管理者的能力要求划分成三个方面。

(1) 技术能力,即操作能力,是一个人运用一定的技术来完成某项组织任务的能力,包括方法、程序和技术。

(2) 人际能力,是一个人与他人共事、共同完成工作任务的能力,包括领导、激励、排解纠纷和培植协作精神等。

(3) 思维能力,即战略能力,这种能力包括将企业看作一个整体,洞察企业与外界环境之间的关系,以及理解整个企业的各个部分应如何互助协调来生产公司的产品或提供服务的能力。

处于企业不同管理层次的人员,对上述三种能力的要求是不同的。低层管理者所需要的主要是技术能力和人际能力;中层管理者的有效性主要依赖于人际能力和思维能力;而高层管理者最需要的能力是思维能力或战略能力,这是保证他们工作有效性的最重要的因素。

3) 战略管理的目的是提高企业对外部环境的适应性,使企业可持续发展

企业的生存与发展在很大程度上受外部环境因素的影响。当今社会,企业都存在于

一个开放的系统中,它们影响着这些因素,但更通常的是受这些不能由企业自身控制的因素所影响。企业外部环境既复杂多样,又动荡多变。如何在这种复杂多变的外部环境中生存并持续发展,是战略管理的任务和目的。

战略管理促使企业高层管理人员在制定、实施企业战略的各个阶段上,都要清楚地了解有哪些外部因素影响企业,影响的方向、性质和程度如何,以便及时调整企业现行的战略以适应外部环境的变化,做到以变应变,不断提高企业的适应能力。这就要求企业战略必须是具有弹性的,应随着环境的变化而及时做出调整。因此,战略管理的目的是促使企业提高对外部环境的适应能力,使其能够生存并可持续发展。

3. 战略管理的作用

企业管理学的发展从职能化的管理走向战略性的管理是现代企业管理的一次飞跃,对提高企业经营绩效有着极其重要的作用。正是因为如此,从20世纪70年代中期开始,西方发达国家(主要是美国)中的大中型企业越来越多地实行战略管理,并在企业组织机构中建立起了有效的战略管理系统,以帮助最高层管理者进行战略性的决策。另外,也有许多小企业开始进行战略管理,并取得很好的效果。

战略管理作为一种企业管理方式或思想之所以受到人们的青睐,是因为它具有以下几方面的作用。

(1) 由于战略管理将企业的成长和发展纳入了变化的环境之中,管理工作要以未来的环境变化趋势作为决策的基础,这就使企业管理者们重视对经营环境的研究,正确地确定公司的发展方向,选择公司合适的经营领域或产品市场领域,从而能够更好地把握外部环境所提供的机会,增强企业经营活动对外部环境的适应性,从而使两者达成最佳的联合。

(2) 由于战略管理不只是停留在战略分析及战略制定上,而是将战略的实施作为其管理的一部分,这就使企业的战略在日常生产经营活动中充分发挥其纲领性的作用,特别是在战略实施过程中,根据环境的变化对战略不断地进行评价和修改,使企业战略不断完善。这种循环往复的过程,更加突出了战略在管理实践中的指导作用。

(3) 由于战略管理把规划出的战略付诸实施,而战略的实施又同日常的经营计划执行与控制结合在一起,这就把近期目标(或作业性目标)与长远目标(战略性目标)结合起来,把总体战略目标同局部的战术目标统一起来,从而可以调动各级管理人员参与战略管理的积极性,有利于充分利用企业的各种资源并提高协同效果。

(4) 由于战略管理不只是计划"我们正走向何处",而且也计划如何淘汰陈旧过时的东西,以"计划是否继续有效"为指导,重视战略的评价与更新,这就使企业管理者能不断地在新的起点上对外界环境和企业战略进行连续性的探索,增强创新意识。

战略管理具有如上所述的重要性,并非是战略管理学者们杜撰出来以说服企业管理者的托词,而是有着实践的验证。企业在采取任何管理方法时都希望能够由此而带来企业经济效益的提高。下面一些实证研究的结果说明了企业实行战略管理以后的确会产生较好的经济效益。

知识链接 0-4

战略管理与经济效益的关系

1970年桑恩（Thune）和豪斯（House）首先研究了战略管理与经济效益的关系。他们历时7年对6个不同行业的36家（18对）大中型企业运用战略管理的情况进行考察，每一对企业都是由一家运用了正式战略规划系统的企业与一家没有运用正式战略规划系统的企业组成。经过比较研究他们发现，在石油、食品、医药、钢铁、化工和机械行业中，有正式战略规划的企业在投资收益率、股权资本收益率和每股收益等财务指标上都明显好于没有正式战略规划的企业。同时他们还发现，企业采取正式的战略规划以后，其经济效益要比没有战略规划的年代的效益有较大幅度的改善。

哈罗德（Herold）又用了4年的时间，专题研究了桑恩和豪斯所涉及的医药和化工行业。他的研究结论又一次证明了桑恩和豪斯结论的正确性，而且指出有正式战略规划的企业与无正式战略规划的企业在经营效益上的差别在不断扩大。

1970年安索夫（Ansoff）等人曾研究过1947—1966年战略规划对93宗美国大型企业兼并和收购成功率的影响。他们发现，在资产、销售、价格和收益等方面，样本中的有正规战略规划的企业都显著地超过了无正规战略规划的企业。

总体上讲，正规战略规划企业较非正规战略规划企业能较好地预见未来的发展，并大大降低了兼并活动所带来的不确定性。以上的研究多数是以大型企业为研究对象。但在1982年，鲁滨逊（Robinson）的研究报告指出，战略规划对小型企业也有益处。在三年的时间里，鲁滨逊研究了101家小型的零售、服务和制造企业。最后他得出在销售、利润和生产率上，有战略管理的小型企业要比没有战略管理的企业有显著的经济效益改善和提高。

总之，不断有新的研究结论证明，企业采用战略管理的思想和方法进行管理会产生很好的经济效益。这一点在制造行业的企业中表现得尤为显著。当然企业也不应期望只要有了正规的战略管理就一定会带来最佳效益，还取决于战略管理的质量，因为质量的好坏决定着企业效益的高低。

0.4.3　战略管理的过程

战略管理是对一个企业的未来发展方向制定决策和实施这些决策的动态管理过程。一个规范的、全面的战略管理过程如图0-8所示。

而一个简化的战略管理过程可大体分为四个阶段，但不同的学者对具体分法却有不同的看法。强调执行和控制的学者，将战略管理过程分为企业战略形成（规划）、企业战略执行、企业战略控制及企业战略修正（变革）四个阶段。如图0-9所示，规划是起点，执行是重点，控制是难点，变革是新起点。

关注战略制定过程的学者，则将战略管理过程分为确定企业使命、战略环境分析、战略选择及评价、战略实施及控制四个阶段。如图0-10所示，确定使命是规划的起点，战略分析是规划的重点，战略选择是规划的核心，战略实施是规划的落脚点。

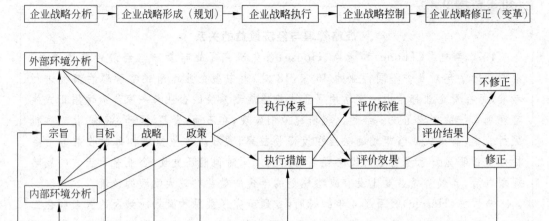

图 0-8　战略管理过程示意图

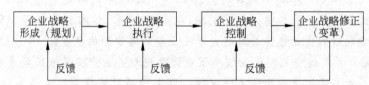

图 0-9　战略管理过程的简化示意图 1

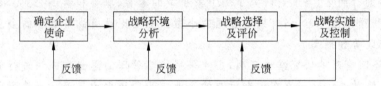

图 0-10　战略管理过程的简化示意图 2

1. 确定企业使命

企业使命是企业在社会进步和社会经济发展中所应担当的角色和承担的责任。一般来说,一个企业的使命包括两个方面的内容,即企业哲学和企业宗旨。

所谓企业哲学,是指一个企业为其经营活动或方式所确立的价值观、态度、信念和行为准则,是企业在社会活动及经营过程中起何种作用或如何引起这种作用的一个抽象反映。

所谓企业宗旨,是指企业现在和将来应从事什么样的事业活动,以及应成为什么性质的企业或组织类型。

企业在制定战略之前,必须先确定企业使命。这是因为企业使命的确定过程,常常会从总体上引起企业发展方向、发展道路的改变,使企业发生战略性的变化。此外,确定企业使命也是制定企业战略目标的前提,是战略方案制定和选择的依据,是企业分配企业资源的基础。

个案研究 0-1

宏碁对高端音响项目的选择①

1995年,当宏碁计划发展一个结合计算机与视听家电的新产品时,一位同仁告诉我(指施振荣,编者注),他认识一群制作高级音响的发烧友,可以做出价值数十万甚至上百万的产品,必定可以吸引"发烧友"(音响玩家)的光顾,宏碁也可以从中得到厚利。但我告诉他,这不是宏碁的精神(宏碁文化中有一个重点就是"平民文化",编者注),宏碁不走贵族路线,但如果这个可以将高品质的音响批量生产,降低售价,使一般大众受惠,就值得宏碁去发展,否则完全不予考虑。后来,这个部门开发出平价路线的"激光视盘机",就符合"平民文化"的定位。

2. 战略环境分析

战略环境分析是指对影响企业现在和未来生存与发展的一些关键因素进行分析,主要包括企业外部环境分析和企业内部环境分析两大部分。

1)企业外部环境分析

企业外部环境分析包括宏观环境分析、行业(产业)环境分析以及竞争对手分析。进行外部环境分析的目的就是要了解企业所处的战略环境,掌握各环境因素的变化规律和发展趋势,研究环境的变化将给企业的发展带来哪些机会和威胁,为制定战略打下良好的基础。

2)企业内部环境分析

企业内部环境分析包括企业资源分析、企业能力分析以及企业的核心能力分析。具体要了解企业自身在同行业中所处的相对位置,分析企业的资源和能力,明确企业内部条件的优势和劣势,以及不同的利益相关者对企业的期望等。进行内部环境因素分析的目的是发现企业所具备的优势或弱点,以便在制定和实施战略时扬长避短,有效利用企业自身的各种资源,发挥出企业的核心竞争力。

3. 战略选择及评价

战略选择及评价过程就是战略决策过程,即对战略进行探索、制定以及选择的过程。通常这个过程主要包括三个方面的工作:一是拟定多种可供选择的战略方案;二是利用一定的战略评价方法对拟定的各战略方案进行评价;三是最终选择出满意的供执行的战略。

企业战略选择应当解决以下两个基本的战略问题:一是明确企业的经营范围或战略经营领域,即确定企业从事生产经营活动的行业,明确企业的性质和所从事的事业,确定企业以什么样的产品或服务来满足哪一类顾客的需求;二是突出企业在某一特定经营领域的竞争优势,即要确定企业提供的特定产品或服务的类型,要在什么基础上取得超越竞争对手的优势。

一个企业可能会拟定出多种战略方案,这就需要对每种方案进行鉴别和评价,以选出适合企业自身的方案。在战略选择过程中,除了运用一定的战略选择评价方法外,还要考

---

① 施振荣. 再造宏碁[M]. 北京:中信出版社,2005:25.

虑以下因素的影响。

(1) 企业对外部环境的依赖程度。任何企业都存在于它的外部环境之中,而受股东、竞争对手、顾客、政府和社区的影响。企业的生存对这些因素的依赖程度,影响着战略选择过程。依赖程度越高,企业选择战略的灵活性就越小;依赖程度越低,选择战略的灵活性就越大。

(2) 管理者对待风险的态度。管理者对待风险的态度影响着战略选择。如果管理者乐于承担风险,则企业通常会采取积极的进攻性战略或选择高风险的项目;如果管理者不愿承担风险,则企业通常会采取低风险的战略选择,拒绝高风险的项目。

(3) 企业过去战略的影响。对于大多数企业来说,过去的战略是新战略选择的起点,这就导致新考虑的战略方案受到企业过去战略的制约。有研究结论表明,原有的战略对以后的战略选择存在影响,所以战略选择过程更多的是一种战略的演变过程。这也部分地说明为什么要改变过去的战略时,往往要更换高层管理者。

(4) 最高层管理者的影响。在大多数企业中,如果一个权力很大的高层管理者支持某一战略方案,它往往就会成为企业所选择的战略,并且会得到一致地拥护。如此,个人喜好也涉入到企业的战略选择之中,主要管理人员喜欢什么以及尊重什么等,都将影响对战略的选择。

4. 战略实施及控制

一个企业的战略方案确定后,必须通过具体化的实际行动,才能实现战略及战略目标。战略实施与控制过程就是把战略方案付诸行动,保持经营活动朝着既定战略目标与方向不断前进的过程。这个阶段的主要工作包括计划、组织、领导和控制四种管理职能的活动。一般来说,可从三个方面来推进战略的实施。

(1) 将企业的总体战略方案从空间上和时间上进行分解,形成企业各层次、各子系统的具体战略或政策,在企业各部门之间分配资源,制订职能战略和计划。

(2) 对企业的组织机构进行构建,以使构造出的机构能够适应所采取的战略,为战略实施提供一个有利的环境。新战略的实施往往需要对现有的组织进行重大变革。

(3) 要使领导者的素质及能力与所执行的战略相匹配,即挑选合适的高层管理者来贯彻既定的战略方案。

在战略的具体化和实施过程中,为了使实施中的战略达到预期目的,实现既定的战略目标,必须对战略的实施进行控制。企业战略控制具有以下特点。

(1) 企业战略控制是面向整个企业系统的。

(2) 企业战略控制的标准是依据企业总体目标,而不是战略规划本身的目标,因为战略规划必须服从企业总体目标。

(3) 战略控制要保持战略规划的稳定性,又要注意战略的灵活性。

战略控制是战略管理过程中的一个重要环节,它伴随着战略实施的整个过程。战略控制有以下三要素。

(1) 确定评价标准。战略评价标准是用以衡量战略执行效果好坏的指标体系,包括定性指标和定量指标两大类。

(2) 实际工作效果。实际工作成果是战略执行过程中实际达到目标程度的综合反映。

（3）评价工作成绩。用取得的实际成果与预定的目标进行比较，通过比较可能出现如下情况。

① 超过预期的目标，这种情况称为正偏差。如果是稳定、协调发展的结果，是好结果。

② 与预定目标基本相等，偏差甚微，这也属于好结果。

③ 没有达到预期目标，存在明显的负偏差，这是不好的结果。在这种情况下应及时采取有效措施，进行调整。调整必须针对其产生的深层原因而非表层原因采取纠正措施，才能真正达到战略控制的目的。

知识链接 0-5

企业战略的修订

企业战略的修订是指在战略执行过程中产生的实际结果与预定目标有明显差距时采取的对战略方案的修订。如果战略执行成效与预期战略目标无差别则不需要对战略进行修订。

1. 战略修订的原因

（1）战略的长期稳定性与战略环境的多变性之间发生矛盾，如果不对战略方案进行修订，就会严重地脱离实际，从而带来不良的后果。

（2）战略方案的制定带有主观想象的成分，加之科学技术发展水平的限制使得对未来的预测不够准确，在战略执行过程中其可靠程度可能会日益降低，不得不修改战略。

（3）在战略执行的过程中，产生了明显的失误，带来了巨大的风险，使得企业修订战略。与此相反的情况是，由于指挥得力，措施得当，善于捕捉机会，而提前完成了阶段性战略目标，也要修订战略。

（4）战略制定的本身不符合客观发展规律，甚至是错误的，经过一段时间的执行后，发现战略制定的失误，必须进行修订。

造成战略修订的具体原因很多，既可能是由客观因素所造成的，也可能是由主观因素所造成的。进行战略修订是更好地实现战略的一个重要程序。

2. 战略修订的种类与程序

战略修订的范围大致可分为局部性修订、职能战略修订和总体战略修订三类，具体战略修订类型与程序如表 0-1 所示。

表 0-1　战略修订类型与程序

分　类	定义与说明	程　序
局部性修订	按照影响战略的因素对战略进行局部性小修改，而不涉及战略方向的变化	这种修订不影响整体战略，可以由执行单位进行修订，报综合部门备案
职能战略修订	属于子战略的修订，由于影响战略的因素涉及范围较大一些，职能战略修定程度也比较大，需要认真研究分析才能进行修订	由职能部门提出修订方案，报综合部门审定后，经主管领导批准后执行
总体战略修订	涉及全局的长期基本方向的修改，不可轻举妄动，如需要变动大方向，必有充分的数据与论证，才能进行修改	由综合部门提出修订方案，经领导班子讨论后，上报董事会或上级主管部门批准后执行

概念辨析 0-3

战略、战略规划与战略管理三者关系

战略、战略规划与战略管理三者之间的关系如图 0-11 所示。战略是战略管理的核心;战略规划是制定战略并形成规划文本的过程,是一个相对静态的过程;而战略管理是包含战略规划但不限于战略规划的一个动态管理过程,还包括战略的实施、控制和变革。

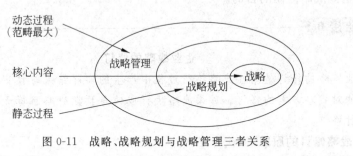

图 0-11   战略、战略规划与战略管理三者关系

0.4.4   战略管理的利益相关者

参与企业战略管理的利益相关者可以分为相关利益者、战略管理者和战略实施者三大类,具体分析如下。

1. 相关利益者

相关利益者主要包括资本市场相关利益者(股东和公司的主要资本提供者)和产品市场相关利益者(公司主要的顾客、供应商、所在社区、工会)。

1)资本市场相关利益者

股东和出资者都期待公司能够使其投资保值并升值。期待收益是与风险成正比,也就是说,低风险只能带来低收益,而高风险可能会有高收益。

假如出资者对公司不满,他们则会对以后的资本借贷提出更严格的要求。股东可以通过多种方式表达他们的不满,如抛售股票等。当公司意识到资本市场相关利益者潜在或实际的不满时,它会做出反应。公司对相关利益者不满做出的反应会受到它们之间的依靠关系的影响。依靠关系越紧密、越重要,公司的反应则会越直接、越重视。

2)产品市场相关利益者

顾客、供应商、所在社区和工会这四类团体都会从激烈的企业竞争中获得利益。顾客往往要求物美价廉,而供应商则希望找到愿意出高价的忠诚顾客。一方面,社区希望公司能够常驻此地以提供税收收入;另一方面,社区不希望公司提出过多公共支持服务的要求。工会关注的是为工人寻求稳定的工作和舒适的工作环境。由此,当公司的利润只不过最低程度满足了资本市场相关利益者时,它却能基本满足产品市场相关利益者。

在一个竞争的商业环境中所有的产品市场相关利益者都是至关重要的。然而,很多公司都非常重视顾客。尽管资本市场相关利益者的能力可以决定公司的实力,但最终的标准还是顾客满意度。

2. 战略管理者

战略管理者是战略管理的主体,因此,战略管理者的构成、各自参与方式与程度以及相关关系等对企业成功地实施战略管理具有非常大的影响。一般来说,战略管理者包括董事会、高层管理者、中层管理者、战略管理部门、非正式组织的领导、企业智囊团。其中最重要的是董事会和高层管理者。

1) 董事会

从战略管理的角度讲,董事会有以下三项主要的任务。

(1) 提出企业的使命,为企业高层管理者划定战略选择的具体范围。

(2) 审批企业高层管理者的建议、决策、行动,为它们提出忠告和建议,提出具体的改进措施。

(3) 通过它的委员会监视企业内外部环境的变化,并提醒企业高层管理者注意这些变化将会给企业造成的影响。

2) 高层管理者

企业高层管理者一般包括企业经营班子成员及事业部总经理。在企业战略管理中,高层管理者主要发挥以下两个方面的作用。

(1) 扮演企业管理的十大角色,具体包括企业代表、领导者、联络人、传播者、监督者、故障排除者、发言人、资源分配者、谈判者和企业家。

(2) 领导企业战略制定和战略实施。为了正确确定企业的使命、建立战略目标、制定企业战略和政策,高层管理者必须从长远的角度看问题,形成对企业的长期发展思路。同时,在企业战略的实施过程中,高层管理者也起着关键作用。

战略决策者主要是指在公司战略层次的责任者——高层管理者,通过企业战略计划的确定,企业高层管理者为自己的企业选择正确的时机、设置正确的方向、按照正确的顺序、运用最高效率的方法去做正确的事情。战略决策者在战略管理过程中的主要任务如表0-2所示。

表0-2 战略决策者在战略管理过程中的主要任务

战略层次	责任者	战略管理工作重点	在战略决策过程中的主要任务
总体战略	企业高层管理者	制定和实施企业的宗旨、目标、政策和战略	① 制定公司的任务和战略; ② 确定公司各事业部的任务; ③ 按照任务给各部门分配资源; ④ 批准各事业部的计划、预算和主要投资; ⑤ 考核各事业部工作,保证整个公司按照战略规划顺利运作
竞争战略	事业部主要管理者	制定和实施公司战略之下的相关事业部战略	① 向公司高层管理者提出事业部执行公司总体战略的事业部战略; ② 制定事业部的经营计划并获得上级批准; ③ 为取得最佳利润率和业务增长率而经营; ④ 按照公司方针、政策与程序进行管理

战略层次	责任者	战略管理工作重点	在战略决策过程中的主要任务
职能战略	职能机构中的中级管理者	制定和实施与公司战略、事业部战略相配合的职能战略	① 参与制定公司战略； ② 依据职能制定公司范围的方针、政策与标准，通过考核与监督，保证执行的一致性； ③ 就各事业部的任务、战略、经营计划和预算问题向公司高层管理者提出建议； ④ 就各事业部职能部门的工作向公司高层管理者提出建议； ⑤ 制定职能部门系统的战略、目标和职责； ⑥ 对于关键岗位的任命、工作标准的设置以及考核评价提出建议； ⑦ 在需要的地方提供职能方面的服务
战术	基层管理者和员工	实现企业各层次战略的具体方法和步骤	

　　高层管理者对公司能否获得预期的战略结果起着关键作用。不难理解，工作勤奋、思维周密、诚实可信、追求卓越、具备常识等特点是成为成功战略决策者的前提。战略决策者在进行战略决策时，最大的特点就是需要具有企业家的精神。

　　企业家精神体现在企业战略制定中，就是要使企业不断地追求卓越。这意味着高层管理者要努力维持创新精神和进取精神，不断地探索和把握新的市场机会，改进和开发新的产品与服务，寻求满足顾客需要的更好方法，随时准备应对来自环境和竞争者的威胁，使企业在市场竞争中始终处于不败之地。

　　同时，高层管理者还需要正确地、不失时机地决定企业应该放弃哪些业务、保持哪些业务、开发哪些新的业务，以及怎样用正确方法对企业的业务进行调整，将企业的资源从低收益或收益下降的业务部门转移到高收益或收益增长的业务部门，使企业的资源得到最合理的运用，以取得更好的经营效益。

　　3. 战略实施者

　　战略实施者是指企业中下层管理者和员工，他们在企业的运作中承担不同的职责，在不同的岗位各司其职、恪尽职守，上下级密切配合、和谐协作，主要包括两个方面。

　　(1) 业务战略层次的责任者：业务层战略的主要管理者。

　　(2) 职能战略层次的责任者：职能机构的中级管理人员和组织相关利益者（公司所有的员工）。

　　贯彻落实战略计划，并取得预期效果，这是战略实施者的重要职责。企业战略的实施虽然是行政管理性质的工作，但也充满挑战性，包括建立一个高效率的企业组织系统，激励员工的工作积极性和劳动生产率，创造一个有利于实现企业战略的企业文化环境，协调企业内部各方面的关系，修订工作进度，调整工作计划以适应环境变化，当企业的经营活动偏离预期目标时能够及时采取正确的行动予以干预和纠正。

脑力激荡

(1) 你对企业战略的理解。什么是战略？为什么要战略？

(2) 为何说"战略管理既是科学，也是艺术"？

(3) 百年柯达为何由巨大的成功走上危机的深渊？

(4) 由企业战略规划联系到对人生规划（选择）的借鉴作用。

0.5 项目的实施进程

在项目导师的引导下，各项目团队按项目实施计划逐个完成各个任务，并最终完成整个项目。任务 1 和任务 2 可以同步进行，任务 3、任务 4 和任务 5 可以同步进行，任务 6 在任务 5 的后期就可以开始进行，项目总结在任务 6 的后期就可以开始启动。

项目的总结和交流是本项目升华的重点，好的项目总结和交流可以使项目参与者获得最大的收获。做规划的过程是辛苦的，也是学习、收获和获取经验的快乐过程，而好的总结和交流可以画龙点睛、锦上添花，使你的收获得到一个质的飞跃。只有善于思考和总结的人，才能获得最大的收获与提高，因此要筹划好最后的项目总结。

项目进程表参考本书"教学建议"。

0.6 项目实施过程中可能出现的问题

1. 了解不到企业的真实信息

这正是我们要选取家乡小企业的原因，便于收集第一手资料。

2. 不会用相关知识具体分析问题

大数据产业发展规划给出了一个真实的全面的产业发展规划实例，而书中的鲜活案例则从正确认识战略与战略决策、如何思考一个成长型公司的战略决策、企业发展快与慢的辩证关系、多元化的误区、重视制定战略的方法论等不同角度阐述了公司战略选择、经营方略与竞争策略的问题。

3. 缺乏经验得不出正确的判断

掌握正确的方法比简单的结论更重要。当我们的经验经过有效积累，采用正确的方法与工具就容易得出正确的判断和结论。认真阅读书中的大量案例和多看推荐阅读书目都有助于我们经验的积累；分享与相互交流也有助于弥补我们经验的不足；而项目导师则是我们可以信赖和依靠的坚实臂膀。

0.7 后续项目

企业战略规划的制定，首先从企业的内外部环境分析（即任务 1 和任务 2）开始，两者可以同步进行。

0.8　阅读材料

0.8.1　战略管理理论的演进

无论是在管理理论还是在管理实践中,战略管理理论皆占据着十分重要的地位。从发展的历史脉络,企业战略管理理论大体可以分为以环境为基点的经典战略管理理论,以产业(市场)结构分析为基础的竞争战略理论,以资源、知识为基础的核心能力理论。

像其他任何一门管理学科一样,战略管理理论也是从科学管理理论以及现代管理理论中汲取了营养,是在总体管理理论的基础上顺应时代的要求而逐步发展起来的。这里追溯一下战略管理理论的源泉以及它的发展史。

1. 计划与控制阶段

20 世纪初,计划与控制管理制度开始出现。首先,科学管理创始人泰勒强调,要通过计划工作,挑选、培训和组织工人,以便增加产量。其次,法约尔提出,计划与控制都属于管理的重要职能。

在此阶段,财务预算成为重要的计划与控制手段。企业内既定的生产、销售、财务等部门分别制订年度预算计划。在财务预算的执行过程中,如果出现偏差,企业要找出原因,并采取必要的修正措施,以便实现既定的预算计划。这种管理制度的重点在于对偏差的控制,其基本假定是:过去的情况,必将重现。

2. 长期计划阶段

长期规划理论是战略管理理论的雏形,这一时期开始于 20 世纪 50 年代初,持续到 60 年代初期。进入 20 世纪 50 年代后,西方企业(主要是美国企业)的外部环境发生了很大的变化,从而使企业面临着许多更为严峻的挑战。这个时期的主要特点如下。

(1) 需求结构发生变化。基本消费品的需求已经达到饱和,社会已从对生活“数量”的需要转向对生活“质量”的需要,需求发生了多样化的转变。

(2) 科学技术水平不断提高。第二次世界大战中研究开发的许多技术,一方面使许多行业陈旧过时,另一方面又使一些以技术为基础的新行业产生。由于技术革命的加快和技术革新周期的缩短,加速了产品和制造工艺的发展,生产了许多属于“创造需要”性的新产品,增加了企业的技术密度。同时,也加剧了企业间的竞争。

(3) 全球性竞争日益激烈。在这个时期,不仅产品的出口数量和范围有了很大扩展,而且出现资本输出,跨国公司迅速发展。这样就使争夺国外资源、国际市场的竞争愈加激烈。

(4) 社会、政府和顾客等提高了对企业的要求和限制。由于企业一味重视获利,给社会带来许多消极影响。这一切引起了社会、政府、顾客对企业的不满,从而提高了对企业的要求,并提出了许多对企业的限制。

“长期规划”产生的原因正是这些变化迫使企业管理人员来延展传统的管理概念。这种理论的实质是根据历史情况,通过趋势外推法对企业未来环境的变化做出预测,从而制定出长期计划以应对这些变化。在这一时期,企业长期规划的主要活动集中于通过合并而实行企业经营多元化的计划和组织、跨国经营、前向一体化发展、产品-市场的革新等战略措施。

3. 战略规划阶段

这一时期开始于 20 世纪 60 年代初,持续到 70 年代初,战略规划由长期规划转变而来。应用长期规划这一管理技术有以下两个前提。

(1) 认为促使环境变化的主动权在于企业本身,企业对环境的变化具有很大的影响力。

(2) 认为外部环境是可以预测的,企业可以制订计划以应对未来的变化。

但当企业进入 20 世纪 60 年代后,由于政府的管制和各种调节政策,企业失去了对环境的控制。而且由于外部环境的复杂性和相互作用使得企业难于预测环境变化。企业要发展,必须具备能够对外部环境变化做出迅速反应的能力,并且要适应环境的变化,选择灵活性的战略。因此,长期规划被战略规划所取代。

4. 战略管理阶段

在战略规划阶段,由于一些高层管理人员机械地看待战略规划过程,过分强调定量分析的作用,只注重战略规划,忽略了对战略的评估与实施工作,使一些公司战略规划或缺少弹性,或流于形式,成为玩弄数字的游戏,丧失了战略规划应有的成效。

战略管理兴起于 20 世纪 70 年代中后期。企业战略决策者为了应对外来的"战略突变"和迅速出现的机会与威胁,必须摆脱计划周期的束缚,改变重计划不重实施的习惯做法,转为制定、评价和实施战略并重,在实施战略规划上下功夫,灵活而又富有创造性地实施战略性管理。

战略管理还具有更深一层的含义。它不一定限于完全被动地承受动荡环境的影响,单纯做出战略的反应和调整,它还具有积极的作用,即战略管理具有"预应"性质:通过制定、实施创造性的战略,它能够主动影响环境的变化,迎接环境的挑战。

进入 20 世纪 80 年代后,世界经济更加动荡,贸易摩擦、能源短缺、债务危机、股价下跌、新技术和新产品层出不穷,加剧了国际市场竞争。在这样复杂的经营环境下,推行战略管理便成为美国企业适应形势、突破困境、维持生存与发展的重要保证。

值得注意的是,企业战略管理各阶段的演进,并非是新的管理方式"替代"原有的方式,而是新方法"补充"了原有的方式。因此,最后形成的战略管理方式,包含了以往三种管理方式的内容。具体地说,企业实施战略管理,依然需要定期的计划程序,只是必须运用各种特殊的管理技术,以使企业经营战略更加灵活和完善,能够适应正常计划程序以外的情况,并且强化了战略实施和控制工作。

0.8.2 战略管理主要学派简介

人们对企业战略的认识是随着时间的推移逐渐得到完善的。自 1965 年安索夫 (Ansoff) 出版了第一本有关战略的著作《公司战略》以来,学者们基于不同的理论基础、研究方法和研究角度,形成了各种理论流派。明茨伯格 (Mintzberg) 等人在其所著的《战略历程:纵览战略管理学派》一书中,沿着战略管理理论发展的历史脉络,将战略管理理论归结为十大流派,即设计学派、计划学派、定位学派、企业家学派、认知学派、学习学派、权力学派、文化学派、环境学派和结构学派。这十大学派分别从各个角度或层次反映了战略形成的客观规律，均对战略管理理论做出了贡献，它们相互补充，共同构成了完整的战略管理理论体系。

1. 设计学派（Design School）：将战略形成看作一个概念作用的过程

设计学派认为，战略形成是经过深思熟虑而得出"重大战略"的过程，必须有充分的理由才能采取行动，有效的战略产生于严谨的人类思维过程。只有深思熟虑制定的战略，才能真正了解自己在做什么。

设计学派建立了著名的 SWOT 战略形成模型，这一模型也是设计学派的重要基础。根据 SWOT 分析，对企业现有的目标进行评价从而识别可选的战略方案。然后对这些方案进行评价，在考虑高层管理者的价值观及社会责任的基础上，选择最佳的战略。CEO 不仅控制整个战略的形成过程，而且也是战略的"建筑师"。

尽管这一学派通常被认为源自哈佛商学院，尤其是 20 世纪 60 年代的安德鲁斯，但是明茨伯格却认为这一学派产生于 20 世纪 50 年代安索夫和塞兹尼克（Selznick）的工作。明茨伯格认为这一学派不仅过时，而且在应用上受到限制，因为设计学派假设有关组织和环境的一切都可以得到战略家的理解与正确评价，事实上未必如此。

2. 计划学派（Planning School）：将战略形成看作一个正式的过程

计划学派开始于 20 世纪 60 年代，安索夫是这个学派最有影响力的思想家。计划学派认为，企业战略制订的过程应该是一个正规的计划过程，可以分为许多不同的步骤，每个步骤有分析技术和方法的支持。

明茨伯格认为，这一模型建立在传统的生产线观念基础上，每个计划因素可以得到界限和区分，然后按照规定得到各个组成部分，再把这些部分放在一起制定正确的战略。战略以"蓝图"的形式出现，包括特定的目标、预算、程序和经营计划。

计划学派也是明茨伯格所反对的一种观点，他认为这种学派具有三大误区，即错误地认为未来的事件是可以预测的，战略思考可以与经营管理分离开，数据和分析技术可以产生"新颖"的战略。虽然这一学派在 20 世纪 70 年代非常盛行，但是目前其重要性已经开始下降。

3. 定位学派（Position School）：将战略形成看作一个分析的过程

明茨伯格认为，定位学派建立在军事概念的基础之上。在管理领域，20 世纪 70 年代的咨询工具，如波士顿矩阵等，是这一模型的经典方法。20 世纪 80 年代，波特在竞争战略和竞争优势方面的研究[①]，使得这一学派在战略管理领域占据了主导地位。

波特用竞争分析和产业分析的方法取代了设计学派和计划学派的方法，尽管战略制定仍旧是一个深思熟虑的过程，但是波特提出了一套基本战略模式，即成本领先、差异化和专业化。该学派认为，产业结构决定企业的战略位置，而战略位置又决定企业的组织结构。

明茨伯格认为，定位学派的不足表现在分析所需要的大量数据很难得到，而且这一学派与设计学派和计划学派一样，都把战略思想和实践分离开来，没有给组织留下学习的空

---

① 1980 年，波特（Porter）出版了其代表作《公司战略》一书。

间。明茨伯格认为这是把分析误认为是战略,因为分析本身是支持战略制定过程的东西。

4. 企业家学派(Entrepreneurial School):将战略形成看作一个预测的过程

20世纪80年代后期,在对以上三个学派进行反思和总结的基础上,出现了一些新的学派。这些学派的基本特点是具有明显的非理性主义特点,强调企业战略的形式,注重对战略过程中行为因素的研究。

企业家学派认为,存在于企业领导人心中的战略,既是一种观念,更是一种特殊的、长期的方向感,是对组织未来的远见。战略形成最好不要成为一个完全有意识的思维过程。无论企业领导人是在实际中构思战略,还是把其他人的战略改进后以他自己的方式将战略内在化,战略形成都应当深深地根植于企业领导人的经验和直觉当中。

这一学派还认为,战略远见是可以发展变化的。企业家式的战略既是深思熟虑的,又是随机应变的,在远见的整体感觉上是深思熟虑的,在展开远见具体细节上是随机应变的。组织其实是一个受企业领导人指挥的、简单的组织结构。在这一学派看来,企业家式的战略就如同某种特殊的位置,而这个位置是受保护的、不受市场竞争冲击的市场位置。

5. 认知学派(Cognitive School):将战略形成看作一个心理的过程

认知学派认为,企业战略制定不仅是一个理性思维的过程,而且也包括了非理性思维的因素。面对大量真假难辨的信息、数据和时间限制,非理性思维在战略决策中可以发挥很大的作用。尽管并不真正存在这样一个学派,但是明茨伯格认为这一领域十分重要,最终会发展成为一个学派。这一领域的研究建立在认知心理学的基础之上,因而不断得出一些负面的观点。它倾向于强调个体在收集正确信息方面的能力的有限性,人脑在处理所收集信息方面的天然的局限性,因而得出有偏见的、失真的结论。

明茨伯格之所以提出这一学派,是为了推动这个领域的工作。他说,我们需要理解来自经验的智慧如何在战略制定中发挥作用。我们需要更多地了解创新思维和直觉,需要进一步发展迈克尔·波兰依(Michael Polanyi)在隐含知识(Tacit Knowledge)上的研究,尤其是它提出的"我们知道的远比我们所能说出来的要多"的观点。明茨伯格认为,有必要弥补心理学家强调的认知行为观点。其代表人物有西蒙(Simon)等。

6. 学习学派(Learning School):将战略形成看作一个应急的过程

面对复杂而动态的外部环境,战略家该如何去做呢?学习学派认为,企业需要不断学习,才能适应不断变化的、复杂的外部环境。明茨伯格本人就是这一学派的拥护者,他把战略制定看作是一个"自然发生的过程"。

该学派认为,组织环境具有的复杂和难以预测的特性,经常伴随着对战略而言必不可缺的知识库的传播,同时排斥有意识的控制,战略的制定首先必须采取不断学习的过程形式,在这一过程中,战略制定和实施的界限变得不可辨别。领导的作用变得不再是预想深思熟虑的战略,而是管理战略学习的过程,在此过程中可能出现新的战略。

因此,战略首先是作为过去的行为模式出现,只是在后来才可能成了未来的计划,并且最后变成了指导总体行为的观念。该学派的典型著作有:奎因于1980年出版的《应变战略:逻辑渐进主义》、圣吉于1990年出版的《第五项修炼》等。

7. 权力学派(Politics and Power School):将战略形成看作一个协商的过程

权力学派认为,战略形成是一个协商的过程,包括组织内部各个矛盾着的集团之间和互为外部环境的组织之间的协商。权力学派之所以要强调权力,是因为在企业战略制定的过程中,战略形成不仅要受到"经济"因素的影响,还要受到"政治"因素的影响。

在这一学派中,权力和竞争使战略形成具体化,无论是作为组织内部的过程,还是作为其外部环境中组织本身的行为。也许这一过程产生的战略往往是应急的并且采用定位和策略的形式而不是观念的形式。

因此,权力学派认为,战略制定不仅要注意行业环境、竞争力量等经济因素,而且要注意利益团体、权利分享等政治因素。

8. 文化学派(Cultural School):将战略形成看作是一个集体思维的过程

文化学派认为,战略形成是建立在组织成员的共同信念和理解基础之上的社会交互过程。个人通过文化适应过程或社会化过程来获得这些信念,这个过程大多为潜移默化而非语言文字的,虽然有时也通过较为正规的教导来强化。

因此,组织成员只能部分地描述巩固他们文化的信念,而文化的来源和解释可能依然模糊。结果,战略首先采取了观念而非立场的形式。该学派还认为,观念根植于集体意向之中,并在深藏着资源或潜能的组织模式中反映出来,受到保护并且用作竞争优势。

在这一学派看来,文化,尤其是观念体系不鼓励战略改变,以便现有战略永久存在。他们往往至多在组织整体战略观念之内做一些立场的改变。其危险性体现在文化越强大和丰富,现有战略对文化的附着性就越强,在未来进行战略变革的难度也会越大。

9. 环境学派(Environmental School):将战略形成看作一个反应的过程

尽管大多数战略学派都把外部环境看成是战略过程的一部分,但是环境学派认为,环境不应该是"因素"而应该是"演员"。他们认为,各种复杂力量所构成的环境是制定战略过程的核心"演员";企业必须适应环境,并且在适应环境的过程中寻找自己生存和发展的位置;同时企业还应该对环境的变化做出反应,企业与环境是可以互动的。

明茨伯格希望对环境的重要性进行更多的研究,并强调需要更多地了解特定环境如何对战略选择发挥约束作用。

10. 结构学派(Configuration School):将战略形成看作一个转变的过程

结构学派其实是其他学派的一种综合,但它却运用了自己的一个独特视角。每个学派都有自己的时间、自己的位置。所以,结构学派与所有其他学派的一个根本区别就是:它提供了一种调和的可能,一种对其他学派进行综合的方式。

结构学派有两个主要方面:一是把组织和组织周围的环境状态描述为结构;二是把战略形成过程描述为一个转变的过程。在不同的历史发展阶段,不同的战略制定过程将分别发挥作用。

该学派强调,大多数时候,组织都可被描述为某种稳定结构,即在一定时期内,采用特殊的结构形式,与特殊的内容相匹配,导致组织建立特殊的行为,从而产生了一套特殊的战略。这种稳定时期偶尔被一些转变过程所割断,发生向另一种结构的转变。

0.8.3 新华 VS 友邦,条条大路通罗马

战略没有好坏,只有适合不适合。适合自己的战略就是最好的战略。

正确的战略引导企业走向成功,错误的战略引导企业走向毁灭。正确的战略来自于

使用正确的战略制定方法论,这往往是许多企业所忽视的。许多企业重视战略,但不重视战略制定的过程和方法,使得公司战略很好看,却不符合公司的内外部环境情况,有如空中楼阁、水中捞月。新华和友邦都很好把握各自内外部环境,制定出了各具特点的有效战略。

1. 新华 VS 友邦:现状对比描述

新华人寿是近年快速发展起来的中资保险公司,成立于 1996 年,目前已在全国发展到有 35 家分公司、近 159 家地市级中心支公司,基本完成了全国性机构布局。数据显示,2006 年新华人寿保费收入增长到 266.57 亿元,个人业务代理人队伍达 12 万之众,总资产突破了 800 亿元,是我国第四大中资寿险公司。

友邦是中国寿险市场上唯一的外商独资保险公司,1992 年重返中国上海成立分公司,目前在沿海和经济发达地区有 14 家分公司,主要集中在以上海为中心的长三角、以广州为中心的珠三角和北京,其业务主要集中在个人营销业务,是外资寿险公司的领头羊。

2. 低成本快速扩张 VS 发达地区中心突破:战略比较分析

新华人寿近年来采用的是低成本快速扩张的发展模式("大众化"形象)。在我国保险业早期严格控制成立新主体和机构发展的环境下,新华人寿自 1996 年成立一直就只有北京总部,直到 2000 年才又开设了 3 家分公司,2001 年又开设了 6 家分公司和 7 家中心支公司。2001 年我国加入 WTO 为保险业加快发展、做大做强带来了历史性发展机遇。2002 年新华人寿成立了 19 家分公司和 46 家中心支公司,全国性布局真正展开并初步实现。

新华人寿于 2001 年在外方股东苏黎世的帮助下运用战略规划模型和 SWOT 分析方法确定了五年发展规划("一五"规划)。其要点是建立以寿险为核心的金融保险集团,寿险市场份额达到 5%;并确立了重点发展个人业务、快速发展银行代理业务、有序发展团体业务的业务策略,走的是以快制胜、低成本快速扩张的发展道路,三条业务渠道齐头并进。

新华人寿战略规划的另一个重点就是在五年发展规划的基础上,每年制订三年滚动计划以适应环境的变化和计划的进展。每年 10 月召开公司高层战略研讨会,对一年来内外部环境的变化和趋势进行分析,确定新的三年发展滚动计划。如 2003 年 10 月召开的战略研讨会,因为内外部环境出现的较大变化,提高了市场份额占比目标并对业务策略进行了调整。调整后的业务策略为:重点发展个人业务、适度发展银行代理业务、有效发展团体业务。对业务结构和产品结构进行调整转型,对规模和效益做出综合平衡的要求。新华的这个发展和转变是符合当时的国情和新华人寿自身的情况及其变化的。

友邦采取的是发达地区中心突破的发展模式("专业化"形象)。个险业务一枝独秀,银行代理业务刚刚开始,占比很小,团体业务尚未开展。在每个进入地区都是挑战者,直至领导者。其个险业务与新华、泰康不相上下,个险竞争力很强。

友邦的战略:在机构上采取了从高端入手、分批进入三大发达经济区域的策略;在业务策略上采取了集中精力发展中高端个人期交业务的做法,精耕细作。首先进入长三角经济区的中心城市上海,然后进入珠三角经济区的中心城市广州,2002 年进入环渤海经济区的中心城市北京。近年来才有限发展了几个中心城市的周边据点,毫无疑问也是发达地区。

友邦当年的战略选择也是符合当时的环境和自身的优势。友邦当时面临有三大主要障碍：①经营地域受限。当时由于政策原因，友邦不能像中资寿险公司那样随心所欲在各地设立分支机构。②经营领域受限。同样是由于政策的原因，友邦不能开展团体业务；只能从事个人业务。③本地化人才短缺。由于中国寿险业还处于发展的初级阶段，本地无法提供友邦需要的专业化、有国际眼光和经验的经营管理人才。

当然友邦也有四个显著优势：①成熟的经营运作管理模式和有效的执行力；②有利于开发中高端客户的个人业务营销模式；③雄厚的资本实力和国际化市场经验，避免因短期效益而忽视长期利益；④强大的精算和产品设计开发能力，既可有力地支持市场需要，又能有效地控制风险。结合内外部因素就形成了友邦前期的发展战略。

3. 机构均衡发展 VS 营销模式通用性：未来面对的课题

新华人寿与友邦下步发展各自面临的不同问题需要在未来发展战略里予以解决。新华人寿面临机构均衡发展、提高个人业务竞争力的问题，总公司管天下的经验和能力也亟待加强。友邦则面临其营销模式在中小城市和欠发达地区市场的适应性问题和机构延伸、多渠道发展等问题。

4. 点评

掌握正确的战略制定方法论很重要。每个企业面对不同的内外部环境，即使在同一市场（如都在中国市场）、同一行业（如寿险行业）所处的外部环境也可能不同，如友邦等外资、中外合资寿险公司碰到的机构扩张的障碍、业务渠道的限制等，新华人寿等中资寿险公司就没有。反之，在内部能力上友邦拥有的资本、高阶人才、管理和成熟营销模式等优势，新华人寿、泰康就显欠缺。然而，两者都运用了战略管理模型和 SWOT 分析等科学分析方法，对外部的机会与威胁、内部的优势与劣势进行了充分的分析，并且结合起来去分析（这一点非常重要），得出了符合各自特点与能力的战略去实施，因而在中国寿险市场目前都取得了初步的成功。这是值得认真学习和借鉴的。

5. 后续

2010 年新华人寿保险保费收入 936 亿元，超过了老牌的寿险公司太平洋寿险跻身寿险公司前三甲位列第三。2011 年 12 月 16 日，新华保险 A 股在上交所挂牌上市，实现了股票上市的目标。2012 年保费收入 977 亿元，连续第三年位列第三，显示出了其强大的发展实力。

2008 年友邦保险的母公司美国国际集团（AIG）受美国次贷危机影响濒临破产。2010 年友邦保险经历一波三折、从 AIG 分拆出来在中国香港独立上市，当年保费收入 84.7 亿元，仍居外资寿险公司第一。受监管政策的限制，外资寿险公司仍然只能在局部地区作业。2012 年友邦保险仍只局限在原来的作业区域，保费收入 86.9 亿元，连续以明显的优势位居外资寿险公司第一，充分显示出其个险业务的竞争力。

知　彼
——分析外部的机会与威胁

孙子曰："知彼知己者,百战不殆;不知彼而知己,一胜一负;不知彼,不知己,每战必殆。"就是既要了解自己(内部环境),也要了解敌人(外部环境),在此基础上才能"出其不意""百战百胜"。作为战略的制定者,要想制定出有效的战略就必须正确清楚地认识企业的内外部环境。

1.1　任务内容

1. 项目任务

企业外部环境分析——分析外部的机会与威胁。

2. 项目指标

(1) 从企业外部环境的众多机遇中找出对企业发展最为有利的3~5个机会。

(2) 从企业外部环境的众多威胁中找出对企业发展影响最大的3~5个威胁。

(3) 形成符合该企业实际的外部分析结论与报告。

1.2　任务提出

现代企业的生产经营活动日益受到外部环境的作用和影响。企业要想在激烈的竞争环境中取胜,首先必须全面地、客观地分析和掌握外部环境的变化,从中挖掘并把握企业发展的机遇,找出并化解制约企业发展的障碍。

引入案例

变革中的招商银行

1987年4月8日,招商银行在深圳蛇口正式成立,是我国第一家完全由企业法人持股的股份制商业银行。经过19年的发展,招商银行从当年的一家小银行发展成如今分布全国主要城市、总资产达7000亿元、利润约在10亿元以上的大型股份制商业银行。

1. "一招鲜,吃遍天"

招商银行的使命就是为顾客提供最好的服务。"葵花"是招商银行的标志,寓意是客户就像太阳一样,而招商银行就是"葵花","葵花"永远围着这个永不落的太阳转。在发展过程中,招商银行在国内首创了数十种新业务。例如,1995 年,在国内第一家推出集定活期、多储种、多币种于一卡的"一卡通";1999 年,在国内第一家全面启动网上银行业务;2002 年,推出国内首个面向高端个人客户的"金葵花"理财品牌等。

招商银行的发展一度形成了"一招鲜,吃遍天"的喜人态势。但是,随着银行业经营环境的深刻变化,随着经济金融市场化改革的不断深化,以及对外开放的全面推进。特别是外资银行的涌入,国内银行业的经营环境已经发生了重大变化,招商银行也面临着严峻的挑战。

在这样的历史时刻,招商银行行长马蔚华思考的是外部环境和招商银行自身正在发生变化。招商银行股份制机制和商业化的优势随着中国金融业全面开放的到来正面临衰减,同时越来越多的中资银行开始缩短与招商银行的距离,大环境已经让招商银行很难再创造出像"一卡通"这样能够遥遥领先七八年的"一招鲜"产品。

2. 环境变,我也变

随着顾客需求的日益多样化,我国银行业已经告别了产品导向的时代,进入了顾客导向的时代。中国家庭财产状况的改变决定了市场和个人客户对银行服务的需求不再是简单的汇率上的服务或简单的中转型服务,整个社会对个人理财有了一定的需求。中国加入 WTO 后,逐渐进入中国的国外商业银行首先关注的正是个人高端用户,他们成熟的经验和成熟的品牌优势将导致竞争格局的重大变化。过去商业银行的市场营销人员可以足不出户在办公室向客户介绍银行的各种金融产品和功能,现在客户面临更多的选择,他们不再是被动接受者。因此,马蔚华提出把"因您而变"作为招商银行的自我定位,作为银行制胜的关键。①

2004 年 8 月,马蔚华在招商零售银行半年工作会议上,开始明确提出零售银行业务是招商银行未来发展战略中的重中之重。而后,招商银行又明确提出其目标客户为"中高端客户"。但是,近几年来,招商银行瞄准的这个目标客户群的金融服务需求正在发生快速转变,已经不再满足于来银行有杯咖啡、有张笑脸或者有方便的电子渠道能在家转账这样的服务了。这个群体对自己在银行的资产逐渐有了保值、升值的需求,在这个群体选择银行时更看重银行的理财能力,于是,理财服务成为招商银行重点锤炼的能力,而"尽快转变为一家理财型银行",也开始成为招商银行未来的明确目标。从强调零售业务到走向理财银行这是马蔚华推动招商银行战略转型的一条主线。

3. 调战略,保发展

2004 年 4 月 1 日,中国银监会为推行巴塞尔协议Ⅱ做准备,发布了《商业银行资本充足率管理办法》,要求所有国内商业银行在 2006 年年底前必须满足资本充足率 8%,核心资本充足率 4% 的标准,否则其业务发展将受到限制。在这个刚性标准面前,银行要扩大规模,就要增加更多的准备金成本。这样,低风险的个人资产由于具有准备金要求比对公业务少 50% 的优势,开始明显体现出其重要性。而这对于一直处于

---

① 马蔚华. 因您而变[J]. 北大商业评论,2004(6):158-161.

规模发展快车道的招商银行来说,自然同样意义重大。

2005 年,央行开始酝酿发行银行间市场企业短期融资债,进一步压缩了商业银行在大企业身上的盈利空间,招商银行再次确定了对零售业务进行战略倾斜的决心。于是在这一年的行长会上,马蔚华进一步把发展低资本消耗的零售银行业务和中间业务正式部署为"经营战略调整"的方向。

2006 年 1 月 12 日,马蔚华在招商银行全国分行行长会议上宣布:招商银行在 2005 年的经营战略调整初见成效,资产结构明显改善,零售银行业务与中间业务获得了稳步发展。2005 年年底,招商银行的储蓄存款已占所有存款 40% 以上,中间业务增速超过 50%,资本充足率在资产质量保持 20% 以上增速的情况下仅下降 0.5%。

案例点评:

任何企业都是在一定的环境下生存和发展的,外部环境是企业生存和发展的空间,企业的经营管理活动必须受到外部环境的控制和影响。比如,由于文化习惯的不同,中美电影市场的表现截然不同。再如,由于美国是个移民国家,也滋养了移民律师这个职业,中国就没有。

企业的环境在很大程度上决定了企业管理者可能的战略选择。外部环境既可能对企业发展有利,也可能对企业发展不利。因此,外部环境分析是制定企业战略的关键要素。招商银行能及时应对环境变化调整战略保持了企业的持续发展,而在项目导入中介绍的柯达公司因忽视外部环境的变化陷入了破产的境地,两者形成了鲜明的对照。

1.3 预备知识:外部环境分析的方法与工具

【预备知识的重点内容】

(1) 企业总体环境及行业环境的组成要素。

(2) 宏观环境分析的 PEST 模型和行业分析的五力模型。

(3) 竞争对手和客户分析的主要内容。

(4) 战略环境要素评价模型与行业关键战略要素评价矩阵。

【关键术语】

宏观环境;行业环境;波特五力模型。

【预备知识的内容结构】

本部分内容的结构如图 1-1 所示。

(1) 哪些是可能影响我们的关键因素?

(2) 趋势是什么,可能的影响是什么?

【预备知识的具体内容】

外部环境分析就是要确定有哪些外部因素会影响企业,这些因素将会发生哪些变化,这些变化会以何种方式影响企业,这些因素对企业影响的性质是什么样的,等等。外部环境分析的内容主要包括宏观环境分析、行业分析、竞争对手分析和客户分析等;分析方法

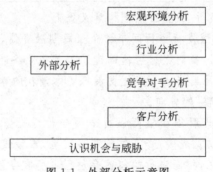

图 1-1   外部分析示意图

包括 PEST 分析法、波特五力模型分析法、战略环境要素评价模型、行业关键战略要素评价矩阵等。

1.3.1   宏观环境分析

宏观环境是指对企业发展具有战略性影响的环境因素。一般来说,宏观外部环境包括政治法律因素、经济因素、社会文化因素和科学技术因素,即 PEST 分析。通过这些因素的分析可以揭示外部环境中的重要机会和威胁,为企业战略的制定提供基础。图 1-2 揭示了企业与外部行业和宏观环境的关系。

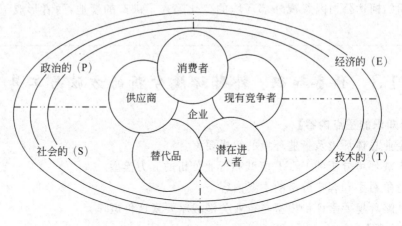

图 1-2   企业与外部行业和宏观环境的关系

1. 政治法律因素

政治法律因素是指对企业经营活动具有现存的和潜在作用与影响的政治力量,同时也包括对企业经营活动加以限制和要求的法律和法规等。

政治因素包括国家和企业所在地区的政局稳定情况、执政党所要推行的基本政策以及这些政策的连续性和稳定性。这些基本政策包括产业政策、税收政策、政府订购及补贴政策等。

(1)产业政策:国家确定的重点产业总是处于优先发展的地位。因此,处于重点行业的企业增长机会多,发展空间大。那些非重点发展的行业,发展速度就较为缓慢,甚至停滞不前,因而处于这种行业的企业发展难度就比较大。

(2) 税收政策:政府的税收政策影响到企业的财务结构和投资决策,资本持有者总是愿意将资金投向那些具有较高需求,且税率较低的产业部门。

(3) 政府订购及补贴政策:一方面,政府有时以资源供给者的身份出现,如政府对自然资源(森林、矿山、土地等)和农产品国家储备的政策和立场,将对一些企业的战略选择产生重大的影响。另一方面,政府有时以顾客的身份出现,扮演消费者的角色。如政府订货对军事工业、航空航天等国防工业有重大的影响,同时也间接地影响着其他工业的消费走向。此外,政府贷款和补贴对某些行业的发展也有着积极的影响。

法律因素体现在政府主要通过制定一些法律和法规来间接地影响企业的活动。为了促进和指导企业的发展,国家颁布的法律有经济合同法、企业破产法、商标法、质量法、专利法和中外合资企业法等。此外,国家还有对工业污染程度的规定,卫生要求,产品安全要求,对某些产品定价的规定等,而这类法律和法规对企业的活动有着限制性的影响。

2. 经济因素

经济因素是指构成企业生存和发展的社会经济状况及国家经济政策。社会经济状况包括经济要素的性质、水平、结构、变动趋势等多方面的内容,涉及国家、社会、市场及企业等多个领域。国家经济政策是国家履行经济管理职能、调控宏观经济水平和结构、实施国家经济发展战略的指导方针,对企业经济环境有着重要的影响。

企业经济环境是一个多元动态系统,主要由社会经济结构、经济发展水平、经济体制和宏观经济政策四个要素构成。

1) 社会经济结构

社会经济结构又称"国民经济结构",这是指国民经济中不同经济成分、不同产业部门,以及社会再生产各个方面在组成国民经济整体时相互质的适应性、量的比例性及排列关联的状况。一般而言,社会经济结构主要包括五个方面的内容,即产业结构、分配结构、交换结构、消费结构和技术结构,其中最重要的是产业结构问题。

实践证明,社会经济结构如果出现问题,立即会导致相当范围与数量的企业不能正常生产经营,甚至造成国民经济的危机。企业应关注社会经济结构的变化动向,及时妥善调整企业的经营活动,主动适应宏观经济环境变化,才能保证企业的安全与健康,有时还能把握时机,开拓创新,推动企业的发展。

2) 经济发展水平

经济发展水平是指一个国家经济发展的规模、速度和所达到的水准。反映一个国家经济发展水平常用的主要指标有国内生产总值(GDP)、人均国民收入、经济增长速度等[①]。对企业而言,从这些指标中可以认识国家经济全局发展状况,通过分析全国、各省市、整个产业的数据与企业自身数据的对比,以及一定时间间隔下数据变化的分析,企业可以从中认识国家宏观经济形势以及企业自身的发展是否符合这一形势,避免与实际情况发生冲突。

---

① 除了以上经济数据外,还有利率水平、劳动力的供给(失业率)、消费者收入水平、价格指数的变化(通货膨胀率)、汇率水平等。

3）经济体制

经济体制是指国家组织经济的形式。经济体制规定了国家与企业、企业与企业、企业与各经济部门之间的关系，并通过一定的管理手段和方法，调控或影响社会经济流动的范围、内容和方式等。正因为如此，经济体制对企业的生存与发展的形式、内容、途径都提出了系统的基本规则与条件。在经济体制改革过程中，企业应加强和重视对新经济体制实质、形式及运行规律等方面的了解，把握并建立起新的体制意识，改变企业行为的方式与方法。

4）宏观经济政策

宏观经济政策是国家在一定时期内为达到国家经济发展目标而制定的战略与策略，它包括综合性的国家经济发展战略和产业政策、国民收入分配政策、价格政策、物资流通政策、金融货币政策、劳动工资政策、对外贸易政策等。宏观经济政策是国家根据一定时期经济领域中普遍存在的问题而提出的针对性政策，它规定企业活动的范围、原则，引导和规范企业经营的方法，协调企业之间、经济部门之间、局部与全局之间的关系，保证社会经济正常运转，实现国民经济发展的目标和任务。

3. 社会文化因素

社会文化因素包括文化传统、社会习俗、民族特色、宗教信仰、社会道德观念、公众价值观念、员工的工作态度以及人口统计特征等。变化中的社会因素影响社会对企业产品或劳务的需求，也能改变企业的战略选择。具体表现在以下几个方面。

（1）社会文化是人们的价值观、思想、态度、社会行为等的综合体。文化因素强烈地影响着人们的购买决策，进而影响着企业的经营方式。因此企业必须了解社会行为准则、社会习俗、社会道德观念等文化因素的变化对企业的影响。

（2）公众的价值观念具体表现在人们对于婚姻、生活方式、工作、道德、性别角色、公正、教育、退休等方面的态度和意见。这些价值观念同人们的工作态度一起对企业的工作安排、作业组织、管理行为以及报酬制度等产生很大的影响。

（3）人口统计特征是社会环境中的另一重要因素。据统计，我国人口结构将趋于老龄化，青壮劳动力供应则相对紧张，从而影响企业劳动力的补充。但另一方面，人口结构的老龄化又出现了一个老年人的市场，这就为生产老年人用品和提供老年人服务的企业提供了一个发展的机会，就会形成一个巨大的市场。

4. 科学技术因素

科学技术因素是指企业所处的环境中的科技要素及与该要素直接相关的各种社会现象的集合，包括国家科技体制、科技政策、科技水平和科技发展趋势等。在科学技术迅速发展的今天，技术环境对企业的影响可能是创造性的，也可能是破坏性的，企业必须要预见新的技术带来的变化，在战略上做出相应的战略决策和调整，以获得新的竞争优势。

科技因素不仅指那些引起划时代革命性变化的发明，而且还包括与企业生产有关的新技术、新工艺、新材料的出现，发展趋势及应用前景。科学技术力量主要从两方面影响企业战略的选择。

1）技术革新为企业创造了机遇

（1）新技术的出现使得社会和新兴行业增加对本行业产品的需求，从而使得企业可以开辟新的市场和新的经营范围。如历史上彩色胶卷、立体相机的问世。

（2）技术进步可能使得企业通过利用新的生产方法、新的生产工艺过程或新材料等各种途径，生产出高质量、高性能的产品，同时也可能会使得产品成本大大降低。例如，互联网技术的广泛应用可以使企业在全球范围内实现最优成本采购和全球物流配送，同时也可使企业在不同的地点完成产品研发、设计、生产、销售和售后服务等不同的活动，以寻求产品的不断增值。

2）新技术的出现也使企业面临着挑战

（1）技术进步可能会对另一个产业构成威胁。如塑料制品业的发展就在一定程度上对钢铁业形成了威胁，许多塑料制品成为钢铁产品的代用品。

（2）竞争对手的技术进步可能使得本企业的产品或服务陈旧过时，也可能使得本企业的产品价格过高，从而失去竞争力。如在国际贸易中，某个国家在产品生产中采用先进技术，就会导致另一个国家的同类产品价格过高。

因此，要认真分析技术因素对企业带来的影响，认清本企业和竞争对手在技术上的优势和劣势。

PEST 分析如图 1-3 所示。

·政治/法律(P) ——垄断法律；环境保护法；税法；对外贸易规定；劳动法；政府稳定性	·经济(E) ——经济周期；GNP趋势；利率；货币供给；通货膨胀；失业率；可支配收入；能源适用性；成本
·社会文化(S) ——人口统计；收入分配；社会稳定；生活方式的变化；对工作和休闲的态度；教育水平；消费	·技术(T) ——政府对研究的投入；政府和行业对技术的重视；新技术的发明和进展；技术传播速度；折旧和报废速度

图 1-3　PEST 分析

1.3.2　行业（产业）结构分析

行业（产业）结构分析属于外部环境分析中的微观环境分析，主要是分析本行业中的企业竞争格局以及本行业和其他行业的关系。行业是影响企业生产经营活动最直接的外部因素，是企业赖以生存和发展的空间。行业的结构在决定竞争原则和企业可能采取的战略等方面具有强烈的影响，因此产业结构分析是企业制定战略最主要的基础。

按照波特(M. E. Porter)的观点，一个行业中的竞争，远不止在原有竞争对手中进行，而是存在着五种基本的竞争力量，即潜在的行业新进入者、替代产品的威胁、购买商的讨价还价的能力、供应商的讨价还价的能力以及现有竞争者之间的竞争，如图 1-4 所示。

这五种基本竞争力量的状况及其综合强度，决定着行业的竞争激烈程度，决定着行业中获得利润的最终潜力。

不同行业的竞争力量的综合强度是不同的，因此各行业利润的最终潜力也不同。竞争力的综合强度有强烈和缓和之分。在竞争激烈的行业中，一般不会出现某家企业获得

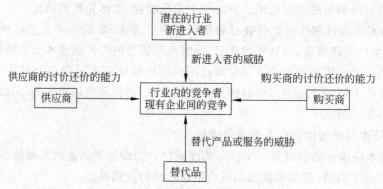

图 1-4　波特的五种竞争力模型

惊人的收益状况;在竞争相对缓和的行业中,各企业普遍可能获得较高的收益。

另外,行业中竞争的不断进行,会导致投资收益率下降,直至趋近于竞争的最低收益率。若投资收益率长期处于较低水平,他们会将资本投入其他行业,甚至还会引起现有企业停止经营。在相反情况下,将会刺激资本流入该行业。其流入方式有新加入者带入和现有竞争者增加投资。所以,行业竞争力量的综合强度还决定资本向本行业的流入程度。这一切最终将决定企业保持高收益的能力。

1. 现有竞争者之间的竞争程度

现有竞争者之间采用的竞争手段主要有价格战、广告战、引进产品以及增加对消费者的服务和保修等。竞争的产生是由于一个或多个竞争者感受到了竞争的压力,或看到改善其地位的机会。如果一个企业的竞争行动对其竞争对手有显著影响,就会招致报复或抵制。在下列情况下,现有企业之间的竞争会变得很激烈。

1) 有众多势均力敌的竞争者

当行业中的企业为数众多时,必然会有一定数量的企业为了占有更大的市场份额和取得更高的利润,而突破本行业规定的一致行动的限制,采取打击、排斥其他企业的竞争行为。这势必在现有竞争者之间形成激烈的竞争。即便在企业为数不多的情况下,若各企业的实力相当,由于它们都有支持竞争和进行强烈反击的资源,也会使现有企业间竞争激烈化。

2) 行业增长缓慢

在行业增长缓慢的情况下,企业为了寻求发展,便将力量放在争夺现有市场的占有率上,从而使现有企业的竞争激烈化。而在行业快速增长的条件下,行业内各企业可以与行业同步增长,而且企业还可以在增长的过程中充分利用自己的资源,竞争就不会激烈。

3) 行业具有非常高的固定成本和库存成本

当一个行业固定成本较高时,企业为降低单位产品的固定成本,势必采取增加产量的措施。企业的这种发展趋势会使生产能力过剩;而且还会导致价格大战,从而使现有竞争者的竞争激化。如若行业生产的产品库存起来非常困难或费用极高,企业也容易为尽快把产品销售出去而大幅降价致使竞争加剧。

4）行业的产品没有差别或没有行业转换成本

当产品或劳务缺乏差异时，购买者的选择是价格和服务，这就会使生产者在价格和服务上展开竞争，使现有企业之间的竞争激化。同样，转化成本低时，购买者有很大的选择空间，也会产生相同的作用。

5）行业总体生产规模和能力大幅提高

新的生产规模不断增加，就必然会经常打破行业的供需平衡，使行业产品供过于求，迫使企业不断降价销售，强化了现有企业之间的竞争。

6）竞争者战略选择的多样化

企业如果把市场当作解决生产能力过剩的出路，就会采取倾销过剩产品的方法；多种经营的企业，若把某行业经营的产品视为厚利产品，他就会采取扩大或巩固销售量的策略，尽力促使该行业的稳定；小型企业为了保持经营的独立性，可能情愿取得低于正常水平的收益来扩大自己的销路。所有这些都会引起竞争的激化。

7）企业在该行业的成功概率高

行业对企业的兴衰至关重要，如果取得成功的可能性大，那么行业中企业之间的竞争就会更加激烈。例如，一个多样化经营的公司可能将成功的重点放在某一特定产业中，以推动公司整体战略的成功。在这样的情况下，这些公司的目标可能不仅是多样化，而且更加带有突破性，因为这些公司只求扩张并含有牺牲其利润的潜在意向。

8）退出行业的障碍大

退出障碍是指经营困难的企业在退出行业时所遇到的困难。退出障碍主要由以下原因造成：①专业化的固定资产，这种固定资产其清算价值低或转换成本高；②退出的费用高，如较高的劳动合同费、安置费、设备配件费等；③企业的协同关系，如果企业的某一经营单位退出，就会破坏这种协力；④感情上的障碍，如退出某一行业影响员工的忠诚，对个人前途充满畏惧等；⑤政府和社会的限制，如因失业问题、地区经济影响问题，政府反对或劝阻企业退出某一行。当退出障碍高时，经营不好的企业只得继续经营下去，这样就使现有竞争者的竞争激化。

2. 行业新加入者的威胁

行业新加入者的威胁主要是由于新进入者加入该行业，会带来生产能力的扩大，带来对市场占有率的要求，这必然引起与现有企业的激烈竞争，使产品价格下跌；此外，新加入者要获得资源进行生产，从而可能使行业生产成本升高，导致行业获利能力下降。

新加入者威胁的状况取决于进入障碍和原有企业的反击程度。如果进入障碍高，原有企业激烈反击，潜在的加入者难以进入该行业，加入者的威胁就小。决定进入障碍大小的主要因素有以下几个方面。

1）规模经济

规模经济是指生产单位产品的成本随生产规模的增加而降低。规模经济的作用是迫使行业新加入者必须以大的生产规模进入，并冒着现有企业强烈反击的风险；或者以小的规模进入，但要长期忍受产品成本高的劣势。这两种情况都可能会使加入者望而却步。

规模经济形成的进入障碍表现在诸多方面：①企业的某项职能或某几项职能，如在生产、研究与开发、采购、市场营销等职能上的规模经济，都可能是进入的主要障碍。②某种或某几种经营业务活动,如电视机制造业中,彩色显像管生产规模的经济性具有决定意义。③联合成本,如企业利用生产主产品时产出的副产品创造经济效益从而降低生产成本,形成成本优势。④纵向联合经营,如从矿山开采、烧结直至轧制成各种钢材的纵向一体化钢铁生产。

2)产品差异优势

产品差异优势是指原有企业所具有的产品商标信誉和用户的忠诚性。产品差异化形成的障碍,迫使新加入者要用很大代价来树立自己的信誉和克服现有用户对原有产品的忠诚。这种投资具有特殊的风险,通常是以亏损为代价,而且要花费很长时间才能达到目的。这一壁垒在保健品和化妆品行业尤为重要。

3)资金需求

资金需求所形成的进入障碍,是指在行业中企业经营不仅需要大量资金,而且资金投资风险大。通过增加企业经营中的资金需求对新加入者造成障碍。形成需要大量资金的原因是多方面的,如购买生产设备、用户信贷、存货经营、弥补投产亏损等业务都需要资金。

4)转换成本

转换成本是指购买者将一个供应商的产品转到另一个供应商的产品所支付的一次性成本,包括重新训练业务人员,增加新设备,检测新资源的费用以及产品的再设计等。如果转换成本会造成购买者对变换供应者的抵制,新加入者就需要用大量时间和特殊服务消除这种抵制。

5)销售渠道

销售活动是指产品或服务从生产领域经由中间商转移至消费领域的活动。新加入者需要通过让价、合作广告和津贴等方法打破原企业建立的销售渠道障碍。

除了以上主要因素外,还会有一些因素造成进入障碍,具体包括专利产品技术、独占最优惠资源、占据市场的有利位置、政府补贴、具有学习或经验曲线以及政府的某些限制政策等。

3.替代产品的威胁

替代产品是指那些与本行业的产品有同样功能的其他产品。替代产品的价格如果比较低,投入市场就会使本行业产品的价格上限只能处在较低的水平,这就限制了本行业的收益。替代产品的价格越是有吸引力,这种限制作用也就越牢固,对本行业构成的压力也就越大。正因为如此,本行业与生产替代产品的其他行业进行的竞争,常常需要本行业所有企业采取共同措施和集体行动。

在进行这种竞争中应注意下述情况:当出现的替代品是一种顺应潮流的产品并且具有强大成本优势时,或者替代品是那些实力雄厚、获利水平高的行业生产的,在这种情况下,完全采取排斥的竞争战略不如采取引进的战略更为有利。

值得特别注意的是,替代品对本行业的影响往往是致命的,但却常常被忽略。如项目导入中的引入案例里,数码相机对传统相机的替代致使提供胶卷的柯达陷入危机,还有DVD、VCD对VCR(录放机)的替代以及MP3、MP4的兴起。

4. 购买商讨价还价的能力

购买商可能要求降低购买价格,要求高品质的产品和更多的优质服务,其结果是使得行业的竞争者们互相竞争残杀,导致行业利润下降。在下列情况下,购买商们有较强的讨价还价能力。

1) 购买商们相对集中并且大量购买

如果购买商们集中程度高,由几家大公司控制,这就会提高购买商们的重要地位。如果销售者行业急需补充生产能力的话,那么大宗的购买商就更具有特别有力的竞争地位。如家电连锁业寡头国美和苏宁相对于家电制造厂商具有非常强的讨价还价的能力。

2) 在购买商的消费中占比高

如果购买商购买的产品在购买商全部费用或全部购买量中占比很大,这时,购买商对价格通常比较敏感,购买商讨价还价的意愿比较大。反之,只占购买商全部费用的一小部分,那么购买商通常对价格不很敏感,无须讨价还价。

3) 购买商的选择余地大

购买商从该行业购买的产品属标准化或无差别的产品,在这种情况下,购买商确信自己总是可以找到可挑选的销售者,可使销售者之间互相倾轧。

4) 购买商的行业转换成本低

高的转换成本将购买商固定在特定的销售者身上。相反,如果转换成本低,购买商讨价还价能力就大。

5) 购买商的利润很低

这时他们会千方百计地压低购买费用,要求降低购买价格。高盈利的购买商通常对价格不太敏感,同时他们还可能从长计议考虑维护与供应商的关系和利益。

6) 购买商具有强大的垂直整合能力

如果购买商能够通过后向一体化以取代供应商承担的角色,那么购买者讨价还价的能力将会提高。如果购买者拒绝采购供应商的产品,它可以选择寻找另一位供应商或自己生产。如零售商可以通过制造和促销自有品牌的产品来提高与制造商的谈判能力。

7) 对购买商的产品无关紧要

如果销售者的产品对购买商的产品质量影响很大时,购买商一般在价格上不太敏感。如果销售者的产品对购买商的产品质量或服务无关紧要,购买商的讨价还价能力就比较强。

8) 购买商拥有充分的信息

购买者对于供应商及其价格和成本的信息知道得越全面,在讨价还价时就越有优势。清楚地了解供应商的产品、价格和成本结构信息,会使购买者在与供应商进行价格谈判时针对性更强。购买者拥有充分的信息,他们所处的地位就越强。

5. 供应商讨价还价的能力

供应商讨价还价的能力影响到产业的竞争程度。供应商对某一行业的潜在利润会有相当重要的影响。合理的价格、更好的质量、新服务项目的开发、送货及库存成本的降低,常常使供应商和生产商均能受益。供应商的威胁手段一是提高供应价格,二是降低供应产品或服务的质量,从而使下游行业利润下降。在下列情况下,供应商有较强的讨价还价的能力。

1）供应商数量有限

供应行业由几家公司控制，其集中化程度高于购买商的集中程度。这样供应商能够在价格、质量的条件上对购买商施加相当大的影响。

2）无替代品竞争

供应商无须与替代产品进行竞争。如果存在着与替代产品的竞争，即使供应商再强大有力，他们的竞争能力也会受到牵制。

3）在供应商的销售中占比不大

在供应商向一些行业销售产品且每个行业在其销售额中占比不大时，供应商更易于应用他们讨价还价的能力。反之，如果某行业是供应商的重要主顾，供应商就会为了自己的发展采用公道的定价、研究与开发、疏通渠道等援助活动来保护购买商的行业。

4）对购买商很重要

对购买商来说，供应商的产品是很重要的生产投入要素。这种投入对于购买商的制造过程或产品质量有重要的影响，这样便增强了供应商讨价还价的能力。

5）购买商的转换成本高

供应商们的产品是有差别的，并且使购买商建立起很高的转换成本。这样购买商便不会设想"打供应商的牌"。

6）供应商拥有前向一体化的能力

如果供应商能够通过前向一体化进行下游行业的生产过程，那么它就拥有较强的议价能力，并对下游厂商构成严重威胁，这样购买商若想在购买条件上讨价还价就会遇到困难。

知识链接 1-1

战略集团与战略集团分析法

所谓战略集团，是指一个产业内执行同样或类似战略并具有类似战略特征的一组企业。在一个产业中，如果所有的企业都执行着基本相同的战略，则该产业中只有一个战略集团；如果每个企业都奉行着与众不同的战略，则该产业中有多少企业便有多少战略集团。当然，在正常情况下，一个产业中仅有几个战略集团，他们采用着性质根本不同的战略。每个战略集团内的企业数目不等，但战略相似。

1. 战略集团间的竞争

一个产业中如果出现两个或两个以上的战略集团，则可能出现战略集团之间的竞争。这不仅影响着整体产业的潜在利润，而且在对付潜在的产业进入者、替代产品、供应商和购买商讨价还价能力等方面表现出很大的差异性。以下四个因素决定着一个产业中战略集团之间的竞争激烈强度。

1）战略集团间的市场相互牵连程度

所谓市场牵连程度，就是各战略集团为同一顾客进行争夺的程度，或者说是他们为争取不同细分市场中的顾客进行竞争的程度。当战略集团间的市场牵连很多时，战略集团间将导致剧烈的竞争。当战略集团将目标放在差别很大的细分市场上时,他们对他人的兴趣及相互影响就会小得多。当他们的销售对象区别很大时,其竞争就更像是在不同产业的集团间进行一样。

2)战略集团数量以及他们的相对规模

一个产业中战略集团数量越多且各个战略集团的市场份额越相近时,则战略集团间的竞争越激烈。战略集团数量多就意味着集团离散,某一集团采取削价或其他战术攻击其他集团的机会多,从而激发集团间的竞争。

如果集团的规模极不平衡,如某一集团在产业中占有很小的份额,另一集团却有很大的份额,则战略的不同不大可能对战略集团之间的竞争方式造成很大的影响,因为小集团力量太弱,不大可能以其竞争战术来影响大集团。

3)战略集团建立的产品差别化

如果各个战略集团各自不同的战略使顾客区分开来,并使它们各自偏爱某些商标,则战略集团间的竞争程度就大大低于集团所销售的产品被视为可替代产品时的情况。

4)各集团战略的差异

所谓战略差异,是指不同战略集团奉行的战略在关键战略方向上的离散程度,这些战略方向包括商标信誉、销售渠道、产品质量、技术领先程度、成本状况、服务质量、纵向一体化程度、价格、与母公司或东道国政府的关系等。如果其他条件相同,集团间的战略差异大,就越可能只发生小规模的摩擦。集团奉行不同的战略导致他们在竞争思想上有极大的差别,并使他们难以相互理解,从而避免茫然的竞争行动和反应。

以上四个因素的共同作用决定了产业中战略集团的竞争激烈程度。最不稳定,也即集团间激烈竞争的情况是,产业中存在几个势均力敌的战略集团,各自奉行着全然不同的战略并为争取同一类基本顾客竞争。反之,较为稳定的情况是,产业中有少数几个大的战略集团,他们各自为一定规模的顾客面而进行竞争,所奉行的战略除少数几个方向外并无差异。

2. 战略集团内部的竞争

在战略集团内部同样存在着竞争,这主要是由于各企业的优势不同造成的。在一个战略集团内,各企业会有生产规模和能力上的差别。如果一个战略集团的经济效益主要取决于产量规模,则规模大的企业就会处于优势地位。另外,同一战略集团内的企业,虽然常采用相同的战略,但各企业的战略实施能力不同,即在管理能力、生产技术、研究开发能力和销售能力等方面是有差别的,能力强者处于优势地位。

3. 战略集团分析

波特认为,利用两个或三个关键特性,通常就可以界定一个行业内的战略集团。战略集团分析仅仅描述了在一个战略集团内企业战略要素的相似性,但不一定是竞争关系。战略集团分析是一种分析预测工具,具有以下三种用途。

(1)有助于很好地了解战略集团间的竞争状况。

(2)有助于很好地了解企业怎样从一个战略集团转移到另一个战略集团去。

（3）利用战略集团分析图还可以预测市场变化或者发现战略机会。

竞争性分析的基点是确定五种竞争力量的来源及强弱，这些力量决定了产业中竞争的性质和该产业中所具有的潜在利润。而产业内部结构分析则是来解释在同一产业中，企业之间在经营上的差异以及这些差异与它们的战略地位的关系。

1.3.3 竞争对手分析

竞争对手是企业经营行为最直接的影响者和被影响者，这种直接的互动关系决定了竞争对手分析在外部环境分析中的重要性。分析竞争对手有以下目的。

（1）了解每个竞争对手所可能采取的战略行动及其实质和成功的希望。

（2）各竞争对手对其他公司的战略行动可能做出的反应。

（3）各竞争对手对可能发生的产业变迁和环境的大范围的变化可能做出的反应等。

在进行竞争对手分析前，首先要做的工作就是明确谁是你的竞争对手。公司最近的竞争者是那些用与自己相同的战略服务于同一目标市场的公司。然而，竞争对手是会变化的，在确定竞争对手的问题上，与其简单地认为是企业所处的竞争环境中既有的对手，还不如说，在很大程度上企业应主动地选定"谁作为对手"。

根据波特教授对竞争对手的分析模型，对竞争者的分析有四种诊断要素，它们分别是：①竞争对手的未来目标；②竞争对手的假设；③竞争对手的现行战略；④竞争对手的能力（见图1-5）。

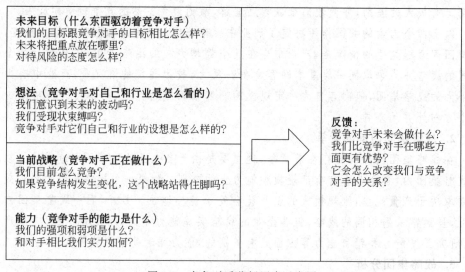

图1-5 竞争对手分析要素示意图

1. 竞争对手的未来目标

分析并了解竞争对手的未来目标，有利于预测竞争对手对其自身的定位和检测其财务成果的满意度，有助于推断竞争对手改变竞争战略的可能性及和其他企业战略行为的反应程度。对竞争对手未来目标的分析包括以下关键问题。

（1）竞争对手追求的市场地位总体目标是什么？

（2）竞争对手各管理部门对未来的目标是否取得一致性意见？如果有分歧，是否可能导致战略上的突变？

（3）竞争对手的当前财务目标及未来财务目标是什么？

（4）竞争对手核心领导的个人行为对整个企业未来目标影响如何？

2. 竞争对手的假设

假设经常是企业采取各种行为的最根本原因，因此了解竞争对手的假设，有助于正确判断竞争对手的真实意图。竞争对手的假设有以下两类。

1）竞争对手对自己的假设

每个公司都对自己的情况有所假设。例如，可能把自己看作社会上知名的公司、产业霸主、低成本生产者、具有最优秀的销售队伍等。这些对于该公司的假设将指导它的行动方式和反击方式。

2）竞争对手对产业及产业中其他公司的假设

对所有假设的检验能发现竞争对手的管理人员在认识其环境的方法中所存在的偏见及盲点。竞争对手的盲点可能是根本没有看清重大事件何在，也可能是没有正确认识自己。找出这些盲点可帮助公司采取不大可能遭到反击的行动。

3. 竞争对手的现行战略

对竞争对手分析的第三个要素是列出每个竞争对手现行战略的清单。对竞争对手进行现行战略的分析，实际上就是看它正在做些什么？正在想些什么？竞争对手现行战略至少应该分析以下几个方面。

（1）其市场占有率如何？产品在市场上是如何分布的？采取什么销售方式？有何特殊销售渠道和促销策略？

（2）研究开发能力如何？投入资源如何？

（3）其产品价格如何制定？在产品设计、要素成本、劳动生产率等因素中哪些因素对成本影响较大？

（4）采取的一般竞争战略属于成本领先战略，或者是特色经营战略，还是集中一点战略？

4. 竞争对手的能力

对竞争对手的能力进行客观评价，是竞争对手分析过程中的一项重要内容，因为能力将决定其对战略行动做出反应的可能性、时间选择、性质和强度。对竞争对手的能力分析包括以下方面。

1）核心能力

竞争对手在各职能领域中业务能力如何？最强之处是什么？最弱之处在哪里？这些能力将发生怎样的变化？随着竞争对手的成熟，这些方面的能力是否可能发生变化？是随时间的推移而增强还是减弱？

2）增长能力

竞争对手发展壮大的能力如何？竞争对手在人员、技术、市场占有率等方面的增长能力如何？财务方面、对外筹资方面是否能支持增长能力？竞争对手在哪些方面能持续增长？

3）快速反应能力

竞争对手迅速对其他公司的行动做出反应的能力如何？或立即组织防御的能力如何？

4）适应变化的能力

竞争对手能否适应诸如成本竞争、服务竞争、产品创新、营销升级、技术变迁、通货膨胀、经济衰退等外部环境的变化？有没有严重的退出障碍？

5）持久力

竞争对手维持长期较量的能力如何？为维持长期较量会在多大程度上影响收益？

知识链接 1-2

选择竞争对手的风险

企业在制定竞争战略时必须决策攻击或联盟一系列竞争者的一部分或其中之一。如强大或弱小的竞争者，紧密或松散的竞争者，好的或坏的竞争者等。

（1）强大或弱小的竞争者：许多公司关注于攻击弱小的竞争者，这种战略需要的资源较少，时间较短。但是在攻击弱小的竞争者过程中，公司在能力的提高上收效甚微。公司也应该与强大的竞争者进行竞争以保持竞争状态和竞争艺术。

（2）紧密或松散的竞争者。许多公司和自己最紧密的竞争者竞争。为此克莱斯勒和福特竞争，而不是和豹牌竞争。同时，公司应该避免伤害紧密的竞争者。在许多情况下，公司成功地攻击了紧密的对手，但却带来了更强硬的竞争者。

（3）好的或坏的竞争者：波特认为每个行业都有"好"的和"坏"的竞争者。所谓好的竞争者是指那些能起有益作用又不会带来太严重的长期威胁的竞争者。好的竞争者不会为满足虚荣心而向本企业挑战。公司应该支持"好"的竞争者，攻击"坏"的竞争者。"坏"的竞争者会破坏产业内的均衡。

"好"的竞争者具有以下特征：有信用和活力；有明显的自知性；通晓规则；有现实的假设；有改善产业结构的战略；有可协调的目标。

一般来说，"坏"的竞争者具有相反的特征。

1.3.4　客户分析

所谓客户分析就是了解谁是客户，他们在哪里，他们看中的是什么，他们通过什么形式购买，能买多少。通过明确客户决定企业的生产或提供的服务。因为只有客户的购买，才能使经济资源转化为财富。企业想生产什么并不重要，客户想买什么，什么是他们的认知价值，才是决定性的。因此，客户分析就显得特别重要。

客户分析过程包括客户需求分析、客户行为分析、客户让渡价值分析三方面。通过对顾客需求的挖掘和识别，了解顾客需要什么，需要多少，为制定市场战略提供依据；通过对顾客行为的分析，了解他们以什么样的形式购买，为制定准确、有效的市场战略提供支持；同时以顾客所提供的市场反馈为基础，再一次进行顾客盈利能力评估，为改进服务和客户关系管理提供依据。

1. 客户需求分析

在客户需求分析中,首先要确定企业的产品和服务的目标客户是谁;然后根据目标客户的不同需求,将目标客户划分为不同的群体,并把具有相似需求的人群集中起来,形成独立的、可识别的客户群,也就是我们所说的市场细分。企业需要将其产品销售给特定的客户群。

客户需求不同,对应的市场战略也应有所不同,下面仅对常见的几种不同客户需求状况以及相应对策进行扼要分析。

1)负需求

负需求是指绝大多数人对某个产品感到厌恶而回避购买的一种需求状况。在这种情况下,企业就应分析客户为什么不喜欢这种产品,以及是否可以通过产品重新设计、降低价格和更加积极推销等措施来改变市场和需求。

2)无需求

无需求是指目标市场对产品毫无兴趣或漠不关心的一种需求状况。在这种情况下,企业应想方设法将产品的好处同人们的自然需求和兴趣联系起来。

3)潜在需求

潜在需求是指相当一部分消费者对某物有强烈的渴求,而现有产品或服务又无法使之满足的一种需求状况。在这种情况下,企业应衡量潜在市场的范围,开发有效的商品和服务来满足这些需求。

4)下降需求

下降需求是指市场对一个或几个产品的需求呈下降趋势的一种需求状况,在这种情况下,企业必须分析需求下降的原因,并通过开辟新的目标市场,改变产品特点,或者采取更有效的沟通手段来重新刺激需求,并扭转需求下降的趋势。

5)不规则需求

不规则需求是指某些商品或服务的市场需求在一年里的不同季节,或一周中的不同日子,甚至一天里的不同时间上下波动很大的一种需求状况。在这种情况下,企业可以通过灵活定价、推销和其他刺激手段来改变需求的时间模式,调节市场需求。

6)充分需求

充分需求是指某种物品或服务的目标需求水平和时间等于预期的需求水平和时间的一种需求状况。在客户的偏好发生变化和竞争日益激烈时,企业应努力维持现有的需求水平。企业必须保证产品质量,不断提高客户的满意程度。

7)过量需求

过量需求是指某种物品或服务的市场需求超过了企业所能供给或所愿供给的水平的一种需求状况。在这种情况下,企业应尽量降低盈利较少和需求不大产品的市场需求量。

8)有害需求

有害需求是指市场对某些有害物品或服务的需求。在这种情况下,企业应劝说喜欢这些产品的客户放弃这种需求。

2. 客户行为分析

1）消费者行为分析

消费者行为分析是研究个人、集团和组织究竟怎样选择、购买商品、服务，以满足其需要的活动。分析消费者行为的目的在于掌握消费者的购买动机和对产品的具体要求，勾画出典型的消费者形象，从而为有针对性地展开产品开发和市场营销活动提供参考资料。

消费者的购买行为，即消费主体通过支出（包括货币或信用）而获得所需商品或劳务的选择过程。这个过程的形成与发展要受到许多因素的影响，其中主要因素有文化因素、个人因素、心理因素和社会因素（见图1-6）。

图 1-6　消费者购买行为的影响因素

消费者做出购买决策的过程，可能有很多人参与，也可能只有一个人参与。因此在这一过程中消费者会扮演不同的角色，主要的角色可以分为五种：一是发起者，即首先提出或有意购买产品或服务的人；二是影响者，即其看法或建议对购买决策有影响的人；三是决策者，即对是否买、为何买、怎样买、哪里买等问题进行最后决定的人；四是购买者，即实际采购的人；五是使用者，即所购产品或服务的实际消费和使用的人。

消费品购买的决策过程无论是何种角色的人参与，都可以分为以下五个阶段如图 1-7 所示。

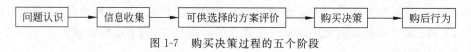

图 1-7　购买决策过程的五个阶段

2）产业购买者行为分析

对生产资料的购买，企业一般都由专职的采购人员和非专职的采购人员组成"采购中心"。企业的"采购中心"一般由发起者、使用者、影响者、决定者、批准者、采购者、控制者等几种角色的人组成。应该指出的是，并不是所有的企业采购任何产品都需要上述几种人员参与决策。一个企业的采购中心的规模和参加的人员，会因为欲购买产品种类的不同、企业自身规模的大小及企业组织结构不同而有所区别。

产业市场的购买类型分为三类：①直接再采购，即指采购部门根据惯例再订购产品；②修正再采购，是指购买者希望修改产品规格、价格、其他条件或者供应商的情况；③新任务采购，即购买者首次购买某一种产品或劳务。

影响产业市场购买行为的各种因素可以概括为四个主要因素：环境因素、组织因素、人际因素、个人因素,如图 1-8 所示。

环境因素:	组织因素:	人际因素:	个人因素:
• 需求水平 • 经济前景 • 利率 • 技术变化率 • 政治与规章制度的发展 • 竞争发展 • 社会责任关注	• 目标 • 政策 • 程序 • 组织结构 • 制度	• 利益 • 职权 • 地位 • 神态 • 服务	• 年龄 • 收入 • 教育 • 工作职位 • 个性 • 风险态度 • 文化

图 1-8　影响产业购买者行为的主要因素

3. 客户让渡价值分析

当今的顾客已不再是产品与服务的被动接受者,他们比以往掌握着更多的知识、信息与技能,更热衷于学习与实践,在日趋广泛的产品选择中享有主动权。谁能够争取顾客、维系顾客,谁就能够获得持久的竞争优势,在激烈的市场竞争中立于不败之地。

顾客让渡价值是指总客户价值与总顾客成本之差。总顾客价值就是顾客从某一特定产品或服务中获得的一系列利益;总顾客成本是在评估、获得和使用该产品或服务时而引起的顾客预计费用。消费者购买某一产品或服务,总是要塑造出一个价值的期望值并实践它。购买者将从能提供他们认知的最高顾客让渡价值的企业购买产品。顾客不会买自己不需要的东西。顾客让渡价值构成如图 1-9 所示。

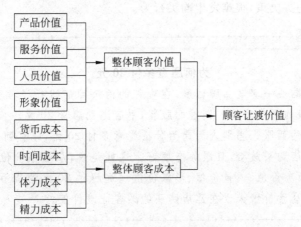

图 1-9　顾客让渡价值构成

1) 总顾客价值的构成

总顾客价值由产品价值、服务价值、人员价值、形象价值四个方面构成。

(1) 产品价值是由产品的质量、功能、规格、式样等因素产生的价值。产品价值是满足顾客需求的基础,其高低是顾客选择商品或服务时考虑的重要因素。

(2) 服务价值是指企业向顾客提供满意服务所产生的价值。服务价值是构成顾客总价值的重要组成部分,也是满足顾客、建立顾客对商品忠诚度的重要因素。

(3) 人员价值的含义十分广泛,主要指的是服务人员的可靠性、响应性、安全性和移情性。具体来说,人员价值一般包括企业员工的经营思想、知识水平、业务能力、工作效益与质量、经营作风、应变能力等所产生的价值。

（4）形象价值是指企业及其产品在社会公众中形成的总体形象所产生的价值。

2）总顾客成本的构成

总顾客成本由货币成本、时间成本、体力成本、精力（精神）成本四个方面构成。

货币成本是指购买行为的金钱支出。顾客购买商品首先要考虑货币成本的高低，因而货币成本是构成整体顾客成本的主要和基本因素。

时间成本是指顾客为想得到所期望的商品或服务而必须处于等待状态的时期和代价。时间成本是顾客满意和价值的减函数，在顾客价值和其他成本一定的情况下，时间成本越低，顾客购买的总成本越小，从而顾客让渡价值越大，反之让渡价值越小。

体力成本和精力成本是指顾客购买商品时，在体力、精力方面的耗费与支出。在顾客总价值与其他成本一定的情况下，体力与精力成本越小，顾客为购买商品所支出的总成本越低，从而让渡价值越大。因此，企业如何采取有力的营销措施，从企业经营的各个方面和各个环节为顾客提供便利，使顾客以最小的成本耗费，取得最大的实际价值是每个企业需要深入探究的问题。

3）顾客让渡价值与购买行为

顾客在购买产品时，很自然地将效用与成本进行比较，如果效用大于成本，即顾客让渡价值为正时，有可能进行购买决策，实现购买行为；如果成本大于效用，即顾客让渡价值为负时，则会放弃购买决策，很难发生购买行为。

个案研究 1-1

为何愿意多付 20 元

某一顾客欲购买一套某品牌西服，在毗邻的两个商店进行了考察。甲店是名牌大店，乙店是一般的百货商店。同样的服装，甲店比乙店贵 20 元。该顾客考虑再三，还是选购了甲店的西服。当别人问起为什么愿意多付 20 元，顾客回答说：虽然多付了 20 元，但在甲店购买放心，且服务态度好。这就是说，从货币价值来看，顾客吃亏了；但顾客感到服务价值、人员价值、形象价值远远超过 20 元的货币价值。因此，在甲店购买的顾客让渡价值大于在乙店购买的顾客让渡价值。

了解顾客让渡价值理论，主要是明白两点：一是顾客在信息基本透明的情况下，会以顾客让渡价值最大化作为购买决策的主要依据；二是整体顾客价值和整体顾客成本都是包含有多种因素的综合体，而不仅仅是产品效用和产品价格之间的简单比较。企业的决策者必须在整体顾客价值和整体顾客成本之间进行估算并考虑它们与竞争者的差别，以明确自己所提供的产品或服务如何推向市场销售。

如果决策者通过估算认为所售产品或服务在让渡价值上缺乏优势，则应该在努力增加整体顾客价值的同时降低整体顾客成本。前者要求强化或扩大产品的服务价值、人员价值和形象价值；后者要求减少顾客的货币成本、时间成本、体力成本和精力成本，如降低价格，简化订货和送货程序，实行上门安装调试，提供担保减少顾客风险等。

1.3.5 外部环境分析方法

企业战略环境的分析是运用各种技术及模型分析关键外部环境因素对企业的影响及其相互关系。这种分析的目的是要了解这些关键因素对企业影响的性质(机会或威胁)以及它们的相对重要性。

1. 战略环境要素评价模型

在找出企业的战略环境要素,收集了有关信息,预测了关键要素的变化之后,战略环境要素评价模型可以帮助企业战略管理者对上述分析工作进行概括和进一步分析。由于主观判断在此模型中的影响,不能过分夸大此模型的作用。建立这个模型的主要步骤方法如下。

(1) 列出企业面临的主要机会和威胁。

(2) 给每个因素确定一个权数。权数应在 0.0(不重要)到 1.0(很重要)之间。每一个因素的权数说明这个因素在一个行业中对企业成功的重要性。各个因素的权数总和应该等于 1。

(3) 按四分制给每一个因素打分,以表明这个因素是企业的重大威胁(1 分)、轻度威胁(2 分)、一般机会(3 分)、重大机会(4 分)。

(4) 将每一个因素的权数和分数相乘得到某一因素的加权分数。

(5) 将每一因素的加权分数加起来,其总和就是一个企业的总加权分数。

注意:无论这个模型包括有多少重要机会或威胁,企业的总加权分数最高是 4 分,最低是 1 分,衡量标准是 2.5 分。≥2.5 分,行业有吸引力;<2.5 分,行业无吸引力。得 4 分的企业正处在有吸引力的行业,而且有许多外在机会;相反,得 1 分的企业则处在无吸引力的行业,面临许多严重的威胁。

在外部因素评价模型中列举的机会和威胁一般应控制在 5~20 个。表 1-1 是一个使用这一模型的例子。从表 1-1 中可以看到,政府放松管制是这个行业最重要的战略环境因素。例子中公司面临两个机会:中国人口向东部沿海地区转移和信息系统计算机化。这个企业有一个主要威胁,就是汇率的上升。企业总加权分数是 2.70,这表明该企业所处在的行业只有略高于平均水平的吸引力。

表 1-1 战略环境要素评价模型实例

关键战略环境要素	权数	分数	加权分数
汇率上升	0.20	1	0.20
中国人口向东部沿海地区转移	0.10	4	0.40
政府放松管制	0.30	3	0.90
一个主要对手采取扩张战略	0.20	2	0.40
信息系统计算机化	0.20	4	0.80
总加权分数	1.00		2.70

2. 行业关键战略要素评价矩阵

行业关键战略要素评价的矩阵分析方法是通过对行业关键战略要素的评价分值比较,展示出行业内各竞争者之间的相对竞争力量的强弱、所面临的机会与风险的大小,为企业制定经营战略提供一种用来识别本企业与竞争对手各自竞争优势、劣势的工具。建立行业关键战略要素评价矩阵可按以下四个步骤进行。

（1）由企业战略决策者识别行业中的关键战略要素。评价矩阵中一般要求 5～15 个关键战略要素。具体由战略决策者通过研究特定的行业环境与评价结论，针对与企业成功密切相关的要素达成共识。在分析中常见的关键战略要素有市场份额、产品组合度、规模经济性、价格优势、广告与促销效益、财务地位、管理水平、产品质量等。

（2）对每个关键战略要素确定一个适用于行业中所有竞争者分析的权重，以此表示该要素对于在行业中成功经营的相对重要性程度。权重值的确定可以通过考察成功竞争者与不成功竞争者的经营效果，从中得到启发。每一要素权重值的变化范围从 0.0（最不重要）到 1.0（最重要）；且各要素权重值之和应为 1。

（3）对行业中各竞争者在每个关键战略要素上所表现的力量、相对强弱进行评价。评价的分数通常取为 1、2、3、4，依次为 1 表示最弱，2 表示较弱，3 表示较强，4 表示最强。评价中必须注意各分值的给定应尽可能以客观性的资料为依据，以便得到较为科学的评价结论。

（4）将各关键战略要素的评价值与相应的权重值相乘，得出各竞争者在相应战略要素上相对力量强弱的加权评价值。最后对每个竞争者在每个战略要素上所得的加权评价值进行加总，从而得到每个竞争者在各关键战略要素上力量相对强弱情况的综合加权评价值。这一数值的大小就揭示了各竞争者之间在总体力量上相对强弱情况。

表 1-2 提供了一个行业关键战略要素评价矩阵分析的实例。

表 1-2　行业关键战略要素评价矩阵分析的实例

行业关键战略要素	权重	本企业		竞争者 1		竞争者 2	
		评价值	加权评价值	评价值	加权评价值	评价值	加权评价值
市场份额	0.20	3	0.6	2	0.4	2	0.4
价格竞争	0.20	1	0.2	4	0.8	1	0.2
财务地位	0.40	2	0.8	1	0.4	4	1.6
产品质量	0.10	4	0.4	3	0.3	3	0.3
用户信誉	0.10	3	0.3	3	0.3	3	0.3
综合加权评价值	1		2.3		2.2		2.8

表 1-2 中财务地位的权重为 0.40，表明其为关系到企业经营战略成败的最重要的战略要素；本企业在产品质量方面的评价值为 4，表示在产品质量方面本企业力量最强；竞争者 2 在财务地位与综合加权评价值方面均属最强，其得分分别是 4 与 2.8；而竞争者 1 的综合加权评价值为 2.2，表示其在综合力量方面最弱。

注意：与战略环境要素评价模型不同的是，该模型采用对比分析，而不是设定固定的衡量标准值。

3．战略环境预测方法和技术

预测是一种十分复杂的活动，因为政治波动、技术进步、文化的改变、竞争状况的变化、新产品或服务的出现、政府政策的变化、经济形势的变化以及其他一些变化总是相互影响或同时发生的。预测方法可以分成两大类：定量方法和定性方法。

定量方法又包括三种基本技术：经济模型、回归分析和趋势外推。经济模型是以若干回归等式构成的相互作用的系统为基础的。在先进的计算机帮助下,经济模型已经成为预测经济变量的一种广泛运用的方法。单元或多元回归分析是一种用一个或几个自变量的变化来解释另一个因变量变化的统计学方法。趋势外推是对过去的变化趋势是否延续至将来的预测。应当注意的是,所有定量技术都是以各种变量之间的历史关系为基础或依据的。因此,选择和使用预测方法要小心谨慎,否则得到的结果会引起更大的失误。

知识链接 1-3

用于预测未来外部环境状况的六种定性方法

1. 销售人员估算法

销售人员估算法是一种从下到上进行估算方法的典型代表。采用这种方法可以对产品、经销商和顾客方面的变化进行预测。

2. 经理人员判断法

经理人员判断法是一种征询或综合各个部门经理的意见而进行预测的方法。

3. 预先调查或市场研究法

预先调查或市场研究法是通过经常的电话或问卷调查和分析收集的信息进行预测的方法。

4. 情景预测法

情景预测法是进行社会预测的最广泛使用的方法。首先对可能影响组织和企业的各种事件进行描述,然后预测如果发生这些事件会对企业产生什么样的影响。

5. 德尔菲法

德尔菲法主要用于技术、政治、法律变化趋势的预测。德尔菲法的使用要求有一批专家在一起进行共同预测。

6. 头脑风暴法

头脑风暴法则用于收集新的观点、办法和意见。它只能在没有任何压力的环境中才能使用。

没有一种预测方法是完美的,有的甚至误差很大。这种情况就要求企业的战略管理者投入大量的时间和精力去了解各种公布的预测数据,并且在综合分析的基础上形成自己的预测。因为只有通过准确、及时的预测,企业才能辨认自己重要的机会和威胁,才能建立企业的竞争优势。

---

4. 行业中取得成功的关键因素分析

1）行业内关键成功因素的概念

一个行业的关键成功因素,是指最能影响行业内的企业取得竞争胜利的主要因素,如产品的属性、资源、竞争能力等。

2）如何确认行业关键成功因素

回答下面三个问题有助于确认行业的关键成功因素。

（1）顾客在行业内各个竞争产品之间选择的依据是什么？

（2）行业内一个公司要想取得成功必须做什么？——需要什么资源和竞争能力？

（3）行业内一个公司要想取得持久的竞争优势必须采取什么样的措施？

要回答第一个问题，需要详细地深入分析这个行业的顾客，并把他们看作行业得以存在的理由和利润的来源，而不是把他们看作一种讨价还价的力量，更不能看作对企业盈利能力的威胁。公司必须识别谁是公司的顾客，识别他们的需求，并找出在行业内各个竞争产品之间顾客选择的优先级顺序是什么？如果顾客最看重的是价格，那么其关键成功因素当然是低成本。

要回答第二个问题，需要对整个行业的竞争进行分析，竞争激烈程度如何？竞争的关键维度（如产品档次、地区等）是什么？公司应如何获得竞争优势？

要回答第三个问题，需要对公司内部的资源及竞争能力进行分析，公司在研发、技术、生产制造、市场营销、管理、品牌等方面具有哪些优势？

识别关键成功因素的基本框架如图 1-10 所示。

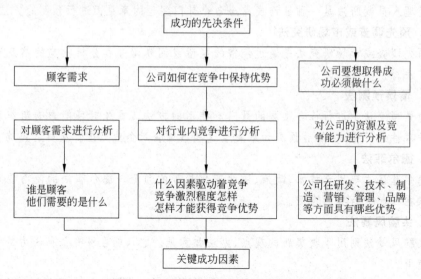

图 1-10　识别关键成功因素的基本框架

专论摘要 1-1

如何培育企业成功的关键因素

一个成功的企业应该是在所有的关键成功因素上有适当的能力，至少在 1～2 个关键成功因素上拥有卓越的能力。刘冀生教授认为，中国企业在加入 WTO 以后，至少应该在一个关键成功因素上拥有卓越的能力，主要应在以下三个方面做出努力。

1. 企业管理能力

跨国公司进入中国后，对中国的企业不了解，对中国市场不了解，最了解中国企业及中国市场的还是中国企业家自己,如我国的海尔集团,由于加强企业管理,在管理上不断创新,创造"日事日毕,日清日高"的 OEC 管理模式,近年来创造了"市场链"管理模式,在管理创新上取得显著成绩。这是中国企业目前可以做到的。在这个关键要素上,中国企业有可能取得卓越的能力。

2. 功能性创新能力

所谓的功能性创新能力,是指非核心的技术创新,即这种创新是指在核心技术上不能实施创新的情况下,努力避开和拥有核心技术企业之间的竞争,而是在核心技术的下游,在非核心技术领域做出创新,这样的企业就会在竞争中取得成功。刘冀生教授认为,现在中国相当一部分企业已具备功能性开发能力。

3. 核心技术创新能力

核心技术是重要的,不能获得核心技术,企业产品就没有持久的竞争力,但是我国相当一部分企业目前尚不具备核心技术创新能力。

对于我国大多数制造企业来说,关键的是要与核心技术提供者建立良好的战略合作关系,比竞争对手更快、更优惠地获得核心技术的使用权。例如,在 PC 进入奔腾时代以来,联想集团之所以每次都能在 Intel 推出新的 CPU 后就推出具有相应配置的计算机,就是因为与 Intel 建立了良好的合作关系。当然,我国企业也要努力培育起自己的核心技术创新能力。

脑力激荡

(1) 谁是你真正的竞争对手?(如何确定竞争对手)

(2) 用 PEST 方法具体分析某一产业受哪些宏观环境因素的影响,并运用战略环境要素评价模型进行定量分析。

(3) 用波特五力模型具体分析某一产业中各种竞争力量是如何影响该产业的,并运用行业关键战略要素评价矩阵进行定量分析。

1.4 任务实施

1. 外部环境中存在的机遇

(1) 找出外部环境中对本企业的所有机会。

(2) 从全部机遇中比较确定对本企业最有价值的 3～5 个机会。

2. 外部环境中存在的威胁

(1) 找出外部环境中对本企业的所有威胁。

(2) 从全部威胁中比较确定对本企业影响最大的 3～5 个威胁。

3. 撰写外部分析报告

根据上述分析内容,撰写本企业外部分析报告。

1.5 任务实施过程中可能出现的问题

1. 外部分析面面俱到

作为实施项目的预备知识需要介绍的比较全面,但对于具体企业而言,有些方面因素影响很大,有些方面因素没什么影响,如汇率因素对一家外贸企业就影响很大,但对一家本地饭店就没什么影响;而饭店周围的人口分布对该饭店的生意就影响很大,但对外贸企业就没什么影响。因此,外部分析切忌面面俱到,像一部教科书,需要的是个性化分析。

2. 忽视特定环境的差异

如中美两国电影市场的差异,由于文化习惯的不同和票价因素,美国的周末电影市场异常火爆,而中国的电影市场则相对冷清。由于大量移民涌入美国,导致美国移民律师大行其道,但在中国则移民律师却很少。由于受国家政策(直销法)的影响,中国不允许多层计酬的直销,而在西方国家则允许。这些都是由宏观环境的差异引起的。

3. 缺少对产业环境变化的敏感

如在项目导入里介绍的柯达案例,就是由于忽视数码相机对传统照相技术的影响造成的。瑞士钟表战略的失误,导致日本电子表产业的崛起。前些年 VCD、DVD 取代 VCR,近年来 MP4、MP5 的崛起,都是产业环境变化带来影响。还有"超女""中国好声音"、网络歌手都对传统"造星"(歌星)方式产生了致命的冲击。

1.6 阅读材料

全面认识战略和战略决策

战略一词源于希腊字 Strategos,其含义是"将军"。当时,这个词的意义是指挥军队的艺术和科学。今天,在企业中运用这个词,是用来描述一个企业打算如何实现自己的目标和使命。大多数企业为实现自己的目标和使命,可以有若干种选择,战略就与决定选用何种方案有关。战略包括对实现企业目标和使命的各种方案的拟定和评价,以及最终选定将要实行的方案。

最近看到一些关于战略的文章,很受启发,如刘春雄《还战略一个真实的面目》一文,很多论述和引用都很精彩:"所有人都在选择,不做选择也是选择。""企业因为战略而成功,并非因为成功才需要战略。""战略不是那些'资源无限'企业的专利,中小企业也需要战略。""没有战略也是一种战略,只不过那是一种随遇而安的战略。"

文章关于企业家式战略的论述也很充分、很生动。的确,"在企业的初期状态,目标是一个暗藏的朦胧的意识。因为企业还很弱小,对瞬息万变的市场还缺乏把握。无论你具有怎样的信心,目标对于初创的企业至多是一个远大抱负因而无法量化与明确。一切都是在日后的发展中日渐明朗。"(引自《联想为什么》)这就是中小企业的情况,没有充足的可调配的资源,没有对复杂的战略模型深刻理解的人,花不起巨额的战略调研费用和专家费用,每天忙于生存问题而不是长期战略所着力解决的长期生存问题。对这些企业来说,它们除了抓住机会、放大机会,没有过多的选择。因此,在此期间的战略决策多为凭经验感觉的机会决策,也就是该文中所称的企业家式战略。

也许是文章论述得太精彩,举例也很充分,看后容易使人对文章所称的经院式战略产生抵触,对企业家式战略产生无限向往,也给那些本来就对经院式模式不甚了解,喜欢一人决策,习惯拍脑袋决策的人以口实。固然,我们反对一些专家学者和顾问故弄玄虚,把战略神秘化和故意复杂化、晦涩化;但我们不能否认经院式模式的重要性和积极意义,以及对企业健康持续发展的重要作用。

斯剑在《企业,命系挥手间》一文中写道:当一个企业的决策者对自己企业的运营说了不算时,这个企业是相当可怕的;当一个企业的决策者对自己企业的运营一个人说了算时,这个企业是相当危险的。决策应该是一个严谨而复杂的过程,但当权力一旦演变为某个人的权威,决策就会成为一场灾难的开幕式。真是一语中的。

的确,企业家式战略是此类企业所采用的主要战略决策方式,这是在特定环境和条件下的必然,是不得已而为之,而非有意如此。没有人会就此满足,只是形势所迫。我们必须承认这样的现实和接受需要成长的过程;但不应该放纵,甚至无原则鼓励这种行为,更不应该夸大这种做法的积极作用。事实上,这种情况下,失败的概率要远远大于成功的概率。因此,倡导科学地战略决策更显得具有积极意义。

科学地战略决策应是定性决策与定量决策的辩证统一、有机结合。企业家式战略更多的是侧重于定性分析,然后做出决策;而经院式战略更多的是注重于定量的研究,然后做出决策。其实,企业家式战略也少不了定量的分析做支持,而经院式战略也少不了定性分析做指引。

定性分析决策是一种传统的决策方式,更多依赖于经验感觉、归纳演绎、抽象概括、综合分析等对事物的发展趋势和方向做出判断,具有化繁为简、化难为易的特点。直观性、通俗性强,无须经过复杂的考量和繁难的公式计算,决策时效快、成本低。便于抢占先机,有利于充分发挥管理者的主观能动性,随机应变,赢得主动权,是成长初期企业的主要战略决策方式。但这种方式的缺点也非常明显,凭感觉随意性强。正如"面目"一文中写到的,企业家式战略决策往往简单而直接,一句话就容易触发决策。因而,也就容易出现失误。这类决策有定性认知,但缺乏量的描述(虽然也会自觉不自觉用到一些定量分析的东西,但是不充分、不系统),容易产生误导。在传递过程中信息扭曲多,难以适应信息社会和数字化时代的高标准、严要求。

定量分析决策是随着 20 世纪兴起的运筹学、数量经济学、系统论等现代数学和信息技术手段而发展起来的新型决策方式和方法,更多依赖于数理统计分析等现代分析方法对事物的发展变化幅度做出量化的研究和判断,比较科学且可操作性强,能够解决定性分析决策所不能解决的高难度复杂问题,容易传递。但定量分析决策也有明显的不足,就是不能脱离定性分析而独立存在,离开对事物性质和本质的正确认识,再精细的管理方法也难以有效发挥作用;有时也会显得画蛇添足。

当前战略决策面临的环境已经异常复杂,需要运用很多学科的知识,既不单纯是定性研究就能解决问题,也不单纯是定量研究就能解决问题,而是定性研究分析与定量研究分析的有机结合。同时,任何事物都是质和量的辩证统一,不仅需要有质的方面的描述,也需要有量的方面的描述。因此,对事物仅仅进行定性分析或定量研究都不足以反映事物的本来面目,都不可避免地带有形而上学的主观片面性。只有将定性分析与定量研究有机地结合起来,才能正确地反映和表明事物的性质和特点,做出正确的战略决策。事实上,对事物的定性分析必然导致对事物的定量分析,定量分析的目的在于更精确的定性。定性分析与定量分析应该是统一的、相互补充的。定性分析是定量分析的基本前提,没有定性的定量是一种盲目的、毫无价值的定量;定量分析又使定性更加科学、准确,它可以促使定性分析得出广泛而深入的结论。这是从分析手段和方法上来讲。

另外,从考虑的因素上来讲,科学的战略决策要充分地考虑内外因条件。内因是事物的内部矛盾,外因是事物的外部矛盾。在事物的发展中,内因与外因同时存在,事物的发展是内因与外因共同作用的结果。内因是事物变化发展的根据,是事物发展的根本原因;外因是事物变化发展的条件,外因通过内因起作用。基于以上哲学的基本思想,正确的方法论是坚持内外因的有机结合,而不是割裂内外因;更不是把内外因对立起来。首先要重视内因的作用,其次也不能忽视外因的作用;有时外因在一定条件下起决定作用。

因此,归纳起来,科学的战略决策就是要主动地、有意识地运用定性分析和定量分析的手段研究外部环境的机会与挑战、内部自身的优势与劣势,然后放在一起分析,找出发展的机遇与可能的路径,做出符合自己利益和能力的选择。只是在企业初期,受条件限制,现代定量分析的方法和手段采用的少些,甚至没有采用,而是主要用传统的定性方法做决策,但并不是没有定量的观察和研究。企业发展壮大了,条件允许了,现代定量分析的方法和手段用得充分些,但也还是在定性分析的指引下进行的。因此,不管怎么说,都应该努力学习和掌握科学决策的基本原理和方法,这才是精髓;而不是模型的大小、数据的复杂程度等,那只是手段。

结论:

(1) 战略决策贯彻始终。在企业拟成立的时候就已经在进行战略决策了。要成立某公司,成立的公司要干什么等,这都是战略决策。只是这时的战略决策,包括企业成立初期的战略选择可能是基于定性分析的成分更多,靠领导人经验的成分更多,定量分析不足。随着企业发展壮大,再单凭感觉的战略决策已经无法适应企业发展的需要,侧重于定量分析研究的战略决策日益重要,并且具备了可实行的基础和条件。

(2) 既不能把战略神秘化,也不能把战略轻视化和随意化,两者都会误人子弟。要及早培养科学战略决策的思想和采用科学战略决策的原理和方法;但不必片面追求大而全的现代手段,可以根据现实条件决定做复杂些,还是简单些。但把定性分析与定量分析结合起来是应该的。

没有人会满足于停留在成功的偶然上,要由成功的偶然走向成功的必然,追求不断提高的科学战略决策水平是必由之路。

知　己
——找出自身的优势与劣势

知己知彼,方能百战百胜。任务1已经分析并得出了企业外部环境中的机会与威胁,其实比"知彼"更重要的是还要"知己"。知彼而不知己,做出的任何预测和决策都是空中楼阁,不具有现实性和可行性。任务2就是要找出自身的优势与劣势。

2.1　任务内容

1. 项目任务

企业内部环境分析——找出自身的优势与劣势。

2. 项目指标

(1) 从自身的众多优势中找出对自身发展最为有利的3～5个优势。

(2) 从自身的众多劣势中找出对自身发展影响最大的3～5个劣势。

(3) 形成符合本企业实际的内部分析结论与报告。

2.2　任务提出

企业内部环境是指企业能够加以控制的因素。企业战略目标的制定及战略的选择不但要知彼,即客观地分析企业的外部环境;而且要知己,即对企业内部的资源、能力及核心能力给以正确的估计。企业内部环境是企业经营的基础、制定战略的出发点、依据和条件,是竞争取胜的根本。

对企业的内部环境进行分析,其目的在于掌握企业目前的资源、能力状况,明确企业的优势与劣势,进而使选定的战略最大限度地发挥企业的优势,避开或克服企业的劣势,最终使企业战略目标得以实现。

> **引入案例**
>
> **极度扩张理论与现实的悖论**[①]
>
> 理论上,连锁扩张复制前期的成功,跑马圈地奠定领导地位,形成规模效益。事实

---

① 刘平. 极度扩张:理论与现实的悖论[J]. 经营管理者,2006(4):54-55.

上,却出现了机构发展严重不平衡、单店指标下降、增产不增收的怪现象。

1. 跑马圈地:增产不增收

具体到我国家电连锁企业,其扩张的逻辑是,以全国性网络和低价驱动来圈销量,再以销量压低进货价格,扩大利润空间,提高利润率。理论上是成立的。然而,现实中并不是事事遂人心愿。往往是所谓成功的模式并没有传递下去,机构发展却出现了严重的不平衡,单店指标下降,出现了增产不增收的怪现象。具体表现在以下几个方面。

(1)分支机构、分店数量大量增加。截至 2005 年 11 月,苏宁提前 1 个月完成了 2005 年开店 150 家的目标,是 2004 年年底以前店面总数的 1.5 倍,目前店面总数已达 260 家。国美 2005 年开新店达 200 家。永乐原本是尽可能吃透上海和江浙一带,形成块状布局,完成区域平台。然而,对手的全国扩张显然也刺激了原本安分的永乐。于是,也曾提出 2005 年要使分店数量增加到 350 家的设想,并进行大肆并购。由于上市迟了,使此计划大打折扣。

(2)单店利润下降,考核营运能力的每平方米收入和毛利率也在下降。中国连锁业联合会的数据显示,作为电器连锁行业关键指标的每平方米年收入,2004 年同比下降了 23% 至 28100 元,而薪资、租金等成本则同比增加了 4%~13%。国美电器 2006 年 7 月 5 日的公告也称,快速扩张导致每平方米营业收入、毛利率都有所下降。单店利润下降,本属正常。因为不可能都像旗舰店利润那么高,但是也不能低于一个临界点,更不应该成为负值。不是贡献者,反而成为负担,这是万万不行的。

(3)总体利润率下降。国美、苏宁、永乐等电器连锁企业近两年来一直在高速扩张,但行业利润的增长速度却远低于店面增长的速度。国美今年上半年连销售额的增长速度(32%)都远远小于其门店数的增长速度(91%)。

(4)负债大幅增加,财务吃紧。家电连锁企业大量侵占供应商的资金。尽管如此,由于店面扩张太快太多,家电连锁企业本身还是财务紧张。同时,随着家电连锁模式迅速在国内一、二线城市的扩张,卖场之间恶性价格竞争和非理智行为加剧,厂商关系逐步恶化。

(5)机构发展严重不平衡,各店之间差异很大。据悉,苏宁无效店面的比例从原来的 5% 增长到 10%。这一数字随着店面的大幅增加还将继续上升。张近东表示,明年在一级城市的主要任务是巩固和提升份额与利润率,而调整店面将是重要措施。国美和永乐也都有店面布局调整和店面整合的计划和要求,即关店减负,关掉亏损或微利的店面,使保留的店面都盈利。

(6)人力吃紧,尤其是中高级管理人员严重不足。目前,家电连锁企业全国性战略布局的加速发展,使得人才储备严重不足;随着这种布局的深入,矛盾将更加突出,已经成为制约这些企业快速发展的瓶颈问题。这种人才短缺的矛盾主要表现在以下三个方面:一是未开业机构、店面人才储备不足;二是存在问题的已开业机构、店面无人可换;三是总部核心职位既有部分缺人,同时也面临后备干部短缺的矛盾。概括地说:高端人才、专业人才严重短缺,后备队伍捉襟见肘,这是家电连锁巨头目前普巨头目前普遍遇到的问题。

2.“三圈”运动：营运能力下降

事实上，由于家电连锁企业过早地正面对抗而引发的价格战，吞噬了大量的利润。进价降低的幅度赶不上售价降低的幅度，利润空间实质上是在减少，而不是增加，利润率在快速降低。再加上由于快速扩张引发的运营能力下降，营运成本上升，“增产不增收”也就不足为奇了。

2005 年，家电连锁企业开始进一步大规模地圈地、圈钱、圈人的“三圈”运动以及不惜代价的对决，给国内家电制造企业带来了普遍的消极影响。国美与苏宁都遇到单位面积销售额和销售利润持续下滑的问题。价格战武器带来的自我损害已相当严重。在马拉松式的竞争中，没有谁可以通过一役一统天下。在旷日持久的消耗战中靠什么取胜？谁会是最后的赢家？

国美、苏宁等在扩张时均采用“轻资产”运作模式，即开新店大都采用占用供应商资金的做法。如此来说，开新店对家电连锁企业占用的资金并不很大；但由于其扩张计划过于庞大，累加费用的总额就不容小觑了。如在一个中等发达城市开一个 2000 平方米门店的总投入约 3000 万元，连锁企业只要投入 250 万元左右的启动资金就可以了，只占不到 10％，但要年开 200 个店，就需要 5 亿元资金来支持。

而且，由于扩张速度太快，导致家电连锁企业的整体运营能力下降，各项费用攀升。苏宁也放弃了曾经坚持的步步为营、追求单店的盈利能力和销售利润率的做法。2005 年上半年与去年同期比存货周转率由 9.3 下降到 6 次，固定资产周转率由 58.7 次降到 40.2 次，总资产周转率由 4.9 次降到 2.7 次。

在此情况下，苏宁改变了以前的盈利模式。其新的扩张逻辑就是，以全国性网络和低价驱动来圈销量，再以销量压低进货价格，最后用其他收入（如促销费、进场费等）补贴被竞争摊薄的盈利。

3. 成本转移：厂商关系恶化

近几年来，国美、苏宁等国内家电连锁巨头都是家电厂家最重要的渠道增长点，一般企业都不会舍得放弃这块市场。但当利益之争接近临界点的时候，这种微妙的平衡关系也就会被打破。在近来国美与苏宁不断开店，又不断转移开店成本，惨烈对决却又拿供应商填坑的借台唱戏（即国美与苏宁的竞争不断升级，但竞争成本却由家电厂家承担）过程中，很多家电制造企业都已经嗅到了令人窒息的死亡气息。

于是，家电厂家开始了自卫反击。自格力与家电连锁巨头闹翻后，在国美、苏宁和永乐等家电连锁巨头加速跑马圈地时，TCL、美的、海尔等一些家电制造巨头也都开始悄悄地着手自建营销渠道，并把突破口放在三、四线城市。

从早期的自建渠道，到依靠连锁企业，再到重新自建渠道，家电制造企业在十几年间经历了一次销售渠道的轮回。渠道回归的背后，是为在与家电连锁巨头的博弈中赢得话语权，是家电制造企业试图摆脱家电连锁企业控制和盘剥的努力，也是塑造品牌、寻找生存新空间的尝试。对家电连锁企业也传递了一个信号。

据 2005 年 11 月 21 日《21 世纪经济报道》称，11 月 15 日，重庆 20 多家家电供应商包括创维、TCL、康佳、长虹、海信等众多知名品牌,成立了一个名为 JD 的俱乐部,以联合起来抵制家电零售商的压榨,维护自身利益。JD 俱乐部成立后的第一个行为,是发出致国美的一封公开信。在公开信中,这些供应商列举出了重庆国美一系列"令人无法忍受的行为",包括擅自给供应商降价、摊派各类费用、拖欠货款、强行厂家加入国美新开店等。虽然,目前效果和结果还不得而知,但家电厂商关系恶化可见一斑。

在研究中我们发现,像国际家电零售巨头美国的 BestBuy 等国际零售巨头之所以获得高于国内家电零售企业的利润率,主要是通过非价格竞争等营销手段实现。

沃尔玛在中国市场的发展策略是在前期大幅投入基础建设,与此同时稳步推进店面的拓展。最近两年,其销售额的增长都高于店数的增长;而且,近三年的平均毛利率超过 22%,并且呈逐年上升的趋势。而同期本土零售企业的平均毛利率仅维持在10% 左右。

从产业的集中度上看,2005 年我国家电零售企业超过 3.2 万家,而美国的家电零售企业不足 1000 家。但 BestBuy 等排名前四位的连锁零售企业的市场占有率达到90% 以上。而据统计,我国排名前五位的连锁零售企业在整个消费电子市场中的占有率仅有 20%。

问题:

(1) 为什么扩张快了反倒利润下降? 为什么不仅整体利润、利润率下降,单店利润也下降?

(2) 以快制胜真的是制胜的法宝吗? 跑马圈地还有效吗?

(3) 现在外资家电连锁巨头还只是局部进入中国,如果它们大举进入中国,我们的家电连锁企业应该如何应对?

2.3 预备知识:内部环境分析的方法与工具

【预备知识的重点内容】

(1) 企业资源分析的内容和过程。

(2) 企业能力分析的五大方面。

(3) 企业核心能力的概念、判断标准和分析内容。

(4) 雷达图、内部战略要素评价矩阵等分析方法。

【关键术语】

企业资源;企业能力;核心竞争力;雷达图。

【预备知识的内容结构】

本部分内容与任务 1 相关内容共同构成企业战略环境分析的两大部分:外部环境和内部环境分析的要素和方法(见表 2-1),重点解决外部环境、内部条件和经营目标匹配的问题。

表 2-1　外部环境和内部环境分析的要素和方法

环境分析	要　素	方　法
外部分析	宏观、产业、对手、客户	PEST 分析、波特五力模型、宏观战略环境要素评价模型、行业关键战略要素评价矩阵
内部分析	资源、能力、核心能力	雷达图、内部战略要素评价矩阵

【预备知识内容】

本部分内容将依据企业资源、能力和核心能力之间的内在逻辑顺序关系展开：首先讨论企业的资源和资源的分析过程；其次讨论企业能力分析的内容和方法；再次讨论企业核心能力的判断标准和进行核心能力分析的基本思路；最后讨论进行企业内部环境分析的一般方法，即雷达图和内部战略要素评价矩阵。

2.3.1　企业资源分析

企业的经济活动必须建立在自身的资源禀赋之上。企业的资源，是指企业所拥有或所控制的有效要素的总和，是贯穿于企业经营、技术开发、生产制造、市场营销等各个环节的一切物质与非物质形态的要素。

1. 企业资源的分类

通常将企业资源分为有形资源和无形资源，如表 2-2 所示。

表 2-2　企业资源的分类与特征

资　源		主 要 特 征	主要的评估内容
有形资源	财务资源	企业的融资能力和内部资金的再生能力决定了企业的投资能力和资金使用的弹性	资产负债率、资金周转率、可支配现金总量、信用等级
	实体资源	企业装置和设备的规模、技术及灵活性；企业土地和建筑的地理位置和用途；获得原材料的能力等决定企业成本、质量、生产能力和水准的因素	固定资产现值、设备寿命、先进程度、企业规模、固定资产的其他用途
	人力资源	员工的专业知识、接受培训的程度决定其基本能力。员工的适应能力影响企业本身的灵活性。员工的忠诚度和奉献精神以及学习能力决定企业维持竞争优势的能力	员工知识结构、受教育水平、平均技术等级、专业资格、培训情况、工资水平
	组织资源	企业的组织结构类型与各种规章制度决定企业的运作方式与方法	企业的组织结构以及正式的计划、控制、协调机制
无形资源	技术资源	企业专利、经营诀窍、专有技术、专有知识和技术储备、创新开发能力、科技人员等技术资源的充足程度决定企业工艺水平、产品品质，决定企业竞争优势的强弱	专利数量和重要性、从独占性知识产权所得收益，全体职工中研究开发人才的比重、创新能力
	商誉资源	企业商誉的高低反映了企业内部、外部对企业的整体评价水平，决定着企业的生存环境	品牌知名度、美誉度、企业形象；对产品的认同度等

1) 有形资源

有形资源是指可见的、能量化的资产。有形资源不仅容易被识别，而且也容易估计他们的价值。有形资源是企业参与市场竞争的硬件要素，主要包括企业用来为客户创造价值的实物资产和金融资产,如厂房、设备、资金等。有形资源的价值一般可以通过财务报表予以反映。

有形资源包括四类：财务资源、实体资源、人力资源和组织资源。其中人力资源是一种特殊的有形资源,它意味着企业的知识结构、技能、决策能力、团队使命感、奉献精神、团队工作能力,以及组织整体的机敏度。因而许多战略学家把企业人力资源称为"人力资本"。

有些有形资源可以被竞争对手轻易地获得,因此这些资源便不能成为企业竞争优势的来源。但是,具有稀缺性的有形资源可以使公司获得竞争优势。例如,中国香港的半岛酒店因位于九龙半岛的天星码头旁,占有有利的地理位置,游客可以遥望对岸香港岛和维多利亚港美不胜收的海景和夜景,于是有利的地理位置成为它的一大特色,构成其在香港五星级观光酒店中竞争优势的一个来源。

对企业有形资源的评估应从下列三大方面进行。

(1) 有没有机会可以更经济地使用企业的有形资源,即用更少的资源去完成相同的事业；或用同等规模的资源去完成更大的事业。例如,通过有形资源的优化重组实现上述目的。

(2) 有没有可能使现有的有形资源在具有更高利润的地方被利用。例如,通过资源重组和开发或与其他人建立战略联盟,甚至将部分有形资源出售以提高企业的资产利润率。

(3) 评估未来战略期内环境变化以及企业核心能力、竞争优势的发展目标,企业有形资源的缺口有多大,如何进行先期投入。

2) 无形资源

无形资源是指那些根植于企业的历史,长期积累下来的、不容易辨识和量化的资产。如企业的创新能力、产品和服务的声誉、专利、版权、商标、专有知识、商业机密等均属无形资源。很难被竞争对手解释和模仿的是无形资源。与有形资源相比,无形资源更具潜力。无形资源可归为技术资源和商誉资源两大类。

无形资源大部分被排除在资产负债表之外,或被过低地估价,这是导致公司的账面价值与股票市场价值之间出现巨大差异的主要原因。无形资源有以下两大特点。

(1) 不容易被竞争对手获知、模仿或取得。在无形资源面前,即使有再好的"搭便车"和再多的金钱,往往也无济于事。正因为如此,企业和事业组织,总是希望取得更多的无形资源,并以无形资源为主要材料打造组织能力和核心能力。无形资源的"无形"特征表现得越显著,在对手面前的隐蔽性就越好,所形成的竞争优势也就越稳定、越持久。

(2) 价值的非转移性。有形资源越用越少、越用越旧,在使用中其价值会逐步转移到产品和服务之中。但是,无形资源无论使用多少次都不会减少,它在创造价值的同时,自身的价值不会发生转移。例如,员工在生产中要投入自己掌握的知识和技能,生产完成之后,产品中包含了知识和技能创造的价值。此时,员工自己的知识和技能的价值不但没有下降,反而会因为其使用提高了熟练程度而使价值增加。

现代企业无形资源的重要性越来越突出,往往是企业竞争力的重要来源。例如,在美国婴儿食品市场上,嘉宝公司已有近70年的历史。现在为孩子购买嘉宝婴儿食品的父母中,很多人小的时候就是嘉宝食品的使用者,为此他们对嘉宝品牌具有很大的忠诚度。这说明嘉宝公司的产品声望、品牌形象、企业文化和专利技术等无形资源深受消费者认同，这些方面都构成了该公司的竞争优势来源。因此，构建企业持久竞争优势的重点应当放在无形资源而不是有形资源的获取上。

2. 企业资源分析过程

企业资源分析旨在确定企业资源状态，企业在资源上表现出的优势和劣势，以及相对未来战略目标存在的资源缺口等。企业资源分析的根本目的是为企业资源配置提供必要的依据，从而更好地发挥企业的竞争优势。企业的成功源于对资源的成功开发和利用，因而必须做好企业资源分析。

企业资源分析可以遵循以下步骤。

1) 分析现有资源

对现有资源进行分析是为了确定企业目前拥有的资源量和可能获得的资源量。分析中既包括对有形资源的分析，也包括对无形资源的分析。经过分析，列出企业目前拥有和可能获得的资源清单。

分析的内容包括：管理者和管理组织资源；企业员工资源；市场和营销资源；财务资源；生产资源；设备和设施资源；组织资源；企业形象资源等。在进行上述资源分析时，不仅需要分析企业目前已经拥有的资源，还要对经过努力可能获得的资源进行分析。

2) 分析资源的利用情况

分析资源利用情况，原则上是运用产出与资源投入的比率来进行。具体可采用的一些财务指标，将在 2.3.2 小节企业能力分析的财务能力分析中具体介绍。对其他职能活动还要采用其他一些指标，如对营销活动效率进行分析时，可使用销售额与广告费用的比率、与销售费用的比率、与销售人员工资的比率以及销售场地面积的比率等。

分析资源利用情况还可以运用比较法，如将本企业资源实际利用情况分别与企业计划中设定的目标、与企业的历史最高水平、与企业所在产业的平均水平和最高水平、与竞争对手的情况进行比较。

3) 分析资源的应变力

资源应变力分析的目的是要确定一旦战略环境发生变化，企业资源对环境变化的适应程度，特别是对那些处于多变环境的企业来说，更应该做好资源的应变力分析，这是建立高度适应环境变化的资源基础的出发点。在具体分析时，要把分析重点放在那些对环境变化特别敏感的资源上。

4) 进行资源的平衡分析

进行资源的平衡分析应主要做好以下四个方面。

（1）业务的平衡分析：对企业各项业务的经营现状、发展趋势进行分析，以确定企业在各项业务上的资源分配是否合理。

（2）现金平衡分析：分析内容主要是企业是否拥有必要的现金储备或拥有应付战略期内现金需要的资金来源。

（3）高级管理者资源平衡分析：主要分析企业高级管理者资源的数量、质量、管理风格、管理模式等与制定、实施战略所需人力资源的适应程度。

（4）战略平衡分析：主要分析企业现时拥有的资源和战略期内可能获得的资源，对企业战略目标、战略方向的保证程度,即要确定企业资源是否符合实现战略目标的要求。若不符合,缺口在哪里?缺口有多大?哪些缺口需要填补?提高企业未来的资源基础需要采取什么措施?

总之,通过上述步骤进行企业资源分析,关键是要确定企业的资源强势和弱势。资源强势指的是企业所特有的能提高企业竞争力的资源,是形成企业核心能力的重要基础。资源弱势指的是某种企业缺少或做得不好,使企业在竞争中处于劣势的资源,制约企业竞争优势的形成、限制企业的战略发展空间。

一个企业的资源强势是企业的竞争资产,而资源弱势则是企业的竞争负债。进行企业资源分析的主要目的不是列出企业资源的数量、种类和品质清单,而是分析和判断相对于竞争对手企业的资源强势和弱势所在,进而确定形成企业核心能力和竞争优势的战略性资源。围绕战略性资源进行持续投入,以增加竞争资产,减少竞争负债,全面提升企业的资源基础。

案例解读

极度扩张理论与现实的悖论(续)

理论上,连锁扩张复制前期的成功,跑马圈地奠定领导地位,形成规模效益。事实上,却出现了机构发展严重不平衡、单店指标下降、增产不增收的怪现象。究其根源,同质化极度扩张带来管理人员匮乏、空降部队文化融合困难、心态浮躁、规模过大造成管理思维、模式和手段跟不上、财务失控等问题,而差异化战略选择决定着未来的成败。

1. 以快制胜:适度最重要

为什么会出现这种事与愿违的情况呢?为什么前期的成功模式传递不下去呢?是前期的模式不可复制,还是可复制程度低?抑或是复制过程中走了样,还是有其他因素?的确,是不是有成熟、严谨、可复制的经营模式和盈利模式是这类扩张的基础。如果这种模式不成熟、依靠人的因素过大,那么扩张越快,死得也越快。

然而,仅有这些是不够的。高速发展要有个限度,要与你能掌握的资源力量和调控能力相匹配。超过了一个极限,问题就都来了。过快的速度要爆胎,反而会慢了,这就叫欲速则不达。慢固然不行,会贻误商机;但快就是制胜的根本法则吗?未必!快要恰到好处才行,要与自身的资源和能力相适应,可以略高一点,以增加挑战性,便于人的潜能的挖掘和发挥,但过快就会把弦崩断。各行各业的失败例子已经不少了,远的如亚细亚、红高粱,近的如盛兴超市、普马、托普,都是不顾自身能力、不量力而行的结果。

管理是一门艺术和科学,适度是管理永恒的主题。以快制胜要适度。领先10步是先烈,领先5步是先驱,领先半步是成功。跑马圈地要适度,要量力而行,财务稳健最重要。速度、规模和效益是扩张需要综合考虑的三个要素。效益是企业追求的根本,速度是企业发展的快慢,规模是企业的大小实力。规模不一定都会产生效益,规模可能带来的是负担。不断开设新机构、新店面可能带来销售收入,但不一定创造效益,也可能带来的是财务的负担和流血不止的创伤。

2. 极度扩张：失控在眼前

有效的扩张可以造就一代枭雄，没有节制的扩张也可能是一场浩劫的开始。过快的扩张速度，正在使企业面临巨大的不确定性。将价格战作为唯一的竞争策略，将落入零利润的零和博弈陷阱。一旦经营现金流出现问题，K-mart、普马的下场就随时可能出现。

究其根源，是极度扩张的必然结果。极度扩张将带来以下问题。

（1）管理人员数量跟不上发展的速度，出现拔苗助长的现象。

（2）大量外招的中高级管理人员、"空降部队"，文化融合困难，出现文化混沌。

（3）规模过大，管理思维、模式和手段跟不上，适应不了，出现管理失控。

（4）浮躁的心态，影响脚踏实地的作风，管理粗放，单店利润下降，绩效水平低下也就不足为奇了。

（5）财务失控。由于速度过快，扩张不是靠利润积累的支持，而是靠不断扩大的负债来支撑，财务失控在所难免。这样的扩张很容易出现现金流危机，稍有风吹草动，就会像多米诺骨牌引起连锁反应，老债主蜂拥而来讨债，又找不到新债主借钱，就只好关门大吉了。这不是个案，反映的是经营理念和经营作风的问题。

这就是跑马圈地的恶果。这不是家电连锁企业的特有现象，不仅出现在家电连锁企业，也出现在诸如保险这个新的朝阳行业里。为了迎接和抵抗加入 WTO 后，对外资企业全面开放的竞争，中资保险公司从 2002 年起在全国跑马圈地，大量开设分支机构，其结果是分支机构投入产出比大幅下降。许多快速扩张公司的投入产出效率在机构大幅增加后出现下滑。

如某保险公司投入产出比大于 1 的分公司由 2003 年的 29 家降到今年仅余 5 家。中支公司的运营效率也急剧下降。尽管中支公司的总体数量在增加，但投入产出比大于 1 的中支数目和比重却都在大幅减少，从 2003 年的 90％以上下降到去年的 40％，今年更是降到不足 30％。这里面固然有整个行业调整转型影响的外因，但扩张过快，自身资源不足，又过于分散，管理能力跟不上是根本，是内因。某全国性寿险公司今年业绩出现较大下滑，快速扩张的后遗症已初步显现。

跑马圈地误导了很多人，也坑害了许多企业。跑马圈地的基本特征是谁先占了就是谁的。现实的商业战场中与当时的跑马圈地不同的是，不仅有进入成本，还有维持成本，更要命的是你不是唯一所有者（Owner）。不仅有现有的竞争者与你对抗，而且随时会有其他新的竞争对手进来与你竞争。逆水行舟，不进则退。庞大的分支机构不仅没有成为你继续前进的动力和利润的发动机，而且成了流血不止的无底洞、吸血鬼，成为前进的绊脚石。

3. 战略选择：决定未来成败

像美国的 BestBuy 等国际零售巨头之所以获得高于国内家电零售企业的利润率，主要是通过非价格竞争等营销手段实现的。这些情况值得我国家电连锁企业深刻反思。其实，除了价格竞争外，还可通过强化供应链管理、增值服务体系、独特消费体验等差异化竞争手段。大中电器在北京尝试家电连锁走向异业融合,即把电器卖场与家居卖场、百货商场融合经营,不失为一次有益的尝试。但还远远不够。

仔细分析起来,竞争远远还不应该到直接正面对抗这一步,无论是从机构数量上,还是占比上。以目前的机构数和占比(不足20%),如何布局才最科学?对大家最有利?是全国普撒"胡椒面"?还是重点布局?是必须马上直面对局?还是差异化布局,形成各自的局部优势?是否已经到了必须在一、二线城市直接对决的时刻?如果还没有到,那南京"美苏"(国美与苏宁)对决的意义又何在?

其实,被忽略的三、四级市场倒是广阔天地、大有可为。有例为证:在2005年许多分支机构费用严重超标的情况下,某保险公司在西部欠发达地区成立仅一年的内蒙古、宁夏分公司的费控率低于70%,而且已经大幅超额完成了个人标保任务,比一些大省机构做得还好。同时我们也注意到像临沂、安庆、包头这样欠发达地方的中支可以进入中支20强,甚至比不少分公司做得好,也说明不是市场容量大小的问题。

发展应讲究策略,尤其是在机构布局与拓展上。如何让有限的资源发挥出最大的效用,是应该重点关注的问题。应有主有次、有先有后、有取有舍,要有目的、有选择地建立几个根据地、几个粮仓。切不可一刀切、全面铺开、全面推进。战线过长的结果,就是顾此失彼,就是只有当救火队。因此,不必都挤在一、二线城市,也不必担心三、四线城市有没有市场,完全可以到中西部去发展,向三、四线城市延伸去淘金。一些家电制造厂家已经意识到了这一点。家电连锁企业如何开发三、四线市场倒是个应该研究的问题,是个挑战。谁能在三、四线市场中找到发展模式和赢利模式,谁将拥有未来发展的主动权。

2.3.2　企业能力分析

企业能力是指整合企业资源,使价值不断增加的技能。一般而言,资源本身并不能产生竞争能力和竞争优势,竞争能力和竞争优势源于对多种资源的特殊整合。例如,一支足球队可能会因为获得了最优秀的前锋而获益,但这种获益只有在其他队员与之配合默契、大家共同按一套正确的进攻战略来踢球,充分发挥出团队的竞争优势时才能实现。

回到企业的命题中道理也是一样:企业的竞争优势源于企业的核心竞争力,核心竞争力又源于企业能力,而企业能力源于企业资源。换言之,企业可持续性的竞争优势是由企业在长期运营中,将具有战略价值的资源和能力进行特殊的整合、升华而形成的核心竞争力所产生的。这样一个整合过程正是企业素质的提升过程,也是一个以资源为基础的战略分析过程,如图2-1所示。

在识别、判定一个企业的核心竞争力之前,首先要弄清一个企业的基本能力状况。对企业基本能力状况的分析,可从企业生产经营所必需的各项功能的角度分别加以分析。下面就从企业财务能力、营销能力、生产管理能力、组织效能以及企业文化五个方面进行分析。

1. 财务能力分析

要评估判断一个企业的现实经营能力,首先必须对企业的财务状况进行客观公正的

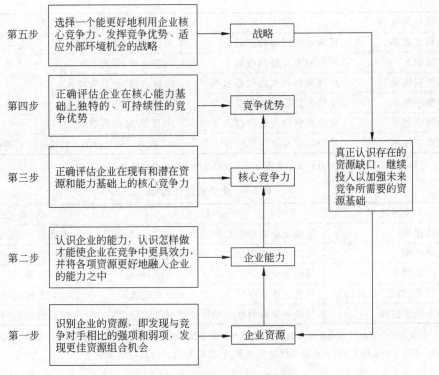

图 2-1 以资源为基础的战略分析

分析,因为企业的财务报表和资料记录了企业经营的整个过程和取得的绩效水平。分析企业财务状况广泛使用的方法是财务比率分析。

　　财务比率分析通常可以从两方面进行:一是计算本企业有关财务比率,并与同行业中的竞争对手进行比较或与同行业的平均财务比率进行比较,借以了解本企业同竞争对手或同行业一般水平相比的财务状况和经营成果;二是将计算得到的财务比率同本企业过去的财务比率和预测未来的财务比率相比较,借以测定企业财务状况和经营成果在一个较长时间内的变动趋势。

　　财务比率分析评价体系主要由五大类指标构成,即收益性、安全性、流动性、成长性和生产性指标(见表 2-3～表 2-7)。分别计算出五类指标并画出雷达图(见 2.3.4 小节),就能够清楚地揭示出企业的财务及经营状况的优势和劣势,这对于制定正确有效的企业战略具有十分重要的意义。

表 2-3 企业收益性指标

收益性比率	基本含义	计算公式
1. 资产报酬率	反映企业总资产的利用效果	(净收益＋利息费用＋所得税)/平均资产总额
2. 所有者权益报酬率	反映所有者权益的回报	税后净利润/所有者权益
3. 每股利润	反映股东权益的报酬	(净利润－优先股股利)/普通股发行在外平均股数

续表

收益性比率	基 本 含 义	计 算 公 式
4. 股利发放率	反映股东权益的报酬	每股股利/每股利润
5. 市盈率	反映股东权益的报酬	每股市价/每股利润
6. 销售利税率	反映销售收入的收益水平	利税总额/净销售收入
7. 销售毛利率	反映销售收入的收益水平	销售毛利/净销售收入
8. 销售净利率	反映销售收入的收益水平	净利润/净销售收入
9. 成本费用利润率	反映企业为取得利润所付代价	(净收益＋利息费用＋所得税)/成本费用总额

注：分析企业收益性指标的目的在于观察企业一定时期的收益及获利能力。

表 2-4　企业安全性指标

安全性比率	基 本 含 义	计 算 公 式
1. 流动比率	反映企业短期偿债能力和信用状况,标准 2∶1	流动资产/流动负债
2. 速动比率	反映企业立刻偿付流动负债的能力,标准 1∶1	速动资产/流动负债
3. 资产负债率	反映企业总资产中有多少是负债,标准＜50％	负债总额/资产总额
4. 所有者(股东)权益比率	反映企业总资产中有多少是所有者权益	所有者权益/资产总额
5. 利息保障倍数	反映企业经营所得偿付借款利息的能力	税息前利润/利息费用

注：企业安全性指标反映企业经营的安全程度,也即资金调度的安全性,观察的是企业一定时期内的偿债能力；
其中,指标 1 和指标 2 反映企业的变现能力,比率高,保障大；然而过高,会造成浪费。

表 2-5　企业流动性指标

流动性比率	基 本 含 义	计 算 公 式
1. 存货周转率	反映存货的变化速度	销售成本/平均存货
2. 应收账款周转率	反映年度内应收账款转为现金的平均次数	销售收入/平均应收账款
3. 流动资产周转率	反映流动资产的使用效率	销售收入/平均流动资产总额
4. 固定资产周转率	反映固定资产的使用效率	销售收入/平均固定资产总额
5. 资产周转率	反映全部资产的使用效率	销售收入/平均资产总额

注：企业流动性指标反映资金周转状况,即资金活动的效率；
其中,指标 3、指标 4、指标 5 比率越高,说明资产利用越好,获利能力越强；
指标 1 越高,资金回收越快,效益越好；
指标 2 越高,催收账款工作做的越好,坏账损失的可能性越小。

表 2-6　企业成长性指标

成长性比率	基 本 含 义	计 算 公 式
1. 销售收入增长率	反映销售收入变化趋势	本期销售收入/前期销售收入
2. 税前利润增长率	反映税前利润变化趋势	本期税前利润/前期税前利润
3. 固定资产增长率	反映固定资产变化趋势	本期固定资产/前期固定资产
4. 人员增长率	反映人员变化趋势	本期职工人数/前期职工人数
5. 产品成本降低率	反映产品成本变化趋势	本期产品成本/前期产品成本

注：企业成长性指标反映一定时期经营能力发展变化趋势。

一个企业即使收益性高,但如果成长性不好也就表明其发展后劲不足,未来的盈利能力可能较差。因此,分析企业的成长性对战略的选择至关重要。

表 2-7 企业生产性指标

生产性比率	基 本 含 义	计 算 公 式
1. 人均销售收入	反映企业人均销售能力	销售收入/平均职工人数
2. 人均净利润	反映企业经营管理水平	净利润/平均职工人数
3. 人均资产总额	反映企业生产经营能力	资产总额/平均职工人数
4. 人均工资	反映企业经营成果分配状况	工资总额/平均职工人数

注：分析企业生产性指标的目的在于判断企业在一定时期内企业的生产经营能力、生产经营水平和经营成果的分配等。

2. 营销能力分析

一个企业营销能力的强弱往往体现在其产品竞争能力、销售活动能力、新产品开发能力和市场决策能力。因此，营销能力分析通常可以从以下四个方面来展开。

1）产品竞争能力分析

产品竞争能力分析是对企业当前销售的各种产品的市场地位、收益性、成长性、竞争性和结构性等方面进行分析。

（1）市场占有率与市场覆盖率。市场占有率是产品市场地位的重要标志，也是企业最重要的战略目标之一。市场占有率越高，产品的知名度和影响力越大。其计算公式如下：

市场占有率＝本企业产品销售量/市场上同类产品销售量×100%

市场覆盖率是与市场占有率相关的一个指标。它是本企业产品投放地区占应销售地区的百分比。其计算公式如下：

市场覆盖率＝本企业产品投放地区数/全市场应销售地区数×100%

（2）销售增长率与市场扩大率。销售增长率和市场扩大率是衡量产品成长性的两个指标。其计算公式如下：

销售增长率＝本年度销售量（额）/上年度销售量（额）×100%

市场扩大率＝本年度市场占有率/上年度市场占有率×100%

通常把企业最近几年的销售量或销售额按时间顺序画成曲线来观察其增减变化趋势。

（3）产品收益性分析。产品的收益性高低直接决定企业的效益，企业应确立以高收益产品为中心的产品组合。收益性分析的主要内容如下：进行销售额的 ABC 分析，以找出需深入调查的 A 类重点产品；进行边际利润分析，以明确各种产品的利润贡献度；进行量本利分析，以查明经营安全率和确定目标销售量。

（4）产品竞争性分析。产品竞争性分析是分析企业的产品相对于竞争产品，在质量、外观、包装、商标、价格、服务等方面所具有的优越性。

（5）产品结构分析。产品结构又称产品组合。产品结构可分为深度结构和宽度结构。宽度结构是指产品的系列结构；深度结构是指同一系列的规格结构。产品结构分析的目的是发现优势产品和弱势产品，弄清产品结构不合理的地方，进而改进产品组合，为保持和提高产品竞争力奠定产品结构基础。具体可运用波士顿矩阵等方法进行分析。

2) 销售活动能力分析

销售活动能力分析是在产品竞争力分析基础上,以重点发展产品或销路不畅产品为对象,对其销售组织、销售绩效、销售渠道、促销活动、销售计划等方面进行分析,以判断企业销售活动的能力、存在问题、问题成因,进而为制定战略提供依据。

(1) 销售组织分析。销售组织分析主要包括销售组织机构分析、销售人员素质分析和销售管理资料分析等。

(2) 销售绩效分析。销售绩效分析是从通过销售活动效率出发,发现销售管理的问题,为进一步深入研究提供线索。销售绩效分析主要包括计划完成率分析、地区发展性分析、销售活动效率分析等。

(3) 销售渠道分析。销售渠道分析是通过对与企业进行交易的中间商的评价,加强对中间商管理,分析存在的问题。销售渠道分析主要包括销售渠道结构分析、中间商评价、销售渠道管理分析等。

(4) 促销活动分析。促销活动分析是对企业开展促销活动的方法、内容和效果进行评价,研究企业如何运用各种促销活动的组合,加强对市场的作用和影响,提高企业和产品的形象。

(5) 销售计划分析。销售计划由销售预测、确定目标销售额、分解目标销售额和制定实施计划四个部分组成。销售计划分析着重分析销售计划编制的依据、编制方法的合理性、计划内容是否完善等。

3) 新产品开发能力分析

新产品开发能力分析是在现有产品的竞争性分析的基础上,着重从新产品开发计划、新产品开发组织、新产品开发过程、核心产品的开发效果等四个方面进行分析,并将分析结果与主要竞争对手比较,进而判断企业此项能力的强弱,为企业战略的选择提供依据。

4) 市场决策能力分析

市场决策能力分析是对前述产品市场竞争力分析、销售活动能力分析、新产品开发能力分析的结果为依据,对照企业当前实施的经营方针和经营计划,来发现企业在市场决策中的不当之处,评估判断企业领导者的市场决策能力,并探讨企业中长期所应采取的经营战略,以提高企业领导者的决策能力和水平,使企业获得持续的成长和发展。

3. 生产管理能力分析

企业的生产功能包括将投入品转变为产品或服务的所有活动。在绝大多数行业,企业生产经营的大部分成本发生于生产过程中,因此生产管理能力的高低将决定公司战略的成败。而生产管理的首要任务就是开发和管理一个有效的生产体系。美国管理学者罗杰·施罗德(Roger Schroeder)认为,生产管理主要包括生产过程、生产能力、库存、劳动力和质量五种功能或决策领域。因此,生产管理能力分析也应从这五方面展开。

(1) 生产过程分析。生产过程分析主要涉及整个生产系统的设计。具体分析内容包括技术的选择、设施的选择、工艺流程分析、设施布局、生产线平衡、生产控制和运输分析。

(2) 生产能力分析。生产能力分析主要涉及确定企业的最佳生产能力。具体分析内容包括产量预测、设施和设备计划、生产计划、生产能力计划及排队分析。

(3) 库存分析。库存分析主要分析原材料、在制品及产成品存量管理。具体包括订货的品种、时间、数量以及物料搬运。

（4）劳动力分析。劳动力分析主要分析对熟练及非熟练工人及管理人员的管理。具体分析内容包括岗位设计、绩效测定、丰富工作内容、工作标准和激励方法等。

（5）质量分析。质量分析主要分析质量控制、质量检验、质量保证和成本控制。

4. 组织效能分析

企业能力产生于有形资源与无形资源长时期的相互作用。企业能力的基础是企业的人力资本，这是因为资源的开发、传递与信息交换只有通过"人"才能够实现，而人的活动离不开组织。

说到底，企业的一切活动都是组织的活动。组织是实现目标的工具，是进行有效管理的手段。分析组织效能、发现制约企业长远发展的组织管理问题并加以改进，则为企业战略的正确制定和成功实施奠定了坚实的组织基础。

进行组织效能分析，必须明确评价组织效能的一般标准。良好的组织应符合以下基本原则：目标明确、组织有效、统一指挥、责权对等、分工合理、协作明确、信息通畅、有效沟通、管理幅度与管理层次有机结合、有利于人才成长和合理使用、有良好的组织氛围等，根据以上评价标准可从多角度进行组织效能分析。

具体包括从分析组织任务分解入手，进而对组织任务分解的合理性做出判断；从分析岗位责任制、职责权限对等性入手发现改善的机会；从分析管理体制入手，对企业集权与分权的有效性进行分析；从分析组织结构入手，确定现有组织结构是否适应未来战略方向；从分析管理层次和管理幅度入手，分析新增或合并管理职能部门的可能性；从分析人员入手，看现职管理者的胜任程度和职位标准等是否应当修正。

5. 企业文化分析

所谓企业文化是基于共同价值观之上，企业全体员工共同遵循的目标、行为规范和思维方式的总称。当今，企业文化的价值越来越受到企业界的重视。人们从许多大企业成功的范例中发现，这些企业之所以能在快速发展中立于不败之地，是由于他们成功地创造了具有自身特色的企业文化。

哈佛学者约翰·科特和詹姆斯·赫斯科特在对数百家企业进行长期研究的基础上撰写了《企业文化和经营业绩》一书，得出如下研究结论：①企业文化对企业的长期经营业绩具有重大影响；②企业文化在下一个十年内很可能成为决定企业兴衰的关键因素；③影响企业长期发展的起负面作用的企业文化并不罕见，而且容易蔓延，即便在那些汇集了许多通情达理、知识程度高的人才的公司中也是如此；④企业文化尽管不易改变，但它们完全可能转化为有利于企业经营业绩增长的企业文化。

理论界的研究和企业界的实践均已证明，企业文化的力量既可能支持企业的战略管理，助其成功；也可能抵制它们，促其失败。因此，分析企业文化的现状，从中找出能够制约企业战略的关键要素，加以加强或改进，就成为企业战略管理者面临的重要挑战。一般认为可以从以下几个方面分析：企业文化现状、企业文化建设过程、企业文化特色、企业文化形成机制、企业文化与战略目标和内外部环境的一致性等。

2.3.3 企业核心能力分析

一个企业除非具备行业一般能力,否则无法取得行业平均利润,求得生存。然而企业要更好地生存、做长寿企业,还必须在一般能力的基础上找到一根能撬动市场、赢得竞争的杠杆——核心能力。企业的核心能力是持久竞争优势的源泉。

进入21世纪以来,随着改革开放的不断深入、市场经济的逐渐成熟以及经济全球化的影响,企业竞争已经超越机会竞争而进入"实力竞争"的阶段。在此形势下,能否发现机会、抓住机会固然重要,但更重要的是能否在选定的业务领域建立持久的竞争优势。这不仅是中国企业面临的严峻问题,也是发达国家的企业面临的首要问题。

1. 企业核心能力的概念

企业核心能力是普拉哈德和哈默1990年在《哈佛商业评论》上发表的《公司的核心能力》一文中所提出的——核心能力是组织中的积累性学识,特别是关于如何协调不同的生产技能和有机结合多种技术流派的学识。

而美国麦肯锡咨询公司对企业核心能力下的定义是:企业核心能力是某一组织内部一系列互补的技能和知识的组合,它具有使一项或多项关键业务达到行业一流水平的能力。

从本质上讲,核心能力就是企业发展独特技术、开发独特产品和创造独特营销手段的能力。它具有三个明显特征:①能够为用户带来巨大的价值;②能够支撑多种核心产品;③竞争者难以复制或模仿。

与企业外部环境相比,企业内部环境对于企业的市场竞争优势具有决定性作用;企业内部能力、资源和知识积累,是企业获得超额收益和保持企业竞争优势的关键。但同时,企业是一个开放的系统,需要有来自外部的多种资源的投入。企业在实现目标和协调配置资源能力方面的重要差异,使一些企业可能通过运用与其他企业相似的资源获得独特的能力。

核心能力仅是企业竞争力的一个构成部分,是处于企业核心地位的、影响全局的竞争力。核心能力与竞争力不能混为一谈。有核心能力的企业,一般都有较强的竞争力;有竞争力的企业,不一定具有核心能力。因为竞争力是来自企业某种资本的优势,而核心能力则是以多种资源为基础,在市场竞争中获得的一种资源整合能力,并在长期积累、不断演化中形成的。

2. 企业核心能力的判断标准

资源是能力的基础,能力是综合利用资源的市场表现,而核心能力则是一组特殊的能力,它是一组超越产业中所有竞争对手的能力。有研究者在总结他人成果的基础上,提出了核心能力的四项判断标准:有价值、稀有性、难以模仿和不可替代。符合这四项标准的资源和能力,才能够形成核心能力,使组织获得持久性的竞争优势。表2-8为判断核心能力的四项标准及其说明。

企业核心能力的四方面,对于判断和建设核心能力均具有重要意义。以上述四项标准为依据,判断组织中有哪些资源和能力符合要求,然后加以重点投资和不断强化,从而形成具有可持续性的竞争优势。

表 2-8　判断核心能力的四项标准及其说明

判断标准	说　　　明
有价值	为顾客创造顾客所重视的价值的能力,有助于企业把握机会、化解威胁
稀有性	现有和潜在竞争对手极少能拥有的独特的能力
难以模仿	其他企业不能轻易模仿建立的能力: ① 体现历史性:独特而有价值的组织文化和品牌; ② 体现模糊性:竞争能力的成因和应用模糊化; ③ 体现复杂社会性:管理者、供应商以及客户之间的人际关系、信任和友谊等
不可替代	没有战略等价资源可替代

1) 有价值的能力

有助于组织在复杂、多变的外部环境中,把握机会、化解威胁、增加价值的能力,称为有价值的能力。有价值的能力对于企业制定和实施战略进而为特定的客户创造价值,具有积极的促进作用。例如,索尼公司曾利用它有价值的能力来设计、生产并销售微电子技术产品,如便携式 CD 播放机和 8mm 的摄像机等,均占领了比较广泛的市场份额。索尼公司试图让客户通过电视、个人计算机或手机进入它的"数字世界"。

2) 稀有性的能力

"稀有"意味着"罕见",稀有性的能力就是指只有极少数现在的或潜在的竞争对手才可能拥有的能力。在依据这一标准进行判断时,组织中的管理者和专门分析人员总是要试图搞清楚一个问题,即有多少竞争对手具有某种能力。有价值而普遍存在的资源和能力,最可能导致的结果是等力度竞争。一个企业只有开发、创造出其他竞争对手没有的能力时,才可能获得强于其他竞争对手的比较优势。如戴尔公司采取直销商业模式,销售业务具有比竞争对手更高的效率,进而使业务增长率取得了同行业的领先水平,戴尔的直销模式可以看作该组织的稀有性能力。

3) 难以模仿的能力

无法参考他人经验在短时间内建立起来的能力,可认为是难以模仿的能力。之所以难以模仿,主要有以下三方面的原因。

(1) 组织能力的发展具有历史性。一个组织在发展过程中,往往会选择独特的、反应自身历史路径的能力和资源不断放大和强化。

(2) 组织的竞争能力和竞争优势的边界有模糊性。在这种情况下,竞争者一般难以明确一个组织是如何把竞争能力整合为竞争优势的。如此一来,竞争者就无法获得确切的信息,不清楚他们需要具备什么样的能力才能取得像对手一样的利益。

(3) 组织能力具有复杂社会性。组织的能力是复杂社会现象的产物。在组织内部,管理者之间以及管理者与员工之间,在人际交往、信任等方面存在社会性复杂关系;在组织处理与供应商、客户和社区等主体之间关系的过程中,也需要采取社会性方式。

4) 不可替代的能力

不可替代的能力是指无法找到战略等价资源替代的能力。总的来说,一种能力越难以被替代,它所产生的战略价值就越高。这种能力的不可见程度越高,就越难以找到可代替对象,越难以被竞争对手模仿从而获取价值。一个企业的专有技术、专用性人力资本以及融洽和谐的人际关系和交流制度等,就可以被看作企业的不可替代的能力。

总之,同时符合以上四项标准的能力,是具有战略意义的能力,是核心能力的来源、竞争优势的基础。对一个企业来说,只有当它所拥有的能力在无法被竞争对手抄袭、仿造的情况下,才有可能获得持久性的竞争优势。

企业可以在一段时间内,依赖有价值的、稀有的但可被模仿的能力形成竞争优势。在这种情况下,竞争优势保持时间的长短,主要取决于竞争对手模仿产品、服务和工艺的速度。只有将同时符合四项标准的资源和能力整合起来,企业才能获得足够强大的核心能力,在激烈的市场竞争中持久地保持竞争优势。

3. 企业核心能力分析的内容

核心能力体现为一系列技能、技术、知识的综合体,要准确、全面地分析和评价一个企业的核心能力是比较困难的。一般来说,可以从以下几个方面对企业的核心能力进行分析。

1) 主营业务分析

主营业务分析即要分析企业是否有明确的主营业务,企业优势是否体现在主营业务上,该主营业务是否有稳定的市场前景,以及本企业在该领域中与竞争对手相比的竞争地位如何。一个企业若没有明确的主营业务,经营内容过于分散,则很难形成核心能力。

2) 核心产品分析

核心产品是核心能力与最终产品之间的有形联结,是决定最终产品价值的部件或组件。例如,本田公司的发动机、英特尔公司的微处理器都是核心产品。对核心产品的分析应具体分析企业是否有明确的核心产品、核心产品的销售现状、竞争地位、市场前景、产品的差异性和延展性等。

3) 核心能力分析

核心能力分析主要分析支持企业主营业务和核心产品的核心技术和专长是什么,是否得到了充分发挥,企业管理人员是否对此达成共识,这些核心技术和专长的价值性、独特性、难于模仿性和不可替代性如何,为企业带来了何种竞争优势,强度如何等。

4. 企业核心能力的获得

企业核心能力的获得主要有以下三种方法。

(1) 外部购买,即从其他企业或组织购入与核心能力有关并有利于其发展的技能与资源。它的实质是外部核心能力的内部化。具体方式有购买技术与专有知识、购并拥有这种核心技能的企业。

(2) 组成战略联盟实现企业间资源共享,降低研发成本,相互获得彼此的特定技术、资源和技能,以实现核心能力的快速发展。但在结盟中企业还必须注意对自己核心技术的保护,以防培养出潜在的竞争对手。

(3) 通过企业自身力量发展核心能力。依靠外部购买或成立战略联盟的方法来发展核心能力,或多或少地都存在着产生依赖性和核心技术外泄的问题。因而在三种方法中,利用自身力量培育和发展核心能力应是主要方法,另外两种方法只应是辅助方法。

以上三种方法中,外部购买相对比较贵,但可以节省时间,风险在于项目的选择以及购买后的消化吸收;企业自己开发相对可以省钱,但需要的时间周期较长,风险在于能否把握住机会;组成战略联盟的关键在于能否找到真正合适的合作伙伴。

5. 企业核心能力的培育

核心能力是企业的生命线,是企业运营发展的动力源,是企业战略的核心部分。因此,要树立企业的竞争优势,首先要培育企业的核心能力。核心能力的培养是一个系统的组织过程,它涉及技术、管理、制度等多方面的因素。

培育、提升企业核心能力的关键是创新,包括技术创新、管理创新和制度创新三个方面,其中技术创新是提升企业核心能力的重要途径;管理创新是强化企业核心能力的重要手段;制度创新是支撑企业核心能力的重要保障。这三个方面是相互依存、相互渗透、相互促进的。只有三者有机地结合,才能不断地提升企业核心能力,使企业获得持久的竞争优势。

1) 技术创新是提升企业核心能力的重要途径

技术创新是形成和提升企业核心能力的关键因素,离开技术创新,企业能力就无从说起。技术创新是一个过程,包括从新产品、新设想的产生,经过研究、开发、工程化、商业化生产,到市场应用的完整过程的一系列活动的总和。在这个过程中,不仅能够产生独特的企业技术能力,创造出具有产品优势的好产品、好服务,同时能提高设计、生产、维护、营销人员的各种学习能力,形成独特的、他人无法模仿的无形资产。

进行技术创新,企业不一定会形成核心能力,但是不进行技术创新,则企业就很难形成核心能力。技术创新是培育企业核心能力的关键,尤其是针对核心技术的创新。缺乏独占性技术和技术创新能力的企业,有可能在市场上做大,但在产业分工中却很难处于有利地位,也很难做强,更不可能获得持久的竞争优势。

2) 管理创新是强化企业核心能力的重要手段

技术和管理是现代企业发展的两大关键因素,技术创新包括从技术创造、技术开发,到技术学习、技术积累,再到技术扩散,都离不开管理,否则技术革新就失去了它生存的土壤。普拉哈拉德和哈默认为,企业的核心能力真正来源于管理能力。管理可以将技术和生产技能转变为企业快速适应变化的能力。由于技术日益复杂,市场竞争越来越激烈,都要求管理不断变革、创新;企业核心能力的强化,更离不开管理创新。管理创新的目的是使管理过程流畅、高效,创造一种有利于提升企业核心能力的环境氛围。

此外,还要通过市场细分、资源重组、流程再造等方式更新企业经营战略,建立学习型组织,积极吸收现代管理思想,形成崇尚创新的企业文化,促进管理创新,从而强化企业核心能力。

3) 制度创新是支撑企业核心能力的重要保障

企业核心能力的培育,以及技术创新和管理创新,都是在某种制度环境中发生发展的,需要一定的制度保证。这些制度包括基础设施和建设环境、本地可获得的资源、地区专有制度以及本地可以利用的知识和技术。在这些制度中,来自经济、社会文化、政治、政府机构、教育体系等的相互作用,构成了企业技术创新、管理创新乃至核心能力形成的基础环境。

要在一个企业中培育出核心能力并发展其成为企业的关键竞争优势,需要全体管理人员充分理解并积极参与。保持企业的核心能力,培养新的核心能力,将核心能力扩散也同等重要,同时这种保持应该是动态的,企业应该随时对自身的能力与外界环境进行比较和评估,以防止企业的核心能力下降和丧失。这就需要企业高层管理人员在企业的运营过程中时刻对核心能力进行监控,不断地加强优势,弥补劣势,以保持企业持久的核心能力。

2.3.4　内部环境分析方法

1. 雷达图分析法

经营分析用的雷达图,从企业的生产性、安全性、收益性、成长性和流动性五个方面,对企业财务状态和经营现状进行直观、形象的综合分析与评价。因其图形状如雷达的放射波,而且具有指引经营"航向"的作用,故而得名。

雷达图如图 2-2 所示。先画出三个同心圆,并将其等分成五个扇形区,分别表示生产性、安全性、收益性、流动性和成长性。通常,最小圆圈代表本行业平均水平的 1/2 或最低水平;中间圆圈代表同行业平均水平,又称标准线;最大圆圈代表同行业先进水平或平均水平的 1.5 倍。在五个扇形区中,从圆心开始,分别以放射线形式画出 5～6 条主要经营指标线,并标明指标名称及标度。然后,将企业同期的相应指标值用点标在图上,以线段依次连接相邻点,形成折线闭环,构成雷达图。

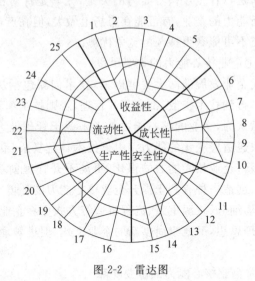

图 2-2　雷达图

注:收益性——1.总资本利润率;2.销售利润率;3.成本利润率;4.产值利润率;5.资金利润率;销售额比率。成长性——6.销售额增长率;7.产值增长率;8.人员增长率;9.总资本增长率;10.利润增长率。安全性——11.利息负担率;12.流动资金利用率;13.固定资金利用率;14.自有资金率;15.固定资本比率。流动性——16.固定资金周转率;17.应收账款周转率;18.盘存资产周转率;19.流动资金周转率;20.总资本周转率。生产性——21.全员劳动生产率;22.工资分配率;23.劳动装备率;24.人均利润;25.人均销售收入。

就各经营指标来看,当指标值处于标准线以内时,说明该指标低于同行业平均水平,需要加以改进;若接近最小圆或处于其内,说明该指标处于极差的状态,是企业经营的危险标志,应重点加以分析改进;若处于标准线外侧,说明该指标处于理想状态,是企业的优势,应采取措施,加以巩固和发扬。

2. 内部战略要素评价矩阵

战略要素评价矩阵可以帮助企业经营战略决策者对企业内部各个职能领域的主要优势与劣势进行全面综合的评价。其具体分析方法和步骤与 2.5 节中的战略环境要素评价模型类似,具体如下。

(1) 列出企业内部战略条件中的关键要素。通常以 10~15 个为宜。

(2) 为每个关键战略要素确定一个权重以表明该要素对企业战略的相对重要程度。权重取值范围从 0.0(表示不重要)到 1.0(表示很重要)。各要素权重值之和应为 1。

(3) 按四分制给每一个要素打分,以表明这个要素是企业的主要劣势(1 分)、一般劣势(2 分)、一般优势(3 分)、主要优势(4 分)。

(4) 将每一要素的权重与分数相乘得到某一要素的加权分数。

(5) 将每一要素的加权分数加起来,就可求得企业内部战略条件的优势与劣势情况的综合评价值。

注意:无论这个模型包括有多少优势或劣势,企业的总加权分数最高是 4 分,最低是 1 分,衡量标准是 2.5 分。≥2.5 分,企业表现为有竞争力;<2.5 分,企业缺乏竞争力。

表 2-9 为某企业内部战略要素评价矩阵。从表 2-9 中可以看出,该企业的主要优势在产品质量,评价值为 4,劣势在组织结构上,评价值为 1;从加权评价值来看,产品质量为 0.8,职工士气为 0.6,这两个关键战略要素对企业战略产生的影响最大;该企业的综合加权评价值为 2.4,说明该企业内部条件的综合地位处于行业平均水平(2.5)以下,应引起高度重视。

表 2-9   企业内部战略要素评价矩阵

关键战略要素	权重	评价值	加权评价值
职工士气	0.20	3	0.60
产品质量	0.20	4	0.80
营运资金	0.10	3	0.30
利润增长水平	0.15	2	0.30
技术开发人才	0.05	2	0.10
组织结构	0.30	1	0.03
综合加权评价值	1.00		2.40

脑力激荡

(1) 你如何看待目前流行的以快制胜的观念?

(2) 我国家电连锁企业战略选择的优缺点分析及建议。

(3) 设计我国家电连锁企业发展战略。

2.4　任务实施

1. 内部环境中存在的优势

（1）找出自身的所有优势。

（2）从自身全部优势中比较确定最有价值的3～5个优势。

2. 内部环境中存在的劣势

（1）找出自身的所有劣势。

（2）从自身全部劣势中比较确定影响最大的3～5个劣势。

3. 撰写内部分析报告

根据上述分析内容，撰写本企业内部分析报告。

2.5　任务实施过程中可能出现的问题

1. 自身分析中的盲目自大

一是过分夸大自身的优势，盲目乐观。二是认为自身都是优势。当认为自身优势很多时，其实是分不清什么才是真正的优势了，也就没有优势了。一般来说，通过认真地比较分析，能真正找出3～5个优势时，已经非常不错了。

2. 自身分析中的妄自菲薄

与上面相反的是，一是认为自己一无是处，没有任何优势，盲目悲观。二是认为自身都是劣势。当认为自身劣势很多时，其实也是分不清什么才是真正的劣势了。一般来说，通过认真地比较分析，能真正找出3～5个劣势就很有针对性了。

3. 不能有效选择参照物

如从自身来看，你的唱歌比绘画好，那么你的优势是不是唱歌呢？其实未必。如果跟你的同班同学比，你的唱歌只处于中游，而你的绘画处于领先，那么你的优势是绘画，而不是唱歌。企业亦如此，分析自身的优势和劣势时，要以周围的竞争企业为参照物，而不是只跟自己比。

2.6　阅读材料

基础管理是缔造联想的基石

柳传志

我们的同行、合作者，我们的投资人以及经济学家都对这样一个问题感兴趣：联想是凭什么战胜强大的竞争对手的？联想的优势到底能够坚持多久？

我想从根本上回答这个问题，就要谈一谈我对管理的理解。

我们可以把企业管理理解得更广义一些，看作一座房子，分成三个部分，一是屋顶，二是围墙，三是地基。

屋顶部分可以看作企业运作层面的管理,比如一个企业的采购、生产、销售、研发、服务。

围墙部分是指流程层面的管理,例如物流、资金流、信息流的管理,像 ERP、CRM 等。

很多学者、投资界的分析员都想了解联想在这两方面是怎样做的,比如联想产品有能力每年在全国 600 个中小城市开展示会,到底是怎样组织的,效果如何? 联想在中国有几千家代理和专卖店,它是怎样管理销售渠道的? 怎样建立服务网络的,成本如何?

再如,在中国由于文化基础、语言、习惯等问题,对个人计算机应用的要求和西方是不同的。西方可以把个人计算机作为一个规范的平台提供给家庭用户,用户自己去处理上网的问题,去配置应用软件。而在中国则最好是提供买回家就能用的个人计算机。在1999 年我们开发了一种一键上网的计算机,不用装 MODEM,不用装软件,不用到电信局去办手续,买回家按一个键就可以上网,这种产品获得了极大的成功,大大扩大了我们的市场份额。虽然我们在核心技术上没有能力和西方大企业展开竞争,但是我们可以发展产品技术。产品技术就是把成熟的技术根据市场的需要组成产品。那么联想又是如何了解客户需求形成产品技术的呢? 像刚才谈到的一键上网的计算机等。

综上所述,凡是在这方面的工作,我们都可认为是属于屋顶部分的管理,即运作管理中的内容。

联想在 1999 年到 2000 年花了 500 万美元、300 个人建成了自己的 ERP 系统,这使得联想的管理效率大为提高。以前每个月末,要由 100 个会计,努力工作一个月才可能得到这个月的经营情况,而且很难说是准确的。而现在只要两天的时间,CEO 就可以拿到经营结果了,CEO 在任何时间都可以了解任何地点联想的机构的经营记录。联想的库存周期由以前的 40 天压缩到 20 天,应收账由 35 天压缩到 22 天,坏账损失率为万分之五。在个人计算机行业越来越难做的时候,联想的净利润却由 1999 年的 2.76% 提高到 2001 年的 4.85%。

这些都是 ERP 系统的功劳,这属于围墙部分,即流程管理部分的内容。

而以上这些都不是我想讲的主要内容。

在我上面描述的屋顶图中的第三部分,即地基部分,我称为企业的管理基础部分,也就是企业的基础管理,才是我想要谈的主要内容。

我所谈的基础管理又分了两个部分:第一部分是企业的机制和体制;第二部分是经营管理理念。

1. 联想的机制和体制

一个企业应该有一个健全的法人治理结构。股东是谁,它有什么权责,董事会、管理层各有什么权责应该清清楚楚,这些在西方企业中都是再明白不过的事情。然而在过去的中国,这是个很大的问题。一个没有进行现代企业制度改造的国有企业说不清主人是谁,说不清主人应该管什么。这样,它的管理层要不然就权力无边,要不然经营的基本权力就被主人收走,管理者根本无法管理。

我所在的企业联想,当年是中国科学院投资 20 万元兴办的,当然就是国有独资企业。所幸的是我的老板中国科学院的院长很开明,在开办的时候他同意了我的三条要求:我有人事任命权、财务支配权和经营决策权,他们都不干预。这保证了我能开展正常的经营活动。但只有经营权，而没有股份也是不行的。高科技企业都是在滚动中发展的，我们是这样，美国的高科技企业也不例外，IBM、微软、英特尔、Cisco都是一样。企业在由小变大的过程中要冒无数风险，如果企业办大以后它的丰硕果实和创始人毫无关系，我想任何人都不会冒这种风险，去承受这种压力。

而我们当时就只有承受风险的责任，而没有任何享受分配的权力。在中国，创业者不仅有商业风险，甚至还要承受政策风险。

什么是政策风险？我举一个例子。

1987年，我们第一次实行承包制，我们的销售经理和他的部门工作得很出色，到了年底他超额完成任务，仅他一个人就拿6000元人民币奖金，这在当时是个很大的数字，我作为总经理一个月的工资才100元。问题麻烦在当时国家制定的税种里有一种奖金税，当你的奖金超过你三个月的工资后要交300%的奖金作为税金。

我和副总经理一起开会研究怎么办，结果有三条路。

第一条，坚决兑现我们的承诺，发放奖金，也严格交税。这样做的结果是企业的财政能力无法承受，甚至交税会把企业交垮。

第二条，不兑现我们的承诺，和员工讲，没想到你们超额完成这么多任务，今年没有这么多钱发给你们，以后每年陆续发放，这会在员工中失信。

第三条，采取偷税的办法，用支票换现金，把奖金发了，但不记账。这样做当然是很不好的。但是很不幸的是我们就选择了第三条道路。

结果第二年东窗事发，我们少交税的事情被查出来了，我们企业被罚了9万多元，我受到了警告。但只差一年，9万元的分量就不那么重了，而就在这一年国家的税法改成了现在的所得税，废除了以前那种不合理的使企业完全无法发展的奖金税。

从这件事情上可以看到办企业是多么艰难。当时中国有很多民营企业，他们都在偷逃税款，他们是为了自己的私利。而我是一个国有企业的经理，我要承受责任，却和我的利益毫无关系。由此可见，国有企业的经理怎么会有积极性呢？

对于联想，对于我个人，很幸运的是我的老板中国科学院的院长和副院长们是很开明的人。他们考虑到这一点，因此，在1993年的时候，就和我讨论如何在联想实行股份制改造，如何使联想的创始人和管理层拥有股份的问题。然而，在当时中国有一个机构叫国有资产管理局，只有他们才能代表国家对企业进行股份制的改造。我的股东中国科学院没有这个权力，于是在1993年科学院就和我们制定了一个变通的办法，即股东给员工奖励35%的分红权，也就是说，规定每年分配利润的35%是奖励给创业者和骨干员工的。

我在当时就和我们的管理层一起做了一个分配方案，制定了分配的原则，创业骨干应该分多少，管理层应该分多少，员工应该分多少。这个方案被讨论通过了。今天看来我们做了一件非常重要而又聪明的事。因为当时大家分的是一张"空饼"，谁也不知道将来会有多大的利润可以分配，所以讨论分配原则的时候就容易通过，大家不会太计较。如果到了今天，已经形成了一张很大的饼了，再来讨论方案那就会困难100倍了。

但是从1993年开始，每年的利润产生了以后，我们并没有把它真正分配到个人，主要原因还是太多的钱我们不敢发。一直到了2001年，在国家领导的支持下，我们真正进行了股份制改造。具体做法是由会计师事务所，把联想的资产做了估价，然后算出了35%

的价值,再打个 7 折是对我们的优惠。由员工出钱把股权买下来。员工哪里来的钱呢?
就是从 1993 年开始应分未分的钱积攒起来的,就买下了这个股权。现在我们联想的创始
人和骨干员工就有了 35％ 的股份,真正实现了股份制的改造。

股份制改造有什么好处吗? 我来说一件最直观的好处。

今天联想做得这么出色是因为管理层全是一群有能力、有创新精神的年轻人,而和我
一起创业的老员工都退下来了。这些创业者跟着我,创业期间吃尽了千辛万苦,只挣很少
的工资。今天,企业做大了,我对他们说你们能力不够,回家去吧,我要换年轻人来工作,
他们肯定不会同意的。就好像他们种下一棵橘子树,浇水施肥,到树长大了,结果实了,却
要他们回家去,这是不可以的。现在进行了股份制改造,我们可以对他们说,我要请更好
的园丁来工作,但是到橘子熟了的时候,我们会把橘子送到你们的家里去,这样他们就很
高兴了。他们积极支持年轻人工作,年轻人有了广阔的舞台就做出了更精彩的表演。

在 1999 年我感到我的体力远不如从前了。以前我每天工作到晚上八点以后,还要看
专业书籍和杂志,因为 IT 这个行业发展得实在太快了。而现在我到了晚上八点就感到
精疲力竭了。当我知道我的年轻助手每天到晚上十点后才开始看专业杂志的时候,我就
觉得我也应该从 CEO 的位子上退下来了。今天杨元庆接了我的班,我觉得他做得比我
好,我由衷地感到高兴,因为企业的利益和我的利益是完全一致的。这就体现出有一个很
好的机制和体制对企业是多么的重要。

2. 联想的经营管理理念

在联想有一套管理理念称之为管理三要素。这三要素是:建班子、定战略、带队伍。
在联想,每个员工都知道这个管理三要素,而经理以上的员工都能把它运用到实践之中。

1) 建班子

为什么要建班子呢? 有三条原因:一是为了提高管理者的威信。企业的经营决策是
一个班子决定的,那么企业的 CEO 不管出差到哪里,这个决策依然会执行;如果这个决
策只是一把手一个人的决定,那么当他不在时,他的下一级很可能不认真执行决策。很明
显,有一个班子,第一把手的威信是会提高的。二是为了群策群力,把几个聪明人集合在
一起努力工作,效果当然会更好。三是为了对第一把手的制约。不论多能干,甚至伟大的
人都会犯错误,头脑都会膨胀。因此,第一把手要被制约,被一个班子制约,被共同制定的
规矩制约。这会使企业少犯错误。

建班子的主要问题是第一把手如何自律和如何调动其他班子成员的积极性的问题。
对班子成员的积极性的激励,除了物质激励以外,当然主要是精神激励,就是能给他们一
个责权利一致的舞台。同时要有一套规范的议事决策秩序,使他们感觉到自己真正是企
业的主人,而不是第一把手想怎样做就怎样做。

建班子也有几个难题,其中一个是“班子的成员如果不再适合了,如何出局”的问题。
我觉得主要是两点:一是企业选班子成员,即高层领导时,当然要德才并重,如果不行,则
以重德为主。企业德的标准是能不能把企业的利益放在第一位。因为企业在发展,班子
的成员肯定是要更换的,如果班子的成员是品德不好的人,则会给企业带来无穷无尽的麻
烦。所以以德为主给班子里人员更换打下了基础。二是要把话放在桌面上说。当第一把
手认为某人有严重缺点时,你要当面指出,希望他改正;如果以后再犯,你要认真谈话并发

出警告；到最后当他实在改正不了你再当面和他谈清楚要求他出局，他就不会有太大的震动。当然善后工作要做好。

联想把建班子放在一个非常重要的位置，认为班子不团结，工作效率不高，这个企业一定好不了。因此每年都要开骨干学习班，研讨建班子的问题。

2）定战略

联想把制定战略分了五步：一是远景；二是中长期，比如三到五年的战略目标；三是制定达到这个目标的路线，具体讲就是做什么或不做什么；四是设立短期目标，当年的或当季的，然后分解为具体步骤；五是调整。

这些做法，说起来和教科书大同小异，但是制定得正确与否却决定了企业的生死存亡。

例如在 1996 年联想制定的五条战略路线中，其中有一条是走贸工技的路线。在西方的高科技企业的发展过程中是先掌握一项技术，然后形成产品，然后形成销售，这是所谓贸工技的路线。而在联想，由于成立时期我们完全不懂市场，不懂销售，也没有开发产品的启动资金，中国当时也没有风险投资公司，这就使我们先给外国企业做代理，学习和了解市场，而后才开发产品形成自己的品牌和技术。所以我们走的是贸工技的路线。

在 2000 年，我们制定战略时就请国际咨询顾问公司帮助，我们请麦肯锡公司帮我们制定了 2000—2005 年的战略规划，现在正在执行中。

3）带队伍

什么是带队伍呢？它和战略的关系好像"知"与"行"的关系。定战略是"知"，知道我应该如何做；而带队伍是"行"，只有一支好的队伍才能实现"知"。

带队伍的实质是三件事：①让你的员工有工作的积极性，有激情；②让你的员工有工作的能力；③让他们能结合在一起高效率地工作。

带队伍的具体内容一是公司的组织结构，二是规章制度，这两点是为了保证能结合在一起高效率地工作，三是企业文化，四是激励方式，这两点是为了让你的员工有工作的积极性和热情。五是发现和培养骨干员工，特别是领导人物，这是为了提高员工的工作能力。

这五个方面都有很具体的内容，我就不详细讲了。我只讲几个例子。

第一个例子，联想开会不允许迟到，迟到了要被罚站。这个起因是因为我们的创始人都是科研人员，都比较个性化、随便，每次开会必然迟到，浪费很多时间。我们做了规定，不管什么原因，只要你没请假，就要罚站一分钟。这是很难过的一分钟，会议停顿下来，像默哀一样地度过一分钟。这个制度执行了十几年了，我自己也被罚过三次。十几年前我们公司才几百人，今天有一万多人却依然很好地执行着，说明这是多么不容易的事，而这件小事培养了整个公司说到做到的作风，制定了规划就要坚决执行的作风。

第二个例子，我们要求一般的员工要有"责任心"，在联想任何人做事都要有"责任心"；中层干部、经理级的员工则要求有"责任心"加"上进心"，这就要有工作激情，要有创新精神。而高层骨干员工，不仅要有"责任心""上进心"，还要有"事业心"，也就是要把联想的事业作为自己的事业。为此联想要给你认股权证，让你成为股东；要给你更大的舞台和发展的机会；而你必须要对联想的文化、事业真正认可，这样的人才能提拔到联想的核心层,才能成为核心班子的成员。在西方强调的是职业经理人的概念,职业经理以他的操守和能力为企业工作,而哪个企业对他更合适,比如给的钱多,他就会到哪个企业去干。而具备了事业心的联想的高层骨干,则是把联想作为自己的生命。从联想建立到今天,联想平均每年流动人员 10%,但成立 18 年高层骨干几乎没有一个走的,这是联想能从几次危难中安然度过的重要原因。

在 2000 年时,我把一家上市公司根据业务的需要分成两家,由两个有才干的年轻领导。分拆工作进行得非常顺利,他们的表现都非常出色。

他们为什么会这样平稳地接班呢?因为我在当 CEO 时采用的工作方法分了三个阶段。在早期,在我的员工素质很低的时候,我采用指令式的领导。我的话是指令,你们坚决执行;后来干部的能力提高了,人的素质提高了以后,我采用的是指导式,我提出指导性意见,下级根据这个调整执行;到了再后来,我就采用了参与式的领导方式,把情况告诉他们,由他们制定战略方案,我只是参与而已。这样对他们自然是非常好的锻炼和培养。因此,当需要他们接班的时候,他们已经有了非常丰富的经验和能力。

建班子、定战略、带队伍这个管理三要素构成了我们的管理理念。

有了好的机制体制,有了一套好的管理理念,这个企业就有了好的管理基础。凭借这个管理基础,联想有了今天的规模。而我的理想则是凭借这个管理基础,把企业真正办成一个有规模的公司,为中国的企业界做出榜样。

高成长企业的长赢基因

过去几十年中,中国创造了一大批成功的企业,他们从无到有、从小到大,在提高生产力、创造就业机会等方面都取得了举世瞩目的骄人业绩。然而,在这些成功企业的背后却是数以万计的鲜为人知的夭折企业及小企业。那么,高成长企业的长赢基因到底是什么?

高速成长的企业,会因成长撕裂已有的管理体系和经营体系,会因成长引发更多的矛盾与冲突,陷入成长的陷阱:"没有成长等死,高速成长找死。"成长的企业有成长的烦恼;所以,成长是令人兴奋的,也是让人担忧的。

昙花一现的高成长企业并不鲜见。毋庸讳言,大量垮塌的企业中有很多企业从一开始就选项不好、管理也不行,注定发展不起来。我们姑且不谈这样的企业,而是说那些选项不错,一开始管理和发展也不错的企业。这些的确也红红火火了一阵子的企业,为什么会在一夜之间垮掉?如唐氏兄弟的德隆系、顾雏军的格林柯尔系以及巨人集团、亚细亚、红高粱、盛兴超市、家世界等。

究其原因,主要有四条:①机构迅速膨胀,管理力不能渗透到底;②财务的过度扩张导致财务失控;③人性的弱点,坐享其成、不思进取;④成功的狂热,进入亢奋状态,轻视一切,导致失败。不仅如此,在过去显而易见的机会俯首皆是的情况下,许多企业形成了只知进攻、不知防守,只盯眼前目标、忽视长远战略,只凭直觉做事、不重系统思考,突出个人"英明",淡漠高层团队价值,重模仿却针对本土市场创新不足的短板和软肋。

然而,今天中国企业面临的环境已经并正在发生巨大的变化:市场开放的程度越来越高;全球一体化的特征越来越明显;竞争越来越激烈;显而易见的市场机会越来越少;中国和全球的消费者越来越成熟;技术创新的速度越来越快;中国劳动力和其他商务成本越来越高;中国企业员工的知识水平和管理难度越来越高;中国企业在承担社会责任方面的压力越来越大。

中国企业也正在加速变化以适应外部环境:它们正在从小规模生产经营演变到大规模生产经营;正在从提供低端、单一产品和服务演变到提供高中低全系列的产品和服务;正在从模仿者演变成创造者;正在从只关注本土经营和竞争演变到关注全球经营和竞争;正在从以自我为中心逐步演变到以客户为中心;正在从一成不变的运营和组织模式演变为适应性强、灵活多变的组织模式;正在从只关注生产经营演变到兼顾生产经营和资本运作。

在这种背景下,中国企业如何才能做到持续地高成长?的确,对单个企业来讲,成长是独特的个案,带有很大的偶然性,所以每个成长企业都有自己精彩的成长故事;但作为一个整体来看,成长企业几乎都有相同的成功要素,几乎都遵循着相同或类似的成长轨迹。分析国内外众多高成长企业中的"常青树",我们可以发现以下特质极为重要。

(1) 强烈的社会责任感和与时俱进的发展战略。

(2) 危机意识和处理危机的能力。

(3) 不断创新的意识与能力。

(4) 不断创业的精神和富有凝聚力的企业文化。

(5) 适应企业发展的管理与运营能力。

(6) 动态调适的组织备力。

1. 长赢基因一:强烈的社会责任感和与时俱进的发展战略

许多短寿的高成长企业在进行决策的时候,更偏好从直觉出发,而非依赖深入、系统的战略性思考。直觉是重要的,特别是在显而易见的机会俯拾皆是的时候,这种直觉式的信息处理和决策风格确实可以带来速度和效率。但是,当业务日益复杂、竞争日益加剧、信息纷繁杂乱、显而易见的机会日益减少的时候,"凭直觉、拍脑袋",或者是"摸着石头过河"显然不能适应企业发展的需要。

国内很多企业自创始之日,受到创始人的影响就非常大,企业的战略方向基本是由创业者决定的。问题在于,很多创始人在创立企业的时候,并没有认真思考过企业的未来,大多为了生存只盯着近期的收益,只考虑眼前赚不赚钱,却没有真正从战略的高度来看待一个企业,很多企业还没有发展大,合伙人已经各奔东西,甚至另起炉灶。市场变化是迅速的,如果不能够长远打算,迟早会被挤出市场。

当然,企业小的时候,目标一般是一个暗藏的、朦胧的意识。因为你还很弱小,对瞬息万变的市场,你还缺乏足够的把握。无论你具有怎样的信心,目标对于初创的企业至多是一个远大的抱负而无法量化和明确。即或你有这样的远大目标,也缺乏说服力。IBM 在一开始也没有想到会成为 IT 行业的蓝色巨人。联想集团"扛起民族工业的大旗"也是在后来具有足够实力时提出来的,目前走上了国际化。海尔在 20 世纪 80 年代中提出了名牌战略,目前海尔的战略目标则是由 90 年代初海尔的国际化发展到现在的国际化的海尔。也正是这些与时俱进的战略目标促成了这些企业持续地高速成长。

持续成长的企业需要一个符合时代潮流的具有前瞻性的发展战略和目标。研究发现,九成以上持续成长的企业都有清晰明确的发展战略和科学的制定流程,使企业发展战略能够做到与时俱进,不仅适时指明了企业的发展方向,也明确了企业的行动纲领,同时也激发了员工的热情和斗志。

这些高成长企业表现出来的强烈社会责任感及行为为企业创造了持续的高绩效。表现出这一特质的企业在企业内部和外部推崇并捍卫这些社会价值观,有时甚至在短期利益受损或得罪同行的情况下依然坚持这些行为。这些卓越的企业家认为持续的业务成功有赖于道德感和责任感。有一位企业 CEO 这样说道,你只有具有很高的道德标准才能够奠定成功的基石。的确如此,有研究表明,企业的社会责任感和自律行为与良好的企业绩效具有高度的正相关。

2. 长赢基因二:危机意识与处理危机的能力

危机意识是企业永续经营的良药。有人说,企业发生危机是异常情况。宏碁的创始人施振荣却并不这么认为。他认为,企业随时都可能碰到危机。这是一种正常状态,而不是异常状态。因此就必须有随时应对危机的准备。当然,什么时候会发生危机是难以预料的。

人类为了防风雨而盖房子,而非好天气。既然我们懂得不要等到风雨来袭时才盖房子,企业也不能等到危机发生时才培养处理危机的能力。许多企业把危机看作异常,缺少危机意识和准备,以至于危机来临时,束手无策。同时,危机常常也带来新的发展机遇,当你处理好这一危机,往往也使你迈上一个新的台阶。联想和宏碁的发展历程已经充分验证这一点。

成功的领导者首先要有危机意识,并且善于制造危机,以提高组织的警觉,提升凝聚力和向心力;避免当真的危机来临时,束手无策、束手就擒。比尔·盖茨在《拥抱未来》一书里写道:"败亡可以极快的速度降临市场领导者的身上。一旦你失掉了正面循环,再改变作为就已经太晚了;所有负面循环的要素都会乘虚而入。"当企业运营十分顺畅的时候,要经营者时刻意识到企业处于危机之中,并且立即做出反应,实非易事。

近年来,微软也刻意雇佣一些曾在面临失败的公司里服务过的管理者。当面临失败时,你被迫变得更有创意,挖得更深、想得更多;而且是夜以继日。比尔·盖茨希望他的身边有些具备这种经验的人。他认为,微软在未来也不免会遭遇挫败,到时希望这些能够在逆境中力争上游的人能为微软扭转乾坤。

电视连续剧《男人没烦恼》里,有这么一出戏。新生命公司为了在市场竞争中打垮强力公司,采用卑劣的手段,编造消费者的来信,贿赂记者发了一则《强力口服液有质量问题,对身体有害》的新闻报道。

现实生活中,就有天津花旗果茶因此倒牌子的真实故事。等到若干年后你打赢官司,也因远水解不了近渴,产品大量积压、资金周转不灵而垮掉。这是人命关天的大事,你想有谁还敢购买你的产品?人们宁可信其有,也不会信其无。这对企业的危害有多大!可口可乐饮料去年在欧洲也碰到被污染的事。所幸的是可口可乐最高层领导沉着冷静,采取积极认真负责的态度亲自去处理这一突发事件,终于使之安然渡过难关。

强力的经营者在产品质量有保证的坚定自信下,以冷静的眼光对待这一突发危机,并把危机变成难得的机遇。他们及时邀请众多的新闻媒体追踪报道这一事件,调查消费者来信、反映真实情况,让广大消费者为强力说话,迫使那家媒体检讨等,澄清了事实,扩大了影响,提高了知名度,反而有力地推动了销售;也使得新生命公司搬起石头砸了自己的脚。

强力公司化解并利用这一危机的关键在于,他们没有马上去纠缠不可能一下子就说清的法律责任,而是立即从正面出发,及时让广大消费者说话、让权威质量检测机构说话;及时抓住这一难得的机会,运用舆论大加炒作,获得了不曾有的宣传机会与效果。这也是因祸得福吧。危机不可怕,也躲不过,重点是要学会化危机为契机。

3. 长赢基因三:不断创新的意识与能力

在显而易见的机会变得越来越少,竞争日益激烈而利润水平不断下降的情况下,如何找到"蓝海",对中国企业来说是巨大的挑战。找到"蓝海",并在"蓝海"中畅游,就需要产生大量的创新活动和行为。这些创新活动可以是产品服务的创新、运营模式的创新或者是盈利模式的创新等。

一个企业能够脱颖而出,往往有其独特的地方。但是单靠一个独特产品打天下的时代已经过去。不断地创新才是长赢之道。微软在借力 IBM 利用 DOS 奠定了个人计算机操作系统的标准后,不仅不断推出 DOS 的新版本,更是推出了 Windows 95、Windows 98、Windows 2000、Windows XP 等;英特尔公司能不断推出 CPU 新品,使用户不断追逐其足迹,也成就了他们不断的辉煌。

需要注意的是,创新是为开拓市场服务的,不是技术开发人员的自娱自乐、孤芳自赏。过度创新不仅于企业无利,甚至有害。索尼即是抱定"工程师文化"过度创新的受害者,20世纪 70 年代中后期,在 VCR(录放机)制式的竞争中,日本 JVC 公司成为正循环下的胜利者,而索尼成为坐拥独门技术的失败者,即是一例。目前,韩国三星以市场需求为导向,成为学习索尼并超越索尼的不断创新者。

4. 长赢基因四:不断创业的精神和富有凝聚力的企业文化

企业的成长要经过六道坎:技术坎—营销坎—管理坎—理念坎—战略坎—文化坎。联合国教科文组织的一项统计资料显示,文化因素占经济增长方式中 50% 的份额,也就是说,经济的一半是文化。

成长企业与大企业相比,差距在于管理,而不在经营。不断膨胀的员工规模和业务领域,使得管理的难题凸显出来。而企业的高速扩张引发的机会诱惑,也使得企业没有时间和精力思考管理问题,内外部矛盾交织在一起,遏制了良好的成长势头,更多的企业陷入成长的陷阱:没有成长等死,高速成长找死。

那些成功走出来的企业,其成功的关键要素是企业文化,即通过良好的企业文化凝聚稳定员工队伍和干部队伍,通过企业文化弥补管理上的漏洞,通过企业文化把企业家个人的成功扩展到全体员工的成功,通过企业文化维持企业的活力与组织氛围。松下曾讲过:企业小的时候,取决于老板的能力,老板的能力有多大,企业就能做多大。企业的规模取决于员工的胸怀,员工的胸怀有多大,企业就能做多大。

员工的胸怀即来自企业文化。对创业者来说,当拥有千万资产的时候,就容易产生惰性:一是坐享财富,二是自满不进。而这种自满不仅一个人会产生,企业的许多人都会以各种不同的形式产生自满,于是导致贪图安逸、计较名利得失、妄自尊大、奋斗精神减弱等,失去了前进的动力,也就失去了创新精神,失去了开拓进取。企业失去了创新力,也就等于失去了继续发展的推动力。企业在商海里有如逆水行舟,不进则退。

企业发展到一定的规模需要有系统化的企业文化,包括可以激励人的愿景和神圣的使命、企业精神和价值观等,这是企业向心力与凝聚力的核心来源,是使企业员工行为与方向趋向一致的规范,也是激励员工永葆创业精神、不断创新、开拓进取的动力。企业的发展除了需要一个好的领导人和正确的决策,还需要人气。人气对企业很重要。企业的领导者要把人气聚起来很不容易,但人气要散起来却很快。而好的企业文化是聚集人气的有力武器。

5. 长赢基因五:适应企业发展的管理与运营能力

企业文化对企业成长很重要,但终究不能替代管理,因为企业文化的主体是工作中的人,它调整的更多的是生产关系;而管理的主体是人的工作,它调整的是生产力。企业价值的直接源泉在于效率,管理能够把企业的资源与要素加以整合,可持续发展的有效机制,为企业的成长提供原动力。

不同的规模需要不同的管理方式和能力,管理 100 个人和管理 1000 个人是不一样的。发展到一定规模必须进行专业化的企业管理。扎扎实实的基础管理是企业前进的基石。飞机要起飞必须要有一条坚实而宽阔的跑道。对企业而言,基础管理就是这样的一条跑道。

稳健的财务管理是企业管理和运营能力的核心体现之一,是企业长期发展经营的根本。不同行业及产品与定位的不同构成不同的经营形态,可称为生意模型。根据不同的生意模型,才能发展出正确的财务运作方式,或称财务结构、财务模式。

财务结构与生意模型密不可分,财务结构要随着生意模型的变化而变化。公司资金有长短之分,经营者要有能力区分资金的性质与用途。否则以短期资金用作长期投资,破坏了财务的健全性,后患无穷。企业要兼顾成长与财务健全,必须维持适当比例的自有资金。也就是说,借钱要适度,使用要适量,留有余地。

6. 长赢基因六:动态调适的组织备力

有研究发现,大多数中国企业领导人认为他们最大的挑战是人才短缺。换句话说,超高速发展的中国企业面临着人才的短缺和组织能力的脱节。同时,人才和组织建设的滞后和脱节也一定会制约企业的可持续高速增长。

组织备力体现在以价值为导向,强调人力资源前置管理的组织力,是组织为持续获得创新力、执行力,而进行的一项基础管理活动。新技术、新领域、新需求的不断爆发,导致有限的人力资源流动过快,以往粗放的、强调以结果为导向的后置式人力资源管理方式,令组织在新环境下的风险和成本激增,出现人才流失、无法聚焦、问题多发、内耗严重等管理失效现象。强化组织备力,可预见并化解管理风险、稳定执行力,更可令组织迅速适应环境,脱颖而出。

企业组织"动态调适"的设想,是模块化,又有各自的接口的组织机制,如此配置资源与能力,信息动态对称,价值动态对称,能力动态对称,这样的企业一定是反应敏捷、组织柔性、文化开放、人力激活,从而资源的附加值最大化,价值创造能力不断提升的组织。

定 位
——确定企业使命与战略目标

做事业,先要有正确的观念,就像开车,假如方向对了,不管速度快慢,总能到达目的地。反之,若观念有偏差,如车子离开了高速公路,驶入乡间小道,搞不好绕几大圈,绕不出来。

企业制定战略的首要任务是要明确关于企业未来的蓝图,即关于企业通过努力所要达到的未来状态是什么。与未来发展方向定位密切相关的核心要素包括企业愿景、企业使命和企业目标体系。

3.1 任务内容

1. 项目任务

确定企业使命与战略目标。

2. 项目指标

(1) 明确企业的宗旨、使命和价值观。

(2) 在企业使命、价值观的指引下,确定企业的战略目标。

(3) 形成具有该企业特色的分析结论与报告。

3.2 任务提出

没有目标的人在为有目标的人而工作!

通过对企业外部战略环境(任务一)和内部战略条件(任务二)的分析,我们已经基本上弄清了有利于企业发展的机会和潜在的威胁,以及企业自身的优势和劣势。但在制定企业战略之前,我们尚需进一步明确企业的使命、界定企业功能和制定企业战略目标,这是企业经营战略环境分析的最终目的和结果,也是企业战略制定的必要前提和步骤。

引入案例

联想,从中国品牌到国际品牌

作为全球个人计算机引领企业的新联想是一家极富创新性的国际化科技公司,由联想及原 IBM 个人计算机事业部所组成。作为全球个人计算机市场的领导企业,联想从事开发、制造并销售最可靠的、安全易用的技术产品及优质专业的服务,帮助全球客户和合作伙伴取得成功。

联想的总部设在美国罗利,在全球 66 个国家拥有分支机构,在 166 个国家开展业务,在全球拥有超过 25000 名员工,年营业额达 146 亿美元,并建立了以中国北京、日本东京和美国罗利三大研发基地为支点的全球研发架构。

1. 联想的使命与价值观

(1) 企业定位。

① 联想从事开发、制造及销售最可靠的、安全易用的技术产品。

② 我们的成功源于不懈地帮助客户提高生产力,提升生活品质。

(2) 使命:为客户利益而努力创新。

① 创造世界最优秀、最具创新性的产品。

② 像对待技术创新一样致力于成本创新。

③ 让更多的人获得更新、更好的技术。

④ 最低的总体拥有成本(TCO),更高的工作效率。

(3) 核心价值观。

① 成就客户——我们致力于每位客户的满意和成功。

② 创业创新——我们追求对客户和公司都至关重要的创新,同时快速而高效地推动其实现。

③ 诚信正直——我们秉持信任、诚实和富有责任感,无论是对内部还是外部。

④ 多元共赢——我们倡导互相理解,珍视多元性,以全球视野看待我们的文化。

2. 新联想的梦幻组合

1981 年,IBM 设想在一个新的层面——个人层面上发展计算能力,以便将信息技术的潜能和生产力从大型机扩展到人们的家庭和工作中去。1981 年 8 月 12 日,IBM 正式发布了历史上第一台 PC,从此人类就进入了个人计算机时代。

1984 年,柳传志带领的 10 名中国计算机科技人员前瞻性地认识到了 PC 必将改变人们的工作和生活,怀揣着 20 万元人民币的启动资金以及将研发成果转化为成功产品的坚定决心在北京一处租来的传达室中开始创业,年轻的公司命名为"联想"(legend,英文含义为传奇)。

在公司发展过程中,联想勇于创新,实现了许多重大技术突破,其中包括了成功研制可将英文操作系统翻译成中文的联想式汉卡,开发出可一键上网的个人计算机,并于 2003 年,推出完全创新的关联应用技术,从而确立了联想在 3C 时代的重要地位。凭借这些技术领先的个人计算机产品,联想登上了中国 IT 业的顶峰,2006 年时联想已然连续十年占据中国市场份额第一的位置。

1994 年,联想在香港证券交易所成功上市;4 年后,联想生产了自有品牌的第一百万台个人计算机。2003 年,联想将其英文标识从"Legend"更换为"Lenovo",其中"Le"取自原标识"Legend",代表着秉承其一贯传统,新增加的"novo"取自拉丁词"新",代表着联想的核心是创新精神。2004 年,联想公司正式从"Legend"更名为"Lenovo"。

联想在 2005 年 5 月完成对 IBM 个人计算机事业部的收购,新联想的梦幻组合由此形成。

3. 具有全球竞争力的 IT 巨人

联想的创新精神和 IBM 个人计算机事业部不断寻求突破的传统在今天的联想得到了延续,新联想是一个具有全球竞争力的 IT 巨人。

2010 年 11 月 10 日,联想集团公布截止到 2010 年 9 月 30 日的第二季度业绩。联想有力执行既定战略,连续四个季度成为全球前四大计算机厂商中增长最快的厂商。凭借集团专注在各市场、产品及客户群的均衡发展,在中国、成熟市场和新兴市场的市场份额均见提升。联想在全球的市场份额达 10.4%,再创历史新高。同时,集团连续六个季度增长速度快于整体市场。

在第二季度,联想的全球个人计算机销量年比年上升 33%,而同期整体市场销量增幅约为 9.7%。集团综合销售额年比年增长 41% 至 58 亿美元,毛利年比年增长 37% 至 5.93 亿美元,毛利率为 10.3%。第二季度的经营溢利为 1.08 亿美元(不包括重组费用 100 万美元),超过去年同期经营溢利的两倍。联想第二季度的除税前溢利达 1.02 亿美元,较去年同期上升 57%。股东应占溢利为 7700 万美元,较去年同期提升 45%。

"在这个季度,联想再次取得优秀的业绩,而突出的亮点是业务的均衡发展。一切如管理层制定的攻守战略一样,中国、成熟市场、新兴市场的业务都在均衡高速稳定地增长。此外,令董事会满意的还有三点:①管理层决心加大对研发和品牌的投入,富有远见;②对领导班子的团结、正确、高效的工作表示满意;③联想的说到做到、尽心尽力、以人为本的企业文化已在公司员工中深深地扎根。"联想集团董事局主席柳传志表示:"一个公司如果有稳固的领导团队,有制定正确战略的方法,并且有强大的企业文化,它将会是一家基业长青的公司。联想正朝着这个方向前进。"

"凭借正确的战略和有效的执行,我们不仅保持了中国业务的强劲增长和良好盈利水平,而且新兴市场成为新的增长引擎,成熟市场成为利润引擎,推动公司获得全面、均衡的增长。"联想集团首席执行官杨元庆表示:"未来,我们将继续加强在创新、业务模式和品牌等方面的竞争力建设,我们有信心通过对既定战略的有力执行,继续保持高于市场的增长速度。"

4. 锐意创新、追求卓越

联想集团是一家极富创新性的高科技公司,秉承自主创新与追求卓越的传统,联想持续不断地在用户关键应用领域进行技术研发投入。联想将最新的研发成果从实验室带到市场,转化为生产力并改善人们的工作和生活。联想集团建立了以中国北京、日本东京和美国罗利的三大研发基地为支点的全球研发架构,在中国大陆,联想还拥有在北京、深圳、上海和成都的四大研发机构。

联想为全球 PC 技术的进步做出了重要贡献。联想集团拥有包括众多世界级技术专家在内的一流研发人才,他们曾赢得了数百项技术和设计奖项,并拥有 2000 多项专利,开创了诸多业界第一。联想研发团队的最终目标是改善个人计算机拥有者的整体体验,同时降低总体拥有成本。①

　　凭借其领先的技术,易用的功能、个性化的设计以及多元化的解决方案而广受中国用户欢迎。联想已连续 10 年保持中国排名第一。联想还拥有针对中国市场的丰富的产品线,包括移动手持设备、服务器、外部设备和数码产品等。

5. 全球公民与奥运合作伙伴①

　　联想承诺成为一名负责和积极的企业公民,不断改善经营,为社会发展作出贡献。联想坚信企业是社会的一个重要部分,并致力于与员工和当地社会一道改善人们的工作和生活质量。

　　2003 年,在中国非典肆虐的巅峰时期,联想捐款支持预防这一疾病,此外,联想员工也踊跃捐款。2005 年,联想向南亚海啸受灾国捐款。

　　联想还积极支持中国的体育和健身事业。1999 年,联想赞助了中国国家女子足球队,两年后,又赞助北京成功申办 2008 年奥运会。2004 年,联想签约成为第一家源自中国的国际奥委会全球合作伙伴。

　　在 2005—2008 四年内,联想集团为 2006 年都灵冬季奥运会和 2008 年北京奥运会以及世界 200 多个国家和地区的奥委会及奥运代表团独家提供台式计算机、笔记本、服务器、桌面打印机等计算技术设备以及资金和技术上的支持。

　　2006 年 2 月,在都灵第 20 届冬季奥运会上,联想提供了近 5000 台台式计算机、600 多台笔记本、近 400 台服务器、1600 台桌面打印机以及技术支持和服务,历经 17 天冬奥会赛程,2 次大型预演,16 次测试比赛,100 余项模拟检测,联想始终表现如一。尤其是在冬奥赛事进行当中,联想所提供的所有 IT 产品无一例外地实现了"零故障"运行,赢得了国际奥委会和都灵奥组委的高度信赖和评价。

　　2007 年 6 月 12 日,联想向北京奥组委正式交付 3547 台设备,连同之前交付的 4691 台设备,联想总计已交付 8238 台设备。这些联想产品支持了包括青岛国际帆船赛在内的全部"好运北京体育赛事"。2008 年 2 月,联想还会向奥组委第四次交付为北京奥运服务的 7000 台设备,最终将提供 15000 余台高品质的计算技术设备。届时,500 名高素质的联想工程师还将与其他合作伙伴一起,为北京奥运会提供坚强的信息保障。

3.3　预备知识:确定企业使命与战略目标的方法与工具

【预备知识的重点内容】

(1) 企业愿景与企业使命的含义。

(2) 企业功能定位所要回答的三个问题。

---

①　资料来源:联想集团网站,http://www.lenovo.com.cn。

（3）企业战略目标的含义及体系的构成。

（4）SWOT 分析方法、波士顿矩阵和 GE 矩阵。

【关键术语】

企业使命；企业功能；战略目标；SWOT 分析；波士顿矩阵；GE 矩阵。

【预备知识的内容结构】

（1）企业使命与战略目标。

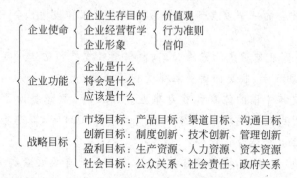

（2）战略选择方法。

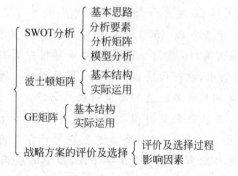

3.3.1　企业愿景与使命

企业的存在是为了在宏观经济环境中实现某种特殊的社会目的或满足某种特殊的社会需要。每个企业从其建立开始，就应该承担相应的责任并履行相应的使命。企业战略制定的第一步就是确定企业愿景和使命。一方面，企业愿景与使命的定位是在对企业内、外部环境分析的基础上完成的；另一方面，企业愿景与使命的定位也为企业内、外部环境分析界定了范围。

1. 企业愿景的含义

企业愿景是指企业所描述的关于未来成就的理想化定位和生动性蓝图。它是一个梦想，可以通过长期的努力最终变成现实；它是一种信念，可以强化和改善人们对企业的承诺和责任感；它是一种期待，可以促使员工去获得一种值得努力付出的满意性结果。

企业愿景可以被视为进行企业战略设计时最基本的概念，是开展战略管理活动的逻辑起点。在理解企业愿景这一概念时，要注意以下两点：①以企业自身的发展方向为出发点;②个人愿景与企业愿景的统一。

企业愿景具有以下作用。

(1) 激励性。企业愿景是组织对未来的一种甜蜜的梦想。

(2) 挑战性。企业愿景是组织对未来状态渴望的一种心智图像。

(3) 引导性。企业战略的制定、企业战略目标体系的分解、企业经营业务的确定都应当始终不离开企业愿景所指引的努力方向。

例如,美国运通(American Express)的愿景是成为全球最受人尊敬的服务品牌;通用汽车(GM)的愿景是成为客户满意的行业领先者;中国移动的愿景是成为卓越品质的创造者。

2. 企业使命的含义

企业使命是指企业生产经营的总方向、总目的、总特征和总体指导思想。它反映了企业的价值观和企业力求为自己树立的形象,揭示了本企业与其他企业在目标上的差异,界定了企业的主要产品和服务范围,以及企业试图去满足的顾客需求。

一般来说,绝大多数企业的使命是高度概括和抽象的,企业使命不是企业经营活动具体结果的表述,而是为企业开展各项活动提供了一种方向、原则和哲学。

过于明确的企业使命会限制在企业功能和战略目标制定过程中的创造性;宽泛的企业使命会给企业管理者留有战略调整的余地,从而使企业在适应内、外部环境变化中有更大的弹性。狭隘的描述以产品为导向,正确的描述应以市场为导向,着眼于满足市场的某种需求。

例如,高新技术产业领域的公司定义其使命。以产品为导向,定义为"生产计算机";以市场为导向,则定义为"向顾客提供最先进的办公设备,满足顾客提高办公效率的需要"。

分析:前一表述清楚地确定了企业的基本业务领域,即公司生存的目的,但同时也限制了企业的活动范围,甚至可能剥夺了企业的发展机会。因为任何产品和技术都存在一定的市场生命周期,都会随着时间的推移而进入衰退阶段,而市场需求却是持久的。

后一表述相对比较模糊,但为企业经营行动指明了方向,就不会在未来计算机惨遭淘汰之时失去方向,失去经营领域的连续性。

在"营销近视"一文中,西奥多·莱维特提出了下述观点:企业的市场定位比企业的产品定位更为重要。企业经营必须看成是一个让顾客满足的过程,而不是一个产品生产过程。产品是短暂的,而基本需要和顾客群则是永恒的。马车公司在汽车问世后不久就会被淘汰,但是同样一个公司,如果它明确规定公司的使命是提供交通工具,它就会从马车生产转入汽车生产。

3. 企业愿景与企业使命的关系

从广义上分析,企业愿景和企业使命可以认为具有相同的内涵,两者是等同的,所以,现实中经常被混用。但是,从狭义上分析,企业愿景侧重于从企业自身的角度来描绘组织未来的形象定位;而企业使命则更侧重于从市场上消费者的角度来阐述企业的战略性定位,是指企业区别于其他类型组织而存在的原因或目的,是企业在经济社会中所应担当的角色和责任。例如,世界金融集团(WFG)的愿景:引领金融革命;使命:为家庭创造财富。又如,淘宝的使命:让天下没有难做的生意。

4. 企业使命定位的内容

尽管企业使命定义在长短、内容、格式等方面可以随着企业内外部环境要素的变化而有所不同,且就企业的特定环境而言,理论上也不存在唯一最佳的使命定义,但是,通过对企业使命实际表述实例的分析,还是可以找到一些企业使命表述最基本的要素,这些基本要素往往为绝大多数企业所共同关注,并在使命表述中给予高度重视。

企业使命的定位主要包括以下三个方面的内容。

1) 企业生存目的定位

管理学大师彼得·德鲁克认为,企业存在的主要目的是创造顾客,只有顾客才能赋予企业存在的意义。顾客是企业生存的基础和理由。因此,决定企业经营什么的应该是顾客,顾客愿意购买产品或服务才能使资源变为财富,将物变成产品。虽然顾客购买的是实实在在的产品,但顾客认为有价值的从来不是产品,而是一种效用,是一种产品或服务给他带来的满足程度。

根据这一原理,在确定企业生存目的时,就应该说明企业应该满足顾客的哪些需求,而不是说明企业要生产哪种产品。例如,美国电话电报公司(AT&T)将公司使命定义为"提供沟通工具和服务"而不是"生产电话";开利公司(Carrie)的企业目的是"为创造舒适的家庭环境"而不是"生产空调器";哥伦比亚电影公司(Columbia Pictures)旨在"提供娱乐活动"而不是"经营电影业"。

以满足顾客需要作为企业生存的基础,还会促使企业不断开发新技术和新产品,使企业在创新中不断得到发展。

2) 企业经营哲学定位

企业经营哲学是对企业经营活动本质认识的高度概括,是包括企业的基础价值观、一致认可的行为准则及共同信仰等在内的管理哲学。

它主要通过企业对外部环境和内部环境的态度来体现,对外包括企业在处理与顾客、社区、政府等关系的指导思想;对内包括企业在处理与员工、股东、债权人等关系时的基本观念。例如,IBM公司的经营哲学是:①尊重每一个人;②为顾客提供尽可能好的服务;③寻求最优秀、最出色的成绩。对IBM公司的发展历史有所了解的人都一致认为,IBM公司这些经营哲学所起的作用,远远大于技术发明、市场营销技巧、财务管理能力等因素的影响。

一般来说,企业的经营哲学由于受文化的影响具有较大的共性;同时,不同国家的企业在管理理念上表现出明显的差别。

3) 企业形象定位

企业形象是企业以及产品服务、经济效益和社会效益给社会公众和企业员工所留下的印象,或者说是社会公众和员工对企业的整体看法和评价。良好的企业形象意味着企业在社会公众心目中留下了长期的信誉,是吸引现在和将来顾客的重要因素。

因此,企业在设计自己的使命和指导方针时,应把社会信誉和形象置于首位。在塑造企业形象时,由于行业不同,影响企业形象的主要因素也不同,因此要特别注意根据企业所处的行业特征来开展形象工程。如在食品业,良好的企业形象在于"清洁卫生、安全、有信任感";在精密仪器业,顾客可能对"可靠性、精密度、时代感、新产品开发研究能力、企业发展前景"等方面的形象比较关注。

4)企业使命与战略的关系

企业在制定其战略时,必须在分析研究企业及其环境的基础上进一步明确自己的使命。这不仅因为它关系着企业能否生存和发展,而且在整个企业战略的制定、实施和控制过程中有着重要作用。

(1)企业使命为企业发展指明方向。

(2)企业使命是企业战略制定的前提。

(3)企业使命是企业战略的行动基础。

5. 企业使命定位应考虑的因素

决定企业使命的因素如图 3-1 所示,内部、外部要求者的要求与愿望既可能是企业生存和发展的支持力量,也可能是企业生存和发展的制约力量,同时企业使命也受内外部条件的支持与限制。

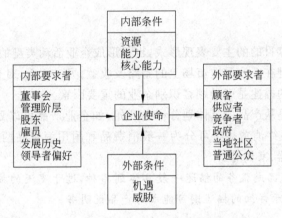

图 3-1 决定企业使命的因素

一般而言,好的企业使命要求企业在进行使命定位时考虑以下六个主要因素。

(1)外部环境要素。外部环境是企业生存和发展的基本条件。外部环境发生某些变化时,企业使命也应做相应改变。特别是对这些变化可能带来的威胁和机遇,企业更要善于和及时做出反应。

(2)企业领导者的偏好。企业主要的领导者都有着自己的人生观和价值观,对某些问题有着自己独特的偏好。如追求产品的创新、注重产品的品质和顾客服务等,这些偏好对企业使命的确定有很大影响。

(3)企业的发展历史。每个企业都有自己的发展历史,既有企业的辉煌业绩,也有它的经验教训。现实和未来是相互连接的,不了解过去,就无法规划未来。

(4)企业资源。企业资源是企业实现其使命的物质基础,它主要包括人力资源、金融资源、物质资源、信息资源和关系资源等。

(5)企业的核心能力。企业使命应尽可能反映它特有的能力及其自身竞争优势,从而指导企业获取较高的市场定位。

（6）其他与企业相关的利益主体的要求与期望。

3.3.2　企业功能的定位

企业功能是对企业的性质、企业在社会中的作用和地位的更为具体的说明。企业不了解自己是什么、代表着什么、自己的基本概念、价值观、政策和信念，它就不能合理地改变自己。对企业功能的界定，是企业高层管理者的首要责任。具体地说，就是要分析、回答三个问题：企业是什么？企业将会是什么？企业应该是什么？

1. "企业是什么"

对"企业是什么"的界定，主要是为企业选择经营事业，反映了战略决策者对未来环境变化的判断和对企业未来发展的期望。分析"企业是什么"的基本方法是分析企业的产品或服务、市场、技术以及企业的自我认知。

一方面，产品、市场与技术共同决定着企业目前与未来的经营活动范围与能力，是企业功能定位中不可缺少的组成部分；另一方面，企业认知主要用来反映企业对于自身实力与竞争优势的认识。

1）产品与服务

产品是企业生存目的的主要表现形式，也是形成企业活动类型的基本因素。一方面，企业经营成败的关键在于产品在市场上的销路及收益；另一方面，对企业生产的基本产品或提供的主要服务的描述是引导顾客识别企业的重要因素。

对产品的描述是从产品的具体划分种类开始，如企业产品可以划分为最终消费品和中间产品两大类：最终消费品又可分为一般消费品和耐用消费品两类；耐用消费品又可具体划分为家用电器、家具等。

注意：对基本产品或服务的描述一般具体到品种，过于宽泛的描述会使公众无法确认企业的产品；而过于详细的描述则可能成为产品说明书。

2）市场

市场是企业生存的基础和前提。市场经济的严酷性在于被顾客抛弃的产品必将消失在市场上。对市场的描述主要是说明企业的产品是满足哪些市场消费的需要，即企业的目标市场定位。

3）技术

企业的技术及其水平状况的定位，将反映企业所提供的产品或服务的水平和质量，有助于明确企业的技术竞争力。如某公司对其技术描述为：本公司在我国唯一研究、生产、经营各种信用卡及信用卡专用设备的企业；担负着印制各种有价证券的重要任务，属于技术密集型企业；拥有世界当代最先进的制版与印刷设备；技术力量和生产能力均居世界先进水平。

4）自我认知

除分析以上产品与服务、市场和技术外，分析"企业是什么"的另一重要内容是确定自己在行业和市场上的位置，从而与外部环境进行有机的协调。良好的自我认知来自战略环境分析的结论和建议，即把外部环境的各种要素划分为机会和威胁，将内部战略条件的各种要素表述为优势和劣势，从而正确认识自己的位置。

专论摘要 3-1

德鲁克谈企业功能

彼得·德鲁克认为"顾客规定企业"。一个企业不是由公司的名称、制度或各项程序来规定的,而是由顾客购买一项商品或服务时所满足的需要来规定的。因此,确定企业功能必须从顾客和市场出发,分析以下三个方面。

(1) 谁是企业的顾客。顾客不仅指一种产品或服务的最终使用者,还包括与最终使用者有关的间接用户。如某一卫浴洁具制造企业过去认为自己的顾客仅仅是住房者,后来企业把小区房地产商业确定为自己的顾客,结果销量大大增加。

(2) 顾客在哪里。这一问题的答案是分析"企业是什么"的重要部分。一个企业不了解自己的顾客在哪里,就会盲目地行动,尤其是企业的原有顾客发生转移时,如果企业反应缓慢,就可能失去自己的服务对象。总之,企业必须明确其顾客在哪里。

(3) 顾客买什么。从表面上看,企业向不同顾客提供相同的产品或服务,但实际上不同顾客所需要的可能是根本不相同的东西。每一顾客对企业有不同的认知、期望和价值观,这是因为顾客所买的从来不是产品本身,而是一种需要的满足。如同样是买鞋:对普通工薪阶层的消费者来说,是想拥有一双合脚、舒适、耐用的鞋子;而对于伊美尔达·马科斯来说,一双鞋子的价值可能是为了出席某一次宴会所需的高级款式、时髦带给她的满足。又如都是买汽车,有的作为交通工具买桑塔纳,有的则是为了取得声望和地位买奔驰。

2. "企业将会是什么"

一个企业的使命和功能很少有维持三十年不变的,一般只能维持十年。因此在提出"企业是什么"这一问题时,还有必要问一问"企业将会是什么样子"。出发点仍然是市场及其潜力和趋势,其目的在于使企业适应预期的变化。

这就需要对市场的发展趋势及市场潜力做进一步分析;需要对由于经济发展或竞争推动造成市场结构的变换进行预测;需要对改变顾客购买习惯的革新进行判别;需要对没有被现有产品或服务充分满足的需要进行界定。

将以上这些预测、判断运用到企业战略思维、企业目标、战略规划上去,使企业顺应环境的变化,从而得到进一步发展。

3. "企业应该是什么"

对于这一问题的回答主要是确定企业在行业中的地位和在社会中的形象,反映了战略管理者的价值观。为了实现企业的使命和功能,对"企业应该是什么"的深入分析,其目的在于了解有些什么机会或可以创造些什么机会,以便把企业改造成为一个不同的企业。

"企业应该是什么"分析内容如表 3-1 所示。

表 3-1 "企业应该是什么"分析内容

分析内容	解释说明
社会、经济和市场的各种变化为企业提供的新机会	人口结构的变化、自然寿命的延长提供了为老年人市场服务的各种机会

续表

分　析　内　容	解　释　说　明
本企业及企业外部的改革、创新为企业提供的新机会	高新技术的出现推动了经济的发展,出现了许多生产和生活的新需要,这些新的机会都可能引起企业从事的事业及其性质的变化
根据企业发展阶段设立的目标、市场环境,调整企业业务与资源配置	与有计划地决定做哪些不同的新事业同样重要的是,有计划地淘汰那些不再适合于企业的使命和功能、不再能有效满足客户需要的事业;否则企业的资源会在维护这些过时的事业中浪费

个案研究 3-1 对"企业是什么、将会是什么、应该是什么"做了具体说明,是分析企业功能的极好例证。

个案研究 3-1

可口可乐公司对"我们的事业"的报告

到 20 世纪 90 年代,在世界上每一个对我们经济上适合的国家里,我们将继续保持或成为软饮料业的统治力量,我们将继续重视世界范围内的产品质量,以及在不断扩大的市场上提高市场占有率。食品事业部的产品也将继续成为食品市场特别是美国市场中的先驱。葡萄酒系列产品将继续经营,迅速发展,特别注意资产收益的优化。

在美国,我们还将在包装消费品行业方面变得更加强大。我们也不排除为这方面的顾客提供适当的服务。很可能我们将从事现在尚未涉及的行业。然而,我们不会远离我们的主要优势:顾客对我们产品完美无缺的印象;名列前茅的、独特的联营系统;对世界各地工商界情况的详细了解和良好的关系。

在选择新的经营领域时,我们希望所进入的每一个市场必须有足够的、内在的增长潜力,保证这种进入有光辉的前景。我们并不希望在新领域内的停滞市场中为提高市场占有率而继续奋斗。总的来说,工业品市场不属于我们的经营范围。最后,我们将孜孜不倦地去调查那些补充我们产品线和与顾客印象相匹配的各种服务。

3.3.3　企业战略目标体系

企业要制定正确的企业战略,仅仅有明确的企业使命和功能定位还不够,还必须把这些共同的愿景和良好的构想转化成各种战略目标。企业使命比较抽象,战略目标则比较具体,它是企业使命的具体化。

1. 企业战略目标的含义

战略目标是企业战略构成的基本内容,它所表明的是企业在实现其使命过程中要达到的具体结果,其时限通常为五年及以上。前面所讨论的企业使命和功能是对企业总体任务的综合表述,一般没有具体的数量特征及时间限定;而战略目标则不同,是为企业在一段时间内所需实现的各项活动进行数量评价。

一般来讲,企业的目标由三个部分组成:①企业预期实现的指标;②企业实现指标的时间表;③衡量实现目标的指标。从管理的角度讲,要使目标更为实用,企业应该尽可能周密慎重地选择每个组成部分,并且详尽地加以说明。

目标可以是定性的,也可以是定量的,如企业获利能力目标、生产率目标或竞争地位目标等。正确的战略目标对企业的行为具有重大的指导作用:它是企业制定战略的基本依据和出发点,战略目标明确了企业的努力方向,体现了企业的具体期望,表明了企业的行动纲领;它是企业战略实施的指导原则,战略目标必须能使企业中的各项资源和力量集中起来,减少企业内部的冲突,提高管理效率和经济效益;它是企业战略控制的评价标准,战略目标必须是具体的和可衡量的,以便对目标是否最终实现进行比较客观的评价考核。

因此,制定企业战略目标,是制定企业战略的前提和关键。如果一个企业没有合适的战略目标,则势必使企业经营战略活动陷入盲目的境地。

2. 企业战略目标的特征

一个好的企业战略目标应具有以下特征。

1) 可接受性

企业战略的实施和评价主要是通过企业内部人员和外部公众来完成的,因此,战略目标首先必须能被他们理解并符合他们的利益。但是,往往不同利益的集团有着互不相同,而且经常是冲突的目标。

例如,在企业中,股东追求利润最大化,员工需要工资和有利的工作条件,管理人员希望拥有权力和威望,顾客渴望获得高质量的产品,政府则要求企业尽可能多地纳税。企业必须力图满足所有公众的要求,以使他们能继续与组织合作。

一般来说,能反映企业使命和功能的战略目标易于为企业成员所接受。另外,战略目标的表述必须明确,有实际含义,不易产生误解,易于被企业成员理解的目标也易于接受。

2) 可检验性

为了对企业管理活动的结果给予准确衡量,战略目标应该是具体的、可检验的。目标必须明确,具体地说明将在何时达到何种结果。

目标的定量化是使目标具有可检验性的最有效的方法。如"极大地提高企业销售利润率"的目标就不如"到 2015 年,产品的销售额达到 2 亿元,毛利率 40%,税前净利为23%,税后利润为 1500 万元,五年内使销售利润率每年提高 1%"的目标恰当。又如企业生产目标不应是"尽可能多地生产产品,减少废品",而应是"2012 年产品产量为 4 万个,废品率降至 2%"。

事实上,还有许多目标难以数量化。时间跨度越长、战略层次越高的目标越具有模糊性,此时,应当用定性化的术语来表述其达到的程度,要求一方面明确战略目标实现的时间,另一方面须详细说明工作的特点。

对于完成战略目标的各阶段都有明确的时间要求和定性或定量的规定,战略目标才会变得具体而有意义。一般来说,企业的战略目标一经制定,应该保持相对稳定,同时要求战略目标应保持一定的弹性以对客观环境的变化做出反应。

3) 可实现性

在制定企业战略目标时必须在全面分析企业的内部条件的优势和劣势以及外部环境的机遇和威胁的基础上,判断企业经过努力后所能达到的程度。既不能脱离实际将目标定得过高,也不可妄自菲薄把目标定得过低;过高的目标会挫伤员工的积极性、浪费企业资源,过低的目标容易被员工所忽视,错过市场机会。一句话,战略目标必须适中、可行。

其次,战略目标必须是可分解的,即必须能够转化为具体的小目标和具体的工作安排,从而帮助管理者有效地从事计划、组织、激励和控制工作。企业战略目标是一个总体的概念,必须按层次或时间阶段进行分解(使每一目标只包含单一明确的主题),使其将应完成的任务、应拥有的权利和承担的责任,具体分配给企业的各部门、各战略单位乃至个人身上。

4) 可挑战性

目标本身是一种激励力量,特别是当企业目标充分体现了企业成员的共同利益,使战略大目标和个人小目标很好地结合在一起,就会极大地激发组织成员的工作热情和献身精神。

一方面,企业战略目标的表述必须具有激发全体员工积极性和发挥潜力的强大动力,即目标具有感召力和鼓舞作用;另一方面,战略目标必须具有挑战性,但又是经过努力可以达到的。因此员工对目标的实现充满信心和希望,愿意为之贡献自己的全部力量。

3. 企业战略目标内容

由于战略目标是企业使命和功能的具体化,一方面,有关企业生存的各个部门都需要有目标,从不同侧面反映了企业的自我定位和发展方向;另一方面,目标还取决于个别企业的不同战略。因此,企业的战略目标是多元化的,既包括经济性目标,也包括非经济性目标;既包括定量目标,也包括定性目标。

(1) 利润目标。利润目标是企业的基本目标。企业作为一个经济性实体,必须获得经济效益才能够生存和发展。常用的利润目标用利润额、销售利润率、资本利润率、投资收益率、每股平均收益率等表示。如五年内税后投资收益率增加到15%。

(2) 市场目标。市场是企业竞争的战场,市场目标是企业竞争的重要目标。常用的指标有:市场占有率、市场覆盖率、销售额、销售量、新市场的开放和传统市场的渗透等。如明年销售量达到100万台/年。

(3) 产品目标。产品是企业赖以生存的基础,产品的水平、档次、质量等反映了企业的实力。产品目标通常用产量、质量、品种、规格、优质品率、产品线或产品销售额和盈利能力、新产品开发周期等来表示。如五年后淘汰利润率最低的产品。

(4) 竞争与发展目标。竞争目标表现为企业在行业中的竞争地位、企业的技术水平、产品质量名次、企业在消费者心目中的形象等。发展目标表现为企业规模的扩大、资产总量的提高、技术设备的更新、劳动生产率的提高、新产品和新事业的发展等。

(5) 资金目标。资金目标可用资本构成、新增普通股、现金流量、流动资本、回收期、资本利润率、投资收益率、每股平均收益率等来表示。如三年内流动资金增加到1000万元。

(6) 生产目标。生产目标可用工作面积、固定费用或生产量表示。如五年内生产能力提高20%。生产率目标可用投入产出比率或单位产品成本表示。如五年内工人的日产量提高10%。

(7) 研究与开发目标。研究与开发目标可用花费的货币量或完成项目、新产品开发数量、新产品开发周期等表示。如十年内陆续投资1亿元开发一种新型汽车。

（8）组织目标。用将实行的变革或承担的项目表示。如三年内建立一种分权制的组织机构。

（9）人力资源和员工福利目标。人力资源和员工福利目标有工资水平的提高、福利设施的增加、住房条件和教育条件的改善，以及缺勤率、迟到率、人员流动率、培训人数或将实施的培训计划数等。如三年内以每人不超过 8000 元的费用对 200 个员工实行 40 小时的培训计划。

（10）社会责任目标。社会责任目标反映了企业对社会贡献的程度，如合理利用自然资源、降低能源消耗、保护生态环境、积极参与社会活动、支持社会和地区的文化、体育、教育、慈善事业的发展等。如六年内对希望工程捐助增加 200 万元。

专论摘要 3-2

德鲁克谈企业战略目标的内容

（1）市场方面的目标：应表明本公司希望达到的市场占有率或竞争中占据的地位。

（2）技术改进和发展方面的目标：对改进和发展新产品，提供新型服务内容的认知或其措施。

（3）提高生产力方面的目标：有效地衡量原材料的利用，最大限度提高产品的数量和质量。

（4）物质和金融资源方面的目标：获得物质和金融资源的渠道及其有效地利用。

（5）利润方面的目标：用一个或几个经济指标表明希望达到的利润率。

（6）人力资源方面的目标：人力资源的获得、培训和发展，管理人员的培养及其个人才能的发挥。

（7）员工积极性发挥方面的目标：对员工激励、报酬等措施。

（8）社会责任方面的目标：注意公司对社会产生的影响。

专论摘要 3-3

格罗斯谈企业战略目标的内容

（1）利益的满足：组织的存在以满足相关的人和组织的利益、需要、愿望和要求。

（2）劳务或商品的产出：组织产出的产品包括劳务（有形的或无形的）或商品，其质量和数量都可以用货币或物质单位表示出来。

（3）效率或获利的可能性：即投入—产出目标，包括效率、生产效率。

（4）组织、生存能力的投资：生存能力包括存在和发展能力，有赖于投入数量和投资转换过程。

（5）资源的调动：从环境中获得稀有资源。

（6）对法规的遵守。

（7）合理性：即令人满意的行为方式，包括技术合理性和管理合理性。

4.企业战略目标体系的构成及表示

建立企业目标体系是企业战略管理的一个重要环节。从影响程度和时间表上来看，企业的目标体系可以分为战略目标、长期目标和年度目标三个层次。

战略目标是指企业在其战略管理过程中要实现和改善长期市场地位和竞争能力，取得满意的战略绩效的目标。长期目标是指企业为提高自己长期业务地位而制定的目标，计划期一般为五年。年度目标是指实施企业长期目标的年度作业目标。

企业所制定的各项战略行动及其结果，是通过战略目标表述的。由于企业内不同利益团体的存在，目标之间不可避免地会出现冲突和矛盾。如企业生产部门的产量目标和销售部门的销量目标之间可能存在冲突；企业降低成本、增加利润的经济目标和依法纳税、保护环境的社会责任目标之间可能存在冲突等。

因此，制定战略目标的有效方法是构造战略目标体系，使战略目标之间相互联合、相互制约，从而使战略目标体系整体优化，反映企业战略的整体要求。

战略目标体系通常用树形图来表示。从图3-2中可以看出，企业战略目标体系一般由企业总体战略目标和主要的职能目标所组成。在企业使命和企业功能定位的基础上制定企业总体战略目标，为保证总目标的实现，管理者必须将其层层分解，规定保证性职能战略目标；也就是说，总体战略目标是主目标，职能性战略目标是保证性的目标。

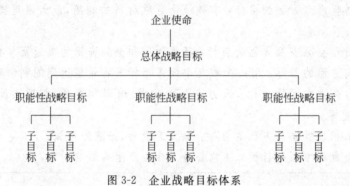

图 3-2 企业战略目标体系

在企业使命和企业功能定位的基础上，企业战略目标一般按四大内容展开：市场目标、创新目标、赢利目标和社会目标，如图3-3所示，每个目标又可做如下分解。

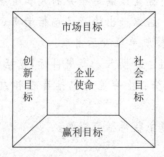

图 3-3 企业战略目标的核心结构表示

1) 市场目标

一个企业在制定战略目标的最重要的决策是企业在市场上的相对地位,常常反映了企业的竞争地位。企业所预期达到的市场地位应该是最优的市场份额,这就要求对顾客、对市场目标、对产品或服务、对销售渠道等做仔细的分析。

(1) 产品目标:包括产品组合、产品线、产品销量和销售额等。

(2) 渠道目标:包括纵向渠道目标,即渠道的层次或级数,以及横向渠道目标,即同一级渠道成员的数量和质量目标。

(3) 沟通目标:包括广告、营业推广等活动的预算及预期效果。

2) 创新目标

在环境变化加剧、市场竞争激烈的社会里,创新概念受到重视是必然的。每一个企业中,基本上存在着三种创新:技术创新、制度创新和管理创新。为树立创新目标,战略者一方面必须预计达到市场目标所需的各项创新,另一方面,必须对技术进步在企业的各个领域和各项活动中引起的发展做出评价。

(1) 制度创新目标:随着生产的不断发展,引起新的组织形式的出现。制度创新目标即对企业资源配置方式的改变与创新,从而使企业适应不断变化的环境和市场。

(2) 技术创新目标:这一目标将导致新的生产方式的引入,既包括原材料、能源、设备、产品等有形的创新目标,也包括工艺程序设计、操作方法改进等无形的创新目标。制定技术创新目标将推动企业乃至整个经济广泛和深刻的发展。

(3) 管理创新目标:管理创新涉及经营思路、组织结构、管理风格和手段、管理模式等多方面的内容。管理创新的主要目标是试图设计一套规则和程序以降低交易费用,这一目标的建立是企业不断发展的动力。

3) 赢利目标

赢利目标是企业的一个基本目标,企业必须获得经济效益,作为企业生存和发展的必要条件与限制因素的利润,既是对企业经营结果的检验,又是企业风险的报酬,也是企业乃至社会发展的资金来源。赢利目标的达成取决于企业的资源配置效率及利用效率,包括生产资源、人力资源、资本资源等的投入—产出目标。

(1) 生产资源目标:通常情况下,企业通过改进投入与产出的关系就可以获利。一方面,提高每个投入单位的产量;另一方面,在单位产量不变的情况下,成本的降低也同样意味着利润的增加。

(2) 人力资源目标:人力资源素质的提高能使企业生产率得以提高,同时还能减少由于人员流动造成的成本开支。因此,企业的战略目标中应包括人力资源素质提高、建立良好的人际关系等目标。

(3) 资本资源目标:达成企业赢利目标同样还需要在资金的来源及其运用方面制定各种目标,一方面确定合理的资本结构并尽量减少资本成本;另一方面则通过资金、资产的运作来获得利润。

4) 社会目标

现代企业越来越多地认识到自己对用户及社会的责任,一方面企业必须对本组织所造成的社会影响负责;另一方面企业还必须承担解决社会问题的部分责任。企业日益关心并注意树立良好的公众形象,既为自己的产品或服务争取信誉,又促进组织本身获得认同。企业的社会目标反映企业对社会的贡献程度,如环境保护、节约能源、参与社会活动、支持社会福利事业和社区建设活动等。

(1) 公共关系目标:这一目标着眼于企业形象、企业文化的建设,通常以公众满意度和社会知名度作为保证、支持性目标。

(2) 社会责任目标:企业在处理和解决社会问题时应该或可能做些什么,如在对待环境保护、节约能源、参与社会活动、支持社会福利事业和地区建设活动等。

(3) 政府关系目标:企业作为纳税人支持着政府机构的运作;同时,政府对企业的制约和指导作用也是显而易见的。往往这一目标的达成可能为企业赢得无形的竞争优势。

在实际中,由于企业的行业性质不同、企业发展阶段不同,战略目标体系中的重点目标也大相径庭。同一层次的战略目标之间必然有先导目标。

5. 企业战略目标的制定原则

在制定企业战略目标时,应遵循以下基本原则。

1) 关键性原则

这一原则要求企业确定的战略目标必须突出有关企业经营成败的关键问题、有关企业全局的问题,切不可把次要的目标作为企业的战略目标,以免滥用企业资源而因小失大。

2) 平衡性原则

在制定战略目标时,企业需要注意三种平衡。

(1) 不同利益之间的平衡:扩大市场和销售额的目标与提高投资利润率的目标往往是矛盾的,即因扩大销售而牺牲了利润,或因提高利润而影响了销路,企业必须把两者摆在适当地位以求得平衡。

(2) 近期需要和远期需要之间的平衡:只顾近期需要,不顾远期需要,企业难以在未来继续生存;相反,如果只顾远期需要而不兼顾近期需要,企业也将难以为继。

(3) 总体战略目标与职能战略目标之间的平衡。

3) 权变性原则

由于客观环境变换的不确定性、预测的不准确性,企业在制定战略目标时,应制定多种方案。一般情况下,企业应针对宏观经济繁荣、稳定、萧条三种情况分别制定企业战略目标,分析其可能性及利弊得失,从而选择一种而将另外两种作为备用;或者制定一些特殊的应急措施,如原材料价格猛涨等情况下对战略目标进行适当性调整。

例如,一个快速发展的食品公司的发展目标是在 4 年内扩建 6 个商店,相应的权变方案是:如果情况比预料得要好的话,新扩建的商店就可达到 10 个;如果经济萧条的话,公司不但无法扩展,而且有可能关闭掉 4~10 个商店。

6. 企业战略目标的制定过程

一般来说,制定战略目标需要经历调查研究、拟定目标、评价论证和确定目标四个阶段或步骤。

1) 调查研究

为了制定战略目标,企业必须对企业环境、自身资源与能力等进行充分的调查与分析,对机会与威胁、优势与劣势、现在与未来加以对比,搞清楚它们之间的关系,这样可以为确定战略目标奠定比较可靠的基础。

调查研究既要全面进行，又要突出重点。为确定战略目标而进行的调查研究不同于其他类型的调查研究，它的侧重点是企业外部环境的关系和对未来变化的研究和预测。

2）拟定目标

经过细致周密的调查研究，管理人员便可以着手拟定战略目标了。拟定战略目标一般要经历两个环节：拟定目标方向和拟定目标水平。

企业在既定的战略经营领域内，依据对外部环境、需要和资源的综合考虑，确定出目标方向，通过对现有能力与手段等多方面的估量，对沿着战略方向展开的活动所要达到的水平做出初步的规定，这便形成了可供决策选择的目标方案。

在拟定战略目标的过程中，企业管理者要注意充分发挥参谋智囊人员和专家的作用，要根据实际需要与可能，尽可能多地提出一些目标方案，以便于对比选优。

3）评价论证

战略目标拟定出来以后，企业就要组织多方面的专家和有关人员对提出的目标方案进行评价和论证：①判断目标方向是否正确；②评估战略目标是否可行；③论证所拟定的目标的完善化程度，如目标是否明确，目标的内容是否协调一致。

4）确定目标

在确定目标时，企业要注意从以下三个方面权衡目标方案：①目标方向的正确程度；②可望实现的程度；③期望效益的大小。对这三个方面的综合考虑后，企业就可以选择出满意的战略目标。

7. 战略、环境、能力三者的关系

环境、战略与能力三者之间存在着一种相互匹配关系。从环境与战略的关系来看，不同的外部环境需要有不同的战略来匹配。这样，环境便成为企业制定战略的出发点、依据和限制的条件。当环境发生变化时，为了适应这种变化，企业必须改变战略，制定出适应新环境的新战略。

从能力与战略的关系来看，能力也是企业战略制定的出发点、依据和限制条件，因为企业的能力或条件是支持战略的基础，任何能够适应环境的战略，如果没有执行或实施战略的企业能力，也只能是空中楼阁式的战略目标。战略变了，企业的能力也必须随之变化，以使企业的能力能够符合战略的要求，保证战略的实施。

3.3.4 战略选择方法

一个企业可供选择的战略方案可能有若干个。那么，在这些方案中究竟选择哪一种战略或战略组合呢？这就需要进行战略的评价与选择。战略评价与选择的常用方法有：SWOT 模型分析法、波士顿矩阵分析法、GE 矩阵分析法、战略选择矩阵、战略聚类模型等。其中 SWOT 分析、战略选择矩阵、战略聚类模型的基本思路是：比较企业经营的内外部因素，确定企业的优势劣势、机会和威胁，从而根据具体情况选择战略。通过本节的介绍，读者可以运用 SWOT 模型、波士顿矩阵、GE 矩阵等工具分析与评估企业的具体战略，以便为企业选择合适的战略提供科学的依据。

1. SWOT 分析

SWOT 分析思想最早由安索夫于 1956 年提出,目前已经发展成为一个用于战略分析的非常重要的实用方法,应用很普遍。这个方法的使用前提条件是企业对一个(或几个)业务已经有了初步的选择意向,SWOT 分析的目的是进一步考察这个(些)业务领域是否适合企业进入,企业据此是否能够建立持久竞争优势。

1) SWOT 分析的基本思路

SWOT 分析是一种综合考虑企业内部条件和外部环境的各种因素,进行系统评价,从而选择最佳经营战略的方法,其中,S 是指企业的优势(Strength),W 是指企业的劣势(Weakness),O 是指企业外部环境的机会(Opportunity),T 是指企业外部环境的威胁(Threat)。

SWOT 分析的基本思路如图 3-4 所示。首先要进行企业外部环境的分析和企业内部环境分析,然后将企业的优势和劣势与环境中的机会和威胁进行配对分析,形成依托环境的战略设想,并进行持久竞争优势检查,最后形成企业战略。

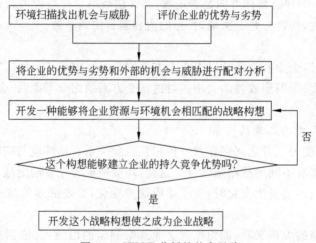

图 3-4　SWOT 分析的基本思路

该分析法的基本要点就在于企业战略的制定必须使其内部条件分析中的优势和劣势与外部环境分析中的机会和威胁相适应,并且要对企业的综合情况进行客观公正的分析。

2) SWOT 分析要素

SWOT 分析的完成应该是在下列一些问题得到解答之后。

(1) 在企业现有的内外部环境下,企业如何最优地运用自己的资源,在分配企业资源时哪些机会应该拥有最高优先权。

(2) 为了更好地对新出现的行业和竞争环境做出反应,必须对公司的资源采取哪些调整行动。

(3) 是否存在需要弥补的资源缺口,公司需要从哪些方面加强其资源。

(4) 要建立公司未来的资源必须采取哪些行动。表 3-2 表示的是 SWOT 分析中通常需要考虑的内外部因素。

表 3-2　SWOT 分析要素

内　部　环　境		外　部　环　境	
潜在内部优势(S)	潜在内部劣势(W)	潜在外部机会(O)	潜在外部威胁(T)
产权、竞争、成本优势	竞争劣势	纵向一体化	市场增长较慢
特殊能力	设备老化	市场增长迅速	竞争压力增大
产品创新	产品线太窄	可以增加互补产品	不利的政府政策
规模经济性	技术开发水平滞后	能争取到新的用户群	新的竞争者进入行业
良好的财务资源	营销水平低于竞争者	进入新市场的可能	替代产品销售额上升
高素质的管理人员	管理不善	有能力进入更好的企业集团	用户讨价还价能力增强
公认的行业领先者	不明原因的利润率下降	扩展产品线满足用户需要	用户需要及爱好转变
买方的良好印象	资金拮据		通货膨胀递增
适应力强的经营战略	成本过高		

3) SWOT 分析矩阵

从表现形式上来看,SWOT 分析采用矩阵结构,如表 3-3 所示。

表 3-3　SWOT 分析矩阵

外　部　环　境	内　部　环　境	
	优势(S) 列出主要优势	劣势(W) 列出主要劣势
机会(O) 列出主要机会	(SO 战略/增长战略) 发挥优势利用机会	(WO 战略/转型战略) 利用机会弥补劣势
威胁(T) 列出主要威胁	(ST 战略/多样化战略) 利用优势避免威胁	(WT 战略/防御战略) 避免劣势应对威胁

具体运用方法和步骤如下。

(1) 进行企业外部环境分析,列出对企业来说外部环境中存在的主要发展机会和威胁。主要机会与主要威胁一般各 3~5 个。

(2) 进行企业内部环境分析,列出企业目前所具有的主要优势和劣势。主要优势与主要劣势一般也是各 3~5 个。

(3) 绘制 SWOT 分析矩阵。

(4) 对 SO、WO、ST、WT 策略进行甄别和选择,确定企业目前应该采取的战略和策略。

① SO 战略(优势—机会组合):依靠内部优势去抓住外部机会的战略。如一个资源雄厚的企业(具有内部优势)发现某一国际市场未饱和(存在外部机会),那么它就应该采取 SO 战略去开拓这一市场。

② WO 战略(劣势—机会组合):利用外部机会来弥补企业内部劣势的战略。例如当市场上对于某项业务的需要快速增长的时候(外部机会),企业自身却缺乏这一方面的资源(内部劣势),企业就应该抓紧时机采取扭转型战略,购买相关设备、技术,雇佣技术人员或者干脆并购一个相关企业,以抓住这个机会。

③ ST 战略(优势—威胁组合):利用企业的优势去避免或减轻外部威胁的打击。如一个企业的销售渠道很多(内在优势),但是由于种种限制又不允许它经营其他商品(外在

威胁),那么企业就应该采取多样化战略,在产品的多样化以及其他方面多下一点功夫。

④ WT 战略(劣势—威胁组合):企业应尽量避免处于这种状态。然而,一旦企业处于这样的位置,在制定战略时就要减小威胁和弱点对企业的营销。WT 战略就是减少内部弱点同时避免外部威胁的战略。例如,一个资金紧缺(内在劣势)而市场对其产品的认知度又不高(外在威胁)的企业就应该采取防御战略,放弃或收缩该产品。

个案研究 3-2

Chrysler 的 SWOT 分析

表 3-4 为一个 SWOT 分析矩阵的应用实例,即美国克莱斯勒汽车公司(Chrysler)的 SWOT 分析矩阵,其据此做出了 5 项战略选择。

战略一:利用优势 3(Gulfstream 航空发动机处于领先地位)把握机会 2(航空/航天工业年增长 20%)兼并一个航空企业。

战略二:利用优势 1(1985—1987 年产品质量提高 35%)和优势 5(微面市场占有率达 50%,两者说明其微面有竞争优势)把握机会 1(美元贬值,利于出口)增加微面出口 50%。

战略三:利用机会 2 来弥补劣势 3(合资企业比 GM、Ford 少)建立航空/航天合资企业。

战略四:利用机会 2 来弥补劣势 4(生产厂只限于美国、加拿大、墨西哥)在西欧建生产厂。结合战略三和战略四,即为在西欧建立航空/航天合资厂。

战略选择五:利用优势 1 和优势 5 来化解威胁 1(进口汽车增加)和威胁 3(Ford新建了先进生产线来抢占市场)增加广告投入 50%来维持和巩固市场地位。

表 3-4　SWOT 分析矩阵应用示例:Chrysler 的 SWOT 分析矩阵

	内 部 环 境	
外 部 环 境	优势(S) 1. 1985—1987 年产品质量提高 35% 2. 劳动成本比 Ford、GM 低 3. Gulfstream 航空发动机处于领先地位 4. 盈亏平稳点从 240 万辆降至 150 万辆 5. 微面市场占有率达 50%	劣势(W) 1. 兼并 AMC 使负债率达 60% 2. 固定资产占 42% 3. 合资企业比 GM、Ford 少 4. 生产厂只限于美国、加拿大、墨西哥
机会(O) 1. 美元贬值 2. 航空/航天工业年增长 20% 3. 公司收入年增长 5% 4. 银行利率下降 5. GM 新车计划遇到问题	SO 战略 1. 兼并一个航空企业(S3, O2) 2. 增加微面出口 50%(S1, S5, O1)	WO 战略 1. 建立航空/航天合资企业(W3, O2) 2. 在西欧建生产厂(W4, O2)

外 部 环 境	内 部 环 境 续表	
	内 部 环 境	
威胁(T) 1. 进口汽车增加 2. 石油涨价 3. Ford 新建了先进生产线	ST 战略 增加广告投入 50% (S1, S5, T1, T3)	WT 战略

注：列出主要的优势与劣势、机会与威胁，一般每项列出 3~5 个关键因素即可，多了反而淹没了重点，失去了意义。

4) SWOT 模型分析

上面介绍了 SWOT 分析方法，现在进一步介绍 SWOT 模型分析。SWOT 模型分析的做法是：依据企业的方针列出对企业发展有重大影响的内部和外部环境因素；继而确定标准，对这些因素进行评价，判断优劣势的大小和外部环境的好坏，最终形成一个 SWOT 分析表。在此基础上，可以根据企业的得分来判定企业属于哪种类型，如图 3-5 所示。

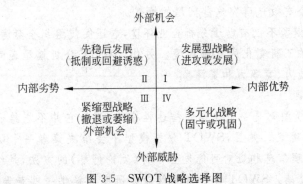

图 3-5　SWOT 战略选择图

(1) 若企业处于第 Ⅰ 象限，外部有众多机会，又具有强大内部优势，宜于采用发展型战略。

(2) 若企业处于第 Ⅱ 象限，外部有机会，但内部条件不佳，应抵制或回避诱惑，也可采取措施扭转内部劣势，可先采用稳定后发展战略。

(3) 若企业处于第 Ⅲ 象限，外部有威胁，内部状况又不佳，应设法避开威胁，消除劣势，可采用紧缩型战略。

(4) 若企业处于第 Ⅳ 象限，拥有内部优势，而外部存在威胁，宜于固守巩固原有的地位或采用多元化战略分散风险，寻求新的机会。

2. 波士顿矩阵(BCG 矩阵)

波士顿矩阵是在 20 世纪 60 年代后期由美国波士顿咨询公司(Boston Consulting Group，BCG)提出的进行战略评价的方法，也称 BCG 矩阵，主要用于对各经营业务单位(SBU)的战略方案进行分析、选择。

专论摘要 3-4

对 SWOT 分析的评价①

1. 价值与长处

传统的 SWOT 分析模型广为人知,也是最常用的态势分析手段。近年来,SWOT 分析模型得到普遍应用。因为它可以使组织获得竞争优势,而且也可使个人和团队获得竞争优势。

SWOT 分析模型的最大长处是应用范围广泛。它可以用来分析不同的单元,如管理者和决策者、团队、项目、产品/服务、组织的各项职能(即财务、市场推广、产品和销售)、业务单位、公司、集团和产品市场等。它对营利组织和非营利组织都能起到同样好的作用。

在战略管理课程教学中,它还是最常用的教学分析工具。而且,它可以迅速地对影响组织与外部环境之间互相适应的关键因素进行排序。

SWOT 分析模型并不要求大量的财务(或计算)资源,只需要一些必需的数据,就可以迅速而部分有效地完成 SWOT 分析。当面对复杂的情况仅有有限时间时,没有必要试图分析所有的战略议题。相反,战略研究人员应该用他们有限的精力去研究对状况最有影响的问题,并利用组织的资源和能力有效地处理这些问题。SWOT 为研究者提供了一个有效地研究这些问题的框架。

SWOT 分析模型不仅有助于分析企业环境,它还促使组织全盘考虑组织的战略,以适应组织所处的不断变化的竞争环境。另外,SWOT 分析模型还可以用来有效地评估组织的核心能力、竞争力和资源。

2. 不足与局限

SWOT 分析模型只是一个纯粹的描述性模型,因为它并不能给研究者提供明确的、格式化的战略建议。并且,SWOT 分析模型不会给决策者一个明确的答案。相反,它只是一种处理信息和应对可能发生事件(无论好坏)的方法,是组织制订经营战略和运营计划的基础。SWOT 分析模型仅能为研究者提供一些普遍的、不言而喻的建议,例如让企业回避威胁;把企业的优势和机会结合起来,通过剥离或改进等手段来改善自己的劣势等。

SWOT 分析模型的简单易懂掩盖了它具有大量复杂性的一面。研究者在进行状况分析的过程中,根本的焦点是收集和解释大量有关环境因素的数据,然后决定如何做出反应。解释其实是呈现判断的一种形式,会因人而异。举例来讲,一个管理者视一个环境因素(如降低国家间的贸易壁垒)为一个开拓市场的机会;相反,另外一个管理者则认为这是一个威胁,因为它加剧了竞争。

SWOT 分析模型的反对者认为:对一个处境艰难的组织来讲,SWOT 在制定出组织可以遵循的行动方案方面的能力有限。由于每项业务的复杂程度不同,SWOT 提出的建议必须经过校准。

---

① 赵越春. 企业战略管理[M]. 北京:中国人民大学出版社,2008:70-71.

此外,如果组织仅试图执行那些强化企业的优势并改善劣势的战略时,组织就有可能错过许多诱人的机会,因为这些机会只有在组织情况变糟时才会出现。其他一些批评者指出:SWOT分析模型只强调数据的质,而忽略了数据的量;强调事后而不是事前;在区分优势、劣势、机会和威胁时过于简化。最后,由于没有经过测试和检验,研究者会对组织的劣势估计不足,对优势估计过高,经常盲目乐观。

为了克服这些不足之处,研究者必须紧密联系实际,而且不能被组织的主流思想所左右。由于存在管理盲点,SWOT分析模型经常失效。因此,公正的外行加入分析小组可以确保偏差降到最低程度。

确保分析模型应用成功的因素是,在分析的过程中应严谨、准确和有创造性。以下是几个容易遗漏的注意事项。

(1) 用于管理战略的数据和信息的审查标准一定要简洁。

(2) 在分析时,长长的列表表明缺乏优先次序。

(3) 对SWOT各个因素的简短而模棱两可的描述,表明没有考虑战略的含义。

1) 波士顿矩阵的基本结构

该方法把一个公司各种战略业务单元所处的地方,画在一张具有四个区域的坐标图上,如图3-6所示。图中横坐标表示某项业务的相对市场占有率,代表公司在该项业务上拥有的实力;纵坐标表示该项业务的市场增长率,代表该项业务的市场吸引力;每个圆圈面积的大小表明该项业务销售收入的多少。其中的市场增长率是根据历史资料计算的,即

$$市场增长率(当期)=\frac{当期总销售额-上期总销售额}{上期总销售额}\times100\%$$

在比较前后两期的销售额时,应消除价格变动因素。高增长和低增长的分界线,可根据具体情况而定。如果公司所经营的多种业务属于同一行业,则可以把行业的平均增长率作为界限;如果公司经营的各种业务很分散,缺乏共性,则可以把国内生产总值(或全国、全省、市的工业总产值)增长率作为分界线;也可以把各项业务的加权平均增长率作为分界线;也有的公司把目标增长率作为分界线,以此来区别那些拉高或拉低了全公司增长率的业务。图3-6中的分界线定在10%的增长率。

相对市场占有率代表了企业某项业务的实力,是以倍数而不是以百分数表示的。之所以不用市场占有率来表示,是由于各行业的集中程度不同,直接以市场占有率表示企业某项业务在同行业中的地位是不确切的。例如10%的市场占有率在一个高度分散的行业中可能是处于一个相当强的地位。相对市场占有率的计算公式如下:

相对市场占有率=本公司某项业务本期销售额/最强的竞争对手该项业务本期销售额

相对的市场占有率等于2,意味着本企业某项业务的销售额是最强的竞争对手的两倍,而等于0.5,则表示只有竞争对手的一半。图3-6中的分界线定在1.5倍。

在波士顿矩阵中的第三个参数是各项业务的销售收入。它以圆圈的面积来表示,说明该业务在公司所有业务中的相对地位和对公司的贡献,可以用来说明各项业务对公司贡献的指标不只是销售额,其他指标如利润额等也可以起类似的作用。之所以采用销售

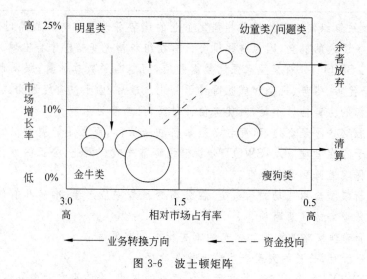

图 3-6　波士顿矩阵

额指标,是因为它容易取得而且很少出差错。

本公司和竞争对手的准确销售额数据往往是现成的,而要取得竞争对手真实的利润资料却是相当困难的,即使本公司的利润中也往往包含有一些在各经营业务间费用分摊的合理性问题,从而容易导致比较中的偏差。

2)波士顿矩阵在企业战略分析中的运用(见表 3-5)

表 3-5　应用 BCG 矩阵的战略选择

象限类	战略选择	经营单位盈利性	所需投资	现金流量
明星类	维护或扩大市场占有率	高	多	几乎为零或微小负值
金牛类	维护或收获战略	高	少	极大剩余
幼童/问题类	扩大市场占有率	低或为负值	非常多	负值
	或放弃或收获战略	低或为负值	不投资	剩余
瘦狗类	放弃或清算战略	低或为负值	不投资	剩余

(1)幼童类(问题类):位于矩阵右上角的业务,具有较高的市场增长率和较低的相对市场占有率。这类业务由于市场增长迅速而具有吸引力,但在市场上的地位还比较低,因而是一项待开发的业务。

(2)明星类:处于矩阵左上角的业务,具有较高的市场增长率和较高的相对市场占有率。由于他们所处的优越地位,能回收大量资金。但企业如果要在迅速增长的市场中保持其优势,也需要对其投入大量资金。

(3)金牛类:处于矩阵左下角的业务,具有较低的市场增长率和较高的相对市场占有率。因此,这类业务能回收的资金大于再投资的需要,是企业资金的主要来源。

(4)瘦狗类:位于矩阵右下角的业务,具有较低的市场增长率和较低的相对市场占有率。他们既没有吸引力也处于软弱的市场地位。所以,如果没有短期内发生转机的迹象,合乎逻辑的决策是尽量利用,只回收而不投资或转让。

对企业来说,通过波士顿矩阵分析可采取的经营组合战略概括如下:首要目标是维护"金牛"的地位,但要防止常见的对其追加过多投资的做法。金牛类业务所得的资金应优先于维护和改进那些无法自给自足的明星类业务的地位。剩余的资金可用于扶持一部分筛选的问题类业务使之转变成明星。多数公司将会发现,若选择同时扩大全部问题类业务的市场占有率的战略,他们的现金收入是不够用的,因此应放弃那些不予投资的问题类业务。

3. GE 矩阵(九宫格)

早在 20 世纪 70 年代初期,美国通用电气公司(GE)在应用波士顿矩阵分析公司的业务结构时就发现,除市场增长率和相对市场占有率以外,还有许多在分析中不容忽视的重要因素。因此,它提出了另外一种现今得到广泛应用的业务结构分析方法,即行业吸引力—竞争能力矩阵,也称 GE 矩阵,俗称九宫格。

1) GE 矩阵的基本结构

GE 矩阵实质上就是把外部环境因素和企业内部实力归结在一个矩阵内,并以此进行经营战略的评价分析,如图 3-7 所示。

	竞争能力		
	强	中	弱
高	领先地位扩张	不断进化扩张	资金源泉维持
中	发展领先地位扩张	密切关注维持	分期撤退回收
低	加速发展或放弃维持	分期撤退回收	不再投资回收

(行业吸引力 标注于矩阵左侧"高、中、低"行)

图 3-7　GE 矩阵

其中,行业吸引力取决于外部环境因素,也就是与各项业务有关的不可控制的外部因素,如市场容量、市场增长率、行业竞争结构、进入壁垒、行业盈利能力等。它通常分为高、中、低三个档次。由于外部环境因素众多,企业往往需要识别哪些是关键因素,并以此来评价行业吸引力。

竞争能力取决于企业内部的各项因素,如市场占有率、制造和营销力量、研究与开发力量、财力、质量和管理素质等。它通常分为强、中、弱三个档次。由于内部环境因素众多,企业同样需要识别哪些是关键因素,并以此与主要竞争对手相比较,以评价企业的实力。

行业吸引力的三个等级与竞争能力的三个等级构成一个具有九象限的矩阵,故又称九宫格。企业中的每一经营单位都可放置于矩阵中的某一位置。但总体而言,企业内所有经营单位可归结为三类,对不同类型的经营单位应采取不同的战略。

(1)扩张类:这类经营单位具有较强的竞争地位,同时这类行业也很有发展前途,因此对于这一类经营单位,企业应采取扩张战略,即通过多投资以促进其快速发展,从而巩固经营单位在行业中的地位。扩张类经营单位所在的象限也称为"绿灯区"。

(2) 维持类:这类经营单位的竞争地位和行业前景都处于中间状态,企业应采取维持战略,即通过市场细分、选择性投资、纵向一体化等努力维护现有市场地位。维持类经营单位所在的象限也称为"黄灯区"。

(3) 回收类:这类经营单位的行业吸引力和竞争力都很低,应采取回收战略,即有计划地降低市场占有率,以回收资金,如提高产品价格、降低库存水平、减少营销费用、减少研究开发费用等。对一些目前还有利润的经营单位,采取逐步回收资金的抽资转向战略;对一些不盈利而又占用资金的经营单位则采取放弃战略。回收类经营单位所在的象限也称为"红灯区"。

2) GE 矩阵在企业战略分析中的应用

在使用 GE 矩阵时,要确定每个经营单位在矩阵中的位置,必须将行业吸引力和竞争能力中的每个因素进行定量化。

(1) 确定对每个因素的度量方法。一般来说,在对影响行业吸引力和竞争能力的每个因素进行度量时,可选择具有 5 个等级的里克特(Likert)等级度量法,如表 3-6 所示。然后对每一等级赋予一定的分值。如果某一因素很不吸引人,可以给予 1 分的值;而对很吸引人的因素赋值 5 分。

表 3-6　里克特等级及赋值

等级	很不吸引人	有些不吸引人	一般	有些吸引人	很吸引人
赋值/分	1	2	3	4	5

(2) 计算行业吸引力与竞争能力的等级值。首先从影响行业吸引力与经营单位竞争能力的众多因素中找出一些关键环境因素;然后根据每个关键因素的相对重要程度给出各自的权数,各个权数之和等于 1;再对每个因素按第一步确定的度量方法,即里克特等级度量法予以分别评分;最后用权数乘以等级值就得出每个因素的加权值,把所有有关键因素的加权值加总,即得到各个因素的总权值。各个因素的总加权值即代表了行业吸引力与经营单位竞争能力的等级值。表 3-7 和表 3-8 是两个具体的例子。

表 3-7　行业吸引力的等级值

评价因素	权　数	评　分	加权值
税收	0.05	4	0.20
汇率	0.08	2	0.16
零件供应	0.10	5	0.50
工资水平	0.10	1	0.10
技术	0.10	5	0.50
人员来源	0.10	4	0.40
市场容量	0.15	4	0.60
市场增长率	0.12	4	0.48
行业盈利能力	0.20	3	0.60
合计	1.00	32	3.54

表 3-8   竞争能力的等级值

评 价 因 素	权 数	评 分	加权值
研究与开发	0.10	1	0.10
生产	0.05	3	0.15
营销	0.30	3	0.90
财务	0.10	4	0.40
分配	0.05	2	0.10
管理能力	0.15	5	0.75
利润率	0.25	4	1.00
合计	1.00	22	3.40

（3）确定各个经营单位的位置。为了简便起见，我们这里假定行业吸引力或竞争能力的强、中、弱三个等级的分界点为 3.0 和 1.50，即分值在 1.50 以下者为弱，处于 3.0～1.50 之间者为中，高于 3.0 者为强。以上述例子来说明，行业吸引力总分为 3.54，竞争能力总分为 3.40，则经营单位处于矩阵图的左上方，是一个比较理想的企业，如图 3-8 所示。

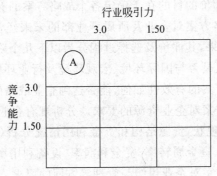

图 3-8   各经营单位所处位置 1

如果企业有很多个经营单位，则分别对各个经营单位的行业吸引力和竞争能力进行评分，如表 3-9 所示。

表 3-9   多个经营单位的总分值

经 营 单 位	行业吸引力	竞争力
A	3.38	3.40
B	1.05	2.50
C	2.45	0.75
D	3.50	2.20
E	2.35	3.60
F	1.10	0.75

然后根据各经营单位对应的分值确定出每个经营单位在矩阵图中的位置，如图 3-9 所示。

（4）确定各个经营单位的战略。根据不同经营单位在矩阵中所处的位置，应用 GE 矩阵的战略建议，对不同位置上的经营单位采取不同的战略。

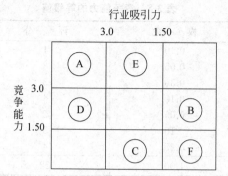

图 3-9　各经营单位所处位置 2

3.3.5　战略方案的评价及选择

1. 战略方案的评价及选择过程

企业经营战略方案评价的目的在于确定各个战略方案的有效性。要分析由战略研究设计人员提出的若干战略方案对企业及所属事业部的未来经营将会带来什么影响,比较各方案优缺点、风险及效果,其评价及选择过程分为以下几个阶段。

(1)分析各战略方案是否与国际环境、宏观环境及行业环境未来发展趋势相适应。

(2)各种经营战略方案的有效性如何,能否达到企业战略的目标,差距何在。

(3)各种经营战略方案对企业资源的要求。分析现有企业资源能否满足各战略方案的需求,即分析企业资源现状,资源结构和资金利用情况分析(按人员结构、资金结构、技术装备结构、劳动生产率、资金周转率、资金利润率、设备利用率等方面进行分析)。

(4)各种经营战略方案对企业组织与管理等方面的要求。分析企业现在的组织效能与管理状况(即对企业管理体制、管理方式、经营机制、领导体制、决策方式、职能部门设置与工作方式、总公司与分公司及子公司的关系等问题进行分析),企业现有组织与管理状况能否满足各战略方案的要求,从组织与管理上应做哪些调整才能保证战略的实施。

(5)各种经营战略方案内部一致性分析,即分析每个经营战略方案对企业内部的研究开发、生产发展、市场营销、人力资源、财务资金等各方面要求是否协调一致,有无相互矛盾。

(6)在每种经营战略方案中各战略阶段划分是否恰当,企业在各阶段中承受能力如何。

(7)比较各种战略方案的优缺点、风险及效果,提出战略性的补充措施。

(8)预估在企业战略实施中将会遇到的困难和阻力,以及克服困难的可能性。

2. 影响战略选择的因素

战略选择不是凭空想象或凭决策者个人的好恶和情感而生成的,它受到许多因素的制约,其中影响战略选择的关键性因素是:公司过去的战略、高层管理者对风险的态度、企业内部人事和权力因素、公司文化、企业对外部环境的依赖程度、时间因素、竞争对手的反应等。

1）公司过去的战略

无论公司是否自觉地制定和实施发展战略，公司战略都是客观存在并起着指导实践的作用。对大多数公司而言，公司过去的战略通常都是新战略选择的主要影响因素，过去的战略是新战略的起点，新战略是过去战略的延续。

在特殊环境中，只有极少数公司否定原有战略（其原因是原有战略选择是错误的、不合时宜的）而选择一种全新的战略。但它必须满足两个基本前提：①要有充足数量和较高质量的资源支持（物质、技术、人才、管理和信息）新战略的实施；②组织结构调整和人事变动必须符合新战略要求。只有这样，新的管理层才能减少过去战略的限制，真正排除原有战略的影响，推进新战略的实施。

2）高层管理者对风险的态度

战略选择的风险来自诸多方面，如技术领先与产品创新、产品系列化、多元化经营、收购与兼并、进入国际市场、生产能力扩张、组织结构调整等。没有一种战略选择可以消除战略实施过程中固有的风险。

战略选择中的风险因素不可避免，关键在于决策者对风险所持的态度。一般来说，面对风险大体有两类态度：①乐于承担风险，他们往往在更多的、更广泛的战略方案中做出选择，表现出更强劲的进取精神；②尽可能回避风险，他们往往倚重过去成功的战略，不到万不得已的情况下很难做出创新性的选择，这种稳健性的态度往往将战略选择局限在较狭窄的空间内。

3）企业内部的人事和权力因素

权力是存在于公司内部人们之间的一种相互关系，凭借这种关系，某一类人可以对另一类人施加影响，使之做一些没有这种关系就无法做到的事情。许多事例说明，企业的战略选择更多的是由权力来决定，而非由理性分析决定。

最高管理阶层的权力及地位，使其成为影响公司文化和战略选择的强有力因素。在许多企业，权力主要掌握在最高负责人手里，在战略选择中常常是他们说了算，在他们权欲很大时尤其如此。当公司拥有最高权威力量的领导人赞成某种战略方案时，这一战略方案一般会成为该公司的最终选择。

还有另一种权力来源，人们称为联盟，在大型组织中，下属单位和个人（特别是主要管理人员）往往因利益关系而结成联盟，以加强他们在主要战略问题上的决策地位，往往是企业中最有力的联盟对战略选择起决定性的作用。

在决策的各个阶段都有相应的政治行为在施加影响，不同的联盟有其不同的利益和目标，不应简单地把它看成坏事。政治行为在组织决策中是不可避免的，应将其纳入战略管理之中，个人、下属和联盟之间的正式与非正式谈判和讨价还价，是组织协调的必要机制。确认和接受这一点，在选择未来战略中就能强化向心力，选择出更切实际的战略。

因此，战略的选择往往是一个协商的过程，是企业内部各方面人事关系及权力平衡的结果，而并不是一个系统分析的过程。

4）公司文化

公司文化作为公司的价值观、经营宗旨和行为准则，在很大程度上决定公司运行模式，也决定着公司运行是否成功。战略选择一般要适应公司文化。如果选择的战略方案与公司文化格格不入,除非管理者有能力变革公司文化,缩小战略方案与公司文化之间的差距,否则它一定会遭到失败。

5) 企业对外部环境的依赖程度

全局性战略意味着企业在更大的外部环境中的行为,公司必然要面对所有者、供应商、顾客、政府,竞争者及其联盟等外部因素,这些环境因素从外部制约着企业的战略选择。如果企业高度依赖于其中一个或多个因素,其战略方案的选择就不能不迁就这些因素。企业对外部环境依赖性越大,其战略选择余地及灵活性就越小。例如,一个企业主要生产另一个企业配套的协作件,则其经营战略就不得不适应该协作单位的要求。

6) 时间因素

时间因素主要从以下几个方面影响战略的选择。

(1) 有些战略决策必须在某个时限前做出,在时间紧迫、来不及做全面仔细的评价分析的情况下,决策者往往着重考虑采用这种战略方案产生的后果,而较少考虑接受这种战略方案的效益,这时不得已而往往选择防御性战略。

(2) 战略选择也有一个时机问题,一个很好的战略如果出台时机不当也会给企业带来麻烦,甚至是灾难性后果。

(3) 不同的战略产生的效果所需时间是不同的,如果经理人员关心的是最近两三年内的企业经营问题,他们通常不会选择五年以后才产生效果的经营战略,即战略所需的时间长度同管理部门考虑的前景时间是关联的,企业管理者着眼于长远前景,则他们就会选择较长时间跨度的战略。

7) 竞争对手的反应

企业高层领导在做出战略选择时会全面考虑竞争对手将会对不同的战略做出哪些不同的反应。如果选择是一种进攻型战略,对竞争对手形成挑战的态度,则很可能会引起竞争对手的强烈反击,企业领导必须考虑这种反应,估计竞争对手的反击能量,以及对战略能否取得成功的可能影响。

除上述七项因素外,企业在最后做出战略选择时,应采取权变的态度。如果企业的基本假设条件发生变化,企业就会调整或修改选定的战略。因此对于企业没有选择的战略方案不应废弃而应存档,在今后的战略调整或修改过程中或许具有一定的参考价值和选择余地。

个案研究 3-3

日本明星精密机械公司的战略选择

日本明星精密机械公司在1950年创业之初,根据日本当时的现状,为使企业能够遵循正确的发展方向,确定了以下三条基本方针。

(1) 选择不依赖自然资源或不使用自然资源的事业,因为日本自然资源缺乏,石油、钢铁等供给相对困难。

(2) 选择生产运输成本低的产品,因为当时日本静冈县仅有生产木器家具和食品罐头的加工企业,产品体积大、运输成本高、生产利润空间小。

(3) 选择不使用人力的事业,因为当时日本工业刚刚恢复,职工工资还很低,受美国自由化的影响,常常由工会组织罢工,对生产造成很大的影响。

基于以上原则,要选择原材料比率低、运输成本低而附加值高的产业,自然就集中到了精密机械行业,但这一行业往往需要大量的人工劳动,所以该公司提出彻底机械化、自动化的战略方针。他们从瑞士引进最新型的自动车床,建立了以生产手表产品零部件为主的精密零件生产体制,为公司后来的成长、发展奠定了基础。

资料来源:王方华. 企业战略管理[M]. 2版,上海:复旦大学出版社,2006:179.

实训练习

为自己做 SWOT 分析

实训项目:

每个学生设计并分析自己的 SWOT 矩阵。

实训目的:

通过每个学生为自己做 SWOT 分析考查学生对 SWOT 分析方法的掌握程度,并提升学生运用此方法解决实际问题的能力。

实训要求:

(1) 在学习并掌握本章 SWOT 分析实例(克莱斯勒的 SWOT 矩阵)的基础上,为自己做一个 SWOT 矩阵。

(2) 要求要认真分析外部机遇与威胁,自身优势与劣势,特别是对自身的分析。

(3) 按 SWOT 分析的流程步骤进行。

成绩评定:

(1) 流程形式占 50%,考察对 SWOT 分析方法流程、规范的理解和运用。

(2) 内容占 50%,考察分析实际问题的运用能力。

3.4 任务实施

1. 明确企业的宗旨、使命和价值观

(1) 企业的宗旨。

(2) 企业的使命。

(3) 企业的价值观。

2. 确定企业的战略目标

在企业使命和价值观的指引下,运用适当的战略选择方法与工具,结合任务一和任务二的内外部分析结论,确定企业的战略目标体系。

3. 撰写企业使命与战略目标报告

根据上述分析内容,撰写本企业使命与战略目标报告。

3.5 任务实施过程中可能出现的问题

1. 如何确定适度的企业使命

企业使命过于狭隘,限制企业的发展;反之,企业使命过于宽泛,容易使企业分散注意力,迷失方向。

2. 如何确定合适的战略目标

过低的目标缺乏激励性,不能把人的潜能都充分调动和发挥出来;然而过高的目标,也会让人觉得不真实,失去激励作用。

3. 不能把内外部分析结论有机结合使用

如何在企业使命和价值观的指引下,有效地结合内外部分析结论,得出适合于本企业的战略目标。请认真参阅表3-4,SWOT分析矩阵应用示例:Chrysler的SWOT分析矩阵。

3.6 阅 读 材 料

海尔战略 VS TCL 思维

战略没有好坏,只有适合不适合。适合自己的战略就是最好的战略。

无论从知名度、规模,还是制度建设方面,海尔与TCL都堪称中国家电业的成功企业之一。将这两家企业的战略选择放到一起,加以对比和研究,能够为更多的企业找到适合自己的发展道路提供借鉴。

(1)多元化:海尔——从白色家电进军黑色家电;TCL——从黑色家电向白色家电、通信进军。

中国家电业经过20多年的发展,许多企业在单项业务发展上已经相对成熟,其成长和扩张弹性已经非常小,成长环境也随着市场的相对饱和而越发艰难,这个时候企业转向多元化发展似乎是水到渠成的必然选择,一可以规避单业竞争带来的风险;二可以使网络和产品形成互补,使效用发挥到最大。海尔和TCL应该说是单一产业向多元化转型中相对成功的企业,其既有相似点又有不同点。

张瑞敏曾经谈到海尔的发展战略,大致可以分为三个阶段:①1984—1991年间的名牌发展战略,只做冰箱一种产品,7年时间通过做冰箱,逐渐建立起品牌的声誉与信用;②1991—1998年间的多元化产品战略,按照"东方亮了再亮西方"的原则,从冰箱,到空调、冷柜、洗衣机、彩色电视机,每一到两年做好一种产品,7年来重要家电产品线已接近完整;③从1998年迄今为止的国际化战略发展阶段,即海尔到海外去发展。如今海尔已涉足几乎所有的家电制造行业,并进入了相对陌生的手机制造业和金融、保险甚至医药行业。海尔2002宣称总销售收入723亿元。

TCL的多元化也可分为三个阶段:①20世纪80年代到90年代中期的原始积累,最初做电话机并成功地通过资本重组并购杀入彩电业,初步塑造出其品牌形象;②从1996—2000年的多元化扩张阶段,利用其在彩电行业的品牌积累,从彩电切入刚刚兴起的手机、通信、电工、PC 领域;③抓住国内产业的整合和国际产业转移的趋势,利用 OEM 等形式进军白色家电,打造新的利润增长点。TCL 2001 年宣称实现销售额 200 亿元。

不管是海尔还是 TCL 的多元化,如果按照西方的经济学理论框架来看的话,都有许多可圈可点之处,同时也存在相当多的弊端。海尔的多元化已经进入了单业经营到多业经营的最高程度了,但也存在相当大的陷阱。某咨询师曾分析指出:对于未来海尔的多元化出路应该将相关业务纳入三个层面进行协调平衡,进而将其纳入管道式管理:①提供利润的核心业务(如冰箱、电视、空调、洗衣机);②充满机会的新兴业务(计算机、手机、家庭整体厨房);③创造未来的种子项目(生物制药等)。如果海尔持续的增长有赖于在战略上对这三个层面进行合理协调的话,那么海尔就需要建立相应的机制来完成从第一个层面到第二个层面的战略转移,并注意从研发和人才资源上保持对第三个层面业务的培育。然而,从目前的程度来看,海尔在第二个和第三个层面上遇到了相当大的困难,海尔计算机、海尔手机相对陷入了困境,海尔在生物制药上也基本宣告失败,近期又宣布退出刚刚进入的鞍山证券等金融业务领域。

海尔在转型上遇阻有如下几个原因。①转型跨度太大。家电第一品牌的印象使人们难以与制药、金融等联系起来,得不到公众的认可。②网络无法共享。海尔手机、计算机无法与原有冰箱、洗衣机以及空调、电视共享,使资源不能够集中,分散了精力。③专业人才的缺乏。原有家电人才虽然在固有领域精干,但用在医药、金融方面则可能是门外汉。据说,海尔当初介入鞍山证券时就存在懂行人才极度匮乏的情况,事事都需张瑞敏亲自过问拍板。

TCL 的多元化之路,从目前的程度来分析,仅仅停留在多元化的第三个层面。TCL 的多元化扩张与海尔恰恰相反,它是从黑色家电向白色家电、通信进军,而海尔则是从白色家电进军黑色家电。TCL 的多元化优势也非常明显:①新增加了其利润增长点,即新业务对核心业务做出了贡献;②完成从单一品牌形象向多元化品牌形象的转化,增加了其品牌的内涵,从一种传统的制造商向有高科技含量的品牌形象的转换;③企业进一步战略重组和引进国际战略投资伙伴的成功。然而,TCL 的多元化弊端也很明显,比如说其彩电和 PC 的营销模式和营销渠道不一样。TCL 刚进军 PC 领域的时候,曾经以为渠道共享将是未来的优势,然而事实证明其是错误的。TCL 的冰箱与洗衣机等都是 OEM 的产品,然而这些 OEM 部分的产品质量与取材标准将是非常难以控制的,价格更不能依自己的意愿降低,产品质量不能完全保证,长此以往必然影响品牌知名度和美誉度的提升。TCL 冰箱和洗衣机在市场上基本上是以低价位出现的,市场表现非常一般,消费者的口碑并不是很好。

(2) 国际化:海尔——先难后易,城市包围农村;TCL——先易后难,农村包围城市。

中国家电业的国际化之路,目前已经有两种模式凸现出来:一种是以海尔为代表的"先难后易"式,属于"城市包围农村"战略;另一种则是以 TCL 为代表的"先易后难"式,是"农村包围城市"战略。

海尔是国内最早开始国际化的企业之一,也是在国际上影响力最大的中国家电企业。海尔一开始即把目标对准了美国、意大利等欧美发达国家,试图以美国、意大利等发达国家成熟的市场经济、激烈的竞争来锻炼自己并得到成长,并希冀这些高难度市场的成功能够带动其他发展中国家的市场的成功。海尔的国际化策略对它的品牌形象影响是显而易见的。海尔模式客观上要求企业必须具备强大的品牌影响力和产品创新力,因为只有品牌和产品才是支撑市场的最锐利武器。另外,发达国家的消费者往往是品牌意识非常强的群体,新品牌进入之初很难被消费者认可与接受,这就决定了发达国家市场开发需要一个漫长的周期,客观上要求企业必须具备雄厚的资金实力,要能承受得起暂时的挫折乃至一定时间内的亏损。

当时有证券分析人士对海尔国际市场的资本研究后发现,海尔在国际市场上的现金流可能是负数,这也就更加确认了对一个采用"先难后易"模式进入国际化的企业来说,它必须承受得起"阵痛"。美国的《商业周刊》曾刊文《海尔的艰难国际化之旅》,对海尔在美国和其他发达国家市场上的艰难探索进行了分析,得出了以下两个结论:一个是,海尔,较索尼、松下、惠而浦、GE 等国际品牌形象来说,有一定的差距,目前仅仅是占据了发达国家的低端市场的一部分份额;另一个是,海尔的研发还有一定距离,这些国家的市场是一种成熟的市场,对于市场的细分需求是很关键的,这要求企业不断推出满足个性化需求的产品和个性化的市场群体。

对中国的大多数企业来说,采用海尔模式的投入巨大风险也相对较大。因为美国、意大利、英国等国家是当今世界上最发达的国家,其技术力与产品力都远远超过中国这样的发展中国家。一个相对落后的发展中国家向最发达国家输出技术与产品,其难度之大可想而知。事实也是这样,中国企业真正在美国市场取得成功的还不多。当然,换个角度来说,像海尔这样的中国企业进入美国这样的市场也有其便利的一面:这些国家的市场秩序非常成熟,非市场因素对企业的干扰很少,只要企业具备真正的实力,这样的市场开发起来反而相对容易一些。

TCL 模式与海尔模式恰恰相反,是典型的"先易后难"模式。TCL 先从与中国文化背景比较相近的东南亚国家着手,比如越南、菲律宾等东南亚国家,然后一步一步向发达国家扩张和渗透。TCL 电视经过 3 年的拼搏,在越南市场已经做到第二位,仅次于索尼。在菲律宾市场,TCL 电视成长也很快。联系最近 TCL 收购德国电视企业施耐德一事,表明 TCL 向更大范围扩张已经初显端倪。

像 TCL 这样模式的企业在国内家电业比较多,比如说海信、荣事达等。这种模式的风险相对来说比较小,而益处显而易见。第一,释放了其强大的产能过剩的压力,更加突出规模经济,弥补了国内市场的相对需求不足。第二,中国企业国际化最大的障碍,是缺乏国际化人才以及对国际贸易规则的了解。这种方式能够使中国企业积累国际化经验,储备在全球经营的国际化人才,熟知国际化规则等。第三,进退方便。避免其大规模的投资和企业资源的浪费。从目前 TCL 的情况来看,效果比较理想。2001 年,TCL 出口创汇达到 7.16 亿美元,2002 年前 7 个月达到 5.69 亿美元,预计全年将超过 10 亿美元,成为国内国际化效益最显著的企业。这种模式有点像爬楼梯,一步一步往上攀,越攀越高。但是,这种模式也存在着较大的弊端。其一,对于这些第三世界国家和东南亚国家来说,日本产品占据着其高端市场,国内企业只能占据中、低端市场,而这些国家里中、低端市场的利润空间非常低,在一段时间里,甚至是赔本赚吆喝。其二,由于进入的是发展中国家,对这些有望进入国际品牌的企业的品牌形象来说,有一定弱化影响。不管是这些市场的不发达还是在这些市场所占据的位置来说,不利于其今后进入欧、美等发达国家。

仔细研究这两种国际化之路,结合世界制造业产业转移的战略特点可以看出:像索尼、松下、惠而浦等企业跟海尔的国际化模式很类似,都是先入主发达国家市场,而一些处于成长性的企业则跟 TCL 的模式很类似。也就是说,海尔模式更适合于成为世界跨国公司的战略,而 TCL 模式则更适合于准备打持久战的企业。

通过海尔和 TCL 企业几种主要战略选择的比较说明,企业的成功之路是可以多种多样的,同时企业的成功模式在某些方面具有可借鉴性和可复制性。对一个追求股东利益最大化的企业来说,具体在何时、何地采取什么样的发展战略,不但取决于企业的自身状况,更取决于企业在历史中所处的特定环境,即经济学家常说的"路径依赖",同时还部分地取决于企业家的战略远见。

社会责任与企业公民行为

进入 21 世纪以来,社会责任与企业公民意识受到了企业界的普遍关注。很长一个时期以来,企业高层管理者普遍持有的看法是:关注社会责任对企业成长不利,会牺牲企业的经济效益,所以企业界更愿意投身于见效快、经济效益明显的活动,而不愿意切实履行社会责任,不愿意自觉地践行企业公民的行为。

但是,随着人们生活水平的提高,消费者需求性质也在迅速发生改变,"和谐社会"成为人类共同的理想追求,企业更应当将社会责任、企业公民等意识纳入到企业愿景和使命中,进而制定出具有长期利益追求的战略方案。

国内著名的战略管理专家项保华教授把战略管理过程分解为三个阶段:战略形成、战略实施和战略评价,并可以进一步分解为五项基本活动:构想战略愿景和使命、设定目标、形成战略、实施战略、评价战略(见图 3-10)。我们可以进一步发现的是:企业的社会责任,乃至能够体现企业社会责任感的战略决策者直觉和偏好将影响战略管理的全过程。

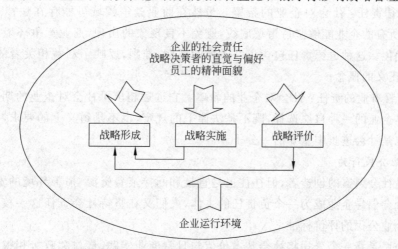

图 3-10　企业社会责任对战略管理过程的影响

社会责任源于对社会环境的关注和变化了的社会契约关系,尤其是利益相关者关系管理的实践又不断地使企业家切身地感受到了社会责任与经济效益并不永远是矛盾关系。企业主动地承担责任,完全可以有效地提高对社会的回应能力和绩效,处理得好,还可以带来丰厚的经济效益,从而也共同造就出了一个更令人满意的和谐社会。

1. 社会责任的层次性

完整的社会责任应当区分为四个不同的层次(见图 3-11):经济责任、法律责任、道德责任和慈善事业责任。它们四者之间既有区别,也有联系,并不是相互完全独立的,其中经济责任与慈善事业责任的冲突最为明显,集中体现出"关注利润"与"关心社会"之间的冲突。

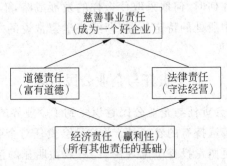

图 3-11　社会责任的层次性

(1) 经济责任:社会对企业的要求。它要求企业能够把收入最大化和成本最小化作为基本的目标,通过明智的战略规划来实现赢利性目标。

(2) 法律责任:社会对企业的要求。它要求所有的企业能够共同遵守法律和规章制度,切实履行所有的契约责任。企业之间的不诚信或者不遵守法律,极易产生类似"三角债"、盗版横行之类的商业氛围,进而形成有法不依的局面,阻碍良好的商业竞争环境的形成。

(3) 道德责任:社会对企业的希望。虽然在商业竞争领域可能存在法律不健全之处,但如果所有的企业能够坚持道德底线,避免不良现象的出现,商业竞争环境就能够得到净化和优化。这种道德责任包含了一系列的惯例、准则,反映了利益相关者的愿望,体现了公正、正义的概念。

(4) 慈善事业的责任:社会对企业的希望。它远远超出了社会对企业的期待。慈善事业纯粹是企业的一种自愿选择,既不是法律上的规定,也不是道义上的要求,它彻底体现了企业也是社会进步中重要的一分子。

2. 企业公民行为

企业是社会财富的创造者,但往往也是直接和间接浪费资源、损害环境的责任单位。为了在全社会倡导企业成为一个负责任的主体,人们又在坚持社会责任这一核心理念基础上提出企业公民的评价标准。

企业公民是指一个公司将社会基本价值与日常商业实践、运作和政策相整合的行为方式。一个企业公民认为公司的成功与社会的健康和福利密切相关,因此,它会全面考虑公司对所有利益相关者的影响,包括雇员、客户、社区、供应商和自然环境等。

作为一种新的指导理念,企业公民将为成功企业提出不同的定义和新的标准,国内媒体 21 世纪报系从 2004 年起在中国率先推出了"中国最佳企业公民"行为的评选,越来越多的企业家和公众也开始接受这一理念。

目前所确立的关于企业公民行为的参选范畴确定为以下六个方面。

(1) 公司治理和道德价值:主要包括遵守中国法律、法规的情况,防范腐败贿赂等交易中的道德行为准则问题,以及对公司小股东权益的保护。

(2) 员工权益保护:主要包括员工安全计划、就业机会均等、反对歧视、生育福利保障、薪酬公平等。

(3) 环境保护:减少污染物排放,废物回收再利用,使用清洁能源,减少能源消耗,共同应对气候变化和保护生物多样性等。

(4) 社会公益事业:主要包括员工志愿者活动、慈善事业捐助、社会灾害事件捐助、奖学金计划、企业发起设立公益基金会等。

(5) 供应链伙伴关系:主要包括对供应链中上、下游企业提供公平的交易机会。

(6) 消费者权益保护:主要包括企业内部执行较外部标准更为严格的质量监控方法,对顾客满意度的评估和对顾客投诉的积极应对,对质量缺陷的产品主动召回并给予顾客补偿等。

联想是如何决定收购 IBM PC 的

从 2005 年 5 月 1 日,联想正式宣布完成收购 IBM 全球 PC 业务后,就陷入了质疑和期待的目光中,联想上下也陷入了沉默。直到 8 月 9 日,联想公布了一份不错的成绩单:将 IBM PC 首次计入公司业绩后,联想集团 2005 财年第一季度实现净利润 3.57 亿港元,同比增长 6%,集团营业额比去年同期增长 234%,达 196 亿港元。联想人悬了几个月的心才安然回落。

20 多天之后,在清华大学举办的首届亚太管理学院联合会年会上,柳传志首次披露联想收购 IBM PC 的决策内幕。

1. 利益权衡

2004 年 12 月 8 日,联想宣布并购 IBM PC 事业部,这件事引起了全球相当大的关注和反响。据我当时了解,对并购不看好的占绝大多数,中国的 IT 界、经济界的朋友对我们的勇气给予了足够的肯定,但是对于结果基本持怀疑态度。

联想不少骨干员工分散在世界各地有名的商学院学习,我问他们,你们的教授怎么看这件事? 他们回答,多数都是不看好。我很理解这样的答案,因为在全球并购中成功的也就占 25%~35%,更何况一个来自中国这样的第三世界国家的企业去并购代表美国精神的 IBM。

我又问这些员工,你们参加 MBA 的班上,教授们谈他们不看好的理由是什么? 听了很多答案之后,我就放心多了,基本上他们所有的担心都没有超过当初我们思考的范围。我们做这个事情绝不是为让世界轰动。这个企业是我们的命,我们要靠它吃饭,所以会把很多问题想得清楚又清楚。

第一个问题就是 IBM 为什么要出卖这块业务。

20 世纪 80 年代以前,IBM 是个软硬件全都自己设计和制造的企业。到了 90 年代,开始调整战略,逐渐想把自己变成一个软件、服务型企业。因此 IBM 连续出售了他们的生产制造部门,包括大容量硬盘、打印机等几大块业务。

1984 年我开始办企业的时候,IBM 的营业额就是 800 多亿美元,到了现在 IBM 的营业额是 900 多亿美元,但是他们的毛利润率、净利润率都有了非常大的提高,这就是 IBM 在 20 世纪 90 年代初改革的结果。而 IBM 卖出的几部分硬件业务,之后的业绩也都很好,真正实现了双赢。因此这次出售 PC 业务,是 IBM 原定战略的继续。

第二个我们要讨论的问题是,为什么 IBM 本身亏损的 PC 业务卖到我们这里就可以盈利。

尽管是亏损,但是 IBM PC 业务的毛利实际是相当高的,达到 24%,联想本身毛利才是 14%。但是,联想在 14% 的毛利之中实现了 5% 的净利,而 IBM 24% 的毛利却是亏损。原因非常简单,就是 IBM PC 部门的费用成本太高,而有些费用是 IBM PC 部分因为处在 IBM 整个体系中所无法避免的。

比如说 IBM 总部的摊销。IBM 总部要花钱,按照各个事业部的营业额大小摊销,IBM PC 部分营业额有 100 多亿美元,占了 IBM 全部营业额的九分之一左右。于是就按九分之一做摊销。PC 部分的毛利 24% 比其他同行要高,但是和 IBM 其他的诸如软件服务等事业部来比就低很多,禁不住大幅度的费用摊销。

联想认为,制造业本身就是一个毛巾拧水的行业,钱要一点一滴地通过管理挤出来。而 IBM 公司提倡的是高投入、高产出。在调查的时候,我们就发现他们从生产、研发到服务每个环节都有大幅度降低成本的可能。另外,采购也会产生巨大效益。

把这几项综合起来,我们认为,双方合作以后,仅仅从节流角度讲就会产生大幅的效益。所以从长远来看,收购 IBM PC 不是亏损不亏损的问题,而是盈利规模多大的问题。

当时我在决定做不做这件事的时候,再三要求我们的顾问和管理班子一定要保守再保守,评估的每个数字绝不可以有任何浮夸。从现在的业绩看来,他们的估计是过于保守了。

2. 风险规避

除了并购的好处,我们最关心的还是并购以后的风险。

第一个风险是市场风险,新公司成立后原来的客户是否承认你的产品,以前买 IBM 产品的客户是否会流失?

我们采取了下面这些措施:①产品品牌不变,按照协议,并购五年之内 IBM 的品牌归我们使用,ThinkPad 这个品牌永远归联想使用;②跟客户打交道的业务人员不变化;③我们专门把总部设在纽约,说明这是一家真正的国际公司。本来我们是考虑设两个总部,一个在美国,一个在中国,后来考虑市场反应,就只在纽约设一个总部。收购之后,新联想派出 2000 多个销售人员做市场工作,IBM 也调动了一些人和这 2000 人一起做大客户工作。事实证明这个措施是有力的,把风险控制住了。

第二个风险是员工流失的风险。现在看来,IBM PC 的员工几乎没有流失。主要原因是我们做了两方面的工作。①对 IBM 的高层骨干员工讲述新公司的愿景。原来 IBM PC 部门并不占主导地位,公司的战略是控制发展,所以骨干员工的能力得不到充分的发展。而这家新公司主要做的就是 PC,他们的能力有一个充分的发展空间。另外新联想的文化将完全是一个国际企业的文化,而不是一个他们认为的固执的中国公司,这家公司会让高层骨干员工感到非常愉快。②人员待遇不变,而且部分高层骨干还比原来的待遇有大幅增长。这项措施实施之后,使得军心安定。

第三个风险也是最大的风险,就是业务怎么整合,人员、文化怎么磨合。商学院的老师给他们的学生讲课的时候谈到这个案例时更多的担心都在这方面。

我们是怎么考虑的呢?

(1) 当我作为联想集团董事局的主席真正下决心批准方案向前推进的时候,主要是了解了这个基本情况以后才做的。就是在调查和谈判深入之后,发现双方的工作语言是共同的,管理模式基本上是在一个层次。他们做的事我们全懂,我们做的事他们也全懂,这就给我们奠定了业务整合的基础。如果联想之前没有经过 ERP 的业务整合,没有一系列重大的改革措施,还是一个比较老旧的企业,那不管我们怎么努力,双方是没法磨合的。

(2) 双方的业务是互补的,这减少了碰撞的机会。这点非常重要,大家知道 HP 和康柏整合,非常大的困难是双方有冲突的业务如何协调。两家原本都在欧洲市场做,合并之后欧洲原有市场人员马上要裁一半,如何进行,是个很大的麻烦。但这个问题在联想和IBM 就不存在。IBM PC 部门的发展受到总部的战略限制,总部的战略是发展软件和服务业,要 PC 为这个战略服务,因此它的 PC 只卖给大客户。这跟联想的发展战略正好是互补的,联想在中国消费类市场绝对占第一位。IBM 的主要客户在欧美,联想的主要客户在中国,从这个角度讲是互补的。另外 IBM 最擅长的是高档笔记本,联想最擅长的是台式机。这样总的看来,双方从业务关系上也是互补居多。

(3) 联想以前的 CEO 杨元庆,在合并以后,将要担当主席,由 IBM 原有人员选拔一名做 CEO。习惯了做 CEO 的杨元庆是否习惯做主席是我们要考虑的问题之一。杨元庆有很多优点,做事情的感觉非常好,但人比较固执,他能否和新 CEO 进行很好的配合?现在两个人配合得非常好。两个人提出三个词作为合作的指导思想:坦诚,尊重,妥协。双方都有各自的习惯,坦诚地亮出各自的观点,总要有一方妥协。前几个月妥协起了非常好的作用,如果一开始大家产生碰撞,别人就会认为不是工作上的碰撞,而是中国人和美国人的碰撞,这样就会引起队伍分化。

整合以后到现在已有四个月了,整合以后第一季度的业绩已在香港股市有所公布,业绩大大出乎投资人的意料。

到目前为止,这个并购案基本是按照预定步骤来实现的。总结我们的经验,首先是预先想清楚事情,再动手。并购前要把并购目的、战略步骤、出了问题如何应对等一步步一层层地想清楚。尽管不可能想的和实际完全一样,但是差不了太多,到真的动起手来,情况就会好了很多。

思考:

(1) 联想为什么要收购 IBM PC 业务?其战略目标是什么?

(2) 根据一波三折的整合过程,你认为该项收购的最大风险是什么?

(3) 你认为在收购后的整合过程中,有哪些成功的经验和失败的教训?

路 径 之 选
——确定企业的总体战略

4.1 任务内容

1. 项目任务

企业发展路径选择——确定企业的总体战略。

2. 项目指标

(1) 从企业的三种基本战略态势中选择适合本企业的战略态势。

(2) 确定实现上述战略态势的实现方式(战略实现途径)。

(3) 形成符合该企业发展实际的企业总体战略分析结论与报告。

4.2 任务提出

引入案例

波导,手机"黑马"何去何从

凭着李玟妩媚的眼神和"手机中的战斗机",波导迅速完成了品牌的原始积累。然而,高处不胜寒,此时的波导正面临着"外忧"与"内患"的双面夹击。

近日,波导发布其2006年财报,去年手机销量为1375万台,其中出口571万台,内销804万台。国内市场占有率约为8%,与2003年约15%的占有率折了几乎一半。销售额高达67亿元,净利润却仅为3058万元。每卖出一台手机,净利润仅有2元左右。

其实,2005年波导即出现了上市以来的首次亏损,净亏损高达4.7亿元,净利润同比下降327%,每股亏损1.23元;与2003年高峰时约3.8亿元的利润相比,简直是天壤之别。是什么原因导致波导的冰火两重天?其中又有哪些偶然与必然?

1. 波导的崛起

波导最早是从寻呼机起家的。但手机的兴起却使寻呼机产业成为一个快速萎缩的行业。波导面临着残酷的生存问题。因此,在1999年国产手机匆匆上马的潮流中,波导选择了"跟风"。

通过与萨基姆的合作,波导完成了从寻呼机制造商向GSM手机制造商的战略转型。概括起来,波导成功转型和迅速崛起的六大法宝为:技术借力、侧翼攻击、自主通路、规模经济、差异化传播和价格战。

1）借助外力，做自己做不了的

做手机，波导没有先进的技术，也不可能从最基础做起。于是，选择与为法国幻影战斗机提供射频通信技术的萨基姆公司进行合作。正是当时的借力之举，成就了今天的波导。

2）避实击虚，从低端切入市场

在产品与目标消费群定位上，波导避开洋品牌重兵布阵的一二线城市和中高端市场，走三四级市场路线，切入竞争的"最薄弱环节"，用中低价机迅速在手机市场的底端获得突破。

3）自建渠道，想打哪就打哪

为配合专攻中小城市、内地城市及小城镇的策略，波导耗资近 4 亿元自建"中华手机第一网"。鼎盛时，波导共有 41 家分公司，410 多个办事处和 5000 多人的销售队伍。

4）接连破关，规模经营显成效

业内普遍认为 100 万台是生死线，300 万台是发展关。波导起步当年就逼近 100 万台；2001 年直冲 300 万台。不断扩大的规模，缓解了由于毛利率下降带来的业绩压力。

5）与众不同，促成突围成功

在传播方面，从自身技术特点出发，全力打造"战斗机"的手机品牌形象。这种在当时看来有点另类的非常规打法，却让波导从众多品牌中脱颖而出。

6）该割肉时，动作又快又狠

目前手机品牌很多，稍不留神，产品就积压了。手机的价格一旦跌下去，没有再涨上去的。所以，当同类产品开始放水时，波导总是动作更快更狠，该甩货时决不吝惜。

2．波导的困境

在经历了多年的高速增长后，2004 年成了国产手机的寒冬。面对产业环境的变化，国际化的冲动、多元化的盲动、自主渠道的羁绊使波导陷入困境。

2003 年，爆炸式增长使国产手机的市场份额一度冲破 60%。于是，被胜利冲昏了头脑的国产手机厂商高估了 2004 年的市场前景，纷纷提高预期产量。然而，事实却出乎他们的意料。

1）如何应对产业环境的变化

国产手机曾经依靠发达的销售网络、对本土文化的了解与低成本优势，在 2001—2003 年收复了被国外厂商占领的大半失地。但是步入 2004 年，先是关键原材料短缺，后是银根紧缩，更重要的是看透了国产手机进攻套路的国外厂商拉开了"以其人之道还治其人之身"的反攻序幕。

先是渠道下沉。在继续保留全国总代理的同时，在三四线城市建立自己的销售渠道，加强对国美等全国连锁卖场的直供，弥补渠道的短板。然后是凭借强大的品牌号召力，推出中低价机型。之前国产手机反攻成功，有一个重要的原因是性价比高。"高端赚利润，低端赚市场"，成了国外厂商的重要策略。

易美关门、熊猫、中科健出局、南方高科崩盘接踵而至。由于销售不畅,波导的现金流十分紧张。2004 年半年财报显示现金流为 -2 亿元,到 9 月就增为 -5 亿元。

一面是残酷厮杀,另一面却是虎视眈眈。面对这种情况,国家发展和改革委员会发出手机行业投资预警,称我国手机生产厂家的产能已近 3 亿台;若再进入一批新厂家,产能将达 5 亿台,约占全球需求量的 80%,过剩严重。

产能过剩和产业环境剧变使得国际化和多元化成了国产手机厂商自救的"必然出路"。然而,事实的结果却让我们不容乐观。

2) 真到了必须走出去的时候吗

在国际品牌步步紧逼下,国产手机一面节节后退,一面自然想到了海外市场。在地市级城市感受到强大压力后,波导提出了"扎根县城,抢滩乡镇"的口号;然而,随着国际品牌向农村市场的全面推进,国产手机已经退无可退。这说明我们还缺乏真正的核心竞争力。这时去开拓海外市场自然也是不容乐观。据了解,波导 2006 年的出口计划是 800 万台,而实际仅完成了 571 万台。

在国内打不赢,到国外就能打赢吗?逃避不是办法,狭路相逢勇者胜,集中精力在国内打赢才是正途,像海尔一样在国内取得真正优势后才能挟威风与实力有效挺进海外市场。如果是因为国内市场的压力去做海外市场,当作挽救业绩的救命稻草来做是非常危险的,是典型的丢掉西瓜拣芝麻的做法。要知道国内市场才是根。

3) 多元化是明智之举,还是盲动

前期成功的狂热和行业竞争的激化促使许多厂商转战多元化之路,夏新、南方高科、侨兴先后宣布实施多元化战略。一面是围城内企业想到围城外淘金,另一面却是众多围城外厂家想进围城内掘宝。那么,究竟孰是,孰非?

2004 年,波导科技宣告退出汽车业,令轰轰烈烈的手机企业多元化浪潮受挫。手机行业产能过剩,并不应该成为促使每个企业多元化的必然因素。如果是去开发一片新的"蓝海"倒值得期许。如果是跳进一个新的产能过剩的"红海",铩羽而归似在必然;因为同样的资源在一个已经熟悉且有一定基础的行业都无把握最终取胜,那么兵分两路、分出相当一部分资源跳进一个既没有丝毫根基也毫无优势的行业,其前景也就可想而知了;而剩下的资源也更难保证在原有行业中取胜了。

如果要进行这种多元化,有几个必备的条件。

(1) 在原行业已经真正站稳了脚跟,胜券在握。

(2) 在原行业已经遭遇发展的天花板。

(3) 在原行业继续投入已经变得不经济。

(4) 有足够的剩余资源(人、财、物、技术等)去开拓新行业。

要么,就是在原行业已经无法站稳脚跟,要想获胜已经无望,不得不进行产业转移。再者,就是这个行业已经处于萎缩阶段,都要另谋它途。

波导的多元化既不是前者,也不是后者,更不是第三者。波导连续几年的第一,其实很脆弱。只是大,还不强,也不稳,还没有形成真正的核心竞争力,很容易被击溃。

然而,波导肯定也不是无望取胜的残兵败将。再者,就整个行业而言,手机行业这块大饼随着国家政策的放开正吸引越来越多投资者加入,如长虹、中兴、华为等。因此,在这敏感而关键的时刻,重点应放在强化根基,集中精力继续做大做强,而不是分散精力搞多元化。

4)成就波导的渠道真的有竞争优势吗

1999 年,国产手机刚刚破茧,不论是知名度还是资本实力都微不足道,难以吸引中邮普泰等国内大型手机代理公司的关注。被逼无奈,国产手机纷纷走上了自建渠道的销售模式,波导也不例外。在早期,这种逼出来的营销模式反而契合了波导手机中低端的产品定位并迅速开启了市场。

但这种自建营销渠道、依靠人海战术打市场的模式很难回避高成本的问题。在手机高利润的情况下,还能维持。但是随着手机利润直线下降,维持成本陡然增大。销售摊子铺得过大,人浮于事、铺张浪费的情况十分普遍。此外,庞大的售后服务队伍和费用更令波导头疼。曾经让波导引以为豪的渠道,已经成为发展的绊脚石。

3. 波导的出路——固本革新、双翼翱翔

走出困境,出路有很多方面,关键有三个。

(1)继续扩大规模,降低成本,强化本土市场的竞争力,集中精力赢得低端市场的竞争,这是核心基础。虽然整个行业产能严重过剩,但有成本优势的企业一定可以存活下来;而扩大产能、形成规模效益是降低成本的有效途径,行业内兼并值得重点考虑。

(2)变革渠道,提升效率、减少支出,形成竞争优势是关键。或者是在渠道精简消肿的同时,增加有竞争力的"弹药",让钝化的渠道重新焕发生机活力;或者是把销售体系剥离出来,变成一个中立性质的公司,经营所有的手机品牌,发挥渠道价值。

(3)用开拓海外市场和多元化的雄心壮志向不同经营模式的手机高端市场挺进。这是可以借力,至少是部分借力的聪明之举。当然,要避免用自己熟悉的低端策略和手段来做高端市场;而是要用真正适合高端市场的方法来做高端市场。

4.3 预备知识:战略态势的基本形式及实现方式

【预备知识的重点内容】

(1)稳定型战略、发展型战略和紧缩型战略的含义、适用性、利弊及类型。

(2)发展型战略的实现方式。

(3)增长型战略中的一体化战略和多样化战略。

(4)战略态势选择的误区。

【关键术语】

战略态势;稳定型战略;发展型战略;紧缩型战略;战略组合。

【预备知识的内容结构】

本部分内容的结构如下。

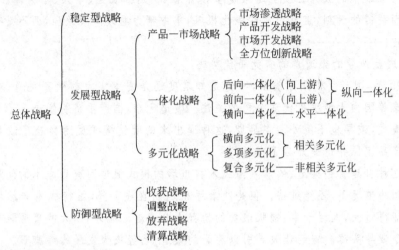

【预备知识内容】

正如项目导入中预备知识部分所述,企业战略结构分为总体战略、竞争战略和职能战略三个层次。本节介绍总体战略的典型模式,任务 5 预备知识将介绍竞争战略的典型模式。总体战略的典型模式主要有稳定型战略、发展型战略和防御型战略。

4.3.1 稳定型战略

稳定型战略是指限于经营环境和内部条件,企业在一定时期所期望达到的经营状况基本保持在战略起点的范围和水平上的战略。稳定型战略具有以下特征。

(1) 企业对过去的经营业绩表示满意,继续寻求与过去相同或相似的经营目标。

(2) 企业在其经营领域内所达到的产销规模和市场地位都大致不变或以较小的幅度增长或减少。

(3) 公司继续以基本相同的产品或服务来满足顾客。

需要注意的是,稳定型战略不是不发展、不增长,而是稳定地、非快速地发展。

1. 企业采用稳定型战略的原因

企业采用稳定型战略的原因是多种多样的,主要原因有以下几种情况。

(1) 管理层可能不希望承担较大幅度地改变现行战略所带来的风险。因为当改革需要新的技能时,它会对使用以前所学技能的人员形成威胁。此外,成功企业的管理者通常认为,过去行之有效的战略将来仍会有效,因此无须改变现行战略。

(2) 战略的改变需要资源配置的改变。已经建立起来的公司要改变资源配置模式是很困难的,通常需要很长时间。

(3) 发展太快可能导致公司的经营规模超出其管理资源,进而很快发生低效率的情况。

(4) 公司的力量可能跟不上或不了解可能影响其产品和市场的变化。

2. 稳定型战略的适用性

采用稳定型战略的企业,一般处于市场需求及行业结构稳定或者较小动荡的外部环境中,因而企业所面临的竞争挑战和发展机会都相对较少。但是,有些企业在市场需求以较大幅度增长或是外部环境提供了较多发展机遇时也会采用稳定型战略。这些企业一般来说,是由于资源状况不足以使其抓住新的发展机会而不得不采用相对保守的稳定型战略。

稳定型战略适用于那些对环境变化预测比较准确而又经营相当成功的企业。采用这种战略的企业不需要改变自己的宗旨、目标,只需要按一定比例提高其销售、利润等目标即可。在这种战略下,企业只需要集中资源于原有的经营范围和产品,并通过改进其各部门和员工的表现来保持和增加其竞争优势。在公用事业、运输等部门的企业和国有大型商业银行,许多都采取稳定型战略。

3. 稳定型战略的利与弊

1) 稳定型战略的优点

稳定型战略对那些处于稳定增长中的行业或稳定环境中的企业来说,是一种有效的战略,有以下优点。

(1) 稳定型战略的风险比较小,企业基本维持原有的产品、市场领域,避免由于开发新产品、新市场所必需的巨大资金投入,避免由于开发失败和激烈竞争给企业带来巨大风险。

(2) 采用稳定型战略的公司能够保持战略的连续性,不会由于战略的突然改变而引起公司在资源分配、组织机构、管理技能等方面的变动,保持企业经营规模、经营资源、生产能力的平衡协调。

(3) 防止由于发展过快、过急造成的失衡状态。在行业发展迅速时,许多企业无法清醒地看到潜伏的危险而盲目发展,结果造成资源的大量浪费。我国许多电视、空调和手机企业就犯过这种毛病,造成了设备闲置、效益不佳的结局。

(4) 能够给企业一个较好的休整期,使企业积聚更多的"能量",以便为今后的发展做好准备。从这点上说,适时的稳定型战略是将来增长型战略的一个必要酝酿阶段。

2) 稳定型战略的缺点

稳定型战略也存在以下缺点。

(1) 稳定型战略是以外部环境不会发生大的变动、市场需求和竞争格局基本稳定为前提条件的,如果这种前提条件不存在或者被打破,企业战略目标、外部环境、企业实力三者之间就会失去平衡,将会使企业陷入困境。

(2) 由于公司只求稳定地发展,可能会丧失外部环境提供的一些可以快速发展的机会。如果竞争对手利用这些机会加速发展的话,则企业将处于非常不利的竞争地位。

(3) 采用稳定型战略可能会导致管理者墨守成规、因循守旧、不求变革的懒惰行为。稳定型战略容易使企业减弱风险意识,甚至会形成惧怕风险、回避风险的企业文化,降低企业对风险的敏感性和适应性。

知识链接 4-1

什么是商业模式①

商业模式是一种描述企业如何通过对经济逻辑、运营结构和战略方向等具有内部

---

① 王昶. 战略管理:理论与方法[M]. 北京:清华大学出版社,2010:259-260,273-280.

关联性的变量进行定位和整合的概念性工具。从本质上讲,商业模式是企业创造价值的逻辑,是公司战略意图得以实现的价值创造系统。它至少包括四个层面的含义。

(1)任何组织的商业模式都隐含有一个假设成立的前提条件,如经营环境的延续性,市场和需求属性在某个时期的相对稳定性以及竞争态势等,这些条件构成了商业模式存在的合理性。

(2)商业模式是一种企业的经济模式,其本质内涵为企业获取利润的逻辑。商业模式将价值来源与价值获取有机地结合起来,说明企业内部资源和能力与外部竞争优势的内在逻辑关系、企业目前的利润获取方式、未来的长期获利规划以及能够持续优于竞争对手和获得竞争优势的途径。

(3)商业模式也是一种企业的运营结构,重点在于说明企业通过何种内部流程和基本构造设计来创造价值。商业模式是企业与商业伙伴及买方之间价值流、收入流和物流的特定组合。

(4)商业模式本身就是一种战略创新或变革,是使组织能够获得长期优势的制度结构的连续体。商业模式是对企业战略方向的总体考察,涉及市场主张、组织行为、增长机会、竞争优势和可持续性等。

总之,商业模式是指企业在明确外部假设条件下,以企业核心能力为前提,以顾客需求为导向,整合利益相关者创造价值,实现战略意图的结构体系、连接规则的集合及其价值活动的过程。

观察角度不同,商业模式归纳的类型也不同。例如,有的倾向按顾客价值定位来分,有的按价值维护手段来分。从价值获取的角度可以分为以下五种典型的商业模式:一是价值链分拆,二是价值链集成,三是价值链压缩,四是中间价值再生,五是价值倍增。

4.3.2　发展型战略Ⅰ:战略类型

发展型战略也称增长战略。企业增长战略要求企业在现有的战略基础水平上向更高一级的方向发展。采用发展型战略的企业表现出如下特征。

(1)企业不一定比整个经济发展得更快,但确实要比产品销售的市场发展得快。

(2)企业试图延缓甚至消除其行业中价格竞争的危险。

(3)企业定期地开发新产品、新市场、新工艺及老产品的新用途。

(4)企业总是获得高于行业平均水平的利润率。

(5)企业不是去适应外界的变化,它们试图通过创新和创造以前未存在的新的需求,来使外界适应它们自己。

一个企业决定寻求发展战略,一个重要的原因是最高层经理或最高领导班子所持有的价值观。许多高层经理人员将发展等同于他们个人的有效性和事业的成功。也就是说,他们所管企业的发展就足以表明了他们作为经理人员的有效性和功绩。此外,在股份有限公司中,许多高层领导人通常都拥有作为其一部分报酬的股权。如果企业的发展能导致企业股价的升高,则他们会从自己的资本增值中直接受益。

但是,积极发展战略也有其风险。德鲁克曾警告说,发展就是一种冒险。公司变得越来越大不一定是好事,短期内过快的发展可能导致效率下降,从长期来看这可能是非常有害的。因此在追寻积极发展战略之前,管理者应当问自己三个问题:公司的财力资源是否充足?如果公司由于某种原因短暂停止执行其战略,其竞争地位是否还能维持?政府的法规是否允许公司遵循这一战略?

下面介绍发展战略的不同类型,包括产品—市场战略、一体化战略和多元化战略。

1. 产品—市场战略

产品—市场战略是最基本的发展战略。产品(现有产品、未来产品)与市场(现有市场、未来市场)的不同组合形成了不同的发展战略,如表 4-1 所示。

表 4-1　产品—市场战略矩阵表

市　　场	产　　品	
	现有产品	未来产品
现有市场	市场渗透战略	产品开发战略
未来市场	市场开发战略	全方位创新战略

1) 市场渗透战略

市场渗透战略是指通过目前的产品在目前的市场上提高市场份额来达到企业成长的目的。企业应该系统地考虑市场、产品及营销组合的策略以促进市场渗透,从而在现有市场上赢得更多的顾客。

企业可采取下述措施来扩大销售量。

(1) 扩大产品购买者的数量。如努力发掘潜在的顾客,把竞争者的顾客吸引过来,使之购买本企业的产品等。

(2) 扩大产品购买者的使用频率。如增加使用次数,增加使用量,增加产品的新用途等。

(3) 改进产品特征,使其能吸引新用户和增加原有用户的使用量。常用的方法有:提高产品质量,增加产品的特点,改进产品的式样和包装等。

此外,在销售价格、销售渠道、促销手段、销售服务等营销组合方面,也应加以改进,以扩大现有产品的销售量。

2) 产品开发战略

产品开发战略是指企业针对现有市场,通过新技术的运用,不断开发适销对路的新产品,以满足客户不断增长的需要,从而保持企业成长的态势,这是企业成长发展的重要途径。

3) 市场开发战略

市场开发战略是指企业采用种种措施,把原有产品投放到新市场上去,以扩大销售。它是通过发展现有产品的新顾客层或开拓新的地域市场,从而扩大产品销售量的战略。比如,将产品投放到其他城市,或将产品(如家电、化妆品等)由大城市向中小城市、乡镇、农村等推广。

4）全方位创新战略

全方位创新战略是市场开发战略和产品开发战略的组合，指企业向一个新兴市场推出别的企业从没生产过的全新产品。

运用这一战略时，有的企业的战略属于技术推动型，有的企业的战略属于市场推动型，实际上应该将两种类型结合起来而成为机会推动型发展战略。美国3M公司就曾成功地运用了这一战略，其成功主要有两方面的原因：第一，3M公司将技术开发导向与市场未来发展方向紧密联系起来；第二，3M公司拥有若干代处于生命周期不同阶段的新技术，因此不必将最新技术产品直接投放市场，而是等待新产品进入市场最佳时间的到来。

另外，一些软件企业，如微软、金蝶、用友等企业和新浪、搜狐等网络企业，它们实行的是典型的全方位创新战略。

2. 一体化战略

一体化是指将独立的若干部分加在一起或者结合在一起成为一个整体。当企业实力有所增强，市场占有率越来越大时，企业就需要考虑如何扩展企业、向什么方向发展的问题，于是一体化战略便应运而生。一体化战略包括纵向一体化和横向一体化。

1）纵向一体化战略

纵向一体化战略又称垂直一体化战略，是企业在两个可能的方向上扩展现有经营业务的一种发展战略，包括后向一体化战略和前向一体化战略。

（1）后向一体化战略

后向一体化战略是指企业自己供应或生产现有产品（服务）所需要的全部或部分原材料或半成品。如钢铁公司自己拥有矿山和炼焦设施；纺织厂自己纺纱、洗纱等。

后向一体化战略可以保证产品或劳务所需的全部或部分原材料的供应，加强对所需原材料的质量控制，降低成本，提高保证供应的程度。

企业一般在下列情况下采用后向一体化战略。

① 企业现在的原材料供应商要价太高，供货不稳定，或者在质量方面不能满足生产的需要。

② 原材料供应厂家少，而同行业的竞争者很多。

③ 企业所处的行业增长速度快，发展潜力大，如果不采用后向一体化会影响企业的发展。

④ 企业的资金和人力资源丰富。

⑤ 稳定原材料的供应和价格对企业十分重要。

⑥ 企业希望迅速和长期拥有某种资源。

⑦ 购入材料或半成品的运输成本太高。

⑧ 直接生产自己所需的原材料可以节约大量资金。

例如，宝钢谋求购买秘鲁铁矿石生产企业。

（2）前向一体化战略

前向一体化战略是企业自行对本企业的产品做进一步的深加工，或对资源进行综合利用或公司建立自己的销售组织来销售本公司的产品或服务的战略。如钢铁企业自己轧制各种型材，并将型材制成各种不同的最终产品，即是前向一体化战略。

前向一体化可以获得由于提高加工深度使产品获得较丰富的利润。目的是促进和控制产品的需求，搞好产品营销，从而达到扩大市场的目的，它是一种进攻型战略。

企业一般在下列情况下采用前向一体化战略。

① 企业现有的代理商费用高或不可靠，或者不能满足企业产品销售的需要。

② 企业现有的代理商能力不够，使企业与那些已采用前向一体化的企业相比处于劣势地位。

③ 企业所处的行业正在增长，而且预计将会有长期稳定的增长。

④ 企业财力和人力十分充足。

⑤ 通过前向一体化可以增加企业对市场需求进行预测的准确性，使企业的生产更加有计划。

⑥ 如果现在的代理商和零售商的利润很高，企业可以通过前向一体化战略来增加利润收入或降低产品零售价格。

（3）纵向一体化的利弊分析

采用纵向一体化的好处表现在以下几个方面。

① 后向一体化战略可使企业能对所用原材料的成本、可获得性以及质量等具有更大的控制权。

② 如果一个企业的原材料供应商能获得较大利润时，通过后向一体化战略企业可将成本转化为利润。

③ 前向一体化战略可使企业能够控制销售和分配渠道，这有助于消除库存积压和生产下降的局面。

④ 当企业产品或服务的经销商具有很大毛利时，通过前向一体化战略企业可增加自己的利润。

⑤ 采用纵向一体化战略，通过建立全国性的市场营销组织机构以及建造大型的生产厂而从规模经济中获益。因为规模经济会导致较低的总成本，从而增加了利润。

⑥ 一些企业采用前向或后向一体化战略来扩大他们在某一特定市场或行业中的规模和实力，从而达到某种程度的垄断控制。

在一定的情况下，纵向一体化战略是一种恰当和合理的战略。然而，纵向一体化战略也存在着风险，主要表现在以下几个方面。

① 由于纵向一体化使企业规模变大，要想脱离这些行业就非常困难。此外，由于规模大，要使企业的效益有明显的改善，就需要大量投资于新的经营业务。

② 由于公司纵向规模的发展，不仅需要较多的投资，而且要求公司掌握多方面的技术，从而带来管理上的复杂化。

③ 由于前向、后向产品的相互关联和相互牵制，不利于新技术和新产品的开发。

④ 可能产生生产过程中各个阶段的生产能力不平衡问题。因为各个生产阶段的最经济的生产批量或生产能力可能大不相同，从而导致有些阶段能力不足而有些阶段能力过剩。

2）横向一体化战略

横向一体化战略也称水平一体化战略，是指为了扩大生产规模、降低成本、巩固企业的市场地位、提高企业竞争优势、增强企业实力而与同行业企业进行联合的一种战略。如鞍钢与本钢联合组建鞍本钢铁集团。

横向一体化战略一般是企业在竞争比较激烈的情况下进行的一种战略选择。这种战略选择既可能发生在行业成熟化的阶段中，成为增加竞争实力的重要手段；也可以发生在行业成熟之后，成为避免过度竞争和提高效率的手段。

企业一般在下列情况下采用横向一体化战略。

① 企业希望在某一地区或市场中减少竞争，获得某种程度的垄断。

② 企业在迅速增长的行业中竞争。

③ 需要扩大规模经济效益来获得竞争优势。

④ 企业的资本和人力资源丰富。

⑤ 企业需要从购买对象身上得到某种特别资源。

采用横向一体化战略的好处是：能够吞并或减少竞争对手；能够形成更大的竞争力量去与竞争对手抗衡；能够取得规模经济效益；能够取得被吞并企业的技术及管理等方面的经验。

横向一体化战略的缺点主要是：企业要承担在更大规模上从事某种经营业务的风险；由于企业过于庞大而会出现机构臃肿、效率低下的情况。

3. 多元化战略

多元化战略可以分为相关多元化战略和非相关多元化战略。

1) 相关多元化战略

相关多元化战略也称相关多样化战略，是指企业增加或生产与现有产品或服务相类似的新产品或服务。只有新增加的产品或服务能够利用企业在技术、产品线、销售分配渠道或顾客基础等方面所具有的特殊知识和经验时，才可将这种战略视为相关多样化战略。

相关多元化战略包括横向多元化和多项多元化。横向多元化是指以现有的产品市场为中心，向水平方向扩展事业领域，也称为水平多元化或专业多元化。多项多元化是指与现有产品、市场领域有关系，但通过开发完全异质的产品、市场来使事业领域多元化。

(1) 适用条件。当企业面临下述情况时可以采用这种战略。

① 企业所处的行业增长缓慢或停止增长。

② 增加相关的新产品可以带动现有产品的销售。

③ 新的相关产品可以按较高的价格出售。

④ 新的相关产品的季节性特征与现有产品的季节性相反或互补。

⑤ 企业现有产品处于产品生命周期的衰退期。

⑥ 企业有很强的管理队伍。

⑦ 增加新的相关产品会给企业带来某种综合经济效益。

(2) 相关多元化战略的优缺点。

相关多元化战略的优点是：可以充分利用生产技术、原材料、生产设备的类似性，获得生产技术上的协同效果，风险比较小，易于取得成功。采用这种发展战略，公司既可保持它的经营业务在生产技术上的统一性，同时又能将经营风险分散到多种产品上去。许多成功的企业通常都采用相关多元化战略。

但是,值得指出的是,该战略也有缺点:当公司由于采用相关多元化战略使得规模发展得越来越大时,往往无力同时兼顾许多方面。

2)非相关多元化战略

非相关多元化战略也称非相关多样化战略、复合多元化战略,是指企业从事于与现有的事业领域没有明显关系的产品、市场中寻求成长机会的策略,即企业所开拓的新事业与原有的产品、市场毫无相关之处,所需的技术、经营方法、销售渠道必须重新取得。

如美国通用汽车公司除主要从事汽车产品生产以外,还生产电冰箱、洗衣机、飞机发动机、潜水艇、洲际导弹等。这种战略通常适合于规模庞大、资金雄厚、市场开拓能力强的大型企业。在当今的大型企业中,实行非相关多元化经营已经成为一种发展趋势。

(1)适用条件。非相关多样化战略的适用条件有以下几个。

① 企业所处的行业处于衰退期或原有的产品市场需求增长处于长期停滞甚至下降趋势。

② 企业面对着很有吸引力的机会。

③ 企业具有进入新行业的资本、人才及能力,如有较强的开发能力、销售能力、生产能力等,使得它具备开拓新领域的实力。

(2)非相关多元化战略的优缺点。

非相关多元化战略的优点表现在以下几个方面。

① 企业向不同行业渗透和向不同的市场提供产品和服务,可以分散企业经营的风险,增加利润,使企业更加稳定地发展。

② 可对企业内的各个经营单位进行平衡。在某些经营单位处于发展或暂时困难之时,公司可从其他经营单位获得财力上的支持。这样有利于发挥企业的优势,综合利用各种资源,提高经济效益。

③ 企业向具有更优经济特征的行业转移,可以增强企业的灵活性。有利于企业迅速地利用各种市场机会,逐步向具有更大市场潜力的行业转移,从而提高企业的应变能力。

非相关多元化战略的缺点表现在以下几个方面。

① 带来企业规模的膨胀,以及由此带来管理上的复杂化,加大了管理的难度。如果公司管理者对新扩充的管理业务一点也不熟悉的话,则后果更糟。

② 实施非相关多元化战略需要大量的投资,因此要求公司具备较强的资金筹措能力。

③ 有时过于强调多元化而导致企业可能在各类市场中都没有取得领先地位,当外界环境发生剧烈变化时,企业会常受到来自各方面的压力,导致巨大的损失。

因此,公司在选择非相关多元化战略时,要谨慎从事,切记不要为多元化而多元化。

4.3.3 发展型战略Ⅱ:实现方式

企业在实施发展战略时,可选择下列三种方式或途径:公司内部发展、合并及并购、合资经营。

1.公司内部发展

所谓公司内部发展方式,是指在企业内部依靠其自身的人力、财力和物力来实现企业的发展战略。

1）内部发展的优点

（1）风险相对较小。内部发展使企业可以根据目前自身的资源及能力，做出能够适应不断变化的外部环境的发展决策，从而降低了风险。特别是在某一产业生命周期的早期阶段，内部发展不仅是最好的选择，而且也可能是唯一的选择。

（2）资源共享性强。一般来说，将公司的无形资源移植到新的业务之中不是件容易的事情，但内部发展却是实现这种转移的一种比较容易的方式。当公司想要充分利用的资源是组织能力或无形资源时，内部发展是一条首选的发展路线。

（3）积累学习能力。通过内部发展，企业可以获得发展过程的外部收益，包括随着业务的发展而积累的学习能力和知识。并且，随着时间的推移，这种隐形的技术诀窍很可能成为企业独立形成的有价值的资源，并为企业进一步的扩张提供指导。

（4）鼓励内部企业家精神。管理层通过内部发展使公司增长，他们实际上也发出了将致力于公司资源的开发与充分利用的信号，这有助于培养一种有利于弘扬内部企业家精神的公司文化。

2）内部发展的缺点

内部发展也存在一定的缺陷，主要有以下几个。

① 内部发展是一个较缓慢的过程，企业的发展速度容易受到限制。

② 企业在市场拓展方面进展较慢，使企业的交易成本大大提高。

③ 在内部发展过程中，可能会错过好的市场机会。

2. 合并及并购

实施发展型战略，常采用的方式是合并和并购。

1）合并

这里的合并主要是指新设合并，或称为联合，是指两个或两个以上公司通过合并同时消亡，在新的基础上形成一个新的公司，新公司接管原来几个公司的全部资产、业务和债务，新组建董事会和管理机构。近年来，世界上许多企业发生新设合并，如美国两大飞机制造商波音和麦道公司合并，成为规模震撼全球的民用、军用飞机和太空系统制造商。

合并对企业稳步发展有许多好处。

（1）有利于企业的生存和壮大，避免由于激烈的市场竞争带来的两败俱伤，合并提高了企业的竞争能力，增强了抵御风险的能力。

（2）有利于企业垄断市场能力的加强。企业的大型化有利于企业进一步拓宽市场，保证原合并企业所占有的市场份额。减少企业由于争夺市场带来的竞争杀价而造成的损失。

（3）有利于提高企业的利润。企业合并后，使企业的经营网点增大，减少了增加员工和设立办事机构、办公设施而带来的费用增加，从而节约费用。

（4）有利于强化经营，吸收相互的先进管理经验，弥补管理的不足。

（5）有利于企业的科技进步，使企业间的技术得到更好的发挥。

2）并购

（1）并购的类型。并购主要包括兼并和收购。兼并与收购本属不同的概念。由于兼并和收购都是企业产权交易,它们的动因极为相近,运作方式有时也很难区分,因此人们常常将兼并和收购统称并购。

① 兼并。兼并是指一个企业通过有偿转移和资本集中等途径,把别的企业并入本企业系统,使被兼并企业失去法人资格或改变法人实体地位的经济活动。

通过兼并,被兼并企业全部或部分资产的产权归属发生变动,被兼并企业的全部或主要生产要素(如厂房、设备、资金、存储原材料、库存品等)发生整体流动,实行有偿转移。

兼并可以是横向兼并,即兼并生产或销售同类产品的企业,如 1995 年,中国一汽按控股方式兼并了沈阳金杯汽车股份有限公司;兼并也可以是产销不同阶段的企业之间的兼并,即纵向兼并,如以织布为主的企业可以将纺纱、印染企业兼并为一个纺织集团公司;兼并也可以是多元化的,即兼并和本企业原有的经营业务不相同的企业,如 1999 年杜邦公司兼并了世界最大的种子公司——美国先锋种子公司。

② 收购。收购是指一家企业购买另一家企业的股权达到一定的控股程度,将其吸收为本公司的附属单位或事业部。

(2)并购的利弊分析。从并购方的角度看,通过并购有利于获得被兼并方的产品、市场和技术,可以缩短企业发展所需的时间,在短期内获得新事业、新产品,有利于本企业资源在更大范围内的使用,取得规模经济效益。

日本自第二次世界大战后到 20 世纪 80 年代共引进 25770 项先进技术,耗费 100 亿美元,但如果自行研制,则至少要花费 1800 亿～2000 亿美元。这种做法不仅节省了费用,更主要的是节省了时间。

从被兼并方来看,有利于被兼并企业获得新资本的投入,使被兼并企业走出困境,重新发展。例如,黑龙江牡丹江电视机厂长期以来亏损严重,深圳康佳集团通过控股方式兼并该厂后,注入资本、技术、管理和人员,使该厂很快成为东北地区的明星企业。对被兼并企业来说,被兼并或被收购总比破产要好,原有的资源可以得到重新配置。

但是,并购也有不足的地方,兼并或收购后的企业实体一般比较庞大,管理难度加大,需要在沟通和协作上加大力度,尤其被收购公司与原公司在企业文化、经营风格等方面存在较大的差异时,则管理往往较为困难。另外,在兼并或收购时,代价较为昂贵,企业往往会将多余的资产一并购入,耗费不必要的成本,造成浪费。

(3)并购的动因。企业采取并购战略有多种原因,具体如下。

① 加强市场力量。并购的一个主要原因就是取得较大的市场力量。许多企业拥有较强的能力,但缺乏进一步扩展市场力量的某些资源和能力。在此情况下,通过并购同行业的企业和相关行业的企业,可以迅速达到加强市场力量的目的。

② 克服进入行业的壁垒。进入壁垒是指为了进入某一领域所要克服的困难。例如,在一个已经有很多较大的竞争者的市场上,很难再建立一家新企业。如果想进入这样的市场,新进入者为了取得规模经济并达到以竞争价格销售产品,就必须在生产设施、广告和促销活动方面进行大量的投资;为了达到足够的市场覆盖度,还要求企业拥有高效率的销售体系和销售网络;如果消费者已经对某一品牌形成忠诚,这时市场进入就更为困难。

这时通过并购市场上现有企业而进入特定市场就成为一个最佳选择。虽然并购可能投入很大但并购企业可以立即进入特定市场,并且可以获得具有一定顾客忠诚度的现成的企业及其产品。实际上进入的壁垒越高,就越应当考虑运用并购手段进入特定市场。

③ 降低成本、风险和提高速度。通常,在企业内部开发新产品和建立新企业需要大量的投资和相当长的时间。并购过程中由于可以对目标企业以往的经营业绩进行评估,并根据这些业绩预测未来的收入或成本,所以风险的不确定性要比内部开发小得多。因此,一些企业就把并购看作是速度快、成本低、风险小的市场进入方式。

④ 多元化经营。实现多元化经营战略最常用的方法之一就是进行并购。当企业要开发与现有业务完全不同的新产品以及进入一个全新的市场,管理者就会感到很困难。因此,多元化经营战略很少是通过内部化来实现,尤其是跨行业的非相关多元化战略,一般都是通过并购来实现。

⑤ 避免竞争。许多企业通过并购来降低在某一市场上的竞争,或是在更大范围内增强竞争的力量。

3. 合资经营

实施公司发展战略的另一种方式是合资经营。所谓合资经营,是指一个独立的公司实体为两个或两个以上的母公司联合所有。合资经营可以出现在一个国家之内的几个企业之间,也可以发生在不同国家的企业之间。

一般来说,进行合资经营的主要原因有下列几条。

(1) 许多国家对在其国内做生意的外商施行正式的或非正式的限制。为了对付这种限制,外国公司就会与本地企业成立合资企业,进行合资经营。

(2) 在许多行业中存在着与经营规模相连的优势,规模经济存在于制造、销售、研究与开发等环节。合资经营就可以使企业从这些规模经济中获益。

(3) 在某些项目中,由于存在巨大的风险,因此许多公司认为在这些情况下进行合资经营可以共同承担风险。

(4) 一个企业可能得不到一定的资源和市场,在这种情况下,通过合资经营就可拥有这些资源和市场。如当一个企业想在国外销售其产品,可以通过与国外伙伴合资,可使企业利用当地的分销渠道系统,获得关于当地企业经营习惯、风土人情和社会结构等方面的知识。

知识链接 4-2

国际化经营战略简介

自从 20 世纪 50 年代以来,世界经济发展的一个显著特点是各国企业经营活动的国际化。人们熟知的一些公司,如埃克森石油公司、国际商用机器公司、大众汽车公司、丰田汽车公司、松下电器公司、帝国化学工业公司、柯达公司等,都从早期的产品出口而转向国际范围内的生产经营活动。企业活动的国际化是国际经济发展的必然趋势。

自我国经济对外开放以来,越来越多的企业进行着国际化的经营,他们在促进国家产品或服务出口和国民经济向国际经济迈进的过程中起着日益突出的作用。然而,经营活动国际化的企业面对着一个比国内市场竞争更为激烈且更为复杂的国际市场。

国际化的企业在制订战略计划和战略措施的过程中,不仅要认识自身的战略优势和劣势,还应充分了解到国际环境的特点,只有这样才能立于不败之地。

企业进入国际市场的典型模式有以下几种。

1. 贸易出口模式

贸易出口模式分为间接出口模式和直接出口模式。间接出口模式是指企业生产出来的产品由外贸部门及其对外贸易专业公司办理出口业务,这是一种开拓海外市场、扩大国际市场份额的最简单的方式。直接出口模式是指生产企业把产品直接卖给国外的客户。

2. 股权模式

股权模式分为独资经营模式和合资经营模式。独资经营模式是指国际化经营的企业单独在国外投资建立企业,独立经营、自担风险、自负盈亏。合资经营模式是指两个或两个以上国家的企业共同出资、共同经营、共担风险、共负盈亏。

在合资经营中,有三个问题特别重要。第一,在选择合资伙伴时,会出现两个不同国家的文化差异问题。第二,对合资企业的控制问题。合资企业所在国政府可能对来自他国的企业所拥有的控制程度有法律上的限制。第三,对合资企业的管理问题。一种管理方式是合资企业中的所有关键职位都限于企业所在地的公民;另一种管理方式是由母公司派出经理人员。

3. 非股权模式

非股权模式包括许可证贸易、管理合同、工程承包、特许经营等。许可证贸易是指跨国公司在规定的期间将自己的工业产权(专利权、注册商标等)转让给国外企业,而许可证接受者须向提供许可证者支付一定的报酬和专利权使用费。

管理合同又称经营合同,是指跨国公司通过签订合同,派遣管理人员在东道国的企业担任管理职务,负责经营管理方面的日常事务。工程承包是跨国公司特别是建筑行业跨国公司进入国际市场的主要方式。

特许经营是商业和服务行业中跨国公司经常采用的一种方式。这是由特许授予人准许被授予人使用他的企业商号、注册商标、经营管理制度与推销方法等从事企业经营活动。被授予人则给特许授予人一定回报。

4.3.4 防御型战略

防御型战略也称紧缩型战略,是指企业从目前的战略经营领域和基础水平收缩和撤退的一种经营战略。与稳定型战略和增长型战略相比,紧缩型战略是一种消极的发展战略。

一般来讲,企业实施紧缩型战略只是短期的,其根本目的是使企业躲过风暴后转向其他的战略选择。有时,只有采取收缩和撤退的措施,才能抵御竞争对手的进攻,避开环境的威胁和迅速地实行自身资源的最优配置。

紧缩型战略具有以下特征。

(1) 对现有的产品和市场领域实行收缩、调整和撤退的策略,比如放弃某些市场。

（2）对企业资源的运用采取较为严格的控制和尽量缩减各项费用支出。

（3）紧缩型战略具有短期性。与稳定型战略和发展性战略相比,紧缩型战略具有明显的过渡性。

紧缩型战略通常包括收获战略、调整战略、放弃战略和清算战略。

1. 收获战略

收获战略也称抽资转向战略,是指减少公司在某一特定领域内的投资。这个特定领域可以是一个战略经营单位、产品线,或是特定的产品或牌号。采用这种战略的目的是削减费用支出和改善公司总的现金流量。

然后,把通过这种战略获得的资金投入到公司中更需要资金的新的或发展中的领域。执行这一战略时,这个特定领域的销售额和市场占有率一般会下降,但这种损失可以由削减费用额去补偿。

在下列情况下,公司可采取收获战略。

（1）企业的某些领域正处于稳定或日益衰退的市场中。

（2）企业某领域的市场占有率小,且扩大市场占有率的费用又太高;或者市场占有率虽然很高,但要维持则需花费越来越多的费用。

（3）企业的某一领域不能带来满意的利润,甚至还带来亏损。

（4）如减少投资,销售额下降的幅度不会太大。

（5）企业如减少该领域的投资,则能更好地利用资源。

（6）企业的某领域不是公司经营中的主要部分。

2. 调整战略

调整战略的目的是企图扭转公司财务状况欠佳的局面,提高运营效率,使公司能度过危机,希望情况将发生变化,那时再采取新的战略。

公司财务状况出现下滑的一些主要原因可能是:工资和原材料成本升高;暂时的需求下降或经济衰退;增大的竞争压力;或是由于管理问题。可针对不同的原因采取不同的对策。在实施调整战略时,可采取下面的一些措施和行动。

（1）更换高层和较低层的管理人员。

（2）削减资本支出。

（3）实行决策集中化以控制成本。

（4）减少新人员的录用。

（5）减少广告和促销支出。

（6）一般性的削减支出,包括解雇一些人员。

（7）强调成本控制和预算。

（8）出售一些资产。

（9）加强库存控制。

（10）催收应收账款。

3. 放弃战略

当收获战略或调整战略失效时,通常选择放弃战略。所谓放弃战略,是指卖掉公司的一个主要部门,它可能是一个战略经营单位,一条生产线,或者一个事业部。实施放弃战略对任何公司的管理者来说都是一个困难的决策。阻止公司采取这一战略的障碍来自三个方面。

（1）结构上的障碍。一项业务的技术以及固定资产和流动资本的特点阻止放弃。

（2）内部依存关系上的障碍。公司中各种经营单位之间的联系可能阻止放弃某一特定的经营单位。

（3）管理方面的障碍。公司决策过程的某些方面阻止放弃一个不盈利的业务。这些方面包括：放弃对管理者的荣耀是一种打击；放弃在外界看来是失败的象征；放弃威胁管理人员的前途；放弃与社会目标相冲突；对管理人员的激励体制与放弃某一业务背道而驰。

4. 清算战略

清算战略是通过拍卖资产或停止全部经营业务来结束公司的存在。对任何公司的管理者来说，清算是最无吸引力的战略，只有当其他所有的战略全部失灵后才加以采用。然而，及早地进行清算较之追求无法挽回的事业对企业来说可能是较适宜的战略。

知识链接 4-3

战略组合与混合型战略

企业为了实现不同的战略目标，可以选择前述总体战略中的一种单独使用，也可以将其中几种战略组合起来使用。混合型战略就是三种总体战略态势中不同战略的组合，并使之成为一个有机的整体，也称战略组合。战略组合有以下类型。

1. 按构成分

1）同一类型战略组合

同一类型战略组合是指企业采取稳定型、增长型或紧缩型战略中的一种战略态势作为主要战略方案，但具体的战略业务单位是由不同类型的同一战略态势来指导。例如，增长型战略中就产品—市场战略、一体化战略和多元化战略等不同类型。

2）不同类型战略组合

不同类型战略组合是指企业采用稳定型、增长型和紧缩型战略中两种以上战略态势的组合。与同类型战略组合相比，其管理上相对更为复杂，因为它要求最高管理层能很好地协调和沟通企业内部各战略业务单位之间的关系。事实上，作为任何一个被要求采用紧缩型战略的业务单位管理者都多少会产生抵抗心理。

例如，总公司决定对 A 事业部实行紧缩型战略，而对 B 事业部实行增长型战略，则 A 部门的经理人员则往往会对 B 部门人员产生抵触和矛盾情绪，因为紧缩型战略不仅可能带来业绩不佳和收入增长无望，更有可能对自己管理能力的名誉产生不利影响，使自己在企业家市场上的价值受到贬值。

2. 按组合的顺序分

1）同时性战略组合

同时性战略组合是指在不同类型的战略被同时在不同战略业务单位执行而组合在一起的战略组合。如对一个部门采取放弃或清算战略，同时对另一部门实行增长型战略。又如在某些领域或产品中实行抽资转向型战略的同时在其他领域或产品中实行增长型战略。

2）顺序性战略组合

顺序性战略组合是指按照战略方案实施的先后顺序,顺次运用各种相关战略。如在一定时期内采取发展型战略,然后实行稳定型战略;或者先使用调整战略,待企业条件有了改善之后再采取发展型战略等。另一种顺序性组合的典型范例是依据产品的生命周期来采取不同的战略。

4.3.5　战略选择实践

由于企业环境的复杂性,实现企业战略目标途径的多样性以及企业内部组织结构的不同性,在实际的战略选择中,企业多侧重于运用战略组合来实现自己的战略目标。

1. 实践中的战略选择

在实际中企业最常采用什么样的战略?

格鲁克(Glueck)对《财富》杂志登载的 358 家公司在 45 年中所做的战略选择进行过研究,发现各公司采用各种战略的频率如下。

- 发展型战略:54.4%。
- 组合战略:28.7%。
- 稳定型战略:9.2%。
- 防御型战略:7.5%。

格鲁克还对不同经济周期(复苏、繁荣、衰退、萧条)阶段,企业所采用的上述几种战略进行了分析,发现了以下规律。

(1) 防御型战略是最不受欢迎的战略。在萧条时期,被采用的次数与发展型战略大致相当;在繁荣时期是发展型战略的四分之一;在衰退和复苏时期,分别是发展型战略的二分之一和三分之一。

(2) 稳定型战略是第二不受欢迎的战略。在萧条和繁荣时期,采用它的企业只是采用发展型战略的一半;在复苏时期,是发展型战略的三分之二。

(3) 组合战略在繁荣时期是最受欢迎的战略,占发展型战略企业的三分之一;而在其他的时期则不常被采用。

(4) 发展型战略在繁荣时期也是最常采用的战略,占总数的一半以上。但在衰退和复苏时期,采用的频次大致相当;而在萧条时期,只占总数的三分之一。

战略类型的选择也随行业类型而有所不同。发展型战略在复合的行业中采用最多,而在工业品行业中采用率最低。组合战略的情况与发展型战略相类似。对于稳定型战略,最常采用的行业是建筑业、采掘业和石油业,最少采用的是复合行业、消费品行业和工业品行业。

2. 战略态势选择的误区

在实际管理实践中,战略管理者往往容易犯一些共同的毛病,造成战略态势选择的失误。这些战略态势选择的误区有其背后客观的原因,这就要求战略管理者在决策时要特别小心。

1）盲目跟随他人

企业没有仔细分析企业特有的内外部环境条件和自身的资源能力情况，而是盲目地追随市场领导者或目前流行的战略态势，从而造成失误。往往发生在市场前景乐观、经济景气时期，诱人的外部环境使大多数企业采取增长型战略，结果一哄而上，供大于求。

2）过度分散投资领域

并不是投资领域越分散就越能体现企业的实力。事实上，多元化会使得企业资源的分散和管理经验变得欠缺。这些都将使该企业在各业务领域内的竞争实力受到影响。

在一些企业，甚至包括一些上市公司管理者的观念中，认定投资于许多行业和业务领域，既能降低经营风险，又能显示出企业实力。因此，他们只要有机会就倾向于实行各种多元化经营战略。受这一错误观念的影响，在一些自身毫无经验的行业吃了大亏。

柳传志曾经在小范围中谈到，什么事不能干呢？没钱赚的事不能干；有钱赚但投不起钱的事不能干；有钱赚也投得起钱但是没有可靠的人去做，这样的事业不能干。

3）排斥紧缩型战略

管理人员排斥紧缩型战略是因为实行紧缩即意味着管理人员的失败，而大多数人则不愿意看到自己的失败。

而另一类管理人员却是因为缺乏全局观念而排斥紧缩型战略，他们一方面没有认识到有许多成本具有沉没成本特性，一旦投入进去就无法弥补，因而不如及早放弃；另一方面他们没有意识到企业有更好的业务机遇，完全可以将不良运作的业务资源转移过来，从而实现资源的最优配置。

4）战略规划与执行的非系统性

战略规划在时间连续性与未来环境适应性方面不够系统，克服这一缺点的方法就是努力培养一种尊重既定战略、科学客观地执行战略的企业文化。只有这样，才能使企业战略发挥其应有的指导企业长期、全局的经营业务的作用。

专论摘要 4-1

中国企业"走出去"的五种模式

什么是"走出去"？走出去首先当然是指企业走出去，包括到国外办销售网络，在国外建工厂，在国外开矿等；走出去也应当包括产品走出去，虽然企业没有出去，但产品大部分或全部都销到国外，甚至产品和原材料两头在外，这样的企业与在国外办厂的企业本质基本相同，因此也应列入走出去的企业之列。按照这样的概念，目前中国走出去的企业大致有以下五种类型。

1. 在国外建厂或买厂的模式

海尔、TCL 等企业基本上都属于这种模式。海尔将全球分为欧盟、北美、南美、中东、东欧、东盟、南非等 11 个经济区，目前已在其中 8 个经济区建立了 13 个生产基地；在美国、巴基斯坦两国分别设立了工业园。在进入顺序上，海尔奉行"先难后易"的策略，即先进入美国、欧洲这样的发达国家或地区，在发达国家创出品牌，形成高屋建瓴之势，再向发展中国家推进。为了降低国外建厂的风险，海尔坚持"先有市场、然后建厂,建厂时必须达到盈亏平衡点"的原则。

其实,中国企业早在20世纪80年代就开始在国外买厂或建厂。1988年,首钢在美国购买了麦斯塔工程设计公司70％的权益。1992年,首钢在秘鲁铁矿投标竞争中获胜,以1.2亿美元购买了秘鲁铁矿公司,使其成为首钢在境外最大的独资企业。

2. 在国外买店或借店的模式

万向集团收购美国舍勒公司就是一种买店行为。舍勒公司是一家主要在美国市场销售汽车零部件的经销商。早在1984年,舍勒公司给了万向一笔3万套的万向节订单,万向由此开始了汽车零部件生产之路。万向的产品在美国市场销售都冠以"舍勒"商标。后来,舍勒主动提出请万向购并的要求。结果,万向花了42万美元收购了舍勒公司的品牌、技术专利、专用设备及市场网络,而厂房、设备等由另一家公司买走。由于买下了此"店",万向在美国市场每年增加了500万美元的销售额。

3. 国内生产、大进大出的模式

福耀玻璃已成为一家真正的跨国公司,但它的生产基地仍在中国。说它是一家真正的跨国公司,并不是因为它在国外办了多少工厂,而是因为它生产汽车玻璃的主要原料90％以上从印尼、泰国等国进口,产品60％以上销售国际市场。福耀的汽车玻璃占据美国配件市场12％的份额,占澳洲、日本、俄罗斯市场份额分别为15％、7％、10％。福耀的制造、研发等基地均在国内,海外公司基本上都是贸易型公司。随着产品在国际市场销量的增大,福耀加大了国内投资,近两年先后在长春、重庆、上海建了三个工业基地。

如果说福耀的"大进"主要是大量进口原材料,则格兰仕的"大进"主要是引进国外的生产线。

格兰仕的战略是做全球名牌家电的制造中心,并且把这种制造中心放在中国。为实现这一战略目标,格兰仕的主要做法是,通过受让国际知名品牌生产线的方式实现扩张。简单来说,将国际知名品牌的生产线搬到中国来,交由格兰仕组织生产,所生产的产品再按照比这些名牌企业自己在本国生产的成本价更低的售价卖给对方,由对方利用自己的品牌、销售网络在国外销售。以微波炉的变压器为例,格兰仕开始时分别从日本和欧洲进口。从日本的进口价为23美元,从欧洲的进口价为30美元。格兰仕就对欧洲的企业说,"你把生产线搬过来,我们帮你干,干完后8美元给你。"结果,欧洲的企业和日本的企业都把生产线搬过来了,日本企业报价5美元,格兰仕的实际成本只要4美元。目前格兰仕已经同200多家跨国公司建立了合作关系,这200多家国际知名品牌企业不少已将自己的生产线转移到了格兰仕。格兰仕用自有品牌生产的产品也主要是外销。2002年,微波炉外销的比例占总产量的70％以上,占全球40％左右的市场份额,空调外销占总产量的60％多。

我国出口贸易中工业制成品已取代初级产品,占据80％以上的比重。在工业制成品中,加工贸易已占到整个出口贸易的40％以上。这些出口产品虽然打上了"Made In China"的标记,但品牌、设计基本都是别人的,原材料也有不少是别人提供的。这也是中国企业走出去的方法,到目前为止,这还是最主要的方法。

4. 国内生产、国际经销商采购的模式

中国小商品城(浙江义乌小商品市场)在这方面充当了表率。国外公司常驻中国小商品城的采购机构有 160 多个,每天有 3800～4500 名外国商人在这里采购商品。自 1997 年以来,中国小商品城的年出口额每年翻一番。中国小商品城的商品交易 60% 以上为出口。现在,每天出口交货 600 个货柜,按每个货柜价值 15 万元计算,每天出口交货额为 9000 万元,年出口额 300 多亿元人民币。如果今后几年内继续以每年翻一番的速度增长,则要不了两年,中国小商品城的年出口额可以超过 1000 亿元。中国小商品城这种走出去的模式是,不仅企业不出去,连人也不出去,仅仅是产品走出去。中国企业在中国进行生产,在中国摆摊设点,由外国商人到中国来采购。中国小商品城的基本功能已经变为中国小商品展示—洽谈—接单的场所,已经成了一个真正的国际市场。国内所有企业的产品只要往这里一摆,也就进入了国际市场,用不着到国外建立销售体系,更用不着把工厂也建到国外。

5. 反向 OEM 模式

这种模式是万向集团首创。其主要做法是收购一家国外公司,然后为这家国外公司做 OEM。

例如,美国上市的 UAI 公司是一家成名已久的汽车零部件制造商。由于经营不善,2000 年这家公司净资产降到 70 万美元,不符合纳市 200 万美元净资产的最低要求,同年 7 月被美国证监会威胁除牌。这时,万向集团以战略投资者的身份介入到 UAI,以 280 万美元的代价收购了 UAI 21% 的股权,成为第一大股东。而这宗交易的一项重要内容是"强制性采购条款",即 UAI 每年必须向万向购买 2500 万美元的产品(制动器),这是静态数据;从动态看,因为 UAI 从万向采购的产品,其采购成本比以前自己的生产成本低 30%～40%,所以会促使 UAI 进一步扩大销量,这样万向以后每年拿到的订单就不止 2500 万美元了。

据上分析,我国政府不应鼓励更多的中国企业用最稀缺的资源——巨额资金都到国外去建工厂,特别是到发达国家去建工厂,而应创造更好的投资环境,比如降低税负,减少公章,提高政府办事效率等,使中国成为全世界投资环境最好的国家。通过综合环境的改善,使中国的制造成本进一步降低,在全球更具竞争力,使更多的产品在中国生产,然后销往世界各地。也正因为如此,在中国企业如何走出去方面,更应该向格兰仕和福耀这样的企业学习。

脑力激荡

(1) 每年的铁矿石谈判与宝钢寻求购买秘鲁铁矿石生产企业之间的关系。

(2) 多元化可以产生"东方不亮西方亮"的效果,你怎么看?

(3) 鞍钢为何要与本钢合组鞍本钢铁集团? 目前情况如何?

(4) 新长安汽车集团组建的意义和价值。

4.4   任务实施

1. 选择适合本企业的战略态势

依据企业战略目标的需要,从企业的三种基本战略态势中选择适合本企业的战略态势。

2. 确定战略实现途径

在企业使命和价值观的指引下,结合内外部分析结论,确定实现上述战略态势的实现方式(战略实现途径)。

3. 撰写企业总体战略分析报告

根据上述分析内容,撰写本企业总体战略分析结论与报告。

4.5   任务实施过程中可能出现的问题

对于我们学生目前可能碰到的企业,多数情况是会选择发展型战略。但如何结合内外部环境分析结论选择合适的实现方式是一个挑战。

4.6   阅读材料

快乐购的全媒体销售模式

成立于 2005 年的快乐购,目前已拥有的渠道有电视、电台、网站、手机,还有一档借助湖南卫视平台的时尚节目。如今每年销售额已经突破数十亿的快乐购,既销售柴米油盐,也卖旅游、保险、汽车……这样一种销售模式,也被称为"空中百货"。

与线下卖场沃尔玛有别的是,快乐购塑造的是一个突破了物理空间的超级卖场——通过电视、互联网、手机等多种媒介作为销售通路,以其特有的零售理念,把产品送到消费者手里。

简单来说,快乐购模式的核心概念是一个电视网的模式。一套节目制作后,在全国不同的地理区域同时落地,一套物流体系,一套传统采购。如今,快乐购已经衍生出第二套节目,主要锁定湖南本土消费市场,并计划将汽车、房产、大型家电等大宗商品纳入营销领域;此外,还联合电视、电台、网络以及快乐购地面实体连锁店,组成"四网合一"模式的全媒体购物平台。

创新、诚信和传播快乐,则是这家媒体零售公司的理念。

很长的一段时间里,国内电视购物市场良莠不齐,一些电视购物公司包下了电视频道里的"垃圾时段",销售"高新奇"的产品。由于过度宣传,消费者因此购买了不实产品的例子不在少数。在这样的环境下,虽然背后依靠着湖南广电这样的全国性品牌,但快乐购仍然希望以品牌突围,获得消费者的信任以及市场的认同。

创业初期,快乐购依靠着集团亿元的投资,开始搭建运营体系。其用较为经济的价格租用集团的演播厅,以集团的信誉获得了一批供应商的信任。据报道,快乐购开通后的首个直播时段,销售件数就达到 1380 件,销售额 114 万元。此后,快乐购的电视落地覆盖了国内 17 个省(自治区、直辖市),拥有 300 万会员,就销售额而言,其四年来总的增长率达到 587%。

在此期间,快乐购也实现了从地方到全国的拓展。据悉,创办初期,快乐购的市场主要面向湖南省内,依托着湖南卫视这个品牌进行拓展,推广活动也都与湖南卫视的资源进行结合。但要成为全国性的品牌,必须在更多的频道落地,以及配套相应的物流供应体系。

对此,快乐购公关总监姜茜表示,在初期,快乐购先是定下全国连锁的模式,这个模式最初制定的时候有一套完善的后台支撑的系统。电视信号覆盖落地,它的物流马上就要跟上,这是之前在谈合作的时候,物流就要跟进,但在没有达到物流服务条件的基础上,这个连锁店是不会开业的。我们还有一个整套的家庭购物系统,它给我们后台的支撑,从接听电话,完成购物,送货、收款,这是我们的核心竞争力,避免服务质量均衡不一的情况出现。

2009 年,快乐购还推出了快乐购的商品 QC 手册和企业责任发展报告。QC 手册包含所有快乐购的商品,进入这个平台时候的检测标准和顾客退换货时候的退还标准,为行业制订了可以参照的标准。

此前,为了让消费者更信任快乐购,公司还策划了大量的文化活动。例如举办郎朗的音乐会,与消费者进行"零距离接触"的活动。公司还不定期地邀请消费者到现场参观,从节目制作到后台的客服支持服务、从供应商管理到物流供应链的运营,快乐购都希望通过一个开放的氛围,让消费者对电视购物企业的运作有更多了解。

不懈的努力也获得了投资机构的认同。2010 年 3 月,弘毅投资携手中信产业基金、红杉资本与快乐购签署战略协议,以 3.3 亿元注资快乐购,快乐购正式步入快速发展新阶段。与此同时,快乐购也在加快建立线下实体服务店的网络,二套节目也已成功开播。在持续的品牌营销下,快乐购继续突围。

据了解,快乐购目前已实现 66 亿的销售总规模,其最终的目标是成为全球媒体集团和时尚产业集团。快乐购董事长总经理陈刚也表示,快乐购将在未来 2～3 年内实现百亿的销售目标,而这个零售的生长平台,也将随着规模的迅速发展,变得更加枝繁叶茂。

点评:

案例中,"快乐购"的迅速成功首先应归结为它的商业模式创新的成功。正如著名管理学大师彼得·德鲁克所说:"当今企业之间的竞争,不是产品之间的竞争,而是商业模式之间的竞争。"在 20 世纪 50 年代,新的商业模式是由麦当劳(McDonald's)和丰田汽车(Toyota)创造的;60 年代的创新者则是沃尔玛(Wal-Mart);到了 70 年代,新的商业模式则出现在 FedEx 快递;80 年代是 Intel 和 DELL;90 年代则是西南航空(South west Airline)、eBay、Amazon.com 和星巴克咖啡(Starbucks);21 世纪的代表则是 Google、阿里巴巴。

每一次商业模式的革命都能给公司带来一定时间内的竞争优势。但是随着时间的改变,公司必须不断地重新思考它的商业模式设计。随着消费者价值取向的转变和周围环境的变化,公司必须不断改变它们的商业模式。一个公司的成功与否最终取决于它的商业模式设计是否符合消费者的优先需要。总之,商业模式是公司战略意图得以实现的价值创造系统。

思考:

(1)"快乐购"商业模式的主要特征是什么?

(2)"快乐购"商业模式存在哪些风险?

(3)试举出五种你熟悉的成功商业模式,并分析其主要特点。

(4)如何寻找和创造新的商业模式?

走出去的挑战——冲击国际龙头的代价与反思

2007年4月4日,TCL集团发布关于业绩预告的补充公告称,由于TCL多媒体重组及收缩欧洲业务的整体成本超过预期,且在新兴市场的表现未达到预期,导致亏损大幅增加,拖累集团年度业绩。2006年年报披露以后,本公司股票将被实施退市风险警示的特别处理。

此前,在2006年10月间,TCL多媒体以及TCL集团相继发布公告称:TTE、TCL、汤姆逊以及TCL多媒体四家公司就TTE欧洲业务达成协议:结束TTE在欧洲的业务,并开始实施新的重组方案。这也就意味着自2004年并购汤姆逊以来,对于国际化一直不言放弃的李东生首次用实际行动调转了船头,选择了退出。

近年来,"走出去"的声浪日渐高涨,然而,在喧闹背后不利的消息却接踵而至。长虹借力美国Apex公司走入美国市场铩羽而归,明基以小吞大西门子手机后不到一年就不得不壮士断臂,TCL在连吞汤姆逊彩电和阿尔卡特手机业务后陷入泥潭……

虽然如此,前仆后继者仍大有人在。日前,CEC又接盘了飞利浦的全球手机业务。走出去是我国企业大到一定程度、冲击国际行业龙头的必然选择,然而盲目跟风必遭商战"滑铁卢"。透过失利现象、解剖失败根源、研讨并购的挑战,则显得尤为重要。

如能从中真正吸取失利的教训,做到防患于未然,这些昂贵的学费就没有白交。如此,TCL并购困局案就值得我们深入研究了。

李东生曾言,"并购比其他模式进入国际化的整合成本更小,比自己独立做至少提前5~6年。这个选择是正确的。"然而,并购也是最容易成为流血不止的包袱,远有宏碁集团早期国际化收购康点和高图斯的旧挫,近有泛宏碁系的明基并购西门子手机的新败。TCL并购的前途又会如何呢?

2004年1月,TCL集团成功完成吸收合并TCL通信和新股发行,并在深交所挂牌上市。整体上市的成功为TCL集团的长远发展奠定了坚实的基础,也开启了TCL全球化的雄心。当月,TCL集团与法国汤姆逊公司在法国总理府签署合并重组彩电业务的协议,双方携手缔造了全球规模最大的彩电企业TTE。仅仅4个月后,TCL集团又与法国阿尔卡特公司签订了合作备忘录;10月,TCL通信与阿尔卡特组成了合营公司T&A。

两项并购使TCL在彩电及手机两个主流产业进入了欧美主流市场。TCL从一个区域性企业一跃而成一家跨国大公司。然而,速成的跨国公司却让TCL感受到了沉重的压力。两起并购组成的合资公司TTE(原汤姆逊部分)和T&A(原阿尔卡特部分)在2004

年的亏损分别达到1.43亿元和2.83亿元。

TCL集团在年报中称,原汤姆逊欧美业务及阿尔卡特手机业务存在较大亏损,以及TCL移动手机业务的大幅下滑,影响集团整体净利润大幅下滑。为何两项并购刚刚完成就出现了如此严重亏损呢?

1. 盲目并购种祸根

在并购阿尔卡特手机业务时,TCL移动的管理层简单地认为,阿尔卡特手机公司不到1000人,而且没有工厂,只有研发和营销体系,因此就自己设计了收购方案,而没有请专业咨询公司。并购前看似省了几百万欧元咨询费,并购后却付出了百倍的代价,亏损远甚于TTE。省小钱却交了大学费。

无独有偶,2005年10月,西门子将其手机业务以倒贴的形式——自掏腰包填补5亿欧元债务,并向明基提供2.5亿欧元的现金和服务,同时以5000万欧元购入明基股份,"下嫁"于明基。然而,从明基正式合并西门子手机业务以来短短的三个季度,明基的运营亏损累计达到128亿新台币。与此同时,明基的股价从35元一路滑到17元,总市值整整蒸发了一半。

2. 业绩巨亏频换人

盲目并购带来了经营困难,经营困难造成了人员巨变,人员巨变又进一步加深了经营困难。短短的时间里,TTE最高领导由赵忠尧、胡秋生及李东生暂代亲征,反映出国际化领军人物的匮乏。同样,TCL移动和T&A也由万明坚改为袁信成、刘飞、郭爱平。

高管跳槽或变动带动了一批中高层干部离职和变动,空降新人带来新的思维与政策,加剧了新旧政策的尖锐冲突,在此动荡的形势下迫使大批人员离职也就不足为奇了。如此,对恶化的经营形势无异于雪上加霜。

3. 运营成本居高不下

李东生曾毫不讳言,在合资公司的亏损原因中,经营成本高昂是一大问题。平安证券研究员邵青表示,2004年合资项目营业费用和管理费用增加情况为:8~9月每月为9.61亿,10~12月每月为9.33亿。

邵青认为,阿尔卡特急于出手的原因虽然是手机业务亏损,而根本原因其实是在高昂的人力成本费用。欧洲劳工福利制度很完善,要解雇一个人会付出想象不到的成本。过去TCL彩电在收购德国施耐德公司时就吃过人力成本的亏,这次又低估了这几百人的影响。

在合并阿尔卡特手机业务后,阿尔卡特600多人的研发、销售团队加入合资公司,在管理费用方面,一个员工的人力成本相当于TCL 20个员工,如此合计相当于TCL 10000多人的成本,这在一共只有1000多人的合资公司中,的确是一笔不小的数目。虽然两家合资公司一度为TCL带来了规模扩张,但是问题在于如何有效控制成本并同时拓展到全球。

4. 劳工问题避无可避

在TCL的波兰工厂,工人不能随意调换岗位,他们的薪水、职责、工作向谁报告等在入职时就通过合同固定好。人员的调动或辞退会使TCL面临巨额的补偿费用。而在国内,领导进行员工岗位调动被视为天经地义。在墨西哥工厂,当地工人的工资是周发薪,周五发完工资,下周一就发现一些工人离职了。等到周三,这些辞职的人又回来要求工作,因为经过狂欢之后,他们的钱花光了。

裁员就更加不同了。欧洲强大的工会组织和保护员工方面的完善法律,将使裁员付出沉重代价。在欧洲裁员要在半年以前打招呼,要把裁员从头到尾梳理得特别清楚才能开始行动。一个员工的遣散费要 150 万欧元之巨。明基在赔进了数亿欧元之后,2006 年 9 月 28 日,明基宣布,将不再继续投资其德国手机子公司,并将向当地法院申请无力清偿保护。即便如此,还要面对德国工会方面提起的相关诉讼。

TCL 与联想的国际化之路,花开两朵,而结果不一。联想并购 IBM PC 业务初见成效;而 TCL 对汤姆逊彩电和阿尔卡特手机并购则遭遇挫折。柳传志说,"做以前一定要想清楚。"这是源于柳传志对经验的认真总结。李东生说,"重要的是自己要把事情想明白。"这是来自李东生对教训的深刻反思。

2005 年 700 亿元、2010 年 1500 亿元的战略目标使得 TCL 不得不加快并购的步伐。而步伐过快的急于求成使 TCL 陷入两面作战。短短的 4 个月里,TCL"连下两城",当真可谓风光无限。然而,具体一运作却发现力有不殆,远非想象得那么简单。

5. 高估自己、盲目自信

TCL 移动在 2001 年借"宝石手机"迅速窜起,在 2002 年曾创造高达 12 亿的净利润,成为手机行业的耀眼明星、TCL 集团的支柱产业,万明坚也一跃而成 TCL 集团执行董事、高级副总裁。成功的亢奋使人容易高估自己、低估困难,盲目自信与乐观。

毛主席说的好,"要在战略上藐视敌人,在战术上重视敌人。"显然 TCL 忽视了这一点,不仅在战略上藐视敌人,在战术上也没有重视敌人,陷入困境也就不足为奇了。

对并购困局,李东生曾这样反思:"跨国并购前期的调研和分析非常重要,要对可能发生的风险有足够估计,不要急于求成。对自身能力要有客观评估,不要做自己力所不能及的项目。因此,需要借助有经验的咨询机构,虽然有相应的支出,但能够大大降低风险。"这一反思就是针对并购阿尔卡特手机业务而言的。

而在 IBM 手上亏损的 PC 业务,为什么联想并购后能盈利?其实,并购的最终决定是在算完账之后做出的——并购能够为企业创造新的利润来源。联想专门请了在 IT 方面有丰富经验的麦肯锡公司做咨询顾问。

分析表明,IBM 的 PC 业务毛利率高达 24%,联想的毛利率只有 14%,但由于 IBM 成本高,24% 的毛利率没钱赚,而联想控制成本的能力很强,所以结合在一起是优势互补。IBM 的高成本中,一是体系性的成本高,PC 部分要分担总部很大的费用,而联想没有这部分费用;二是管理费用过高,IBM 组装一台 PC 要 24 美元,联想只要 4 美元;三是 IBM 的 PC 业务每年交给总部的信息管理费 2 亿美元,这部分压缩空间也很大;四是 IBM 1000 多万台和联想 400 多万台的销量加在一起,采购上也极具优势。算出利润后,联想并未掉以轻心,而是仔细研究并购过程中的潜在风险,做到未雨绸缪。

6. 对产业环境的误判

在经历了数年的快速发展后,中国手机行业的增长在 2004 年放缓,而产能的大规模扩张导致供应过剩。不仅并购的阿尔卡特手机业务巨幅亏损,TCL 移动本身的手机业务也大幅下滑。

宏碁合并高图斯也有产业环境变化的问题。高图斯的原有产品优势在高端工作站，然而随着 PC 功能的迅速增强，对工作站的冲击是巨大的，在宏碁刚刚合并高图斯后，高图斯的产品优势尽失。高图斯成了宏碁背负的流血不止的包袱，远远超过合并时的付出和预期。

相对于联想的首战告捷和 TCL 的浴血奋战，明基的壮士断臂不失为基于现实的第三种选择。抬头需要实力，低头需要勇气。明基西门子一年不到就婚变，李焜耀丢车保帅的确是需要些勇气的。

对于明基的决定，施振荣强调说，做生意就是这样，不打输不起的仗，所以看情况不好中止是明智之举。而对于失败的原因，施振荣认为，首先是没有足够考虑到跨国文化的冲击；其次是西门子手机部门比明基手机部门大很多，业务上的以小吃大给明基整体带来很大风险；最后是明基对西门子的原有亏损及竞争力快速下降的关键因素没有足够掌握，导致新产品推出、成本降低、管理优化等各方面的速度都不够快。

"电子产业竞争已步入大者恒大阶段，并购成为企业壮大自我的主要手段。"北京零点咨询有限公司董事长袁岳如是说。然而，如何才能做到有效实施并购呢？

国际化的战略方向是没有错的，但步伐和节奏非常重要。李东生曾坦言，当时估计到的困难几乎无一例外地发生了，当时没有估计到的困难也发生了，而我们期待的整合效应并没有发挥，企业还是按原来的习惯运作，TCL 基本处于失控状态。

所以，对国际化困难要估计的更充分些，国际化的步伐和节奏要把握得更好一些。按照柳传志的话说，就是做以前一定要想清楚。走出国门首先就要面临以下四大挑战。

挑战一：国际化人才短缺。我们缺少懂得海外并购的人才，缺少懂得海外消费者市场的领军人物。TCL 的临阵磨枪也进一步验证了这一点。2005 年年中，TCL 派出 40 位高管前往欧洲一家知名的商学院进行为期半个月的职业化管理培训。然而，这种临阵磨枪的突击培训真的能解决问题吗？又到底能解决多大问题呢？

挑战二：海外战略联盟的缺失和海外并购经验的缺乏。我国企业由于没有长期合作的海外收购战略联盟，以及缺少海外并购的经验，大大影响了我国企业海外并购的成功率。

挑战三：缺乏海外成本与风险管理意识。海外的放账与库存管理难度和特殊性要远远大于国内。海外资产管理易放难收，远距离管理极易失控。

挑战四：跨文化整合。一位 T&A 前高层人士说，"在 T&A，TCL 派出了 CEO，下面两个总监由阿尔卡特派出。由于文化和管理的差异，TCL 在管理原阿尔卡特员工时还需要两个总监的协助，这样一个公司出现中西两种风格的管理，显得非常混乱。"中国文化与海外文化有很大的区别，企业国际化必须面对不同文化的挑战。海外并购要成功必须与当地文化融合，取得当地人的支持。

思考：

（1）中国企业如何面对国际化的诱惑？

（2）企业国际化面临哪些挑战？

（3）企业实行国际化战略前应先做好哪些功课？

（4）TCL 国际化目前的进展情况如何？

腾讯多元化之险

凭借即时通信工具 QQ 起家的腾讯 6 岁了,它潜行已久的多元化战略直到最近才在业界公开。人们在一夜之间发现马化腾的"野心"原来是如此之大:全力排挤 MSN、叫板丁磊和陈天桥、暗战 eBay 和淘宝、觊觎百度试水搜索、兴建门户追赶新浪。

全面开战的腾讯能获得胜利吗? 其实,腾讯根本不用冒多元化战略的风险,应当踏踏实实立足于现有的战略定位,深入挖掘核心业务的潜力,从而构建核心竞争力。

2005 年 9 月 12 日,腾讯发布了专门为 QQ 用户设计开发的电子商务拍卖网——拍拍网。从目前提供的业务类型来看,腾讯基本上提供了互联网所有热门的业务,其业务线从核心的即时通信到传统的门户网站,还包括良好现金流的网络游戏和互动语音,以及时髦的博客和在线电视。马化腾毫不隐瞒其"野心"。

1. 多元化竞争风险高

马化腾现在的竞争对手已不仅仅是微软的 MSN Messenger 等即时通信,而是各个领域的专业公司。在电信增值业务领域,由于监管和竞争等原因,腾讯需要考虑各种竞争风险因素。例如,由于腾讯提供的"161 移动聊天"大大依赖于运营商的关系,在今年初被取消分成后,腾讯估计每月净利润减少 400 万元。今年上半年腾讯净利润增长 30.04%,主要原因是腾讯采用了一定的会计技巧,把一大笔应收款记录在本季度。

腾讯 1999 年"偶然"推出即时通信应用(当时其名称是 OICQ,后因知识产权问题而主动改为 QQ)时,以其兄弟 ICQ 为标杆成为其早期的运营战略。当时中国互联网业还没经历美国互联网业的疯狂,美国互联网业已迅速进入冷冻期,腾讯连把自己卖给一个"大"互联网企业的机会都没有——中国当时根本没有大的互联网企业,而国外互联网企业在国内受到严格监管。

拜移动通信产业发展所赐,也得益于身处中国南部富饶的广东省,腾讯利用广东高度发达的移动通信技术,提供"无线 QQ",并凭借良好的收费机制而日进斗金。但从 2004 年起,电信运营商针对无线增值业务领域出现的各种不规范行为,开始推出各种监管机制,各大互联网企业的无线增值业务大受影响,腾讯也不例外。

从外部看来,腾讯可能是在 2003 年中国互联网开始转暖时思考如何开拓其他业务类型。由于网络游戏的盈利性较好,腾讯首先进入了网游领域,稍后又进入了门户网站领域——这是腾讯有意识打造平台战略的标志。

腾讯的多元化战略真正开始"发烧",首推 9 月 12 日推出的 C2C 网站。这是马化腾押的一个非常大的"宝"。此时,马化腾已不掩盖其野心,他要进入所有赚钱的领域——博客、IPTV 等。

2. 冲刺纳市的梦想驱动

腾讯之所以想进入热门领域,其最大驱动力可能是纳斯达克。不过,马化腾进入这些领域时,可能不知不觉迈进了多元化的"陷阱",这使得腾讯的核心业务 IM(即时通信)变成了"im"(impossible mission,不可完成的任务)。

由于面临监管等多方面的原因,腾讯一度没有直接面对媒体的习惯。但自从盛大和百度成功在纳斯达克上市后,如何利用媒体树立良好形象已成为腾讯的首要任务之一。

笔者认为,香港资本市场对中国互联网的冷落,可能会促使腾讯寻求美国资本市场寻求帮助。

从媒体报道来看,马化腾是一个内敛的人,他不太喜欢张扬。但是,面对盛大和百度先后在纳斯达克获得巨额融资,马化腾不得不挑战自我的腼腆。

从腾讯最近两年的业务收入结构趋势可以看出,互联网增值业务和移动与电信增值业务是其重要的"现金牛"。尽管移动与电信增值业务受到监管和竞争的影响,但未来的潜力应该是巨大的。

3. C2C 不能拯救腾讯

从目前在纳斯达克上市的中国互联网企业来看,符合美国投资者的思路的股票较受追捧。号称"中国 Google"的百度已被证明其潜力远远被高估。最近其股票承销商摩根士丹利也表示百度股票至少被高估了几倍,从一个层面上来看,仅仅模仿美国互联网的商业模式,不一定能保证其发展顺利。

C2C 是一个最具美国特色的业务类型,考虑到中国互联网用户基数的庞大,受到不少投资人的追捧,但其潜在的风险不得不让我们深思。

如果腾讯只是想借助纳斯达克的概念实现上市梦想,C2C 可能会助其一臂之力,但其长期来看并不能让经营者真正获益,这也许只是让前期投资者顺利退市的一个方法。

另外,如果不出意外,美国投资者肯定会在百度的投资中吸取深刻教训。因为依赖本地搜索打出好牌的 Google 已让百度深刻认识到什么叫技术实力和创新,缺乏技术积累和创新战略的百度并不能像微软那样轻松采用跟随战略而推出本地地图搜索业务。

马化腾也许认识到了这一点,所以在推出 C2C 网站的同时,表明绝对不会去打价格战——当然,利润并不丰厚的腾讯也可能没足够实力打价格战。C2C 网站目前在中国看来是一个烧钱的业务,只是中国互联网不断升温掩盖了该业务的实质。

在中国经营互联网业务,不仅是业务和服务需要本地化,竞争战略也需要本地化。进入能构建竞争优势和核心竞争力的领域,这就是本地化的竞争战略。

4. 缺少话语权的乙方

摩根士丹利最新发布的分析报告《中国互联网》指出,中国的无线增值业务将是所有最具潜力的领域中最具增长空间的。"无线增值业务是被忽视的机会,虽然存在一些监管方面的忧虑,但进入门槛在提高,而且这一领域正在复苏。"

近几年不愉快的经历显然让马化腾备受挫折。在跟中国的电信运营商合作的过程中,不管腾讯如何强大,它毕竟是没有太多话语权的"乙方"。搜狐也曾面对这种尴尬,张朝阳在接受了中国移动的罚款后,不得不表示"将不断与中国移动进行沟通"。

马化腾需要看到的是,目前进入中国移动增值业务领域的公司越来越多,专业化程度也越来越高。正如中国移动一位高管所描述的,任何互联网的东西,只要跟移动通信挂上钩,就可以获得利润。事实上,腾讯也是在 2000 年提供"无线 QQ"后才不断获得利润的。

目前,除了电子商务领域,中国互联网企业能获得利润的商业模式屈指可数,搜索引擎可能是一个。即便是前些年盛行的收费电子邮箱,也由于 Google 推出好用且免费的千兆级电子邮箱,收费的电子邮箱被迫转型,微软也不得不硬着头皮把 Hotmail"免费"下去。

C2C 在美国获得了较深入的发展,但在中国,首先获得发展的是 B2B。这不能不说是中国国情所造成的。中国缺乏良好的信用环境,中国人的消费者习惯也大大限制了在线交易的可能。一般情况下,中国人深受"假货"和"欺骗"的影响,对于不能亲自使用的产品,绝对不敢贸然掏钱。这也许部分解释了 C2C 在国内迟迟发展不起来的缘故。

5. 无线增值业务被低估

有着垄断巨头占据的无线增值业务领域则与众不同。电信运营商具有维护诚信的义务,依附于该领域的各种商业模式能得到消费者的认可。但由于无线增值业务发展初期任其自流,导致了一些不愉快的事情发生,这使得一些获得既得利益的企业一时不能转换思路,以"脚"来投票,这本身是不理智的行为。

虽然腾讯没放弃无线增值业务领域,但它明显已不把该领域作为其核心战略型业务。不过,正如摩根士丹利的分析报告所说,谁能把握无线增值业务这个被忽视的机会,就将会给中国互联网企业一次力量对比重组的机会。

事实上,腾讯根本不用冒多元化战略的风险。它应当踏踏实实立足于现有的战略定位,通过核心业务获取竞争优势,从而构建核心竞争力,这才是腾讯应当采取的战略。

思考:

(1) 结合腾讯近年来的实际发展情况,对上述观点进行分析。

(2) 分析近年来腾讯在战略实施与控制过程中的得与失。

(3) 你如何看待 2010 年 11 月腾讯与 360 之间发生的事件?

短兵相接
——确定企业的竞争战略

5.1 任务内容

1. 项目任务

确定企业的竞争战略。

2. 项目指标

(1) 从三种基本竞争战略和其他典型竞争战略中选择适合本企业的竞争战略。

(2) 形成符合该企业发展实际的竞争战略分析结论与报告。

5.2 任务提出

竞争战略所涉及的问题是在给定的一个业务或行业内,经营单位如何竞争取胜的问题,即在什么基础上取得竞争优势。企业的竞争战略是实现业务战略目标的手段。通过实施竞争战略可以形成业务的相对优势,从而实现企业战略管理的目标。竞争优势说明了企业所寻求的、表明企业某一产品与市场组合的特殊属性,凭借这种属性可以给企业带来强有力的竞争地位。一个企业要想获得竞争优势,或者寻求兼并,谋求在新行业或原行业中获得重要地位;或者企业设置并保持防止竞争对手进入的障碍和壁垒;或者进行产品技术开发,产生具有突破性的产品,以替代旧产品。

引入案例

比亚迪的低成本策略

2009 胡润百富榜 9 月 28 日公布,王传福以财富 350 亿元成为中国首富;张茵家族以财富 330 亿元排名第二。

出身于贫寒人家,学生时代的苦读为王传福后来的发展奠定了坚实的专业基础。虽然他并没有成为当年想做的科学家,但他把科研与生产和市场联系了起来,成为一名工程师类型的企业家。

王传福最初的发展与资本市场完全不搭界,1995 年开始创业时,甚至完全找不到资金来源,最终只能靠亲情为纽带,从表哥那里得来了启动资金。而表哥对他的劝告也是出自亲情——"为何放着好好的国家工作不做,非要走风险巨大的创业之路?"

王传福用的仍然是他所专注的电池来回答："我是研究电池出身的,也有电池企业的管理经验,我相信自己能做好,你也知道我的能力。至于市场,你可以不相信我的眼光,但你一定要相信电池行业的潜力。"

1995年的市场竞争已非常残酷,日本在充电电池市场稳占头魁。日本采用投资较大的自动化生产线。为了在竞争中杀出一条路,王传福用足了中国制造的优势,也就是充足而低廉的劳动力成本。

传统上人们都认为,自动化程度越高,越能提高生产效率,成本越低。王传福却反向行之,自己动手装配关键设备,然后把生产线分解成若干个人工完成的工序,尽可能地用人工代替机器。与日本产品再竞争时,成本优势就显现出来,当时一个锂离子电池国外卖10美元,比亚迪只卖3美元。

此后的几年中,靠低价竞争,王传福抢占了全球镍镉电池市场近40%的份额,比亚迪取代了日本企业,成为国际镍镉电池界的"大哥大",也为比亚迪占领70%以上的手机电池市场打下了基础。

"低价"常被解读为"毫无技术含量",其实,这是一种误解。在高科技领域,低价仍然是重要的竞争优势。为了加强成本优势,王传福并非华而不实地购买所谓的国际领先水平的生产线,而是更多地参与在研发生产的第一线,自主研制开发。

本身就是做研发出身,再来管理一家研发地位举足轻重的企业,王传福得心应手:"我们过去只懂管工人,不懂怎么把工程师组织起来。中国制造今后的优势还很大,关键是利用好中国的高级人才和低级人才,让其淋漓尽致地发挥。对工人,高压、高薪的结合可以对效率起到立竿见影的作用,但对于知识结构高、价值观和自尊心都很强的工程师这一套是不管用的。只有通过建立文化认同感,让他们追随你的理念。"

点评:

王传福的逆向思维,值得我们关注,这与宏碁集团的创始人施振荣的观点如出一辙。"阳光底下没有新鲜事,排列组合就是创新。"像爱迪生发明电灯、瓦特发明蒸汽机这样具有划时代意义的原创,毕竟不多,然而,创新却可以无时无刻地在我们的身边。王传福就成功地践行这一点。

5.3 预备知识:外部环境分析的方法与工具

【预备知识的重点内容】

(1)三种基本竞争战略的内涵。

(2)四种不同产业结构下的竞争战略。

(3)四种不同市场竞争地位下的竞争战略。

【关键术语】

竞争优势;产业结构;市场地位;低成本;差异化;专业化。

【预备知识的内容结构】

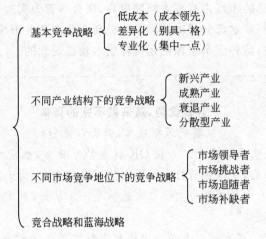

【预备知识内容】

本部分首先讨论三种基本竞争战略,在此基础上分析了不同产业结构下和不同市场竞争地位下经营单位的竞争战略,最后介绍竞合战略和蓝海战略。

5.3.1　基本竞争战略

美国哈佛商学院著名战略管理学家麦克尔·波特(Machael Porter)教授 1980 年在《竞争战略》一书中提出三种基本竞争战略,即成本领先、别具一格和集中一点。图 5-1 列示了波特的竞争优势实证研究成果。这三种典型的基本竞争战略模式因为能使企业形成超出对手的相对竞争优势而长期为企业所采用。

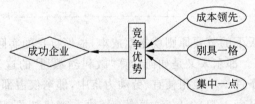

图 5-1　波特竞争优势模型

1. 成本领先战略(低成本战略)

1) 成本领先的含义

成本领先战略也称低成本战略。成本领先战略的核心就是在追求产量规模经济效益的基础上,通过降低产品的全部成本,用低于竞争对手的成本优势战胜竞争对手的一种战略。

沃尔玛为什么能成为 500 强之首? 人们找到的理由中有规模经营、成本管理、人力资源、科技应用和价格策略等许许多多的原因。但其实沃尔玛的全部文化可以简单地概括为一个字——廉。要做到这个廉说难也很难,说简单也简单,说白了就是要变换一种核算方式。

"尽可能少的成本付出"与"减少支出、降低成本"在概念上是有区别的。"尽可能少的成本付出",不等同于节省或减少成本支出。它是运用成本效益观念来指导新产品的设计及老产品的改进工作。

在对市场需求进行调查分析的基础上,如果能够认识到在产品的原有功能基础上新增某一功能,会使产品的市场占有率大幅度提高,那么尽管为实现产品的新增功能会相应地增加一部分成本,只要这部分成本的增加能提高企业产品在市场的竞争力,最终为企业带来更大的经济效益,这种成本增加就是符合成本效益观念的。

个案研究 5-1

一分钱优势,赢来做不完的订单①
（聪明地抠成本,低价≠微利）

日本人喜欢发明小玩意儿。卡拉 OK 就是始于日本,然后才风靡全球的。打火机也是日本人发明的,并很快流行全世界。然而没过多久,由于广东生产打火机的价格优势,逼得日本人主动放弃一次性打火机的生产。从此,日本市场上的一次性打火机都是"中国广东制造"。

进入 2000 年时,湖南邵东人在一次性打火机方面已走过学习、模仿阶段。接下来邵东打火机凭着 5 厘钱、1 分钱的优势,在极短的两个月内,居然将广东打火机出口市场从老大位置掀落下来。

从 2001 年 7 月开始,邵东人始终把利润控制在 5 厘钱、1 分钱之间——这个利润,广东做不到。广东要赚钱,唯有再抬高 1 分钱的价格,可这样外商又不买账了。在这种前提下,外商不得不与邵东人打交道。

一个打火机的利润只有 5 厘钱、1 分钱,真的能制造"暴利"吗?当然能!这就是聚少成多的简单道理。2000 年,邵东打火机出口总数仅为 6000 万支。2002 年,仅一家叫茂盛的小工厂的出口量就已高达 9000 万支,利润为 90 万元。14 家出口企业中最大的出口量突破 2 亿支,利润 200 万元。

5 厘钱、1 分钱打天下的首要原则就是抠成本,根据自身的实际运作成本来抠,而不是盲目地缩减工人、工序。邵东人又是如何计算"微利创暴利"的这笔账呢?主要一点是邵东有得天独厚的生产条件——地租便宜、劳动力集中,邵东仅占邵阳市 1/16 的面积,却有 115 万人口——是邵阳市人口的 1/7。显然,劳动力密集的邵东最合适"玩弄"打火机产业。

这种自然环境无疑制造了"一分钱优势",那就是体现了劳动力资源优势。举个例子,夏天是打火机生产的淡季,邵东可以让部分员工回家务农,也可让部分员工"补休",而广东却做不到这些。所以,广东打火机出口市场被邵东所取代,就不足为奇了。

其实,从成本中可以挖出暴利,很多人已经明白了这个道理,但是能够做到的人很少。什么是成本控制?仅仅是"降能节耗,减员增效"吗?如今,将成本控制简单地理解为"避免费用的发生或减少费用的支出"的观点普遍流行在许多企业之中。

这些企业满足于降低消耗和裁减冗员,甚至尽力降低第一线工人的工资,认为成本已得到了控制。然而,问题也随之凸显出来:如果一个企业已经将员工的数量削减到了底

---

① 辛保平. 老板是怎样炼成的[M]. 北京:清华大学出版社,2005.

线,那么,这是否意味着该企业已经没有了进一步降低成本的空间?如果一个企业依靠削减员工待遇实现了成本的下降,但却由此引发了员工的不满和人事上的动荡,那么利与弊又该如何权衡呢?

如果一个企业在产品的研发与生产上紧缩银根,导致在新产品的开发与产品的品质上停步不前,那么企业岂不是成了"掰棒子的狗熊",握住了成本却又丢掉了另一个企业的核心竞争力吗?因此,有专家指出,这种"以成本论成本"的成本控制观已经落伍,企业需要重新去定义成本控制的概念。

2)成本领先战略模式解读

成本领先战略在 1970 年由于经验曲线概念的流行而得到日益普遍的应用,即通过采用一系列针对本战略的具体政策在产业中赢得总成本领先。成本领先要求积极地建立起达到有效规模的生产设施,在经验基础上全力以赴降低成本,抓紧成本与管理费用的控制,以及最大限度地减少研究开发、服务、推销、广告等方面的成本费用。

为了达到这些目标,有必要在管理方面对成本给予高度重视。尽管质量、服务以及其他方面也不容忽视,但贯穿于整个战略中的主题是使成本低于竞争对手。成本领先战略不把主要精力和资源用于产品差别化上,因此这样会增加成本。

成本领先者只提供标准产品,而不率先推出新产品。例如在彩电行业,成本领先者不会率先推出数字电视,除非这种电视已成为市场中的主流产品。成本领先者通常不采用针对每个细分市场提供不同产品的做法,而是选择一个规模较大的市场提供较为单一的产品,因为这样可以获得大量生产和大量销售的好处。

尽管可能存在着强大的竞争作用力,处于低成本地位的公司可以获得高于产业平均水平的收益。其成本优势可以使公司在与竞争对手的争斗中受到保护,因为它的低成本意味着当别的公司在竞争过程中已失去利润时,这个公司仍然可以获取利润。低成本地位有利于公司在强大的买方威胁中保卫自己,因为买方公司的能力最多只能将价格压到效率居于其次的竞争对手的水平。

低成本也构成对强大供方威胁的防卫,因为低成本在对付卖方产品涨价中具有较高的灵活性。导致低成本地位的诸因素通常也以规模经济或成本优势的形式建立起进入壁垒。最后,低成本地位通常使公司与替代品竞争时所处的地位比产业中其他竞争者有利。这样,低成本可以在全部五类竞争作用力的威胁中保护自己,原因是讨价还价使利润蒙受损失的过程只能持续到效率居于其次的竞争对手也难以维持时为止,而且在竞争压力下效率较低的竞争对手会先遇上麻烦。

赢得总成本最低的地位通常要求具备较高的相对市场份额或其他优势,诸如良好的原材料供应等。或许也可能要求产品的设计要便于制造生产,保持一个较宽的相关产品系列以分散成本,以及为建立起批量而对所有主要客户群进行服务。

由此,实行低成本战略就有可能要有很高的购买先进设备的前期投资,激进的定价和承受初始亏损以攫取市场份额。高市场份额又可进而引起采购经济性而使成本进一步降低。一旦赢得了成本领先地位,所获得的较高的利润又可对新设备、现代化设施进行再投资以维持成本上的领先地位。这种再投资往往是保持低成本地位的先决条件。

2. 别具一格战略(差异化战略)

1) 别具一格的含义

别具一格战略也称差异化战略、差别化战略,是指企业向市场提供与众不同的产品或服务,用以满足顾客特殊的需要,从而形成竞争优势的一种战略。差异化战略的根本是通过提高顾客效用来提高顾客价值。因为降低成本终归是有限度的,但是差异化价值会随着品牌的深入人心而不断增大。

一般来说,在消费品领域的市场竞争总是十分激烈,以降价让利为主的价格战是竞争性行业商家普遍运用的竞争手段。但成功的企业总是能在这种情况下通过产品和市场创新、管理和组织创新,找到提高而不是降低价格、增加而不是减少利润、引导而不是误导市场,带领同行把竞争的注意力转向新产品开发而不是降价的发展之路,差异化战略是对这些活动的高度总结和概括。

面对国外跨国公司纷纷逐鹿中国市场的强大实力,和国内大企业纵横捭阖的咄咄气势,脆弱的中国中小企业在这险峻的市场夹缝中如何积极寻找自己生存和发展之路,已成为企业一直在探讨研究的重大课题。广告策划人叶茂中出的主意是:中小企业不要到大池塘里冒着吃不到东西的危险,而是应到大鱼不去的小池塘里去找足以饱腹的食物。叶茂中的这个主意其实就是差异化战略。

所谓差异化战略,就是企业经过调研向市场提供的独特经营方式,它具有个性化的优良品质和较强的利益内涵,是在竞争激烈的市场经济中,在产品同质化越来越普遍的情况下,向市场展示并获得市场认可的别具一格的经营战略。

在如今的市场上几乎没有一种产品没有自己的竞争对手,今天有一种产品在市场上畅销,明天就有同类产品出现在市场上来与你对抗,与你竞争,构成产品同质性的较量。在这种情况下,中小企业应该努力研发和展示具有自己独特文化内涵和使用功能的产品,从产品的设计、制造、包装以及附加功能上寻找与同质产品的区别点,形成自己的产品优势,为自己的特定顾客提供特定的产品品种,表现出中小企业在发展中的差异化战略和特殊的智慧。山东临沂朱老大集团董事长朱呈的差异化思路就值得借鉴。

个案研究 5-2

从朱呈的糖葫芦看产品差异化

朱呈曾是一家国企的普通女工,1997 年下岗后,她在困惑中试探着自己的出路。在任何人都不以为意的一串小小糖葫芦上,她演绎了一个令人心动、令人惊讶的故事。在短短 4 年中,朱呈由一个普通下岗女工变成了拥有几千万元资产的且颇有名望的女老板。

为彻底摒弃一般冰糖葫芦的质感,朱呈把山楂果的核挖掉,采用巧克力、果酱、豆沙等原料做成夹心的糖葫芦,口感极佳,还通过塑封、冷冻的办法在夏季出售,具有雪糕所不能达到的特殊品味,投入市场后出奇地受到人们的喜爱。朱呈抓住机遇、扩大规模、迅速发展,先后在浙江、陕西、山东、河南等地创建了加工分厂,使糖葫芦的每年销售量达几千万支之多。很快发展起来的朱呈建起了大酒楼,而去那里就餐的顾客,都可以免费享受到赠送的冰糖葫芦,而这样的赠送又反映出了朱呈的差异化经营特色。

差别化战略又可分为产品质量差别化、产品功能差别化、销售服务差别化、产品创新差别化、产品品牌差别化等。

差异化战略,就是你无我有,你有我精的特色经营,是经过细分后市场制胜的奇策。其实市场的差异化无处不在,只要细心地观察就会发现有很多的商机在等着你。上海鳞次栉比的大商场、大卖场和星罗棋布的小商店,让人有一种透不过气的压抑感,然而,谁也没有想到,一家特殊的女性专卖店却很快吸引了人们的眼球,而且很快风靡了大上海。

个案研究 5-3

三小伙开女性专卖店

这家女性专卖店的特殊性就在于经营者是三个风华正茂的小伙子,叫人即可产生另类的感觉。谁不想看看由三个小伙子开的女性专卖店是个什么样子? 这是其一。其二,这个女性店里的用品,大多是质地与款式均为上乘的高档货。

他们曾经对不少商场的女性专卖柜进行过多次的调研和"蹲点"观察,发现那些收入颇丰的男子们,偏偏喜欢购买那些高档的女性用品,而且不讲价,买了就走。这种情形又使他们发现,许多男子不管是作为礼品还是作为一种特殊的纪念,把这些高档、高雅、柔靓能够一展女性风姿的女性用品送给自己心爱的女人,但由于是受中国传统观念的影响,感觉男人做这些事情有碍于脸面,并不愿意在这样的柜台前多有停留,即使要买某种东西,往往也需鼓着很大的勇气。

如果买东西时后边再跟上一位絮絮叨叨的女服务员,那就更让人尴尬。基于这种现象,三位男子决定开一家女性专卖店。结果不出所料,开业后前来购物的男子非常多,而且也用不着那么拘谨了。生意由此而火爆异常。

这家专为男士消费者开设的女性专卖店,之所以大行其道,就是实施了差异化销售战略,这种战略强调的就是"鹤立鸡群""与众不同"的销售风格。菲力普·科特勒对这种成功营销的解释是:特色化,独一无二的营销方式。

企业的差异化经营还表现在诸多方面,例如对环境进行解剖和细分的环境设计的差异化;对资金的不同需求所产生的资金来源差异化;根据不同的销售现场进行的销售方式差异化;针对不同的产品而采取的营销模式的差异化,还有组织形式差异化、运行机制差异化等。只要有一种事物的存在,就可以找出事物的多个侧面,以及事物与事物之间的不同性,这就要求创业者有敏捷的市场眼光,灵活机动的应变能力,从差异中寻找出创新契机,从可持续发展中把握自己的准确定位。

2)别具一格战略模式解读

差异化战略是将公司提供的产品或服务标新立异,形成一些在全产业范围内具有独特性的东西。实现差异化战略可以有许多方式:设计或品牌形象、技术特点、外观特点、客户服务、经销网络及其他方面的独特性。最理想的情况是公司使自己在几个方面都标新立异。当然,差异化战略并不意味着公司可以忽略成本,但此时低成本不是公司的首要战略目标。

如果差异化战略可以实现,它就成为在产业中赢得超常收益的可行战略,因为它能建立起对付五种竞争作用力的防御地位,虽然其形式与成本领先不同。差异化战略利用客户对品牌的忠诚以及由此产生对价格敏感性下降使公司得以避开竞争。

它也可使利润增加而不必追求低成本。客户的忠诚以及某一竞争对手要战胜这种"独特性"需付出的努力就构成了进入壁垒。产品差异化带来较高的收益,可以用来对付供方压力,同时缓解买方压力,当客户缺乏选择余地时其价格敏感性也就不高。最后,采取差异化战略而赢得客户忠诚的公司,在面对替代品威胁时,其所处地位比其他竞争对手也更为有利。

实现产品差异化有时会与争取占领更大的市场份额相矛盾。它往往要求公司对于这一战略的排他性有思想准备,即这一战略与提高市场份额两者不可兼得。较为普遍的情况是,如果建立差异化的活动总是成本高昂,如广泛的研究、产品设计、高质量的材料或周密的客户服务等,那么实现产品差异化将意味着以放弃低成本地位为代价。然而,即便全产业范围内的客户都了解公司的独特优点,也并不是所有顾客都愿意或有能力支付公司所要求的较高价格。

3. 集中一点战略(专业化战略)

1) 集中一点的含义

集中一点战略即专业化战略,是主攻某个特定的客户群,某产品系列的一个细分区段或某一个地区市场。专业化战略是围绕一个特定的目标进行密集性的市场经营活动,要能够提供比竞争对手更为有效的产品或服务。

正如差异化战略一样,专业化战略可以具有许多形式。虽然低成本与产品差别化都是要在全产业范围内实现其目标,专业化的整体却是围绕着很好地为某一特定目标服务这一中心建立的,它所制定的每一项职能性方针都要考虑这一目标。

这一战略的前提是:公司能够以更高的效率、更好的效果为某一狭窄的战略对象服务,从而超过在更广阔范围内的竞争对手。结果是,公司或者通过较好地满足特定对象的需要实现了差异化,或者在为这一对象服务时实现了低成本,或者两者兼得。尽管从整个市场的角度看,专业化战略未能取得低成本或差异化优势,但它的确在其狭窄的市场目标中获得了一种或两种优势地位。

企业一旦选定了目标市场,就可以通过产品差异化或低成本的方法形成专业化战略。从这个意义上说,采用集中一点战略的企业就是特殊的差异化企业或特殊的成本领先企业。低成本与差异化和专业化三种基本竞争战略之间的关系与区别如图5-2所示。

专业化战略常常意味着对获取的整个市场份额的限制。专业化战略必然包含着利润与销售量之间互为代价的关系。正如差异化战略那样,专业化战略可能会也可能不会以总成本优势作为代价。

2) 集中一点战略模式解读

专业化的意思就是专精一门,也就是俗话说的"一招鲜,吃遍天"。在这样一个诱惑多

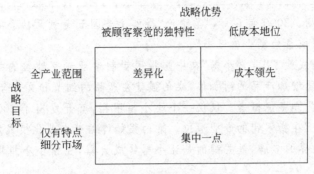

图 5-2　三种基本竞争战略

多的年代,要静下心来,专精一门是不容易的,要不然就不会有几年来"多元化"在国内企业界的甚嚣尘上了。

例如,你也许认为指甲钳太"小器"了吧,指甲钳是很小,但你想过没有,只要有 1/5 的中国人使用你生产的指甲钳,你的利润会有多大?要是全世界 1/5 的人都用你生产的指甲钳呢?如果这样的利润空间还不算大的话,你不妨再想想,普通档次的指甲钳利润空间的确有限,但是如果是高档产品呢?如果是专业化生产的全套指甲修护工具呢?

梁伯强就是紧紧抓住指甲钳这个主业不放,在指甲钳上做精做强,所以他顺利进入了利润区。借助"非常小器"的指甲钳,使得圣雅伦牌成了中国第一、世界第三的指甲钳品牌,梁伯强也成了亿万富翁。

个案研究 5-4

非常"小器"——圣雅伦

1998 年 4 月,梁伯强从茶几上用来包东西的旧报纸上读到一则名为《话说指甲钳》的文章,文中提到朱镕基以指甲钳为例,要求轻工企业努力提高产品质量开发新产品的讲话。他便产生了一个念头:做一个响当当的中国品牌指甲钳。

很快他便赶去广州"555"国营指甲钳厂,但该厂已经停产。后来他又去了天津、北京、上海和苏州的 4 家具有代表性的国营指甲钳厂,这些工厂全都已经关门大吉。国企不行固然可惜,但也给民营企业腾出了市场。于是,梁伯强开始学技术,把目标锁定在韩国著名的"777"牌指甲钳上。

梁伯强从韩国订了 30 万元货,然后组织人员研究"777"的技术,再把买来的指甲钳卖出去,研究人员一遇到什么不懂的地方,梁伯强就飞去韩国。由于梁伯强是以中国经销商的身份前去考察的,韩国人不仅详细解释了梁伯强提出的问题,还亲自带他去厂区参观。这样梁伯强仔细了解了他们的自动化生产技术和设备。

一年里,梁伯强飞了 20 多次韩国,买进了 1000 多万元的货。这段时间,他的研究人员基本上把"777"的技术学到了,通过做"777"经销商,他也逐渐铺开了自己的销售网络,不久,他的第一批名为"圣雅伦"牌的指甲钳新鲜出炉。

梁伯强不惜重金请来各方专家,数次拿着精心改良的样品飞赴沈阳五金制品检测中心接受检测。2000 年 6 月,"圣雅伦"得到了全国五金制品协会有史以来颁发的第一张"指甲钳质量检测合格证书"。

当然,真正成就了"非常小器"在中国指甲钳制造业专家地位的并非是这一纸证书。做品牌必须增加产品的附加值,梁伯强就在产品的细节和文化含量上下功夫,强调产品的个性化和环保概念。仅仅一个小小指甲钳,就开发出了 200 多个品种。这奠定了"圣雅伦"在指甲钳的专业地位。梁伯强始终循着专业化模式发展,不但让"圣雅伦"成为全世界的名牌,最关键的是让小器终成大器,凭借小小指甲钳获得了巨大的财富。

专业化为什么可以成为你的竞争优势?一个最简单的解释是,因为它精,所以它深,深就提高了门槛,别人不容易进来竞争,而专业化的生产,其组织形式比复合式生产要简单得多,管理也相对容易。在市场营销方式上,一旦市场打开,后期几乎不需要有更多的投入。成本降低的另一面,就是利润的大幅度提高。

而在通常情况下,专业化生产一般最后都会形成独占性生产,至多是几个行业寡头同台竞争,行业间比较容易协调,从业者较易形成相互保护默契,有利于保持较高的行业平均利润。这是一个封闭或半封闭式市场,不像开放市场上的产品,一旦见到有利可图,大家便蜂拥而入,利润迅速摊薄,成本迅速攀升,本来有利可图的产品很快变成鸡肋,人人都觉得食之无味,同时又觉得弃之可惜。

经测算,普通产品的生产者,如果其利润是 15%,那么,一个专业化生产的产品,它的边际利润通常可以达到 60%~70%。当一个企业进行专业化生产时,其多数成本都用在解决方案的开发和创意阶段,一旦方案成立,就可不断复制,并依照自己的意愿,确定一个较高的市场价格,因为你是唯一的或少数能提供该解决方案(或产品)的人,所以,市场对你的高定价根本无力反对。专业化生产的另一个方式是,以简单化带动大规模,迅速降低行业平均利润,使小规模生产者根本无利可图,从而不敢也不愿与你进行同台竞争。格兰仕用的就是这种办法。

梁伯强采用的方法则是使产品个性化。在德国的来根州,梁伯强见过世界上最好的指甲钳,就是德国"双立人"指甲钳,但就是这样一家企业也只把指甲钳当作一个附属产品生产。"双立人"的主业是做厨房用品。日本的绿钟、玉立等品牌,也是依附在卡通产品上,进行代理生产。这几个著名指甲钳品牌的利润率都远超过梁伯强的"非常小器",但它们所赚取的是依附性利润,即依附于其他产品,借助其他产品而产生的利润,而并非指甲钳本身所产生的利润。这是一种很好的生产形式,也是一种有效的利润生产方式,但它们都称不上是专业化生产。

梁伯强是专业化生产,因为他只生产指甲钳一项,所有利润都来源于指甲钳。所以他有兴趣研究男人的指甲是什么样,女人的指甲又是什么样,小孩的指甲是什么样,老人的指甲又是什么样,脚指甲和手指甲有什么不同,并针对不同人群设计专门性产品。比如专门针对婴儿的指甲钳,指甲钳面是平的,比成人的要短一半,这样的设计充分考虑到婴儿指甲的特点,避免因器具原因对婴儿造成伤害。产品一经推出就成为妈妈们的爱物。

　　从产品研发到生产组织，再到市场营销，因为面对的都是同一产品，只是外形的变化，实质完全一样，所以，同一过程可以反复重现，不断复制，基本不会增加什么新的成本。相反，随着各个环节熟练程度的加深，成本反而会悄悄下降。这就是专业化生产的优势，简单而优雅。

　　专业化利润的另一个来源是专家，不但有研发方面的专家，还有生产和组织管理方面的专家、市场营销方面的专家。专业化生产，反复重复的过程，有利于迅速培养专精于一个环节的专业人员。这里所说的专家与人们通常意义上所理解的专家有所不同，但这是一种更能产生和带来利润的专家。一般来说，这种专家型员工会比普通员工给企业多带来 $10\%\sim15\%$ 的利润，这是专业化生产独有的好处。

　　4. 三种基本竞争战略选择的原则

　　一个经营单位应如何选择适合自身的竞争战略？总的来说，企业选择竞争战略时应考虑以下因素。

　　1) 所面临的生产力与科技发展水平

　　在一个高度发达的经济系统里，一方面由于企业之间的激烈竞争，另一方面由于居民收入随着生产力发展而迅速提高，成本领先战略在很大程度上失去了意义，此时差别化战略更有效。相反，在经济较落后的情况下，应重视成本领先战略以刺激需求。

　　2) 自身的生产与营销能力

　　一般来说，规模较小的企业生产与营销能力较弱，应选择集中化（专业化）的竞争战略，以便集中企业有限的优势力量于某一特定市场。如果企业的生产能力较强而营销能力较弱，则可以考虑运用低成本战略；相反，如果企业营销能力较强而生产能力较弱，则可以考虑运用差异化战略。如果企业的生产与营销能力都很强，则可考虑在生产上采取成本领先战略，而在销售上采取差异化战略。

　　3) 产品的生命周期阶段

　　通常在产品的投入期或成长期，为了抢占市场防止潜在加入者的进入，企业可以采取低成本战略，以刺激需求，使企业处于低成本、高市场占有率、高收益的良性循环中。而到了产品的成熟期与衰退期，其消费需求呈多样化、复杂化与个性化，这时企业应采取差别化或集中化战略。

　　4) 产品类别

　　不同的产品需求对价格、质量、服务等方面有不同的敏感性。一般来说，基本品很多都是标准品，如钢材、标准机械等，在保证基本质量的前提下，价格将成为竞争中最重要的因素，因此企业应采取低成本战略。但对基本品中的专用机械类，则非常强调售后服务，应采取差别化战略。

　　消费品是非专家购买，绝大多数消费者都是依靠广告宣传、产品包装及价格等来确定是否购买，所以对生产消费品的企业，应尽量使产品在服务和市场营销管理方面差别化。

　　而对于日用品，由于人们每天都消费，反复少量购买，应采取低成本战略。耐用消费品则不同，是一次性购买，长时间使用，这些产品的质量与售后服务发挥重要，应采取差别化战略。

5.3.2 不同产业结构下的竞争战略

本小节主要讨论在新兴产业、成熟产业、衰退产业和分散型产业中的竞争战略。

1. 新兴产业中的竞争战略

新兴产业是新形成的或重新形成的产业。其形成的原因往往是技术创新、相对成本关系的变化、新的消费需求的出现，或经济与社会的变化使某种新产品或新的服务有了商业机会。新兴产业在任何时候总是被不断地创造出来，如20世纪70年代以来在世界范围内形成如下新兴产业：个人计算机、电子通信、生物工程、新材料、新能源、互联网等。

1）新兴产业中企业所面临的风险

当某个新兴产业出现后，如果不能确切地判断市场环境如何，竞争达到一个什么样的程度，尤其是对产业发展和市场响应的趋势出现判断上的失误，那很有可能导致战略上的失败。新兴产业中企业发展所面临的战略风险主要包括技术风险、市场风险和成本风险。

（1）技术风险。新兴产业由于生产技术还不成熟或没有定型，还有待于市场进一步的检验。产品是否真正符合市场需求，技术是否真正成熟，还没有最后确定。这表明新兴产业在某种意义上是一个高风险的产业。在产业向成熟型演变时，若某个企业采用的技术不是最终的产业标准技术，那么该企业会因为得不到上下游产业和用户的支持而陷入困境。

个案研究 5-5

下一代 DVD 的标准之争①

下一代的 DVD 标准之争正在索尼领衔的蓝光 DVD 阵营和东芝领衔的 HD DVD 阵营之间展开，最终获胜者将有望垄断 DVD 行业。

蓝光 DVD 和 HD DVD 格式都支持超大容量，可以为用户提供高清晰度影像和声音。但是，它们却互不兼容。到目前为止，在好莱坞的七家主要电影公司中，有5家支持由索尼开发的蓝光 DVD 技术，只有2家支持东芝开发的 HD DVD 技术。

另外，多家大型零售商也站在了蓝光 DVD 阵营一边，其中包括 Target 和 Blockbuster。美国最大的电器销售连锁店百思买（Best Buy）在2008年2月初表示，虽然将继续提供 HD DVD 产品，但该公司将推荐用户购买蓝光 DVD 产品；几乎同时，美国第一大零售商沃尔玛也宣布，已经决定在其4000家美国连锁店只销售蓝光 DVD 和硬件，而不再提供 HD DVD 产品；美国电影租赁服务提供商 Netflix 也宣布放弃 HD DVD，转而支持蓝光 DVD；甚至东芝的合作伙伴微软也在2008年1月宣布考虑是否在 Xbox 360 游戏机中支持蓝光技术。

接连失去电影公司、零售商和合作伙伴的支持，对 HD DVD 阵营而言是一个个致命的打击。2008年2月19日东芝终于宣布终止 HD DVD 相关产品的生产及销售。这意味着索尼领衔的蓝光 DVD 阵营在下一代 DVD 标准大战中全面胜出。

① 赵越春. 企业战略管理[M]. 北京：中国人民大学出版社，2008：15.

（2）市场风险。企业在新兴产业中首先要做的事就是开拓市场、创造需求、引导消费，因为这个市场中的客户大都是第一次购买。此时，企业对客户的需求行为、决策过程、价格敏感性、偏好等是极难把握的。新兴产业的市场特点是：初始市场的萧条并不意味着这一行业无发展前途，而初始市场的火爆说不定却是昙花一现。

在现实生活中，后一种情况更是常见。这是因为在大量的首次购买行为发生后，许多顾客发现其产品或服务不如它所宣传的那样好，给他们带来的价值有限，必然弃之，结果火爆市场的泡沫一下子就破灭了。

例如，当互联网产业出现后，2000年前后涌现出了大量的互联网企业，凡是沾互联网边的企业股价都一飞冲天。随着互联网泡沫的破裂而又变得一钱不值。由于这些企业过于乐观地估计了市场对互联网的热烈响应，在确定产品、市场营销和提供服务方面出现失误，所以多数互联网企业都失败了。如我国互联网市场最早的开拓者，张树新创立的瀛海威，就是这场互联网热潮中的失败者。

（3）成本风险。在新兴产业中，企业小批量生产新产品会造成企业最初的较高成本。此后，随着工厂设计和销售额的大幅度增加，固定成本会得到有效的补偿，使初期的较高成本迅速下降。生产成本的迅速下降意味着新兴产业的利润要比成熟产业的利润高出许多，但是也会出现相反的结果。

若企业在新兴产业中的前期投入很大，而其产品或服务在开拓市场空间上做得不成功，就会面临退出壁垒高的困境，这又迫使企业不惜一切地来增加投入以改进产品或服务，或者增加广告投入来影响客户的购买行为。这样做的结果必然导致其成本急剧上升，产业利润率反而要低于成熟产业的利润率。

上面提到的瀛海威曾经融到6000万元的巨额风险投资，就是因对产业形势判断失误、没有把握好投资节奏、市场开拓不成功、决策失误而招致失败，成为融到巨资却没有坚持到胜利来临悲剧人物，而同期由王志东创立的四通利方最终成为大家所熟知的新浪网。

2）新兴产业中企业发展所面临的障碍

新兴产业中企业发展主要面临上下游关系不匹配、缺乏产品或技术标准、消费者的等待观望、在金融界的形象和信誉度尚未建立、有关政府部门能否批准等障碍。

（1）上下游关系不匹配。新兴产业经常面临由于缺乏适当基础而引发的问题，如批发渠道不畅、服务设施不配套、雇员训练机制不健全、互补产品不齐全等。

一个新兴产业的发展往往要求开辟新的原材料供应来源，或现存的供应商扩大规模以增加供应，或要求供应商更改原材料或零部件以满足产业的需求。在这一过程中，严重的原材料和零部件短缺是很常见的。面对新兴产业发展的需要和不能适应的供给，在早期阶段重要原材料的价格会大幅度上涨。

（2）缺乏产品或技术标准，产品质量不稳定。在新兴产业中由于存在产品和技术很高的不确定性，所以对产品和技术没有统一标准，这种情况加剧了原材料供应和互补产品的问题，并可能阻碍产品成本下降。由于存在缺乏标准和技术不确定等，在新兴产业中产品质量经常反复不定。即使仅仅由于在少数几个企业中出现这一问题，但不稳定的产品质量将给产业形象造成不利的影响。

（3）消费者的等待观望。在新型产业中经常遇到顾客困惑的问题，这种困惑来源于众多产品技术种类以及竞争者们互相冲突或相反的宣传。这些现象全部是技术不确定的表现,或者由于产业竞争企业缺乏在技术标准和意见等方面的一致性,这种混乱可能增加购买者的购买风险感并限制产品的销售。

此外,如果购买者发现第二代或第三代技术非常可能使现在的产品过时,购买者将等待技术的进步和成本的下降趋于平缓,则一个新兴产业的发展将受到阻碍。这种情况曾在数字手表和计算机等产业中出现过。

(4)在金融界的形象和信誉度尚未建立。作为新产业,由于具有很高的不确定性,顾客困惑和不稳定的质量等,新兴产业在金融界的形象和信誉可能较差。这种情况不仅影响企业获得低成本资金的能力,并且影响到购买者的贷款能力,这也是风险投资应运而生并大行其道的原因。

(5)有关政府部门能否批准。新兴产业在获得有关规章制度管理部门的承认和批准方面经常遇到困难。如果新兴产业的要求与规章制度现在所有的条款与方式大不相同时,情况更是如此。但是从另一方面讲,政府政策可以使一个新兴产业在一夜之间走上正轨。

3)新兴产业中的竞争战略选择

在新兴产业中就像存在产品和技术的不确定性一样,竞争活动的法则也是非常不确定的,这给新兴产业中的企业展开竞争提供了最大的战略自由度。一般来说,在新兴产业竞争中考虑以下战略选择。

(1)尽快使产业结构成型。在新兴产业中压倒一切的战略问题是企业要尽快使产业结构成型,成为一个技术标准确定、市场容量稳定的产业。通过这一选择,企业可以试图在生产方针、营销方法和价格策略等方面建立运行法则。在产业的内在经济性和资源的限制范围内,企业应以某种方式寻求确立产业法则,以使企业本身在长期内获得最有利的竞争地位。

在产业新兴阶段,企业自身的成功在某种程度上依赖于产业中的其他企业。因此,早期进入新兴产业的企业,相互之间的竞争不是主要的,而是共同开拓市场,制定产业标准,协调产品价格,树立行业形象,赢得客户信任,用最快的速度使产业成型。

对于实力雄厚的企业来说,应为在黑暗中摸索的其他企业设置质量标准,以及与其他企业一道在顾客、供应商、政府和金融机构面前结成统一战线,以应对产业外来的压力。同时,企业应充分利用自身的优势,争取在产品、技术、营销及定价方面建立一套有利于自身发展的竞争规则,为企业的发展打下一个良好的基础,争取变成有分量的角色,甚至是领导者,以使企业本身在长期内获得最有利的竞争地位。

(2)把握进入时机。在新兴产业中进行竞争的一个重要战略选择是选择正确的进入时间。早期进入新兴产业涉及较高的风险,但可能在另一方面涉及较低的进入障碍,并可获得较高的利益。

在下列情况下早期进入新兴产业是有利的:企业形象和名望对顾客至关重要,企业可因作为先驱者而发展和提高声望;当经验曲线对一个产业至关重要时,早期进入可以使企业较早地开始学习;顾客忠诚非常重要,所以那些首先对顾客销售的企业将获益;通过早期进入投资于原材料供应、零配件供应和批发渠道等,可以取得成本优势。

在下列情况下早期进入是非常危险的：产业早期竞争和市场与产业发展后的市场有很大的不同，早期进入企业因此而建立错误的技能，以后面临很高的转换成本；开辟市场代价高昂，其中包括对顾客的宣传教育、法规批准、技术首创等，而开辟市场的利益并不能为本企业所专有；早期与小的、新的企业竞争代价高昂，但以后这些小企业将被更难对付的竞争者所取代；技术变化将使早期投资的设施变得陈旧，并使晚期进入的企业获得新产品，得到生产过程的益处。

(3) 设置产业障碍。精明的先驱者在站稳脚跟后，就会设置进入壁垒，提高滞后进入者进入的机会成本，延缓其进入的时间甚至有效阻隔潜在进入者。

首先，产业先驱者要增加晚期进入壁垒的强度，提高整体的产业结构性壁垒。比如增加规模经济的要求，提高业务单元的关联度；封锁销售渠道同时提供优质服务等。

其次，产业先驱者要学会降低产业进入的诱惑力。新兴产业的一个显著特点就是高利润的发展潜力，故虽然风险大，仍有不少后进入者参与进来。当新兴产业刚具雏形、风险下降时，潜在进入者的进入冲动尤其大。

这时，产业先驱者不要局限于眼前利益，要设法采取一些措施降低产业的吸引度，以免招来强大的竞争对手。比如降低利润目标，有意让利于消费者和供应商；加强研发投入，与其他企业建立战略伙伴关系，构建防御联盟等。

产业先驱者在预感到有潜在进入者要进入时，可抢先一步进行遏制，来阻止其进入行为或降低其进入的威胁。企业可以采取以攻为守的策略，击退后进入者蚕食产品市场的计划。

2. 成熟产业中的竞争战略

作为产业生命周期的一个重要阶段，一个产业必然要经历从高速发展的成长期进入到有节制发展的成熟期。当产业处于高速成长期时，产业内企业采用有缺陷的竞争战略似乎不是很有影响，因为在产业蓬勃发展的背景下，企业面临很好的经营环境。即使并不是全部企业都可以存活下来，但生存下来的企业一般都能获得理想的经营成果。

然而，产业的成熟使企业在竞争战略上的缺陷很快暴露出来。激烈的竞争迫使企业不得不重新修正其竞争战略，这是一件有关企业生死攸关的大事。成熟行业具有以下特征。

(1) 产业增长速度减慢。

(2) 价格和服务竞争趋于激烈。

(3) 盈利能力下降。

(4) 兼并和收购开始增加。

(5) 企业面临全新的调整。

因此，要求企业在竞争战略上要适应这种变化。

1) 成熟产业中的企业竞争战略选择

(1) 调整产品结构。在以价格为主要竞争手段、以市场份额为目标的成熟行业里，原有的产品结构必须调整。在产业处于增长时期，广泛的产品系列和经常开发新产品是可行的战略选择，但是在成熟期，这种战略不再可行，成本竞争和为市场占有率进行的竞争最为激烈，为此就需要进行产品结构分析，从产品系列中淘汰那些无利的产品，将企业的注意力集中于那些利润较高的、用户急需的产品或项目。

（2）正确定价。在成熟的产业市场里，竞争对手之间运用价格竞争是最常见的。在产业增长期，定价通常是以平均价格或以一个产品系列为基础。但在产品成熟期，由于产品价格竞争的加剧，要求企业日益加强对单个产品成本进行衡量的能力并制定出相应的价格。在产业成熟期，需求主要来自重复购买者，企业或许会发现对价格略加调整就可能大幅度增加利润。这时，产品调价对企业销售额和利润的影响相当大。

（3）加强成本控制。在成熟的产业中，准确地分摊销售成本可能发现大幅度增加利润的机会。更重要的是，细致的成本分析还可以识别出那些还未明显显示出其重要性的产品和顾客。如果某些产品需要付出更多的销售努力，这就应该反映在销售的追加成本和产品价格上。如果对应的需求无法承受高价，那么还是把这些产品淘汰为好。

（4）改革工艺和革新制造方法。在产业成熟期，工艺革新的相对重要性得到提高，同样重要的是将资金投在设计制造和交货系统，以实现低成本制造和控制。日本企业很重视这一点，如零库存管理、质量控制、精细化生产等。

（5）选择适当的客户。在成熟产业中，获得新顾客通常意味着为扩大市场份额而与其他企业进行激烈的竞争，最终的代价是昂贵的。企业扩大销售额比较容易的办法就是使现有顾客增加使用量，可采取的办法包括提供边缘设备和服务、提高产品等级、扩展产品系列等。这种战略可使企业迈出原产业而进入相关产业，并且与发展新顾客相比，代价通常较低。

（6）购买廉价资产进行低成本扩张。当产业进入成熟时期，会出现一批经营不好或处境艰难的企业，此时如果本企业竞争地位较强，可以以很低的价格购买处境艰难企业的资产，实现低成本的扩张，并在技术变化幅度不大的情况下创造成本领先的地位，进一步增强企业的竞争力。

（7）开发国际市场。当国内市场趋于饱和时，企业可以选择进入国际环境中进行竞争。因为该产业在国内进入成熟期，而在其他国家该产业也可能刚刚进入新兴期或增长期，竞争者较少，企业可以获得比较优势。

（8）退出或多元化。当企业感到继续留在成熟的产业中已经仅有微利或无利可图时，可以考虑退出该产业。企业既可以采取如转让、被兼并等退出战略，也可以考虑采用多元化经营战略，即在努力避开产业内的激烈竞争但不脱离本产业经营的同时，进入其他领域进行经营。

2）成熟产业中企业应注意的问题

（1）对企业自身的形象和产业状况存在错误的假设。处于成熟产业中的企业往往自我感觉良好，它们仍然陶醉于产业处于增长期时企业所取得的经营业绩中，甚至它们并未觉察到产业已经进入了成熟期，而此时实际上顾客以及竞争者的反应都发生了根本性的变化。企业仍以过去的对产业、竞争者、顾客以及供应商的假设来开展经营，必然使企业陷入困境。

（2）防止盲目投资。成熟产业造成利润维持在一定水平或上升需要很长时间，对于在成熟的市场上投入资金建立市场份额可能是极为不利的，因此成熟的产业可能是资金的陷阱，特别当一个企业的市场地位并非强大，但企图在成熟的市场上建立很大的市场份额时更是如此。

（3）为了短期利益而轻而易举地放弃市场份额。有些企业为了节省开支，轻易地放弃市场份额或放弃市场活动、研究开发活动和其他需要的投资，以图保持目前的利润，这种做法将严重地损伤企业将来的市场地位。企业应当认识到，如果规模经济在成熟时期至关重要，则在成熟期的过渡调整阶段一个低利润时期是不可避免的，不愿接受较低利润是严重目光短浅的表现。

（4）对产业实践中的变化做出不合理的反应。在成熟产业中，市场技术、生产方法和批发商合同的性质等的变化是不可避免的，它们可能对产业长期潜力极端重要，但有些企业面对这种情况经常出现抵制。这种抵制行为可能使一个企业严重落后于向新竞争环境调整的步伐，企业陷于被动地位。

（5）忽视竞争者的价格竞争和市场行为。坚持以"高质量"为借口，而不去适应竞争者进攻性的价格和市场行为。高质量可能是企业的重要力量，但在一个成熟的产业中，质量差异有受侵蚀的趋向。即使质量差异还存在，顾客也可能趋向于以更低的价格替换质量因素。

因此企业必须意识到，在产业成熟期，他们不必拥有最高的产品质量或他们的质量没必要过高。企业还应认识到，产业成熟期中价格竞争是不可避免的。一个企业采取进攻姿态制定价格政策有可能获得市场份额，这对其长期建立低成本地位是重要的。

（6）过于强调开发新产品，而不是改进和进取性地推销现存产品。虽然一个产业在早期和增长阶段的成功依赖于研究与开发新产品，但进入成熟期后意味着开发新产品越来越不容易。企业正确的策略是改变专注于开发新产品的做法，更多地注重在生产工艺上进行改革，以产品标准化代替求新。

（7）企业应避免过多地使用过剩生产能力。由于对生产能力超需求的投入，或成熟时期竞争引起的工厂现代化，相当多的企业可能拥有过剩生产能力。这种过剩生产能力的存在给企业经营者造成去使用它的压力，他们常会想到充分利用这些过剩的生产能力，结果可能使企业陷入被动。可行的做法可能是采取集中化战略，或努力消减或出售过剩的生产能力，但很明显过剩能力不应售给任何可能应用于同一产业的经营者。

3. 衰退产业中的竞争战略

从战略分析的角度讲，衰退产业是指在相当长的一段时间内，产业中产品的销售量持续下降的产业。这种不景气不是由于经营周期或者一些短期例外事件所造成的，而主要是由于技术革新创造了替代产品或通过显著的成本与质量的变化而产生了替代产品；或者由于社会或其他原因改变了买主的需求和偏好，使得顾客对某种产品的需求下降。

1）衰退产业中的企业竞争战略选择

在衰退产业中，企业对于战略的选择总是围绕着收获、减少投资或终止投资等衰退战略来开展，因而存在着一个战略选择方案的范围。尽管并不是所有的战略选择方案对某一特定产业都适宜，但企业可以实行其中的某一个战略，或者在某些情况下连续地采用某几种。下面是企业可供选择的一些衰退战略。

（1）领先战略。领先战略是指利用一个衰退产业的优势，企业通过面对面的竞争，成为产业中保留下来的少数企业之一，甚至是保留下来的唯一企业。这样的企业或剩余企业拥有达到平均水平以上的利润潜力,形成一个较优越的市场地位,以此来保持自己的地位或实行收获战略。

实行领先战略的一般措施是:在定价、进入市场以及其他为建立市场面而采取积极的竞争行动上进行投资,并且使本产业的其他企业能迅速退出一部分生产能力;购买竞争者的一部分生产能力,购买市场份额,降低竞争者的退出障碍;采取其他方式降低竞争者的退出障碍,如让他们为自己的产品生产零部件,接管长期合同,生产具有私人标记的产品等。

为继续保留在衰退产业中,通过公开的声明和企业自己的行为,表明商业上的约定;通过竞争行动向竞争者清楚地表明自己的雄厚实力,消除竞争者试图将企业排挤出本产业的想法;搜寻和公布可降低今后衰退的不确定性的可靠信息,以减少竞争者过高地估计产业的真实前景,以及他们想继续保留在衰退产业中的可能性;通过助长在新产品开发或改进生产工艺方面再投资的需要,提高对保留在衰退产业中的其他竞争者的赌注。

(2)坚壁战略。这个战略的目的是鉴别出衰退产业中那些能保持稳定的需求或者需求下降很慢,而且还具有获取高收益特点的某一部分。企业在这部分市场上进行投资,建立起自己的市场地位。为了降低竞争者的退出障碍或降低这部分市场的不确定性,企业可以采取在领先战略中所列举出的一些措施。最终企业或者转向执行收获战略,或者转向放弃战略。

(3)收获战略。本书任务3的预备知识里已对收获战略做过阐述,这种战略的目的是减少或取消新的投资,减少设备维修,甚至削减广告和研究与开发,以及为提高价格或在今后的销售中获利于以往的信誉而最大限度地利用企业现存的一切实力。一些普通的收获战略方法有:减少样品数量;减少使用的销售渠道;放弃小的客户;减少由于销售而引起的各种服务等。

在衰退产业中企业要注意,并非所有的业务都能获利,实施收获战略有一些先决条件,这些条件是:企业具有能够生存的实力;在衰退阶段,一个产业不至于衰退到更加激烈的竞争中。若企业不拥有相当的实力,企业的产品价格将升高,产品质量将降低,广告宣传将停止,其他措施将会引起大幅度的销售量下降。

在衰退阶段,如果产业的结构导致竞争反复无常,竞争者就可能会利用企业投资不足的弱点夺取市场或迫使价格下降,由此消除了企业通过收获所拥有的低成本的优势。同样,由于一些企业具有一些降低投资的选择,使企业不易收获。

收获战略的一些措施的基本特点是:一些措施是顾客可见的行动,如价格上涨、广告宣传减少等;而另一些措施是顾客不可见的行动,如推迟设备维修、降低边际利润等。一项忠告是:不具有相当实力的企业对任何不可见的收获行动都必须加以限制,这些不可见的行动是否可获得大幅度的现金回流依赖于这项事业本身的特性。

(4)快速放弃战略。这种战略的依据是,在衰退阶段的早期出售这项业务,企业能够从此业务中得到最高卖价。这是因为出售这项业务越早,资产市场,如国外市场需求没有饱和的可能性就越大,企业能从这项业务的出售中实现最高的价值。因此,在某些情况下,在衰退前或在成熟阶段即放弃一项业务可能是很吸引人的。一旦衰退趋势明朗,产业内部和外部的资产买主就将处于一个非常有利的讨价还价地位,那时再卖掉资产为时已晚。当然,早期出售资产企业也要承担对今后需求预测不准确而造成的风险。

2)选择衰退战略的条件

在衰退产业中,企业选择一项衰退战略至少考虑两个因素:一个是衰退产业的结构,如需求或剩余需求的特征、退出障碍情况、竞争格局等;另一个是企业自身所具有的相对竞争实力。图 5-3 表明了一个企业在不同条件下衰退战略选择方案。

	企业竞争实力强	企业竞争实力弱
有利的产业结构	领先或坚壁	收获或迅速放弃
不利的产业结构	坚壁或收获	迅速放弃

图 5-3　企业选择衰退战略的因素

当一个产业的结构有益于一个适宜的衰退阶段时,如具有较低的需求不确定性、较低的退出障碍等,具有一定实力的企业应当选择领先战略,或者选择坚壁战略,保护市场中的一个合适位置。

通过面对面的竞争,在竞争中失败的竞争者将退出产业,具有一定实力的企业建立起自己的领先地位,一旦形成这种地位,产业的结构即产生对企业的补偿。当企业不具有某种实力时,它就不可能获得领先地位或保护自己的合适位置,但企业可以利用有利的产业结构进行收获。根据收获进行的可能性和产品销售机会,企业也可选择尽早放弃这项业务。

由于较高的需求不确定性,较高的退出障碍,或者存在导致后期竞争反复无常的因素,即当产业结构对于衰退不利时,为取得领先地位进行投资已不可能产生效果。如果企业具有相对较强的竞争实力,通常可采取收获战略或坚壁战略;如果企业不拥有某些特殊实力,企业应以它的退出障碍允许的速度退出。

在衰退产业中,企业及早选择一项衰退战略或对其他战略的及早投入有许多益处。及早置身于领先地位可以提供必要的市场信号来鼓励竞争者退出该产业,并且提供必要的时间优势来取得领先地位。及早放弃一项业务的益处也已经讨论过了。相反,拖延一项衰退战略的选择既不可能取得领先地位或保持一部分市场,也不可能收获一个产业,最终的选择是被迫放弃。

在衰退产业中,战略选择的关键部分,特别是积极的战略选择是找到鼓励特殊竞争者退出产业的方法。一些方法已经在领先战略中讨论过。有时在一个积极的衰退战略产生效果之前,一个市场占有率较高的竞争者的退出是必要的。在这种情况下,企业可以通过收获战略耐心等待,直到主要竞争者决定退出。如果主要竞争者决定退出,企业可以进行投资,以取得领先地位或加强企业现在的市场地位;如果主要竞争者继续保留在这一行业中,企业可继续收获,或者采取迅速放弃的战略。

4. 分散型产业中的竞争战略

分散型产业是指在这种产业环境中有许多企业在进行竞争,没有任何一个企业占有显著的市场份额,也没有任何一个企业能对整个产业的结果具有重大的影响,即不存在能左右整个产业活动的市场领袖。

一般来说,分散型产业由许多中小企业构成。分散型产业存在于许多经济领域中,其基本的存在领域包括服务业(餐饮业、洗衣业、照相业、理发业等)、零售业、批发业、木料加工和金属组装业、农产品、风险型企业等。

1) 造成分散型产业的经济原因

一般来说,造成一个产业分散的经济原因主要包括以下一些因素。

(1) 进入障碍低。产业的进入障碍较低或障碍不多,企业就比较容易进入这种产业。结果,使大量的中小公司涌入该产业,成为产业中的竞争主导力量。

(2) 缺乏规模经济。有的产业生产过程比较简单,难以实行有效的机械化和规范化。在这类企业中,尽管生产规模会不断扩大,其单位成本并不会下降,或者下降幅度很小。

(3) 市场需求多样化。在某些产业中,顾客的偏好是分散的,每一个顾客希望产品有不同式样,不愿接受更标准的产品,也准备或能够为这种需求付出代价。因此,对某一特殊产品式样的需求很小,这种数量不足以支持某种程度的生产、批发或市场策略,从而难以使大企业发挥优势。

(4) 服务是经营关键。当服务成为经营关键时,小企业就会变得更有效。人员的服务质量和顾客的感觉因人而异。一般来讲,当企业规模达到某一界限时,所提供的服务质量就要下降。这一因素在某些产业如美容、理发和咨询等产业中造成产业的分散。

(5) 需要就近监督。当产业运行的就近监督和控制成为企业成功的基本条件时,则小企业具有更大的优越性。在某些产业中,特别是娱乐、饭店等,更需要大量的就近监督。

(6) 高度的产品市场区分。如果产品为适应市场而进行的区分程度很高且以形象为基础,就可造成对企业规模的过分限制,使小型低效的企业能够生存下去。

2) 分散产业中的竞争战略选择

在许多情况下,产业分散确实是由于产业不可克服的经济原因造成的。在分散型产业中不仅存在许多竞争者,企业也处于对供应商和销售商不利的地位。因为每一个产业最终是不同的,所以没有一种通用的最有效的方法在分散型产业中进行竞争。但是仍存在以下几种可能的战略方法去对付分散结构,企业可视具体情况而采用。

(1) 分权体制与连锁加盟。在分散型产业中,一种重要的竞争战略选择是建立严格管理下的分权体制,即与其在一个或几个地点增加经营规模,不如保持个别经营的小规模并尽可能地使他们保持自治。例如在食品零售业、餐饮业中,企业可以在不同地区建立许多连锁加盟店,并保持他们的自治,如麦当劳、肯德基。同时通过报酬制度和利润分配制度保持集中的控制,并由企业加强相互间的协调。

(2) 增加附加价值。许多分散产业生产的产品或服务按市场进行区分是非常困难的,企业间的产品系列很接近。在这种情况下,一种有效的战略是给经营的产品或服务增加附加价值。如在营销中提供更多的服务,从事产品的最后加工,或在产品销售给顾客之前对零部件进行分装或装配等,以此增加产品或服务的针对性和适应性,产生更高的附加价值。

(3) 产品类型或产品部门专门化。如果造成产业分散的原因是由于产品系列中存在多种不同产品时,则集中力量专门生产其中少数有特色的产品是一种有效的战略选择。它类似于一般竞争战略中的集中化战略,可以使企业通过使其产品达到足够大的规模来增加与供应商的讨价还价能力。

(4)顾客类型专门化。如果因为分散结构而造成激烈竞争,企业可以从对产业中一部分特殊顾客服务的专门化中受益,可能这些顾客因购买量小或规模小而造成很低的讨价还价能力,或这些顾客因需要企业随基本产品或服务提供附加价值而对价格不敏感。

(5)订货类型专门化。在分散产业中,企业可集中于某一订货类型来应付竞争。一种办法是仅服务于顾客要求立即交货并对价格不甚敏感的小订单;另一种办法是企业仅接受习惯的订单,以获得顾客对价格的不敏感性并建立起转换成本。

(6)集中于某一地理区域。在不存在全国性的规模经济的情况下,企业却可以由于覆盖某一地区而得到重要的经济性,其方法是集中设备、注重市场营销活动,使用唯一的批发商等。

(7)提供简朴实惠的商品。在行业分散、竞争激烈、利润率不高的情况下,一种简单而有效的战略是提供廉价的简装商品、无牌号商品以及开包散装商品等。为此,企业应尽量降低管理费用,雇用技术熟练程度低的雇员,严格成本控制。这种战略使企业在价格竞争中处于最有利的地位,并能得到高于水平的利润。

专论摘要 5-1

内尔松·瓦尔韦德所划分的四种类型

就定性来说,在任一产业的任何一家公司可以遵循四种类型的战略,并在其中进行选择。根据内尔松·瓦尔韦德的说法,最简单的类型是区分为四大类战略:金貂型、雄狮型、山猫型和骏马型(见图 5-4)。

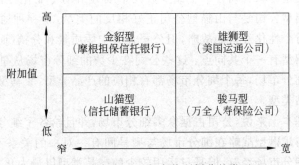

图 5-4　内尔松·瓦尔韦德所划分的类型

1.金貂型(细分市场少,高附加值)

摩根担保信托银行:

(1)成熟的产品(适于某一细分市场)。

(2)与各个细分市场相适应的营销活动。

(3)专业化型(排他型)形象。

2. 雄狮型(细分市场众多,高附加值)

美国运通公司:

(1) 成熟的产品(适于某一细分市场)。

(2) 与各个细分市场相适应的营销活动。

(3) 领袖型形象。

(4) 细分市场数量比金貂型多得多。

3. 山猫型(细分市场较少,低附加值)

信托储蓄银行:

(1) 成熟的产品比雄狮型少。

(2) 产品类型和细分市场数量比雄狮型少。

(3) 实惠买卖型形象。

(4) 更少的服务和较低的价格比例。

(5) 细分市场比骏马型更少。

4. 骏马型(细分市场众多,低附加值)

万全人寿保险公司:

(1) 成熟的产品比雄狮型少。

(2) 产品类型比雄狮型少。

(3) 实惠买卖型形象。

(4) 保证具有累进效益。

(5) 制度化的营销活动。

山猫型战略是指一家公司在一个或少数几个细分市场专业化经营,并在低价格成本基础上竞争。金貂型公司是与山猫型公司正好相反的类型,是一种通过占据少量细分市场(像山猫型)进行个性化经营的战略,但公司在其中凭质量和分销(而不是价格)来竞争。

山猫型和金貂型有一个共同点:这些公司在少数的细分市场从事专业化经营。雄狮型占据所有有效细分市场,每个细分市场都有相应的产品类型,骏马型生产比它所占细分市场数量少的产品类型。

雄狮型战略基本上来说,公司占据众多细分市场,并且给各个细分市场提供有内在差别的产品类型。与雄狮型战略在细分市场与型号间有一对一的关系不同的是,骏马型战略是选择在众多细分市场经营,但是只运用较少的产品类型以最大化经济规模,所以其类型数要少于其服务的细分市场数。

5.3.3　不同市场竞争地位下的竞争战略

各个企业作为市场活动的参与者,其实力和资源会有不同程度的差异,因而各自占据不同的竞争位置。主要包括市场领导者、市场挑战者、市场追随者及市场补缺者四种类型。企业必须认清自己在本行业竞争中的真实位置,以此为基础来制定有效的竞争战略。

1. 市场领导者战略

市场领导者是指在同行业中居于领导地位的企业。它在相关产品的市场上占有最大的市场份额,并在新产品开发、价格变动、分销渠道及促销等方面支配和领导者其他企业。如通用汽车(汽车业)、微软公司(计算机软件)等。这些市场领导者既受到其他企业的尊重,同时也往往成为竞争者的众矢之的,因此市场领导者必须选择正确的竞争战略才能巩固其领导地位。通常,领导者应采取下列三种战略。

1) 扩大市场需求总量

当一种产品的市场需求总量扩大时,受益最大的是处于领先地位的企业。市场领导者可以从三个方面扩大市场需求量。

(1) 发掘新的使用者。例如,一位香水制造商的做法是设法说服不用香水的妇女使用香水(市场渗透战略);说服男士使用香水(市场开发战略);向其他国家推销香水(地理扩展战略)。

(2) 开辟产品的新用途。例如,杜邦公司开发的尼龙产品,最初是用于降落伞的合成纤维;然后是用于女袜的纤维;接着又成男女衬衫的主要原料;再后来又成为汽车轮胎、沙发椅套和地毯的原料。每项新用途的开发都成功地扩大了市场需求。

(3) 增加消费量。设法促使顾客增加产品使用量也可有效扩大需求。例如宝洁公司劝告消费者在使用它的产品——海飞丝香波时,每次将使用量增加一倍效果更佳。日本铃木公司将"味素"的小瓶盖打了许多小孔,既方便于消费者,又使之在不知不觉中增加了消费量。

2) 保护市场份额

市场领导者在扩大市场需求总量的同时,还必须时刻防备竞争者的挑战,保卫自己的市场领地。通常用于保有市场份额的主要战略有以下几个。

(1) 创新战略:在新产品开发、分销渠道、促销及顾客服务等方面不断创新,以满足顾客新的需求。

(2) 防御战略:采取一些防御措施,防止竞争对手进入自己的市场。具体有六种防御战略可供市场领导者选择。

① 阵地防御:保卫自己目前的市场和产品。如申请专利加大进入壁垒。阵地防御属于静态防御,是防御的基本形式,但不能作为唯一形式。

② 侧翼防御:领导者在进行阵地防御的同时还应特别注意其侧翼薄弱环节,适当建立一些侧翼或其前哨阵地作为防御的犄角,以防其他企业乘虚而入。

③ 以攻为守:一种"先发制人"式的防御。这种战略主张预防胜于治疗,且事半功倍。具体做法是:当竞争者的市场占有率达到某一危险高度时就主动对其发动攻击,如促销战、价格战、服务战、产品升级战、企业形象战等。

④ 反击防御:当市场领导者遭到对手发动降价、促销、投放新产品等市场攻势时,不能只是被动迎战而应主动反攻入侵者的主要市场阵地,以迫使其撤回力量守卫本土。

⑤ 运动防御:不仅防御好目前的市场阵地而且还要扩展到新的市场领域,获得所谓"战略深度",并将这些新的市场领域作为未来防御和进攻的中心,从而增加防御和进攻战略选择的灵活性。向新的市场领域扩展的主要方式是通过市场扩大化和经营多元化来实现。

⑥ 收缩防御:当市场领导者认识到它已无力防守住所有阵地时,最适宜的行动是有

计划地收缩其战线进行战略撤退,放弃一些比较弱的领域以便集中力量于较强领域,以保存并巩固企业在市场上的竞争实力。

3）提高市场占有率

市场领导者也可以通过进一步增加其市场份额来巩固其领先地位。在许多市场,份额上的一个百分点就价值几千万美元。美国咖啡市场份额的一个百分点,值 4800 万美元,而饮料市场则为 1.2 亿美元。PIMS 研究项目发现,盈利率随市场份额线性上升。这一研究结果已导致许多公司把扩大市场份额作为其战略目标。

例如通用电器公司（GE）要求其在每一个行业市场中都成为第一或第二,否则就退出,并因此放弃了它的计算机业务和空调业务。但是也有人对 PIMS 的研究结论提出质疑,认为提高市场份额未必能自动增加盈利,这个主要取决于企业提高市场份额所采取的战略,因此企业应考虑以下三个因素。

（1）引起反垄断的可能性。许多国家有反垄断法,当企业的市场占有率超过一定的限度时,就有可能受到指控和制裁。

（2）为提高市场份额所付出的成本。当企业的市场份额越过某个临界值后继续扩张就会使盈利受到损失。所以由于各种成本的存在,追求太高的市场份额有时得不偿失,放弃一些疲软市场上的份额可能会获得更高的效益。

（3）所采用的营销组合战略。有些营销策略对提高市场份额很有效,却不一定能增加收益。只有在两种情况下高市场份额才能带来高盈利:一是单位成本随市场份额的增加而减少;二是提供优质产品所获得的溢价大大超过为提高质量投入的成本。

总之,市场领导者必须善于扩大市场需求总量,保卫自己的市场阵地,防御挑战者的进攻,并在保证收益增加的前提下,提高市场占有率,这样才能持久地占据市场领先地位。

2. 市场挑战者战略

市场挑战者是指那些在行业中居于第二、第三或更靠后位置的企业。市场挑战者欲向领导者或其他竞争者挑战,首先必须确定自己的战略目标和挑战对象,然后选择适当的进攻战略。

1）确定挑战目标和挑战对象

大多数挑战者的战略目标是扩大市场份额。无论是要击败对手取而代之还是削弱其市场份额,都要正确确定挑战对象。通常一个挑战者可以从三种类型的企业中选择一种进行攻击。

（1）攻击市场领导者。这一战略具有高风险,同时也具有潜在的高回报。挑战者需要仔细调查研究,找出领先企业的弱点、盲点和失误作为自己的进攻目标。

（2）攻击与自己实力相当,但目前经营不善、财力拮据的企业。

（3）攻击目前经营困难、资金不足的地方小企业。可以考虑吞并这些小企业,扩大自己的规模和势力。

2）选择攻击战略

可供挑战者选择的进攻战略主要有以下五种。

（1）正面进攻,即集中全力向对手发动正面进攻。它是向对手的实力挑战而不是向它的弱点攻击,因而挑战者必须在产品、广告、价格等主要方面超过对手,否则不采取此种战略。正面进攻的胜负取决于双方力量的对比。

(2)侧翼进攻,即采取"避实就虚"的战略原则,集中优势力量攻击对手的弱点,有时亦可采取"声东击西"战略,佯攻正面实际攻击侧翼。侧翼攻击可以从两个战略角度展开:一种是地理攻击,即寻找对手经营不善、力量薄弱地区发动进攻;另一种是细分性进攻,即寻找竞争者尚未为之服务的市场缺口并迅速填补这个缺口,将其发展成为强大的细分市场。

(3)包围进攻,即一种全方位、大规模的进攻战略。若挑战者拥有优于对手的资源,并确信围堵计划的完成足以打垮对手时,可采用此战略。包围进攻强调从几条战线上同时发起攻击,使对手首尾难顾,从而速战速决。

(4)迂回进攻,即尽量避免正面冲突,在对方没有防备或不可能防备的地方发动进攻。具体有三种进攻方法:多元化经营无关联的产品;以现有产品进入新市场,实行市场多元化;跳跃式进入新技术领域以取代现有产品,建立自己的优势领域。

(5)游击进攻,主要适用于规模较小、力量较弱的企业,其无力发动正面进攻或有效的侧翼进攻,因而向较大对手市场的某些角落发动游击式攻势,以骚扰对手使之疲于应付、士气低落,并最终使自己在市场上站稳脚跟。

以上简述了市场挑战者的五种进攻战略,一个挑战者不可能同时运用五种战略,但也很难单靠某一种战略取得成功,通常是设计出一套组合战略即整体战略,以改善自己的市场地位。

3. 市场追随者战略

市场追随者与挑战者一样,在同行业居于第二、第三甚至更靠后的位置,所不同的是,它不进行挑战而是跟随在市场领导者后面自觉维持共处的局面。这种"自觉共处"状态在资本密集且产品同质的行业(钢铁、化工等)中是很普遍的现象。

由于产品差异性很小,价格敏感度高,价格战势必导致两败俱伤,因此大多数企业追随市场领导者,以期"和平共处"。但是追随者往往是挑战者进攻的对象,因此追随者必须选择一种不会引起竞争者报复的追随战略。以下几种追随者战略可供选择。

1)紧密追随

全面模仿领导者的产品、包装、分销和广告等。他们并不进行任何创新,只是寄生性地利用市场领导者的投资而生存,更有甚者甚至模仿领导者生产"赝品",沦为"伪造者"。

2)距离追随

这种追随是在主要方面如目标市场、产品创新等方面追随领导者,但仍与领导者保持若干差异,力图给目标市场带来某些新的利益。

3)选择追随

这种追随者接受领导者的产品,但主动改变或改进它们,以形成自己的特色,从而选择与领导者不同的细分市场。许多市场追随者将来有可能成为挑战者。

个案研究 5-6

姜贵琴的成功跟随[1]

1995 年，山东省一中型城市的姜贵琴到城里的亲戚家小住几日。看到副食店中卖酱鸭翅的柜台前竟然排着长长的队伍。亲戚说，这个副食店中的酱鸭翅就是姜贵琴所在的郊区县里一个小工厂生产的。因为酱烧的十分入味，所以在城里特别受欢迎。一连几天，姜贵琴每每经过这家副食店，就会看到那条排队的长龙，而且经常是晚到的人买不到。

姜贵琴看着别人像开印钞机一样赚钱，很羡慕。她也想照着做。但是，她很清楚虽然自己能吃苦、肯学习，可最大的弱点是对市场一窍不通，而且市场敏感度差，又没有过丁点经营管理的体验。这些都是做生意忌讳的事。该这么做呢？她希望在动手之前先搞明白，怎么做才能让自己获取利润。

于是，她就找到了这个小厂子，软磨硬泡、托人送礼进了厂子，当了一个车间工人。姜贵琴一共工作了两个月，白天将小厂的货源、制作工艺、酱料的调配、送货渠道摸了一清二楚后，晚上再回家偷偷试着制作。终于等她将自己的酱鸭翅调弄得差不多了，请来品尝的人都说好后，她马上辞职回家，开始着手准备自己生产。

这家厂子不是做得很好吗？不是已经在城里打出名气了吗？不是已经有了现成的模式了吗？干脆在创业时全部向小厂看齐。小厂从哪里进鸭翅，她就去哪里进，这样可以保证原料品质和小厂一致；小厂生产的酱鸭翅味道是什么样，她也向着靠拢，这样可以缩短消费者认知的过程；小厂在城里的哪个街道铺货，她就尽量选同一个街道的另一家副食店，这样可以省下自己开拓市场的成本。唯一不同的是她总比这个小厂晚一个小时送货，这么做的目的，是为了告诉这个小厂，自己仅仅是一个无关紧要的尾随者，不会因此而对她加以防范，甚至采取破坏性举动。

跟进的结果使她的创业过程特别省心、顺利。由于很多人想买而买不到，所以姜贵琴这种跟着铺货的方式正好让她捡了一个漏，省下了她开拓市场的成本。最关键的是，那家小厂厂长知道后，根本没放在心上，还和姜贵琴开玩笑说："您就跟着吧，我们吃肉，也不能拦着你喝碗汤啊。"

看到对方根本没把自己的小作坊放在眼里，姜贵琴心里踏实了。开始时，她每天只送一家，后来慢慢发展到 5 家、10 家，不到一年的时间，只要是这个小厂在城里选的销售点，走不出二三百米就一定可以找到姜贵琴的酱鸭翅售卖点。仅仅一年时间，姜贵琴靠跟在人家后面卖酱鸭翅赚了 17 万元。

后来，那家小厂又开始增加一些类似酱烧鸭掌、酱烧鸭头等其他产品。姜贵琴并没有马上跟进。她知道跟在后面的人最大优势就是在后面能清楚看到前面所发生的事情，以及这些事情所带来的后果。而且既然是跟，那就不能心急，等等看，人家什么好卖，再决定跟什么。所以，她交代送货的伙计，让他们每天送完货后不要马上返回，一定要等到小厂的售卖点商品卖完后才许回来，晚上再统一向她汇报"侦察"的结果。

① 程欣乔. 八种创业赢利模式[J]. 科学投资，2004(6).

比如,哪些售卖点是最先上新产品的、哪些新产品畅销、哪些新产品不太受欢迎。姜贵琴将伙计们的反馈一一记在小本子上。等到小厂的新产品销售半个月之后,姜贵琴才考虑是否要增加新品种,先增加哪些品种,增加的品种先送到哪个售卖点。就这样,不紧不慢地跟在小厂的后面,姜贵琴轻轻松松地发着自己的财。

到1997年时,姜贵琴最初依靠一口锅开出的酱食小作坊已经发展得与那家小厂不相上下。她开始小规模地着手拓展那家小厂以前没有铺货的街道和社区。此时她也已经琢摸出了一种新鲜的酱料,生产的鸭翅味道更香浓。但是,她并不急于将这种鸭翅推向市场。她一边等待时机,一边继续研制着新品种。

1998年春节前,姜贵琴的资金积累已经达到了将近50万元,新厂房也已经竣工,而姜贵琴对市场销售渠道、销售环境等更是烂熟于心。她准备发力,一举超过那家小厂。

农村很多小厂在春节期间都给工人放假,停止生产,姜贵琴则将厂里的工人组织到一起让他们加班,每天多付3倍的工资,当天的加班费当天就结清,年三十加班每人再另发500元奖金。

同时,姜贵琴又将那家小厂放假回家的工人招来了15个,承诺在放假的这段时间里,每天的工资是那家小厂的2倍。从阴历腊月二十到正月十八,姜贵琴将产量提高到平日的5倍,产品品种由5种增加到了11种,其中不但有老品种,还新增了她自己研制的新品种。同时将送货的时间进行了调整,不单每天下午的送货时间提前了整整两个小时,而且还专门增加了一次上午的送货。

春节期间是副食消费的旺季,大家无事在家,亲朋好友难免要喝点酒助兴,而姜贵琴生产的酱货成了最好的下酒菜。春节前后短短一个月,姜贵琴工厂的利润相当于平时的6倍还多。

春节过后,市场依然红火。姜贵琴工厂每天保持的送货品种至少在11种以上,并且不断有新的品种推出。每天上、下午各送一次货的制度也得以保留,从此,消费者随时都可以享受到姜贵琴厂生产的新鲜食品。那家小厂等春节后再恢复生产时,发现顾客都跑到姜贵琴那边去了。

如今,姜贵琴当初紧跟的那家小厂,早已不是姜贵琴的对手。现在姜贵琴盯上了城里的一家酱食连锁店。她悄悄地跟到后面,慢慢地积蓄力量,等待时机成熟时一举超越。

讨论:

(1) 跟随战略的优势在哪里? 应如何跟随?

(2) 竞争对手是否在变? 应如何选择竞争对手?

(3) 姜贵琴的跟随有哪些特点? 她为什么要这样做?

4. 市场补缺者战略

市场补缺者是指精心服务于市场的某些细小部分,通过专业经营来占据有利的市场位置的企业。每个行业都有些小型或微型企业,它们专心关注市场上被大企业忽略或放弃的某些细小市场,通过为之提供专业化服务来获取最大限度的收益,在大企业的夹缝中求得生存和发展。这种战略不仅对小企业有意义,而且对那些无法在产业中达到杰出地位的大企业的小部门也有意义,它们也常设法寻找一些安全又能获利的补缺市场为之服务。

一般而言,一个理想的补缺市场具有下述特征:有足够的规模和购买力,能够盈利;有成长的潜力;被大的竞争者所忽视;企业拥有有效服务该市场所需的资源和能力;企业既有的信誉足以对抗竞争者。补缺战略成功的关键是专业化,企业必须选择一种能扬长避短的专业化模式。具体的专业化模式有以下几种。

(1)最终用户专业化。专业致力于为某类最终用户服务。如法律事务所专门服务于刑事或民事案件市场。

(2)垂直专业化。专门致力于产品某一阶段的经营。如黄金生产企业可以从开采、冶炼、制成品加工等环节进行专业选择。

(3)顾客规模专业化。专业为某种规模(大、中、小)的顾客服务。

(4)特定顾客专业化。只对一个或少数几个主要顾客服务。如美国有些公司专为西尔斯公司或通用公司供货。

(5)产品或产业专业化。只生产一种稀罕品或一大类产品。如美国的绿箭公司专门生产口香糖一种产品。

(6)地理区域专业化。只在全球某一地点、地区或范围内经营。

(7)客户订单专业化。只为订购客户生产特制产品。

(8)质量—价格专业化。专门生产经营某种质量和价格的产品。如专门生产高质高价产品或低质低价的产品。

(9)服务项目专业化。专门提供某一种或几种其他企业没有的服务项目。

(10)分销渠道专业化。专门服务于某一类分销渠道,如专门生产适于超级市场销售的产品。

补缺战略的主要风险是补缺市场可能逐渐枯竭或者遭到强者进攻,因此企业应意识到补缺市场并非是一劳永逸的市场,作为补缺者必须时刻注意创造补缺市场、扩大补缺市场。例如,美国著名的运动鞋制造商耐克公司开发出适合不同项目的特殊运动鞋,如登山鞋、旅游鞋、自行车鞋、冲浪鞋等,不断开辟新的补缺市场,进而为各类鞋开发出不同款式和品牌,如耐克充气乔丹鞋、耐克哈罗克鞋等,以扩大补缺市场,同时时刻关注竞争者动向,防患于未然,因而得以长久保持自己在特定市场的领先地位。

个案研究 5-7

独特的降氟牛奶

河北沧州乡谣公司是一个奶制品小厂,由于遭遇娃哈哈、乐百氏等大品牌的冲击,销售艰难,处境非常危险。为此,这家小厂专门找到了专家进行分析,专家经过考察后发现,娃哈哈、乐百氏在当地影响很大,要想翻身必须有特别鲜明的独特卖点,否则将很难生存。

　　通过大量阅读资料，专家们发现，河北沧州是我国最严重的高氟区之一，当地的饮用水源含有过量的氟，对人体健康非常不好，很多沧州人得的地方病就和当地的水质有关系，这个资料搞清楚以后，马上跳出一个大胆的想法：能不能生产一个降氟牛奶？只要消费者知道他们的病和高氟水有关，"降氟牛奶就有戏！"于是乡谣公司马上与北京食品工艺研究所合作，开发具有降氟功效的新产品。现在乡谣牛奶在沧州已经全面上市，并且在当地引起了较大的反响。公司从以前的日销3000袋，到现在的2万袋，不但很快打开了市场局面，而且已经盈利近30万元。

　　由于降氟牛奶是只针对河北沧州市的水源情况专门设计的牛奶，因此，娃哈哈、乐百氏这样的大品牌绝对不屑于为了一个小市场而改变产品加工的整个流程。乡谣公司反而乐得在这个小小的池塘中，过起了大鱼的轻松日子。

5.3.4　竞合战略与蓝海战略

　　1. 竞合战略简介

　　迈克尔·波特教授归纳的低成本、差异化、集中化三种基本竞争战略，多年来一直是研究企业竞争战略的最主要框架。然而在现实中，企业是否有竞争没有合作？大量事实证明，企业在实际市场竞争中，既展开必要的竞争，又进行必要的合作。

　　竞合战略泛指通过与其他企业合作来获得企业竞争优势或战略价值的战略。自亚当·斯密以来由西方文化所主导的经济学和工商管理门类的理论，都是以"竞争"为主线，强调竞争忽视合作。

　　沿袭至今，则形成了众所周知的恶性竞争观，即商场如战场，战胜竞争对手，掠夺市场份额，将对手置之死地而后快。人们相信自己的成功只能建立在竞争对手的失败上，所谓"只有吹熄了别人的蜡烛，自己的灯才亮"，竞争就是你死我活，只会出现"输—赢"这一种结果。

　　为此，不惜打价格战，不惜假冒伪劣，不惜采用各种违法手段进行不公平竞争，结果深陷于恶性竞争的泥潭，不仅浪费了资源、两败俱伤，而且过度竞争使企业利润严重下滑，甚至趋向于零。

　　1994年以来，理查德·安文尼（Richard Aveni）等人先后提出了超竞争环境的概念，认为当今超竞争环境下，企业间竞争呈现动态性、快速多变性、竞争对手间的战略互动性和竞争内容的全方位性等新特点。

　　为了纠正人们的错误竞争观及其导致的不良后果，为了帮助企业应对当前日益严峻的超竞争环境，竞合战略学说应运而生。美国战略管理学者为此还专门构造了一个新词co-opetition，将"合作（cooperation）"与"竞争（competition）"合二为一，意为"竞合"，即竞争性合作。

　　用其倡导者亚当·布拉顿伯格（Adam Brandenburger）教授与巴里·纳勒布夫（Barry Nalebuff）教授的话说，是"合作把饼做大，竞争把饼分掉"。竞合战略旨在通过"合作—竞争"方式实现竞争各方的"双赢"或"多赢"。

持这种观点的学者认为,商场不是战场,市场竞争不一定非要你死我活,一个企业惊人业绩的取得,并不一定非以其他企业的惨痛失败为代价,商家可以多赢,因为竞争双方既有相互对立的一面,又有相互依赖的一面,若能找出双方利益共同点,并为实现共同利益而结成合作伙伴关系,携手把蛋糕做大,就能实现双赢。

当然,商场上竞争是不可避免的,关键是要避免恶性竞争,因为恶性竞争会导致两败俱伤,而良性竞争方能推动双方前进。从本质上说,商场是一种竞争与合作的混合体,既存在利益分割矛盾,又存在共创市场的互惠可能。

于是,学者们把合作与竞争这对矛盾统一在竞合战略学说之中,认为企业的竞争战略需要同时反映出竞争的艺术与合作的艺术,仅有其一,在超竞争的环境下绝难取胜。这也符合公元前大秦帝国崛起时采用的合纵连横的战略思想。

2. 蓝海战略简介

蓝海战略最早是由金伟灿(W. Chan Kim)和勒妮·莫博涅(Renée Mauborgne)于2005年2月在二人合著的《蓝海战略》一书中提出。蓝海战略认为,聚焦于红海等于接受了商战的限制性因素,即在有限的土地上求胜,却否认了商业世界开创新市场的可能。运用蓝海战略,视线将超越竞争对手移向买方需求,跨越现有竞争边界,将不同市场的买方价值元素筛选并重新排序,从给定结构下的定位选择向改变市场结构本身转变。

蓝海以战略行动作为分析单位,战略行动包含开辟市场的主要业务项目所涉及的一整套管理动作和决定,在研究1880—2000年30多个产业150次战略行动的基础上,指出价值创新是蓝海战略的基石。

价值创新挑战了基于竞争的传统教条即价值和成本的权衡取舍关系,让企业将创新与效用、价格与成本整合一体,不是比照现有产业最佳实践去赶超对手,而是改变产业景况重新设定游戏规则;不是瞄准现有市场"高端"或"低端"顾客,而是面向潜在需求的买方大众;不是一味细分市场满足顾客偏好,而是合并细分市场整合需求。

如果我们把整个市场想象成海洋,这个海洋由红色海洋和蓝色海洋组成,红海代表现今存在的所有产业,这是我们已知的市场空间;蓝海则代表当今还不存在的产业,这就是未知的市场空间。那么所谓的蓝海战略就不难理解了,蓝海战略其实就是企业超越传统产业竞争、开创全新的市场的企业战略。

"红海"是竞争极端激烈的市场,但"蓝海"也不是一个没有竞争的领域,而是一个通过差异化手段得到的崭新的市场领域,在这里企业凭借其创新能力获得更快的增长和更高的利润。蓝海战略要求企业突破传统的血腥竞争所形成的"红海",拓展新的非竞争性的市场空间。

如果说黑海战略是一个完全没有规律的残酷竞争你死我活的世界,那么红海战略就是一个具有一定规律有着一定共同准则被管理但仍是弱肉强食在黑海上取得一定进步的世界,是需要胆识和强大的竞争力才能充当领头者。而蓝海更多的是创新与创意,是一场差异战。当今社会,红海战略仍占市场大部分份额,而以创意为特色的蓝海正在不断成长。

寻找蓝海有六种方式:一是放眼替代性行业;二是放眼行业内的不同战略类型;三是放眼客户链;四是放眼互补性产品或服务;五是放眼客户的功能性或情感性诉求;六是放

眼未来。

制定与执行蓝海战略需要遵循以下六项原则,其中前四项为战略制定原则,即重建市场边界、注重全局而非数字、超越现有需求、遵循合理的战略顺序;后两项为战略执行原则,即克服关键组织障碍、将战略执行建成战略的一部分。

脑力激荡

(1) 以一个具体的产业为例,分析它为何分散? 如何在这样的产业中进行竞争?

(2) 以互联网为例,分析它存在的问题以及企业如何在这样的产业中竞争?

(3) 在家电连锁业中,苏宁电器处于什么样的市场地位? 应如何采取竞争战略?

5.4 任务实施

1. 选择适合本企业的竞争战略

从三种基本竞争战略和其他典型竞争战略中选择适合本企业的竞争策略。

2. 撰写竞争战略分析报告

根据上述分析内容,撰写本企业竞争战略分析结论与报告。

5.5 任务实施过程中可能出现的问题

1. 不清楚自己的真正竞争对手

要搞清楚谁才是你的真正竞争对手。比如,对于新华人寿而言,当时其竞争对手既不是平安寿险、中国人寿(还难望其项背),也不是民生人寿、华泰人寿(与新华相比还太小),而是太平洋寿险、泰康人寿等。

2. 不清楚竞争对手的竞争战略

竞争对手所采取的竞争战略属于其商业秘密,很多时候很难全面掌握。这样就使得要想制定出针对性很强的竞争战略变得异常困难。

3. 缺乏对行业未来竞争形态的把握

由于经验、视野的关系导致对行业未来竞争形态把握不准,这样就很容易使竞争战略产生偏差,致使在竞争中失利。

5.6 阅 读 材 料

让竞争对手变成合作伙伴①

珠三角中小制造业企业向来是"同行侧目",但有一家科技企业却让这类同质竞争的中小企业变成了合作者。

---

① 张业军,刘翔铭. 让竞争对手变成合作伙伴[N]. 中国经营报,2009-08-10(C14).

实现这一"转变"的是深圳易拓迈克科技有限公司(以下简称易拓迈克),其通过整合当地几十家模具工厂的生产资源,并通过"协同生产"将这些工厂绑在一起。2009年7月20日,易拓迈克获得了深圳市天图创业投资有限公司2000万元的风险投资,并宣布将开发电子商务平台来进行工业产品的供销。

1. 节省合作商30%的生产时间

易拓迈克过去一直专注于模具制造研发,但真正给其吸引来商业合作伙伴的却是自主研发的信息化平台(IMG)。所谓"IMG",其实是基本类似于模具行业ERP软件+电子商务+项目监控和工程协同及其他信息化软件。

易拓迈克曾做过一笔国外订单,其中部分生产任务交给某合约模具厂。但是在交货后,模具厂老板找到易拓迈克董事长邓滨说,那批模具工艺非常复杂,易拓迈克却只付了29万元,市场上开出的供货价远不止这个数,希望能重新定价。

邓滨马上给对方算了一笔成本账:你用我的生产系统,少花了多少人工,多少水电……这些成本给你满打满算,加起来也就21万元。而这一单货你赚了8万元,利润率比市场行情如何?

对方也意识到:如果不是采用了易拓迈克的系统平台,或许光是工时延期产生的成本,都足以让这批货无法在29万元以内完成。易拓迈克的合作商金恒立信实业发展有限公司总经理金礼平告诉《中国经营报》记者,"易拓迈克的系统,尤其是模具企业资源规划(IM3)软件,对模具制造业的体系提升很大。操作上改进的地方在于,项目开工前,各个生产环节上的工程师进行一次讨论,提前设定好整个流程,并提供各种意外情况的处理预案,确保整个生产顺利进行。"他表示,同样的产品生产时间比传统流程节省30%,比如一笔订单要60天才能完成,现在就只需40余天就能完成。

2. 从单兵作战到联手出击

在深圳沙井,分散于此的模具制造商有数十家,他们为制造业企业提供生产资料。这些规模不大的模具企业,往往不敢接海外大单,而小单却面临着利润水平较低的状况。

在易拓迈克的推动下,目前已有50多家模具厂成了其合约制造商。这些模具制造商与易拓迈克结盟的条件是:必须执行易拓迈克开发的IMG平台所规定的生产流程,包括"项目进程跟踪系统""IMG模具企业资源规划""工程协同系统"等。

邓滨表示,通过IMG平台服务方式,客户可以在线提交订单需求,可以通过视频在线审核工厂,在线了解实时项目计划和实际进展,在线工程协同审核3D图纸,甚至可以通过互联网直接看到试模、组装等生产加工的全过程。同时,易拓迈克的成员企业、海外配送和售后服务中心、供应商和合作伙伴也都可以通过这个"信息化网络运营平台"与易拓的运营中心相连接,实现供应链上的各方信息共享和实时交互,从而实现了买卖双方从信息获取、网上交易到订单交付的全流程电子商务。

实际上,这些模具工厂与易拓迈克合作,相当于实现了"统一订货,统一生产流程,统一技术标准"。而做到了这一点,就等于能共享效率、订单和利润。邓滨说,在金融危机的背景下,正好借此机会去整合一些中小企业,它们缺什么补什么,形成资源整合。

整合的作用,正在于能将产业集聚拧成一股绳。天图创投副总经理冯卫东表示:国际上零部件产业需要大规模协同制造,因此制造业的整合将会分为两种路径:一种是单厂规模扩张,一种是多厂协同合作。目前,更多的制造业企业走的路径是单厂扩张,但是单厂扩张的风险其实很大,因为一旦出现订单不足的时候,就无法支撑巨大的成本损耗,就会面临生死存亡的考验。而对于多厂合作的模式来说,协同对抗风险的能力更强。

3. 订单是"聚拢"的关键

易拓迈克的获利途径,第一步就是获得订单,然后再交给协同厂商来生产,可以说,易拓迈克最直接的获得来源是在订单上找价差。

然而,不可回避的是,易拓迈克在向其合作厂商推广 IMG 平台时,也面临一些问题,比如企业担心商业机密被泄露。因为这种网络化的协同,要迫使企业将自己掌握的产品核心参数公布于系统。所以稍微有一些核心技术的企业,都会顾虑到这一问题。

冯卫东也表示,易拓迈克这一协同模式的风险在于,管理上比较复杂,因为只要某一个工厂出现问题,就会影响全部工厂的项目流程。对于易拓迈克来说,必须先建立标准,输出技术和规范,甚至需要提供资金链融资平台。

"最关键的是要有获取订单的能力,这是促进工厂整合的关键资源。而一旦形成规模效应,才会进一步强化这种资源。"冯卫东说。

4. 投资方说

深圳市天图创业投资有限公司总经理冯卫东认为,中国并不缺乏加工制造能力强的企业,珠三角产业配套非常完善,这同时导致企业的规模比较小,他们在与大公司谈判时完全不对等,没有什么话语权。而易拓迈克倡导的这种整合方式,能与海外一级供应商拥有较强的话语权。因此在他看来,多厂协同合作是较有前景的模式。而他们之所以投资易拓迈克,也正是看好其大规模协作的商业模式。

5. 第三只眼

广东省中小企业信息化创新服务中心主任魏生认为,信息化与工业化的融合,是一个大的趋势。易拓迈克的平台是一种现代信息化科技服务,同生产与整合资源,是其制胜关键。实际上,协同制造是一潭深水,特别是核心模块——协同设计,这是未来商业模式的核心。因此,易拓迈克同样也需要更多技术资源。

其实几年前广州某教授也曾研发过类似的软件系统,但是没有成功实施,主要因为产学研结合不强,造成市场推广遇阻,这其实本身就是资源整合不畅的表现。因此他建议,适当引入高校资源,开展产学研合作,做"平台＋技术"的协同,会更有利于这一协同模式的实现。

思考:

(1) 易拓迈克能初步实现竞合的基础是什么?

(2) 易拓迈克"联盟"下步还面临哪些风险?

诺基亚三打苹果,智能手机"空战"升级[①]

诺基亚正全力以赴地投身于同苹果之间的专利战,如图5-5所示。

2010 年 1 月 5 日凌晨消息,诺基亚再次向美国联邦法庭提出指控,称"苹果侵犯了从

① 胡雅清. 诺基亚三打苹果:智能手机"空战"升级[N]. 中国经营报,2010-01-10(C11).

图 5-5   漫画"诺基亚三打苹果"

摄像头传感器到触摸屏等多种已实施专利",这意味着两家公司的战火越烧越大。

此前的 2009 年 12 月 29 日,诺基亚将诉状递至美国国际贸易委员会,投诉美国苹果公司的产品全方位侵犯其专利。诺基亚称,除手机外,苹果的音乐播放器、计算机产品几乎都侵犯了其专利,具体涉及用户界面、摄像头、天线和电源管理技术等,要求该委员会禁止从 MacBook 到 iPhone 等苹果所有移动产品进口。

早在两个月之前,也就是 2009 年 10 月,诺基亚就在美国特拉华州联邦地区法院提起诉讼,状告苹果手机产品侵犯其 10 项专利。而苹果就在同一家法院反诉诺基亚侵犯了自己的 13 项专利。

记者了解的最新消息是,针对诺基亚将纠纷升级的新动作,苹果暂时还未做出回应。

4 个月之内三打苹果,诺基亚是要借专利之名遏制苹果疯长的势头,并且以此作为进入北美市场的敲门砖。

1. 贴身"肉搏"

可以说 2009 年是诺基亚最艰难的一年,因为市场份额在持续下降。

在 2009 年第三季度,苹果公司 iPhone 部门获利达到 16 亿美元,首次超过了手机产业的"老大"诺基亚。而同期诺基亚手机部门的获利为 11 亿美元,苹果一举拿下了全球盈利冠军的头衔。

在苹果的巨大压力之下,诺基亚已经不再仅仅是含着醋意说说"苹果是我们的叫醒电话",而是迅速进入了扭转被动局面的实操阶段。

一方面挥舞着专利大棒"攘外",另一方面诺基亚的"安内"政策也在同步进行。

首先是一向靠机海战术取胜的策略被迫调整。记者了解到,诺基亚在 2009 年发布了约 20 款智能手机,但是表现最佳的只有 N97 和 E71 两款。"2010 年发布的智能手机型号数量将缩减一半,以加强自身对苹果以及 RIM 等新对手的竞争力",诺基亚在 2009 年年末发布对 2010 产品规划时宣布。

而苹果能够后来居上,正是靠坚持产品线简单化,不求推出大量仅作简单修改的所谓新机型,只求每款产品都能让消费者耳目一新,即都是"杀手级产品"。

除了缩减产品数量,降价是诺基亚准备使出的第二招。"诺基亚计划下调智能手机的价格,我们注意到高端市场的竞争十分激烈,同时也看到了中低端智能手机市场的增长机会。"诺基亚 CEO 康培凯说。

问题不仅仅是调整产品战略那么简单,如果没有竞争对手的速度快,同样是一种落后。诺基亚在北美市场的泥潭,越陷越深。

2009 年初,模仿苹果的专卖店形式,诺基亚在美国开设了两家概念手机店,并且在纽约地铁投放广告,不过,并没有收到显著成效,市场份额跌到不足 10%。由于在美国市场的开拓无法突破,纽约和芝加哥的两家旗舰店经营不到一年就被迫关闭,在此之前诺基亚也已经宣布要关闭位于英国伦敦和巴西圣保罗的旗舰店。

这对于诺基亚可是个大问题,因为北美正在成为全球增长最快的智能手机市场。失去了这个市场的霸主地位,称霸全球就显得十分单薄。

"到 2011 年,我们在智能手机方面将与苹果和 RIM 相媲美。诺基亚实现这个目标的计划是使自己的电子邮件平台更有吸引力,同时通过增加音乐和娱乐等额外的功能提高软件的价值",诺基亚移动部门负责人里克赛门森(Rick Simonson)说。

2.格局暗变

此消彼长,诺基亚的霸主地位受到来自多方力量的挑战,不得不拿最具威胁的苹果开刀。

对于诺基亚的追加诉讼,市场调研公司 Cross Research 的分析师 Shannon Cross 表示,苹果和诺基亚都拥有数量庞大的专利技术,整个案件的审理将会持续很长一段时间。诉讼双方通常会以签订专利交叉授权协议结束诉讼,不过整个过程中,无论是诺基亚还是苹果都会为此付出大量的资金和人力,整个争端在未来几年里可能涉及数亿美元的相关开支。

为什么两家企业宁愿付出如此大的代价兵戎相见,也不愿意握手言和? 最主要的原因就是因为,现在正是市场格局发生动荡的关键时刻,智能手机的市场前景十分广阔,正处于事业的上升期,谁也不希望在这一轮竞争中成为失败者。

根据 IDC 的数据,2008 年,11.9 亿部手机在全球售出,其中 1.55 亿部是智能手机,占 13%;IDC 预测,2013 年,全球将售出 14 亿部手机,其中智能手机的比例将达到 20%,市场规模达到 2.8 亿部。

从市场排位来看,2009 年第三季度,诺基亚占据着智能手机领域 37.9%的市场份额,排名第一,出货量为 1640 万部。但是这个市场占有率却是有史以来的最低点。

黑莓和 iPhone 的出货量分别为 820 万部和 740 万部,分别以 19%和 17.1%的占比紧随诺基亚之后。尤其值得关注的是黑莓,比去年同期增长了 35.7%,这也是所有智能手机厂商的最大同比增幅。

与此同时,萎靡不振了数年的摩托罗拉,也在集中火力聚焦 Android 平台之后,推出了首款智能手机,其上市第一周就取得了销售 25 万台的好成绩。三星和 LG 也把智能手机作为今后的战略重点,而这两家在北美市场占据了半壁江山的手机厂,是诺基亚一直无法跨越的拦路虎。

仅仅来自手机厂商的狙击,就已经让诺基亚疲于应对。越来越多的公司跟随苹果的步伐,玩起了跨界。

北京时间2010年1月6日凌晨2时,谷歌正式发布首款自有品牌手机Nexus One,该机采用Android 2.1操作系统,裸机售价是529美元,约合人民币3611元。之前,宏碁、戴尔、惠普、联想等四大PC巨头也整齐地在智能手机领域亮相。

随着手机向手持式电脑方向发展,手机行业的力量平衡已悄悄变化,让人意想不到的竞争对手将会层出不穷。

思考:

(1)你认为诺基亚与苹果的专利战是否必要?为什么?

(2)诺基亚在这轮智能手机的竞争中存在哪些失误?

(3)苹果从危机中走出取得此轮辉煌的成功经验有哪些?

(4)诺基亚与苹果之间是否存在竞合的可能?为什么?

寿险公司发展战略的若干模式

战略选择是关乎企业发展的重大课题。寿险行业作为新的朝阳行业,中资、外资和中外合资寿险企业如雨后春笋般诞生,群雄逐鹿寿险,竞争日趋激烈。在这机遇与挑战并存的关键时刻,谁能把握住这一难得的历史机遇,成为新的宠儿,战略选择的正确与否成为成败的前提和关键。

战略选择与规划重点要解决以下三个问题:从哪里来(或说在哪里),到哪里去,以及怎样去。大多数企业为实现自己的目标和使命,可以有若干种选择,战略就与决定选用何种方案有关。战略包括对实现企业目标和使命的各种方案的拟定和评价,以及最终选定将要实行的方案。

具体到寿险公司的战略选择就要回答:①采用何种战略态势:是稳健发展型,还是快速扩张型;明确阶段性的发展目标,即发展到多大的规模;②采用何种业务模式:是个险主导型、银代主导型、团体主导型,还是混合型;③采用什么样的营销模式:是精兵制的代理人模式,还是低成本快速扩张的增员和组织发展模式;④机构如何布局:是重点布局,还是全面布局;⑤采用何种增长方式:是规模增长型,还是内涵价值增长型;即是靠机构拉动,还是靠内涵增长;⑥目标客户选择:是中高端客户,还是中低端客户。这一系列问题解决的是公司定位、发展目标、发展模式、市场地位(规模)设定、产品策略、营销方法和手段等关系到保险公司发展的根本性问题。如此,也形成了各具特色和竞争力的寿险公司战略选择模式。

1. **战略态势:保守VS激进**

战略态势的选择是最根本、最核心的战略问题。选择何种战略态势将直接影响到业务模式、营销模式、机构布局、增长方式和目标客户的选择。战略态势主要有三大类,即稳定发展战略、积极发展战略和防御战略。在我国保险业这个新兴的朝阳行业里,防御战略暂时还不会涉及。

(1)稳定发展战略:稳健发展型。顾名思义,稳定发展战略不是不发展或不增长,而是稳定地、非快速地发展。一般垄断行业的企业和垄断竞争行业的领导者适合采用此种战略,如在公用事业、运输、银行和保险等领域。中国人寿占据我国寿险的半壁江山,分支机构已深入到我国广大的农村乡镇,目前采取的就是稳定发展型战略。这一选择应该是中国人寿最合逻辑、最适宜和最有效的战略。在中国寿险行业中,素有黄埔军校之称的个人营销业务的领导企业平安寿险也是采用这种战略,是以个人业务为核心业务的稳健发展战略。

(2) 积极发展战略:快速扩张型。积极发展战略也称增长战略。一般在快速成长的朝阳行业里的新兴企业适合采用这种战略,譬如 1996 年成立的新华人寿和泰康人寿等,受政策限制 2000 年以前只在总部一地营业。2001 年我国加入 WTO,监管部门鼓励和支持中资保险企业加快发展,于是在 2002 年和 2003 年的两年间,这两家公司各发展了 150家左右的分支机构,分支机构覆盖了全国绝大部分地市,2006 年保费收入均超过了 200亿元,由区域性中小公司迈入了全国性中大公司的行列,并进入了中国企业 500 强;2008年保费收入更是分别达到 556.8 亿元和 577.5 亿元。

(3) 防御战略(略)。

2. 业务模式:专注 VS 多元

在寿险业务中主要有团体业务、个人业务和银行代理业务三种。团体业务是我国早期寿险业务的主导业务,新华人寿成立伊始,就是靠团体业务迅速崭露头角的。个人业务是由友邦保险带入我国的,随着平安全国机构布局的展开而风靡全国,并成为核心业务。银行代理业务在 21 世纪初才进入我国寿险市场,但由于借助银行庞大的营业网络资源和信誉,业务规模迅速膨胀,目前已成为与个人业务、团体业务并驾齐驱的三大业务之一,然而其业务的内涵价值并不高,在三大业务渠道中个人业务内涵价值最高、最为显著。根据各公司三大业务的不同占比,业务模式可分为个险主导型、银代主导型、团体主导型和混合型四种类型。

(1) 个险主导型。个人业务是一个慢工出细活的过程,前期投入大,见效慢。然而,一旦形成了庞大的个险续期业务,公司的经营将非常稳定,效益也将非常突出。友邦的业务模式是典型的个人业务主导型。目前,除了友邦外,中外合资寿险公司大多是个险主导型业务模式,如信诚人寿、中美大都会等。平安保险是主动由混合型业务模式向偏个险业务主导型模式发展的。平安作为规模第二大的寿险公司在第一的中国人寿和第三的太平洋寿险之间有足够的市场份额空间供平安进行调整。

(2) 银代主导型。银行代理业务是可以借助银行业务渠道迅速冲规模的,但是此类业务的内涵价值比较低,而对资本金的"消耗量"又比较大,因此鲜有公司把此项业务作为主导业务,多数公司往往是作为锦上添花、冲规模的补充手段。即使如此,也还是有公司把银行代理业务作为主打业务的。中外合资的瑞泰人寿借用外资方的经验和能力,采用银代主导型业务模式,重点发展银行代理业务。

(3) 团体主导型。团体业务是寿险公司的重要业务之一,应该重点发展。然而由于政策不配套,我国团体保险业务一直处在一种畸形的发展状态。早期靠做资金型业务大发利市,近年来由于国家加大打击洗黑钱、变相占用侵吞公款等行为,资金型业务遭到取缔。而新的团体业务,如年金险业务又只处在萌芽状态,团体业务受到很大的冲击和影响。但是我们有理由相信,随着改革开放的进一步发展,必要的配套政策也将陆续出台,团体业务必将迎来新的发展春天。

(4)混合型。混合型业务模式是目前寿险公司的主要业务模式和形态。混合型模式就是团、个、代三条业务渠道都发展,靠银行代理业务冲规模,靠个人业务提升内涵价值,靠团体业务使业务规模锦上添花。三项业务的有效搭配,可以既解决眼前的规模问题,又解决了长远发展的问题,是比较中立和均衡的业务发展模式。目前,中国人寿、太平洋寿险、新华人寿、泰康人寿等都采用这种业务模式。

3.营销模式:精兵 VS 粗放

在三大业务中,个险续期业务是寿险公司永续经营的根本和生命线。要形成较大的滚动续期业务就必须有较强的个险新单开拓能力。这是竞争的关键,也是竞争的难点。续期是靠积累来的,新单反映的是开拓能力,是真正竞争力的表现。毫不夸张地讲,未来寿险公司的竞争主要体现在个险新单的开拓能力上。现状大多数新兴寿险公司还没有形成真正的个险竞争实力。

(1)粗放型模式:低成本快速扩张的增员和组织发展模式。这种营销代理人模式为大多数中资寿险公司所普遍采用,其显著优点就是可以低成本快速扩张,大力进行组织发展,适用于大多数地区,可以满足企业目前发展的需要,也是多数企业较为理想和现实的选择,因为中资寿险公司大多没有足够的寿险营销经验和管理能力,也缺乏雄厚的财务实力。这种模式本身的特点就是人员流动频繁(尤其是新进入的代理人,主管层面则相对比较稳定),这样也才可以不断扩大客户覆盖面。而快速扩张的组织发展也可能造成较高的脱落率,出现代理人大进大出的情况,使各项 KPI(关键绩效指标)有所下降。新华人寿和泰康人寿采用的就是这种营销代理人模式。

(2)精兵制路线:打造高学历、高素质、高绩效的"三高"团队。精兵制的特点是选择没有保险从业经验的高学历、高素质、高收入的"白丁"从头开始培养,最终打造成高绩效的代理人团队,其人均月保费收入超过万元,是普通代理人团队的数倍。然而,这种代理人团队的建立需要有雄厚的财力,丰富的经验和较高的管理能力,因此比较适合外资和中外合资保险公司。同时这种模式在地域上比较适合上海、深圳、北京这样的发达地区,广大的欠发达地区目前还不适用。中美大都会、友邦就是在上海、北京等地采取这种代理人模式,信诚也可以算入此列。

(3)平安模式:也可以称为中间模式,是介于以上两者之间的一种模式。平安的代理人团队既不同于粗放型模式的代理人团队,也不同于精兵制路线的代理人团队,而是以类精兵制路线的代理人为核心,以类粗放型模式的代理人为基础的混合式代理人团队,其整体平均绩效介于以上两者之间,既适用于在上海等发达地区与友邦一争高下,也适用于在广大的欠发达地区大展身手。这样团队的打造既需要经验和能力,也需要时间的积累。

(4)员工制:一种与上述代理人模式完全不同的个险营销模式。这种模式的核心是将代理人转化成了员工。其优点是代理人有了基本收入,有了保障可以相对稳定下来,更容易管理降低脱落率。但其也有明显的缺点,首先是使客户的来源变得狭窄;其次是失去了佣金体系的动力;再次就是面临这种特殊商品销售的困难。目前,中外合资的恒安标准人寿正在进行员工制的新尝试,其结果如何值得期待。

4. 机构战略（机构布局）：局部 VS 全部

一段时期以来，在不断的"狼来了"的喊声中，一些人生出了"御敌于国门之外"的念头和举动。各行各业兴起了以快制胜、跑马圈地的运动。家电连锁、超市连锁莫不如此，保险业也不例外。在这一浪潮中，有人初步功成名就；但功败垂成者也大有人在，如盛兴超市、普马连锁、家世界超市，顾雏军与格林柯尔等，失败者的遗憾比比皆是。

（1）全面布局。全面布局就是进入全部战场展开竞争，其优点是可以迅速形成规模优势，抢先占领有利地形，利于形成竞争优势；其缺点是战线容易拉得过长、顾此失彼，管理不到位、发展严重失衡，如此下来整体效率与效益未必高。此战略适合于已经有了一定规模和管理基础的公司，特别是要有足够的人才储备和相对充裕的财力配合，不适合太新的公司选用。

（2）重点布局。重点布局就是根据企业自身的能力和特点，选择适合自己发展的地方去发展。重点布局可以分成以下几种形态：一是单纯局部发展，比较适合实力较弱的公司，如在西部地区竞争不激烈的地方建立根据地，积蓄力量伺机发展；二是重点地区突破，比较适合根基厚重的公司，如友邦首先进入长三角经济区的中心城市上海，然后进入珠三角经济区的中心城市广州，2002 年进入环渤海经济区的中心城市北京；三是局部地区的深耕细作与全国性的战略布局相结合，如中美大都会在北京建立总部之后，又陆续在重庆、广州等地建立区域总部，为下一步发展奠定基础。

目前，新兴中资寿险公司的现状是：缺乏全面作战的能力，无论是人力、财力、客户资源等方面，还是管理水平、品牌知名度、偿付能力等方面。既然目前尚不具备全面开花的能力和资源，那么有限的资源和力量是雪中送炭，还是锦上添花？结论应该是重点区域的锦上添花比非重点区域的雪中送炭更有价值。因此，新兴中资寿险公司现阶段的战略方针宜为：扬长避短、集中力量、重点突破、梯次推进。

以上各方面内容的不同选择和组合构成了寿险公司战略选择的各种不同模式。寿险公司应因地制宜、因时制宜、因人制宜、因己制宜进行战略模式选择和策略安排，以培育出自己的核心竞争力，在激烈的竞争中形成自己的特色和优势市场。

全 力 以 赴
——主要任务与保障措施

管理是一种实践,其本质不在于"知"而在于"行";其验证不在于逻辑,而在于成果。

——现代管理大师彼得·德鲁克

《执行—如何完成任务的学问》(拉里·博西迪,拉姆·查兰)揭示了一个道理:

——每一个人都认为自己很会执行,其实不然,绝大多数人并不知道该怎么执行。

——执行看起来容易,实际上很难。

——执行的难度不在于有高深的道理,而在于按照标准、不折不扣、持续地坚持下去。

——企业成功不只在于战略,更重要的是执行力。

——没有一个执行力不到位的企业最终能够获得成功。

——好企业和差企业的差别就在于能否很好地执行。

——表现良好的员工和表现不佳的员工的差别也在于执行力。

——我们认为重要的事,在行动上并未去做。言行不一致,这不是成功的方法。如果认为重要的事,就应该花更多的时间和精力去执行。要做好,更要做细,只有这样做才会成功。

6.1 任 务 内 容

1. 项目任务

确定实现战略目标的主要任务与保障措施。

2. 项目指标

(1) 确定实现战略目标的主要任务。

(2) 制定相应保障措施。

(3) 形成相关的分析结论与报告。

6.2 任 务 提 出

主要任务是影响战略目标能否实现的重要因素,为了确保战略目标的有效实现,必须找出关键任务,并确定相关配套政策与考核政策。

引入案例

德隆系倒塌，母子公司管控之败

2004年，显赫一时的德隆系轰然倒塌，它的失败部分在于资金链的不堪重负，部分在于不谙资本游戏规则，但归根到底，在于母子公司管控之败。

德隆生存最重要的思想——以先进的管理和资本运作为纽带，整合传统产业，激活传统产业，获取超额回报，最终达到超常规发展的目的。

其产业发展模式可以概括为：投资上市公司—输出产业发展战略—战略实施与监控—整合产业—提升产业价值。

德隆战略目标是以资本运作＋整合产业的思路，通过以下八个步骤达到其战略目标。

（1）通过上市公司筹措资金，然后将资金注入产业，整合产业，利用产业收益带动股价上升，然后获取进一步股市融资的资格……这种思路本身是值得借鉴的。

（2）"俱乐部式"融合不同文化、崇尚个性与创新、提倡团队合作、不为繁文缛节束缚的企业文化氛围。这一企业文化有利于消除集团各公司间的文化差异，提高集团内部凝聚力和外部竞争力。

（3）通过资本运作获取资源的思路。德隆通过并购与合作等方式，利用国内外企业的成熟的营销网络进行集团的产品销售，不仅节省了营销成本，而且扩大了市场占有率，提高了集团的整体收益。

（4）通过总部进行战略、预算质询实现对子公司的战略管控。

（5）通过总部进行稽核与偏差分析建立对子公司的过程监控。

（6）通过企业家俱乐部形式输入人才。

（7）通过中企东方建立对子公司的行业分析与竞争研究。

（8）通过强势输入管理模式、营销资源提升子公司效益。

纵观德隆的运作模式，可以发现德隆模式成功的关键在于能否对子公司实现有效管控，以达到预期目标。

然而，现实的情况是，德隆在实施该模式时，面对众多诱惑，贪多求快，盲目扩张，以至于对一些产业的收购并没有达到预期目标。更为重要的是，企业没有解决好短、中、长期的投资比重，过分投资长期项目，占用了大量资金，给企业资金链带来了巨大压力。

而不得不进行的紧缩银根，又导致了德隆的产业发展失去银行的资金支持，恶性循环，德隆开始出现危机。

德隆危机的实质是在公司高速扩张的时候，只有产业整合之名，没有产业整合之实。公司虽然有着制度上的体系，也有经营计划和偏差分析，却没有真正实现对整合行业的子公司进行有效的管控，或者这些管控只是流于形式，并没产生利润。

德隆既缺乏对产业发展战略环境层面的分析，也缺乏微观层面出现偏差后改进的有效办法，控股企业众多，随后的母子公司有效管控却没有跟进植入，陷入了资本扩张的怪圈，导致最终的悲剧。

6.3 预备知识：关键任务与配套政策确定的方法与工具

【预备知识的重点内容】

(1) 平衡计分卡。

(2) EVA 管理与标杆管理。

(3) 企业战略实施。

(4) 企业战略控制。

【关键术语】

主要任务；配套政策；考核政策；战略实施；战略控制。

【预备知识内容】

本节先介绍平衡记分卡、EVA 管理与标杆管理，然后介绍企业战略的实施与控制。

6.3.1 平衡记分卡

高效的管理需要以行为和结果的有效评价为基础，越来越多的人认识到传统的那种以财务为中心的评价模式已经不能适应当代的经营环境。平衡记分卡可以有效解决这一问题。

传统的基于财务报表的业绩评价制度，大多数离不开对财务指标的分析。虽然它们有助于认识企业的控制能力、获利能力、偿债能力、成长能力，但它们只能发现问题而不能提供解决问题的思路，只能做出评价而难以改善企业的状况。

在现代市场竞争环境下，各种不确定因素对企业前景有着众多影响，仅是对一些财务指标的分析，已难以满足企业经营管理需求。为了使企业能够应对顾客、竞争和变化，对企业经营业绩的评价必须突破单一的财务指标，采用包括财务指标和非财务指标相结合的多元化指标体系。

1. 平衡记分卡的含义

简单地说，平衡记分卡就是通过建立一套财务与非财务指标体系，包括财务业绩指标、客户方面业绩指标、内部经营过程业绩指标和学习与成长业绩指标，对企业的经营业绩和竞争状况进行综合、全面、系统的评价。

平衡记分卡克服了单一财务指标体系的不足，通过对质量、市场份额、客户和雇员满意度进行衡量，可以更好地了解驱动财务绩效的各种因素。而且，这些非财务绩效的下降可以对财务绩效的降低起到预警作用，使组织能及时做好补救措施，保证最终财务目标的实现。

这样既有利于正常评价企业的经营业绩和竞争实力，也有利于企业全体员工对企业战略目标、经营计划的理解，还有利于企业经营决策的正确制定和竞争优势的形成。实践表明，企业要想实现自己的战略目标，必须通过财务和非财务目标的更加平衡的方法进行绩效考核。由于受到卡普兰和诺顿的平衡记分卡的影响，现在很多企业开始重视建立更为全面和完整的一系列指标，来评价和引导公司及部门的各项活动。

知识链接 6-1

平衡记分卡的起源

平衡记分卡的来源可以追溯到 1990 年,当时美国诺顿研究所对若干公司进行了一年的研究,课题为"衡量未来组织的业绩"。美国著名管理会计学家科普兰和复兴方案公司总裁诺顿经过全面而深入的研究,于 1992 年、1993 年和 1996 年在《哈佛商业评论》分别发表了"平衡记分法:良好的绩效测评体系""平衡记分卡的应用"和"将平衡记分卡用于战略管理系统"三篇论文,此后又出版了《平衡记分卡:一种革命性的评估和管理系统》和《平衡记分卡:战略目标的转换》等专著,使平衡记分卡的理论与方法得以系统化。

---

2. 平衡记分卡的主要内容

平衡记分卡的主要内容包括以下四个方面。

1) 财务业绩指标

财务业绩指标主要内容包括收入增长指标、成本减少或生产率提高指标、资产利用或投资战略指标。当然,也可以根据企业的具体要求设置更加具体的指标,如经济增加值、净资产收益率、资产负债率、投资报酬率、销售利润率、应收账款周转率、存货周转率、成本降低率、营业净利和现金净流量增加值等。

平衡记分卡在运用财务业绩指标对企业经营业绩进行评价时,充分考虑了企业在不同发展时期的具体要求,使之更符合企业的实际情况。

2) 客户方面业绩指标

客户方面业绩指标主要内容包括市场份额、客户保持率、客户取得率、客户满意度、客户盈利率等指标。用于衡量客户方面业绩的这些指标,系统地反映了企业在市场中为客户提供了什么样的价值,处于什么样的竞争地位。

因此,平衡记分卡运用这些指标就能够从客户方面对企业收入的主要来源及盈利能力加以系统评价,从而使企业的经营战略转变为以客户和市场为依据的具体目标。

3) 内部经营过程业绩指标

内部经营过程业绩指标主要包括评价企业创新能力的指标、评价企业生产经营业绩的指标和评价企业售后服务业绩的指标。

平衡记分卡运用这些业绩指标,能够对企业的竞争优势,包括创新能力、质量、缩短生产周期、提高生产率、降低成本等方面进行系统评价。

4) 学习与成长业绩指标

学习与成长业绩指标主要包括评价员工能力的指标、评价企业信息能力的指标、评价激励和授权与协作的指标。平衡记分卡运用这些指标,能够对企业的长期发展能力或创造未来价值的能力加以系统评价。

上述四部分内容虽各自有特定的评价对象和指标,但彼此之间存在密切的联系,共同构筑了一个完整的评价体系,如图 6-1 所示。

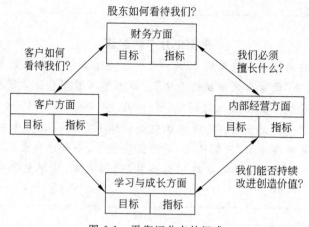

图 6-1　平衡记分卡的组成

3. 平衡记分卡的局限性[①]

如同其他所有的绩效管理工具一样,平衡记分卡也具有一定的局限性:一是平衡记分卡的系统性增加了它的使用难度;二是平衡记分卡不适宜个人使用,对于个人而言,绩效考核易于理解和操作,而平衡记分卡不具备这样的特点;三是部分指标的量化工作难以落实,如客户方面业绩指标中的客户满意度和客户保持程度如何量化;四是四个层面因素的权重分配难以掌握。

4. 平衡记分卡的应用

下面以 Rexam Custom Europe(RCE)公司为例,说明企业如何设计平衡记分卡,以便为其他企业利用平衡记分卡进行战略评价提供借鉴。

RCE 公司是美国 Rexam Custom 公司在欧洲的分支结构,它为客户提供符合特殊要求的镀膜机、薄片机和转炉。RCE 的总体战略是以"不寻常的增长"和"持续的进步"为中心目的,目标为每年营业额增长 20%。为此,RCE 必须扩大其客户范围,缩短新产品的研发周期。

RCE 平衡记分卡的形成过程,就是战略评价的关键业绩指标得以确立并实施的过程,主要包括熟悉与检查、访谈(决定关键业绩指标)、第一次提议、第二次提议、接受与实施五个主要步骤,如图 6-2 所示。

1) 熟悉与检查

这一步是评价并检查 RCE 的考核制度和数据收集方法,发现了 RCE 进行数据收集的两个主要原因,即为了向总公司进行财务报告和检测全面质量管理及世界级制造的持续改进。管理者需要明确绩效考核与战略之间的联系,平衡记分卡应与公司的整体愿景协调一致。

2) 访谈(决定关键绩效指标)

对作为平衡记分卡信息来源的高级管理者进行单独访谈(他们是来自三个经营点的

---

① 刘益,徐波. 战略管理工具与应用[M]. 北京:清华大学出版社,2010:198.

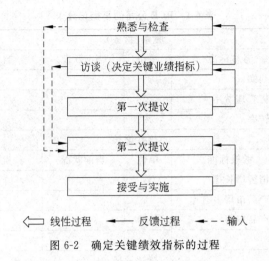

图 6-2　确定关键绩效指标的过程

13 位代表,包括运营、财务管理和人力资源各方面)。每次访谈都围绕着标准问题进行,这些问题是为了收集每位高级管理者的职责及其关键绩效考核措施等方面的信息,还要收集高级管理者将来会使用的其他考核措施的信息。

从访谈的结果中得出的第一次建议是使用卡普兰和诺顿的"四因素"模型,此时记分卡其实汇总了所有高级管理者提供的信息。

这里面临的主要问题是如何将"关键绩效指标"的数量限制在卡普兰和诺顿建议的16~20 个范围之内。第一次建议的绩效考核有 35 个,远远超过有效监控的范围,因此有必要对绩效考核与公司战略之间的关系进行重新评估,其顺序为:战略→目标→绩效考核→对象。

从访谈中绩效考核指标已经明确,但是他们存在于战略和目标中的何处却不清楚。解决问题的关键是要考虑他们之间的因果关系。引发商业增长的原因和导致其结果的关键因素是什么呢?解释这个问题需要将记分卡分为两个主要部分:即战略(A),将战略中的关键目标和对象与考核联系起来;原则(B),将 Rexam 公司的运行方式和 Rexam 公司的 21 条原则与考核联系起来。将修改意见提交高级管理层,并同高级管理层进行讨论。

3) 第一次提议

记分卡的原则(B)已比较简单,不需要进一步的发展,但是战略部分(A)需要进行大的改进,从而使其成为一种有用的工具。

在早期记分卡初稿的讨论中,所有的与会者认为卡普兰和诺顿的"四因素"模型并不完全适合 RCE 的文化。在讨论了 RCE 战略的各个方面以后,制定出了一个进行战略评价的可行方法。以下三个方面替代了卡普兰和诺顿的"四因素",其关注的是:股东(财务)、超常增长和持续发展三个方面。

4) 第二次提议

通过对第一次提议的进一步补充和完善,得出了 RCE 公司的平衡记分卡的第二次提议,如表 6-1 所示。

表 6-1　RCE 公司的平衡记分卡

股东（财务）					
目标	考核标准	单位	当前状况	目标	基准水平
净资产回报率上升	总利润	%			
	销售管理费用	%			
	周转率	%			
超常增长					
目标	考核标准	单位	当前状况	目标	基准水平
销售增长/客户基础的扩大	年销售增长率	%			
	新产品市场占有率	%			
	新产品销售	英镑			
持续发展					
目标	考核标准	单位	当前状况	目标	基准水平
利润增长销售回报率	生产利用率	%			
	机器每小时产出	英镑			
	新产品开发利润	%			
	年研发生产成本	%			
周期的减少	平均样本周期	天			
	项目出成果率	%			
	新产品研发时间	%			
	交货准时率	%			

5) 接受与实施

记分卡的第二稿再次在最高管理层进行审查与讨论,在进行了小幅度修改后成为被大家肯定和执行的最终稿,然后就是实施阶段。然而,新的绩效标准不能简单地强制执行。高级管理人员认为,必须确保所有相关人员对于最终记分卡中的那套绩效考核措施都能明白且对其有信心。

在此过程中,卡普兰和诺顿一直参与协商、访谈和讨论。此外,聘请外部顾问有助于过程中各方的表达更加公开和坦白。因此,最终的平衡记分卡更可能表达了管理者关心的方面,从而保护他们的利益和义务。

很显然,在 RCE 公司,绩效考核及其与战略的结合是很重要的。事实上,RCE 公司的模板与卡普兰和诺顿提出的具有一般性且能适用于所有情况的"四因素"模型有很大的不同。此外,卡普兰和诺顿的"四因素"模型意味着这四个部分具有平等的地位,尽管他们也承认好的战略也能带来糟糕的财务状况。多数公司都会认为财务结果与战略的其他驱动力相比更为重要。显然,RCE 的执行者们的记分卡的开发过程中也强调了财务指标的重要性。

卡普兰和诺顿也承认他们所提出的四个方面必须与各个公司特殊的运营环境及需要相适应:"平衡记分卡不是一种能用于一般性公司甚至全行业的模板,不同的市场情况、产品战略和竞争环境需要用不同的记分卡。企业要设计出适合自己使命、战略、技术和文化的记分卡。事实上,成功的平衡记分卡其关键在于透明度:观察者应能从商业单位的竞争战略中看到 15～20 个记分卡考核指标"。

知识链接 6-2

职能战略简介

职能战略又称职能支持战略或经营策略,是为贯彻、实施和支持公司战略与竞争战略而在企业特定的职能管理领域制定的战略,其重点是提高企业资源的利用率,使企业资源的利用最大化。职能战略与企业总体战略、竞争战略必须相辅相成。职能战略一般可分为生产运营型职能战略、资源保障型职能战略和战略支持型职能战略。

1. 生产运营型职能战略

生产运营型职能战略是企业或业务单元的基础性职能战略,从企业或业务运营的基本职能上为总体战略或业务战略提供支持,包括研发战略、筹供战略、生产战略、质量战略、营销战略、物流战略等。

2. 资源保障型职能战略

资源保障型职能战略是为总体战略或业务战略提供资源保障和支持的职能战略,包括财务战略、人力资源战略、信息化战略、知识管理战略等。

3. 战略支持型职能战略

战略支持型职能战略是从企业全局上为总体战略和业务战略提供支持的战略,包括组织结构战略、企业文化战略、公共关系战略等。

职能战略描述了在执行公司战略和经营单位战略的过程中,企业中的每一职能部门所采用的方法和手段。职能战略在几个方面不同于公司战略和经营单位战略。首先,职能战略的时间跨度要较公司战略短得多。其次,职能战略要较公司战略更具体和专门化,且具有行动导向性。公司战略只是给出公司发展的一般方向;而职能战略必须指明比较具体的方向;最后,职能战略的制定需要较低层管理人员的积极参与。事实上,在制定阶段吸收较低层管理人员的意见,对成功地实施职能战略是非常重要的。

职能战略是为企业战略和业务战略服务的,所以必须与企业战略和业务战略相配合。比如,企业战略确立了差异化的发展方向,要培养创新的核心能力,企业的人力资源战略就必须体现对创新的鼓励;要重视培训,鼓励学习;把创新贡献纳入考核指标体系;在薪酬方面加强对各种创新的奖励。

6.3.2 EVA 管理与标杆管理

1. EVA 管理简介

1) EVA 的含义

EVA(economic value added,经济增加值)管理是美国思腾思特咨询公司(Stern

Stewart & Co.)于1982年提出并实施的一套以经济增加值理念为基础的财务管理系统、决策机制及激励报酬制度。它是基于税后营业净利润和产生这些利润所需资本投入总成本的一种企业绩效财务评价方法。公司每年创造的经济增加值等于税后净营业利润与资本成本之间的差额。资本成本是公司使用的全部资本(既包括债务资本也包括股本资本)乘以资本成本率,资本成本率与在同等风险条件下投资者在股票和债券的组合上所能获得的收益率相等。EVA的计算公式为

$$EVA＝税后净营业利润－资本成本$$

式中,

$$资本成本＝公司使用的全部资本×资本成本率$$

例如,税后净营业利润280,全部资本2000,资本成本率10％,则

$$EVA＝280－2000×10％＝80$$

2) EVA产生的背景

随着社会经济条件的变化,传统的财务业绩评价指标,如每股收益、投资收益率等日益受到广泛批评。人们批评的矛头主要指向以下几个方面:财务指标受对外披露的限制太多;没有考虑企业的实际资本成本;容易导致管理层行为短期化;存在盈余操纵的空间。会计收入大大低估了资金成本,会计师通常不扣减因为使用内部收益而产生的成本,这样就无法保障股东的权益能真正被关注,并获取合理的回报。

与大多数其他度量指标不同之处在于:EVA考虑了为企业带来利润的所有资金成本及其风险,即考虑了资本的机会成本,它衡量了企业为股东创造财富的多少,在许许多多衡量上市公司价值的指标体系中,它被证明了是最科学、最有力的体系。如果EVA的值为正数,则表明公司获得的收益高于为其投入的资本加权平均成本及其风险,即公司为股东创造了新的价值;若EVA的值为负数,则表明公司的收益低于为其投入的资本加权平均成本及其风险,公司业绩是不理想的。因此,EVA与传统的指标相比更能体现投资者的利益和企业的经营情况。

EVA管理在管理学界得到越来越多的认同,美国管理之父彼得·德鲁克在《哈佛商业评论》上撰文指出:"作为一种度量全要素生产率的关键指标,EVA反映了管理价值的所有方面。"《财富》杂志高级编辑艾巴曾说:"EVA是现代管理公司的一场革命,一场真正的革命。"他指出:"EVA不仅仅是一个高质量业绩指标,它还是一个全面财务管理的框架,也是一种经理人薪酬的奖励机制,它可以影响一个公司从董事会到基层上上下下的所有决策,EVA可以改变企业文化。EVA改善了组织内部每一个人的工作环境。EVA可以帮助管理人为股东、客户和自己带来更多的财富。"

3) EVA管理的特点

EVA管理是一个综合的财务管理体系,它有利于企业财务管理的事前计划。企业在经营决策时,可运用EVA最大化目标进行产量、成本、利润分析,因素变动分析和敏感系数分析。通过这些分析,能够明白应该在哪些方面加强经济核算、降低生产成本、开拓市场、扩大销售、进行多样化经营。

传统理论认为,利用内部留存收益筹集企业所需资金无需任何成本,这样往往使企业管理者较少考虑自有资金的投资回报率,从而会降低企业管理者的责任感。而以EVA

作为财务管理目标,考虑了资本的机会成本。企业拥有的每一项资产都存在机会成本,从而使企业管理者在保留利润时要考虑留存收益的机会成本,提高资金的运营效果,更好地维护投资者的利益。

EVA 是一个高质量业绩评价指标,是衡量任何时期公司业绩的最准确的指标,它把会计利润转化成为现实的、真正的经济利润。在当今的经济环境中,EVA 管理体系能够很好地解决传统评价指标体系存在的问题,准确地反映企业在一定时期内为股东创造的价值,是一种比较理想的企业价值评价方法。另外,EVA 能够有效地评价管理人员的工作业绩,使管理者的报酬与其真实的经营业绩挂钩,从而实现对管理者的有效激励和约束,降低委托代理成本,提高经济运行效率。

4)EVA 的局限性

任何一种管理方式在适用范围上都有其有限性,EVA 管理也不例外。首先,EVA 注重财务数据,忽视非财务数据,容易导致短期行为;其次,EVA 应用过程比较复杂,项目调整具有随意性;最后,EVA 没有考虑企业规模的差异,会偏袒规模大而收益低的公司。EVA 管理主要推广咨询公司——思腾思特公司的高级合伙人贝内特·斯图尔特曾说,"EVA 不适用于新成立企业和风险投资公司。这类企业在初期还不能为市场带来新产品。"此外,采取积极扩张战略的组织可能利于股东利益最大化,但是 EVA 可能为负。

2. 标杆管理

标杆管理法由美国施乐公司于 1979 年首创,是现代西方发达国家企业管理活动中支持企业不断改进和获得竞争优势的最重要的管理方式之一,西方管理学界将其与企业再造、战略联盟一起并称为 20 世纪 90 年代三大管理方法。

标杆管理法较好地体现了现代知识管理中追求竞争优势的本质特性,因此具有巨大的实效性和广泛的适用性。如今,标杆管理法已经在市场营销、成本管理、人力资源管理、新产品开发、教育部门管理等各个方面得到广泛的应用。其中杜邦、Kodak、通用、Ford、IBM 等这些名企业在日常管理活动中均应用了标杆管理法。而在我国像海尔、李宁、联想等知名企业也通过采用标杆管理法取得了巨大成功。

1)标杆管理的含义

标杆管理的概念可概括为:不断寻找和研究同行一流公司的最佳实践,并以此为基准与本企业进行比较、分析、判断,从而使自己企业得到不断改进,进入或赶超一流公司,创造优秀业绩的良性循环过程。其核心是向业内或业外最优秀的企业学习,通过学习,企业重新思考和改进经营实践,创造自己的最佳实践,这实际上是模仿创新的过程。

标杆管理是站在全行业甚至更广阔的全球视野上寻找基准,突破了企业的职能分工界限和企业性质与行业局限,它重视实际经验,强调具体的环节、界面和流程,因而更具有特色。同时,标杆管理也是一种直接的、中断式的渐进的管理方法,其思想是企业的业务、流程、环节都可以解剖、分解和细化。企业可以根据需要,或者寻找整体最佳实践,或者发掘优秀"片断"进行标杆比较,或者先学习"片断"再学习"整体",或者先从"整体"把握方向,再从"片断"具体分步实施。

2)标杆管理的作用

(1)通过标杆管理,企业可以选择标杆,确定企业中、长期发展战略;并与竞争对手对比分析,制订战略实施计划,并选择相应的策略与措施。

(2) 标杆管理可以作为企业业绩提升与业绩评估的工具。

(3) 标杆管理有助于企业建立学习型组织。

3) 标杆管理的三要素

(1) 标杆管理实施者,即发起和实施标杆管理的组织。

(2) 标杆伙伴也称标杆对象,即定为"标杆"被学习借鉴的组织,是任何乐于通过与标准管理实施者进行信息和资料交换,而开展合作的内外部组织或单位。

(3) 标杆管理项目也称标杆管理内容,即存在不足,通过标杆管理向他人学习借鉴以谋求提高的领域。

4) 标杆管理的类型

(1) 内部标杆管理。标杆伙伴是组织内部其他部门或单位,主要适用于大型多部门的企业集团或跨国公司。

(2) 竞争性标杆管理。标杆伙伴是行业内部直接竞争对手。

(3) 非竞争性标杆管理。标杆伙伴是同行业非直接竞争对手。

(4) 功能性标杆管理。标杆伙伴是不同行业但拥有相同或相似功能、流程的企业。

(5) 通用性标杆管理。标杆伙伴是不同行业具有不同功能、流程的组织,即看起来完全不同的组织。

5) 标杆管理的局限性

虽然作为一种管理方法或技术,标杆管理可以有效地提升企业(产业或国家)的竞争力,但是企业(产业或国家)实施标杆管理的实践业已证明,仅仅依赖标杆管理未必就一定能够将竞争力的提高转化为竞争优势,有的企业甚至陷入了"标杆管理陷阱"之中。

(1) 标杆管理导致企业竞争战略趋同。各个企业的产品、质量、服务甚至供应销售渠道大同小异,市场竞争趋向于完全竞争,造成在企业运作效率上升的同时,利润率却在下降。

(2) 标杆管理陷阱。由于科技的迅速发展,使得产品的科技含量和企业使用技术的复杂性日益提高,模仿障碍提高,从而对实施标杆管理的企业提出了严峻的挑战。

6) 标杆管理局限性的突破方向

关于如何突破标杆管理的局限性,人们已经进行了许多研究。从企业竞争的角度,可以总结为:企业应该由"效率—成本"竞争模式转向"战略—价值"竞争模式。因此,标杆管理局限性的突破方向不在于标杆管理自身的完善,而在于超越标杆,把价值创造作为企业的根本战略抉择,才能获得持久竞争优势。

6.3.3 企业战略实施

在企业确立了战略目标并为此选择了战略方案之后,如何把企业战略贯彻实施便成为战略管理的关键一环。战略实施主要是通过一系列行政、经济等手段组织企业的实际活动,以实现企业的战略目标。

1. 战略实施的基本原则

1) 系统性原则

企业实施战略是一个系统工程,需要以总体战略目标为基础,以创新为指导,统筹考虑,制定一系列的子系统战略,比如不同的业务单位的竞争战略,产品、市场、营销、服务、品牌文化战略等,以充分发挥各子系统之间的协调配合关系。

2) 关键性原则

这是由系统性原则派生出来的。企业战略实施是一个系统工程,在这个系统中包含着若干个子系统,在这些子系统中肯定会有一些子系统起着领导和决定性的作用,对于战略的全局具有举足轻重的作用。战略实施要牢牢把握这些关键性的子系统。

3) 权变性原则

战略实施是在一个不断变化的环境中进行的,外部环境具有很大的不确定性,企业能够预测的只是这种变化的趋势,这种变化的节奏、速度则很难准确预测。因此,企业在战略实施过程中,有必要对实施方案留有一定的余地,以便根据变化的环境做出调整。

4) 积极性原则

战略实施要涉及对战略目标的分解和细化,需要对企业的实力进行充实。企业在实施战略中要抱着积极的态度,勇敢迎接挑战;要做好充分的准备,通过积极的努力为下一步的工作打下良好的基础。

2. 战略实施的基本模式

1) 指挥型

这种模式的特点是企业总经理考虑如何制定一个最佳战略,让下层管理人员去执行战略,而自己并不介入战略实施问题。在实践中,计划人员要向总经理提交企业战略的报告,总经理阅后做出结论,确定了战略后,向企业高层管理人员宣布企业战略,然后强制下层管理人员执行。

企业采用这种战略实施模式应具备以下条件。

(1) 总经理拥有较高的权威。只有这样,总经理才能靠其权威通过发布各种指令来推动战略的实施。

(2) 战略比较容易实施。具体表现在:战略制定者与战略执行者的目标比较一致;战略对企业现行运行系统不构成威胁;企业组织结构是高度集权式的体制;企业环境稳定,能集中大量信息,多元化经营程度低;企业处于强有力的竞争地位,资源较宽松。

(3) 准确快速的信息系统。战略实施所需的有关信息只有准确有效地收集并能及时地汇总到总经理手中,总经理才可能迅速、准确地做出决策。否则,如果信息传递缓慢,甚至发生扭曲,总经理据此做出的决策必然也是迟延或错误的决策,所以这种模式不适应高速变化的环境。

(4) 规划人员客观公正。在权力分散的企业中,各事业部常常会由于过分强调自身利益而影响了企业总体战略的合理性。所以,企业需要配备一定数量的有全局性眼光的规划人员来协调各事业部的计划,使其更加符合企业的总体要求。

这种模式的缺点是把战略制定者与执行者分开,即高层管理者制定战略,强制下层管理者执行战略,因此,下层管理者缺少执行战略的动力和创造精神,甚至会拒绝执行战略。

2）变革型

与指挥型模式相反，在变革型模式中，企业总经理考虑的主要是如何实施企业战略。他的角色是为有效地实施战略而设计适当的行政管理系统。为此，总经理本人或在其他方面的帮助下要对企业进行一系列变革，如建立新的组织机构、新的信息系统，合并经营范围，增加战略成功的机会。

这种模式多是从企业行为角度考虑战略实施问题，因而比指挥型模式更容易实施。但是，这种模式并没有解决指挥型模式存在的各种问题，如信息的准确获取问题、各事业部及个人利益对战略计划的影响问题以及战略实施的动力问题。同时，这种模式还产生了新的问题，即企业通过建立新的组织机构及控制系统来支持战略实施的同时，也失去了战略的灵活性，在外界环境变化时使战略的变化更为困难。所以，从长远观点看，环境不确定性比较大的企业，不适合采用这种战略实施模式。

3）合作型

在这种模式中，企业总经理考虑的是如何让其他高层管理人员同他一起共同实施战略。企业总经理和其他企业高层管理人员一起对企业战略问题进行充分讨论，形成较为一致的意见，制定出战略，再进一步落实和贯彻，使每个高层管理者都能在战略的制定及实施的过程中作出各自的贡献。

合作型模式克服了指挥型模式与变革型模式存在的局限性，使总经理接近一线管理人员，获得比较准确的信息。同时，由于战略的制定是建立在集体智慧基础之上的，从而提高了战略实施成功的可能性。

该模式的缺点是：由于战略是由不同观点、不同目的的参与者相互协商折中的产物，因而有可能使战略的经济合理性降低，同时仍存在着谋略者与执行者的区别，仍未能充分调动全体员工的智慧及积极性。

4）文化型

这种模式的特点是：企业总经理考虑的是如何动员全体员工都参与战略实施活动，即企业总经理运用企业文化的手段，不断向企业全体成员灌输这一战略思想，建立共同的价值观和行为准则，使所有成员在共同的文化基础上参与战略的实施活动。由于这种模式打破了战略制定者与执行者的界限，力图使每一个员工都参与制定及实施企业战略，因此使企业各部分人员都在共同的战略目标下工作，使企业战略实施迅速、风险小，企业发展迅速。

文化型模式也有局限性，主要表现在以下几个方面。

（1）对员工的素质要求较高。这种模式要求企业员工有较高的文化素质，否则很难真正参与企业战略的制定与实施。而实践中大多数员工尤其是在劳动密集型企业中的员工很难达到这种学识程度，这必然影响到对企业战略实施的参与程度。

（2）企业文化的掩盖性。企业文化一旦形成，往往会掩盖企业中存在的某些问题，企业为此也要付出代价。

（3）流于形式的可能性大。采用这种模式要耗费较多的人力和时间，而且还可能因为企业高层领导不愿放弃控制权，从而使员工参与战略制定及实施流于形式。

5）增长型

在这种模式中，为了使企业获得更快的增长，企业总经理鼓励中下层管理人员制定与实施自己的战略。这种模式与其他模式的区别之处在于它不是自上而下地灌输企业战略，而是自下而上地提出战略。这种战略集中了来自实践第一线管理人员的经验与智慧，而高层管理人员只是在这些战略中做出自己的判断，并不将自己的意见强加在下级身上。在大型的多元化企业里，这种模式比较适用。因为在这类企业里，高层管理人员面对众多的事业部，不可能真正了解每个事业部所面临的战略问题和作业问题，不如放权给事业部，以保证成功地实施战略。

增长型模式的优点是：给中层管理人员一定的自主权，鼓励他们制定有效的战略并使他们有机会按照自己的计划实施战略。同时，由于中下层管理人员和员工有更直接面对战略的机会，可以及时地把握时机，自行调整并顺利执行战略。因此，这种模式适合于变化较大行业中的大型多元化企业。

上述五种战略实施模式在制定和实施战略上的侧重点不同，指挥型与合作型更侧重于战略的制定，而把战略的实施作为事后行为，而文化型与增长型则更多地考虑战略的实施问题。实际上，在企业实践中，上述五种模式往往是交叉或混合使用的。美国的彼得斯（Peters）和沃特曼（Waterman）提出 7S 模型，强调在战略的实施过程中，既要考虑到企业的战略、结构和体制等三个硬因素，又要考虑到作风、人员、技能和共同价值观等四个软因素，只有在这七个因素很好地相互沟通和协调的情况下，企业战略才能获得成功。

3. 战略实施的支持系统

在企业中有诸多因素影响着战略转化为行动，这些因素构成了战略实施的支持系统，如图 6-3 所示。

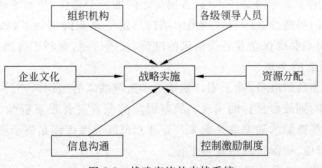

图 6-3 战略实施的支持系统

在战略实施中，这些因素将针对以下一些问题：①企业的组织机构及其运行机制是否与战略的实施相适应？②企业内的各个事业部和各个职能部门之间的资源分配能否使之相互协调并提供对实施企业战略足够的支持？能否在各个领域内针对各自的实质性问题并使之得到解决？③各级领导人员的素质和领导作风与战略实施要求其承担的角色是否相匹配？特别是高层领导人员，他们更多的是通过他人开展工作而不全是直接亲自采取行动，他们是否具有驾驭其他各项因素的能力？④在企业内形成的成文的（企业政策、办事程序等）和不成文的（惯例、风格等）企业文化是否与战略实施的要求相适应？⑤企业的战略是否为企业成员所理解？各级人员能否取得与其有关的战略意图的信息以及在其职责范围内为实施战略所必需的信息？⑥控制系统能否提供及时、准确的反馈信息？报酬制度能否激励促进企业战略实施的行为？

在战略实施中，上述诸因素并非是各自孤立地发挥作用，而是相互联系在一起综合地发挥作用。如果这些因素能协同一致，与战略的实施相匹配，则其效果将会很显著。反之，如果这些因素与要求实施的战略不相匹配，相互之间不能协调一致，则在战略实施中产生力量抵消、步履维艰、摩擦丛生、徒劳无功是不足为怪的。

1）战略实施与企业组织结构的关系

企业组织结构是实施战略的一项重要工具，一个好的企业战略需要通过与其相适应的组织结构去完成。实践证明，一个不合时宜的组织结构必将对企业战略产生巨大的损害作用，它会使良好的战略设计变得无济于事。因此，企业组织结构是随着战略而定的，它必须按战略目标的变化而及时调整。企业在战略运作中，采取何种组织结构，主要取决于企业决策者和执行者对组织战略结构含义的理解，取决于企业自身的条件和战略类型，也取决于企业对组织适应战略发展标准的认识。

美国学者钱德勒（Chandler）在1962年发表的《战略与结构：美国工业企业历史的篇章》一书中指出，战略与结构关系的基本原则是组织的结构要服从于组织的战略，即企业战略决定着结构类型的变化。这一原则指出，企业不能仅从现有的组织结构去考虑战略，而应从另一视角，即根据外在环境的变化去制定战略，然后再调整企业原有的组织结构。

概括地说，组织结构对战略实施的重要性主要体现在如下几个方面。①有效的组织结构规定了各层次管理者分配和使用企业资源的权力，确立了必要的管理控制权威线，从而明确了企业各层次管理人员各自的职责，有利于组织内部建立起管理控制秩序。②有效的组织结构规定了企业内部各单位、各岗位之间的分工合作，从而能够增强全体成员协同完成企业目标的可能性。③有效的组织结构规定了企业内部各单位、各成员之间的联系沟通渠道，从而能够确保企业各类信息的准确、快速传递，有利于提高企业的应变能力。

2）战略与资源的关系

企业战略实施前的准备，除了用计划推选和适应战略的组织调整外，战略资源配置的优劣也将直接影响到战略目标的实现。战略资源的配置要着眼于资源的使用过程，将企业资源和使用这些资源的战略联系起来。企业总部既要考虑满足每个事业部对资源的要求，也要有全盘考虑，确保资源的总体平衡。

（1）资源是战略实现的保证

战略与资源相适应的最基本关系是指企业在战略实施过程中，应当有必要的资源保证。但是，在实践中没有资源保证的战略，又没有充分意识到危险性的企业却很多。究其原因有三点：①在制定战略时忽视了确保资源的必要性；②预测不准，造成资源缺乏从而影响战略的实施；③没有充分把握实施战略所需要的资源，不注意资源的积累和储备从而造成损失。

（2）战略促进资源的有效利用

企业即使拥有较多的资源，但如果战略制定不正确，也有可能使资源闲置或浪费，产生不了效益。只有制定了正确的战略，企业才能充分认识到资源的优势和劣势，认识到稀缺资源和充足资源,从而提高资源的利用效果。

（3）战略促进企业资源的有效储备

企业在战略实施过程中都会产生一些新的资源,比如生产能力、技术开发、财务积累等,这些资源又是下一阶段战略实施的基础。如果企业不能制定正确的战略,这些积累的新资源将会被浪费或不能充分发挥作用。只有当企业制定了正确的战略后,这些积累的新资源才会在新战略中发挥重要作用。

3）战略与企业文化

在企业战略中,企业战略与企业文化有着十分密切的关系。优秀的企业文化能突出企业特色,形成企业成员共同的价值观。同时,企业文化具有鲜明的个性,有利于企业制定出与众不同、克敌制胜的战略。

如果说战略领导者通过提出企业的发展愿景能够给全体员工展现出一幅美好蓝图的话,那么要能实现这个愿景还必须通过全体员工的共同努力。战略领导者也可以通过联系群众和激励来调动员工共同参与的积极性,但是这还很不够。因为这种做法更多地体现为领导意志,带有较强的阶段性特征。要使这种愿景真正成为每一位员工的理念,融化在每一位员工的血液里,使员工不仅能够变"要我干"为"我要干",而且还能够知道和掌握"如何干"的方式和方法,这就必须通过企业文化。概括地说,企业文化对战略管理有三个方面的重要作用。

（1）企业文化引导战略定位

正如企业的组织结构对战略的形成具有一定的影响和制约作用一样,企业文化对战略的形成也具有一定的影响和制约作用。在一定意义上,有什么样的文化,就会形成什么样的战略。比如,日本汽车企业能够获得成功,与其说是由于企业战略的成功,倒不如说是因为日本的民族文化自然而然地、潜移默化地使其获得了当时的成功。具体地说,一是日本是一个岛国,自然资源极为短缺,这使其形成了较强的危机感;二是贫乏的土地要养育众多的人口,只能精耕细作,这造就了日本民族的认真、勤俭和勤劳;三是集中于中部地区的高密度人口使其没有也不可能有像美国那样的宽阔公路。种种文化原因决定了日本的汽车从其诞生之日起就是小型化和节能化的。正如索尼公司前总裁盛田昭夫所说:日本文化就是袖珍文化、盆景文化。这种由文化而形成的战略在世界石油危机中正好迎合了世界市场的需要,使其大行其道。

（2）企业文化是战略实施的关键

企业战略制定以后,需要全体组织成员积极有效地贯彻实施。长期以来形成的企业文化具有导向、约束、凝聚、激励、辐射等作用,是激发员工工作热情和积极性、统一员工意志和目标、使其为实现战略目标而协同努力的重要手段。战略领导者的愿景要化为企业全体员工的行动就不仅需要员工的理解和支持,更重要的,它还必须变为全体员工的信念、理想和追求。唯有如此,领导者的意愿、企业的意愿才能同员工的意愿融为一体,企业的事业、领导者的事业才能转化为员工自己的事业。只有当员工把企业的发展同自我发展联系起来的时候,在员工中才会产生巨大的凝聚力。

一旦员工在理性上理解了并在情感上接受了企业的战略,就会形成一种强力的"磁场",它接纳与战略和文化相一致的行为和个人,纠正或排斥与战略和文化相背离的行为或个人,成为企业战略得以顺利实施的保证。从这个意义上讲,战略实施必须辅之以文化建设。只有文化保障的战略才是可行的战略,没有文化支撑的战略必将半途而废。

(3) 企业文化与战略必须相互适应和协调

一方面,企业文化具有刚性和连续性的特点,一旦形成便很难变革,因此,它对企业战略的制定和实施具有引导和制约的作用;另一方面,企业战略也要求企业文化与之相适应、相协调。如果企业根据外部环境和内部条件的变化制定了新战略并要求新文化与之匹配,那么原有的企业文化就可能成为实施新战略的阻碍力量。例如,踏实严谨的作风在经营方向既定、环境比较稳定的情况下有利于企业将产品做得精益求精,但在外部环境剧烈动荡、产业结构发生重大变化的时期,这种埋头苦干的作风任由其惯性的发展,就有可能迷失企业的方向。因此,企业文化必须在继承的基础上不断创新。在战略管理过程中,企业内部新旧文化的协调和更替是战略实施获得成功的重要保证。

实际上,目前的国有企业改革既有体制改革的问题,也有战略变革的问题,同时也伴随着企业文化的变革问题。虽然没有确切的实证研究可为之佐证,但已经有大量的实例足以说明旧的企业文化是国有企业改革过程中的一个难题。从个案研究 6-1 中足可见企业文化变革对企业改革的重要性。

个案研究 6-1

海尔的"文化先行"战略①

1997 年 3 月 13 日,海尔集团跨过长江,南下挺进中国改革开放的最前沿阵地广东顺德区,以控股投资的方式,与赫赫有名的广东爱德集团公司合资组建顺德海尔电器有限公司。

总结接管红星电器等企业的经验,这次海尔依然是以文化导入为主要手段,派出了企业文化中心主任苏芳雯和海尔洗衣机公司总经理柴永森一行前往顺德。他们的使命有两项:一是向爱德集团员工传播海尔企业文化,实施"观念先投入";二是切身感受、交流并吸收南国重镇改革开放的新信息、新观念,进行南北企业观念上的优势互补,使海尔企业文化的内涵更丰富、更深厚。

海尔人常常自豪地说,海尔最大的优势、最有价值的资产是海尔的企业文化、海尔的报国精神。在此之前,海尔就是以观念和企业文化等作为最大的投入,在不注入资金的情况下将红星电器公司从负债累累的破产边缘救活过来,一年半时间便创出了中国洗衣机第一名牌的奇迹。用企业文化盘活存量资产,已成为海尔规模扩张中一种不可替代的模式。

在爱德洗衣机公司全体中层以上干部会上,苏芳雯详细讲述了海尔怎样从 12 年前的一家亏损小厂跃变为年销售额超过 60 亿元、利润超过 5 亿元的中国第一名牌家电企业的辉煌历程,讲述了海尔为什么能用 10 年时间便走完国际同行需用 50 年才能走完的路,讲述了什么叫"星级服务",什么叫"真诚到永远",讲述了海尔人与爱德

① 刘庆元. 企业战略管理[M]. 2 版. 北京:中央广播电视大学出版社,2006:191-192.

人将怎样携手并肩,共创美好明天。

爱德大多数干部听了海尔的文化介绍后,都从内心感受到鼓舞,感受到踏实、充实,打消了许多顾虑,坚定了与海尔合作的信心,都一致认为"加盟"海尔的选择是正确的、超前的,并说,跟着海尔干,顺德海尔也一定能创出名牌,企业也一定大有前途。

海尔洗衣机公司派出赵振中任顺德海尔公司总经理后,他不住爱德集团安排好的"贵宾楼",而是住进设施简陋的企业招待所里,每天和职工们一同下车间,一同加班,一同在职工食堂就餐。这位海尔老板无私奉献、敬业报国的行为,就是海尔文化价值的体现,深深打动了爱德员工的心。

赵振中却说,他所做的一切不仅代表着海尔形象,也代表着青岛企业形象。在公司上下一心奋战 10 多天后,原已停产半年之久的洗衣机总装线全面恢复运转,在家待业的爱德员工已全部回厂上班,原定 5 月中旬正式出产品,提前到 4 月中旬,以海尔命名的新一代电脑控制全自动洗衣机从顺德走向市场,走向世界。

专论摘要 6-1

企业文化与企业新战略之间的关系①

旧企业文化与新企业战略之间的关系有四种情况,如图 6-4 所示。

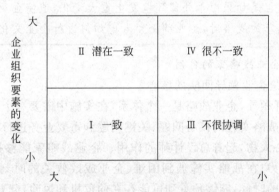

图 6-4　旧企业文化与新企业战略之间的关系

1. 一致

一致是指企业实施一个新战略,企业的组织要素变化不大,而且这种变化与企业原有文化相一致。在这种情况下,高层管理者主要应考虑两个问题:①利用目前的有利条件,巩固和强化企业现有文化;②利用企业文化相对稳定和持续的特点,充分发挥企业文化对战略实施的保证作用。

2. 潜在一致

潜在一致是指企业实施一个新战略,企业的组织要素会发生很大的变化,但这些

① 刘庆元. 企业战略管理[M]. 2 版. 北京:中央广播电视大学出版社,2006:189-190.

变化与企业原有文化有潜在一致性。在这种情况下,企业处于一种很有前途的地位,可以在原有文化的支持下,实施新战略。企业处理战略与文化关系的重点是:①企业进行重大变革时,必须考虑其与企业的基本性质与地位的关系问题,最大限度地利用现有文化对企业战略的促进作用;②要发挥现有人员的作用。这些人员仍然保持着企业原有的价值观念和行为准则,可以保证企业在原有文化一致的条件下实施变革;③在保持现有文化基本不变的前提下,以不破坏企业已经形成的行为准则为原则,引入新的文化管理,丰富和完善现有的文化。

3. 不很协调

不很协调是指企业实施一个新战略,企业的组织要素变化不大,但这些要素的变化却与企业原有的文化不很协调。在这种情况下,企业高层管理者应在不影响企业总体文化的前提下,对某些特殊的领域实行不同的文化管理。

4. 很不一致

很不一致是指企业实施一个新战略,企业的组织要素发生了很大的变化,而这些变化与企业原有的文化又很不一致。在这种情况下,企业高层管理者首先要考虑的是企业是否有必要大动干戈推行这个新战略,因为企业实施这个新战略要冒很大的风险,可能付出巨大的代价,而这一改变能否取得预期的效果,还很不好预料。如果高层管理者认为没有必要冒这一风险,企业就必须考虑新制定与企业文化基本一致的具有可操作性的战略。但是如果由于外部环境发生重大变化,迫使企业不得不制定要求企业文化发生重大变革的战略时,企业就必须考虑如何进行企业文化的重建。

4. 战略实施中企业战略家的作用

1) 企业战略家是企业领导团队的核心

战略实施离不开领导,企业战略是一个体系,在实施中需要一个领导团队形成一个领导集体,对关系企业战略实施的核心问题、关键问题和重要业务进行掌控。而企业战略家是这个团队中的核心人物,起着总设计师的作用。企业战略家能够把各个领导成员团结在一起,形成一种合力;在战略实施遇到困难、企业成败攸关的时刻,起着稳定军心的作用;在企业经营顺利的时候,能够预见到可能存在的危机和风险,起着未雨绸缪的作用。

2) 企业战略家是企业把握机遇、主动权的主帅

制定一个优异的战略方案只能说企业成功了一半,成功的另一半要在战略实施过程中获得。要在战略实施过程中实现企业战略方案既定的目标,企业需要把握机遇,牢牢掌握战役的主动权。企业战略家的主要作用就是审时度势,根据时势决定企业的进攻、防御、撤退、相持的具体态势。做到攻得坚决,攻其要害;防得稳当,不出差错,能够保持企业的实力和元气;撤退干脆、有序,能够形成新的战斗力;相持时要稳中求变,不过多地消耗实力;在没有优势把握时,要善于运筹;取得一些小的胜利或是较大的胜利时不自满,只要没有掌握战役主动权就不能松懈;一旦掌握了战役的主动权,就要想方设法扩大战果。

3) 企业战略家是企业形象和企业文化的缔造者

企业战略的实施不仅能够促进企业战略资源(特别是无形资源)的积累,还能够取得动态相乘的效果。这种动态相乘效果不是自然形成的,而是要经过企业的一番努力。企

业战略家在战略实施中可以通过自己的人格魅力,造就良好的企业形象,给企业积累无形的巨大财富。企业战略家通过自己的学习和思考,对企业的经营哲学和生存理念进行总结,提出具有深刻思想内涵的经营理论,能够保证企业长盛不衰。企业战略家的行为也可以丰富企业的文化底蕴和文化内涵。

5. 信息系统在战略实施中的重要性

企业战略的实施过程,也是一个信息收集、整理、组合、传递、运用的过程。合适的信息技术和信息系统发挥着"难以估量的作用";同时,信息技术的发展也使得发挥上述"难以估量的作用"成为可能。正如许多管理学家所指出的那样,信息时代的新型企业组织也被称为"计算机化"的企业。

在战略实施过程中,信息系统的重要作用体现在如下几个方面。

1) 战略表达

企业高层制定的战略只有被全体员工正确理解时才能得到有效地实施。理解战略的前提是战略已经得到了正确、合适的表达,而不再是宽泛、抽象的语言、观念。因此,通过一定的信息把战略思想表达为"行动"就成为战略实施的关键之一。

2) 战略分解与沟通

这是战略实施过程中双向信息交互比较频繁的一个阶段。企业的竞争优势是企业全部活动的效果之和,所以企业有关人员必须对企业战略安排、自己的行动后果、他人的行动都有所了解,从而实现知识的创造与共享。

3) 战略反馈

战略反馈就是企业在其战略实施中通过学习、实践而调整有关的战略前提、假设以确定新战略的过程。显而易见,这依赖于有关信息的反馈与沟通。

6.3.4　企业战略控制

企业战略在实施过程中,时常会偏离既定的战略目标与战略方案,影响到企业的发展。为了使这种偏差尽可能最小,企业必须对战略实施进行必要的控制。当控制依然不能解决偏差问题时,企业则有必要反思现有战略,决策是否有必要进行较大幅度的战略调整。本小节在介绍战略控制的基本特征与原则基础之上,主要介绍战略控制过程与战略调整过程。

1. 战略控制的含义

所谓战略控制,是指将预定的战略目标与实际效果进行比较,检测偏差程度,评价其是否符合预期目标要求,发现问题并及时采取措施借以实现企业战略目标的动态调节过程。

战略控制并不仅仅是具体地进行计划执行情况的检查与控制,而是主要关心如下问题:①现行战略实施的有效性;②制定战略方案的前提,如战略环境及预测等问题的可靠性;③早期发现战略方案修正的必要性和优化的可能性;④有无引起对战略方案与战略规划总体进行重新评价的必要性。

战略控制的目的主要体现在两个方面:一是保证战略方案的正确实施;二是检验、修订、优化原定战略方案。

战略控制的必要性主要源于战略失效的存在。经验表明,在战略实施过程中经常出现战略失效。所谓战略失效,是指企业战略实施的结果偏离了预定的战略目标或战略管理的理想状态。造成战略失效的原因有很多,主要有以下几点:①企业内部缺乏沟通,企业战略未能成为全体员工的共同行动目标,企业成员之间缺乏协作共事的愿望;②战略实施过程中各种信息的传递反馈受阻;③战略实施所需的资源条件与现实存在的资源之间出现较大缺口;④用人不当,主管人员或作业人员不称职或玩忽职守;⑤公司管理者决策错误,使战略目标本身存在严重缺陷或错误;⑥企业外部环境出现了较大变化,而现有战略一时难以适应等。

按在战略实施过程中出现的时间顺序,战略失效可分为早期失效、偶然失效和晚期失效三种类型。在战略实施初期,由于新战略还没有被员工理解和接受,或者实施者对新的环境、新的工作还不适应,战略就有可能出现较高的早期失效率。此后,战略实施就像一叶扁舟驶入了水势平缓的湖泊,处于平稳发展阶段,但即使在平湖上,也会因为一些意想不到的因素,使战略出现"偶然失效"。当战略推进一段时间之后,原先对战略环境条件的预测与现实的变化发展情况之间的差距会随着时间的推移变得越来越大,战略所依赖的基础就显得越来越脆弱,战略就有可能出现较高的晚期失效率。

一个原始战略是否有效,并不在于它是否能被原封不动地运用到底,也不在于它的每个细小目标和环节是否都在实际执行中得以实现,而在于它能否成功地适应不可知的现实,在于能否根据现实情况做相应的调整和修正,并最终能有效地运用多种资源实现既定的整体目标,这就需要进行战略控制。

2. 战略控制的层次与类型

如同战略管理层次中有公司战略、竞争战略与职能战略一样,企业中也存在着战略控制层次。战略控制层次分为战略控制、战术控制与作业控制三个层次。

战略控制是指涉及企业同外部环境关系的基本战略方向的控制,它从企业总体考虑,着重于长期(1年以上)业绩;战术控制主要处理战略规划实施过程中的局部、短期性问题,着重于短期(1年以下)业绩;作业控制则是处理近期活动,考虑近期(如月度、季度)业绩,如日常的产品质量控制。

显而易见,三种控制方式具有不同的特点与要求,分别适应于企业的"高层""中层"和"基层"三个层次的管理者。每种控制方式又有不同的具体类型,下面着重介绍战略控制和作业控制的类型。

1) 战略控制

战略控制着眼于企业发展与内外环境条件的适应性,通常有避免型控制、跟踪型控制、开关型控制和后馈型控制四种类型。

(1) 避免型控制。避免型控制是指采用适当的手段消除不适当行为产生的条件和机会,从而达到避免不适当行为发生的目的。

(2) 跟踪型控制。跟踪型控制又称事前控制,是指在战略行动成果尚未实现之前,对战略行动的结果趋势进行预测,并将预测结果与预期结果进行比较和评价。如果发现可能出现战略偏差,则提前采取预防性的纠偏措施,使战略实施始终沿着正确的轨道推进,从而保证战略目标的实现。

（3）开关型控制。开关型控制又称事中控制，是指在战略实施中，要对战略进行检查，对照既定的标准判断是否适宜，如果发现不符合标准的行动，就随时采取措施进行纠偏。这种方式类似于开关的通与止控制，因而称为开关型控制。这种方式一般适用于实施过程标准化、规范化的战略项目。

（4）后馈型控制。后馈型控制又称事后控制，是指在战略结果形成后，将战略行动的结果与预期结果进行比较与评价，然后根据战略偏差情况及其具体原因，对后续战略行动进行调整修正。后馈型控制方式主要有联系行为和目标导向等具体操作形式。联系行为形式是指把对员工战略行动的评价控制同他们的工作行为和绩效评价联系挂钩起来；目标导向形式是指让员工参与战略行为目标的制定和工作业绩的评价。

2）作业控制

作业控制是对企业内部各项业务进展情况的控制，通常有财务控制、生产控制、销售规模控制、质量控制和成本控制等方式。

（1）财务控制。这种控制方式覆盖面广，是用途极广的非常重要的控制方式，包括预算控制及比率控制。

（2）生产控制。生产控制即对产品品种、数量、质量、成本、交货期及服务等方面进行控制，可分为产前控制、过程控制及产后控制等。

（3）销售规模控制。销售规模太小会影响经济效益，销售规模太大又会占用太多资金，也影响经济效益，为此企业要对销售规模进行控制。

（4）质量控制。质量控制包括对企业工作质量和产品质量的控制。工作质量不仅包括生产工作的质量，还包括领导工作、设计工作、信息工作等一系列非生产工作的质量。因此，质量控制范围包括生产过程和非生产过程。

（5）成本控制。企业通过成本控制使各项费用降低到最低水平，达到提高经济效益的目的。成本控制不仅包括对生产、销售、设计、储备等有形费用的控制，而且包括对会议、领导、时间等无形费用的控制。企业在成本控制中要建立各种费用的开支范围、开支标准并严格执行，要事先进行成本预算等工作。成本控制的难点在于企业中大多数部门和单位是非独立核算的，因此缺乏成本意识。

3）战略控制与作业控制的区别

由上可见，战略控制与作业控制有很大不同。具体来说，两者的区别体现为如下几点。

（1）执行主体不同。战略控制主要由高层管理者执行，作业控制主要由中层管理者执行。

（2）战略控制具有开放性，作业控制具有封闭性。战略控制既要考虑外部环境因素，又要考虑企业内部因素，而作业控制主要考虑企业内部因素。

（3）控制目标不同。战略控制的目标比较定性、不确定、不具体；作业控制的目标比较定量、确定、具体。

（4）控制目的不同。战略控制主要解决企业的效能问题，作业控制主要解决企业的效率问题。

3. 战略控制的原则

1）确保目标原则

战略控制必须在达到目标过程中,通过执行战略计划确保战略目标的实现,既要控制短期性经营活动,又要控制长期性战略活动。

2）适度控制原则

战略控制要严格但不乏弹性,有时要严格认真,有时要有弹性。战略控制切忌过度频繁,只要能保持与战略目标的一致性,保证战略实施的正确方向,就应尽可能地少干预实施过程中发生的问题,否则,控制过多可能会引起混乱和目标移位。

3）适机控制原则

战略控制要掌握适当时机,选择适当的时候进行战略修正,要尽可能避免在不该修正时采取行动或者在需要时却没有及时采取行动。

4）优先控制原则

战略控制应优先控制那些对战略实施有重要意义的活动和成果。

5）例外控制原则

战略控制应集中对准例外事件的发生,注意针对超出预先确定的容许范围的那些活动或成果,采取控制行动。

6）适应性原则

战略控制应能反映不同经营业务的性质与需要。经营业务有大有小,对战略成功的影响力有轻有重,因此,企业应视各部门的业务范围、工作性质、对企业未来成长的贡献来制定不同的控制标准和方式,以更好地适应不同业务的需要。

7）激励性原则

控制要与激励相结合,要将控制的标准与员工的行为考核标准相结合,使员工的行为期望与战略目标之间相互衔接,从而使员工能够在发现偏差时及时地进行自我控制。

8）信息反馈原则

战略控制应充分发挥战略管理中的信息反馈作用,不仅要反馈对实施战略有重要作用的信息,而且要反馈对最初战略的形成有重要作用的信息。

4. 战略控制与评价过程

战略控制的目标就是使企业战略的实际实施效果尽量符合战略的预期目标。为了达到这一点,战略控制过程可以分为四个步骤,即确定评价指标、评价环境变化、评价实际效果以及战略调整。战略控制过程如图 6-5 所示。

5. 战略控制与评价的方法

1）确定评价指标

战略控制过程的第一步就是根据企业战略目标确定战略实施效果的评价指标。这些指标既可以是定性的,也可以是定量的,但对不同的组织单位和不同的目标,应采取不同的评价指标。某些指标,比如投资收益率,非常适用于评估企业或事业部实现利润目标的能力。然而,这些目标对于评估企业要完成的

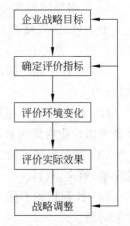

图 6-5　战略控制过程

其他目标,如社会责任、职工培训等,则是不充分的。因而,不同的目标要求有不同的评价指标。

公司经营业绩的评价指标有投资收益率、附加价值指标、股东价值、高层管理人员的评价指标、关键表现域指标等。

2) 评价环境变化

由于环境的变化,战略在今天成功并不意味着在明天也一定成功,也正是由于环境的变化,战略实施的控制系统才变得必不可少。评价环境变化的方法主要是因素评价法。该方法将企业内外部环境因素列出评价表,然后将战略实施之前的评价表与实施过程的评价表进行比较。如果内容不变,则企业战略管理者就不必采取调整措施;如果两个评价表的评价不同,则企业战略管理者要按照战略制定的过程重新考虑。

为了评价环境的变化状况,企业战略管理者应经常注意和回答以下问题:①企业内部的优势是否依然是优势?②企业是否有新的优势?如果有,有哪些?③企业内部的劣势是否依然是劣势?④企业是否有新的劣势?如果有,有哪些?⑤企业外部的机会是否依然是机会?⑥企业是否有新的机会?如果有,有哪些?⑦企业外部的威胁是否依然是威胁?⑧企业是否有新的威胁?如果有,有哪些?

3) 评价实际效果

这个阶段主要是衡量企业的实际效益,然后用实际的效果与战略实施计划的效益进行比较,确定两者之间的差距,并尽量分析形成差距的原因。形成差距的原因主要有以下几个。

(1) 环境变化。环境变化包括外部环境变化和内部环境变化。外部环境变化主要有以下几类:一是对环境估计错误,出现了没有预料的机会或威胁;二是对环境的估计与实际发生的正好相反,因而导致巨大的影响;三是对环境预测的趋势基本正确,只是发生变化的幅度与预料的不一致,或是机会比原来预料的要大,或是威胁比原来预料的大,或者相反;四是对环境预测的趋势基本正确,但机会与威胁来临的时间比预料的要早或晚。

内部环境变化主要有以下几类:一是企业出现了新的优势或劣势;二是应该产生优势的没有产生;三是应该产生的优势没有达到预期的程度。总体上可以把内外部环境的变化各分为三种情况:一是实际好于预测,二是实际与预测相符,三是实际不如预测。这样,内外环境变化的配合情况出现了九种组合。环境的变化将导致内部环境和外部环境以及企业目标之间新的不一致和不协调。如果这种不协调足够的大,企业就要进行战略调整或变革了。

(2) 执行中的差距。这主要有两种情况:一是执行者受短期行为的诱惑,从而不去实现企业的战略目标;二是没有正确把握企业的战略目标,即目标移位。

短期行为是指企业管理者仅以利润或投资收益率考核企业及下层单位,造成企业单纯追求短期效益,忽视长期使命,短期增加了利润,却失去了长期发展的潜力,使企业长远战略目标难以实现。美国曾有学者对 112 家大公司做过研究,只有 44% 的公司对位居要职的经理在长远发展中做出的贡献加以奖励,79% 的企业重奖有短期业绩的高层管理人员。

目标移位是指将帮助战略目标实现的经营活动本身变为目的,或者经营活动未能实现自己所要达到的目的,从而混淆了企业战略的目的和手段,导致整个企业经营业绩下降。目标移位有行为替代和次优化两种类型。行为替代是指用某种行为替代另一种行为,而不考虑这种行为对达成目标的作用。次优化则是指在实行独立的责任中心、分权的事业部的大型企业中,有的事业部将自己视为独立存在的实体,强调本部门、本单位的局部利益,忽视企业整体利益,致使企业整体经营业绩不能达到最优。

4)战略调整

为了纠正战略实施过程中出现的偏差,使实际效果与预期目标趋向吻合,对企业战略进行适时调整便十分必要。大量的实践证明,企业的成功或失败常常取决于管理者能否具有及时认识到需要进行战略调整的能力。一般而言,常见的战略调整有如下几种方法。

(1)常规战略变化:企业为了吸引顾客、为自己的产品确定位置,而在战略上采取的正常变化。企业可以在正常的生产经营活动中改变自己的广告、包装形式,使用不同的定价战略,甚至改变销售分配的方式来进行常规的战略变化。例如,企业根据不同的季节需求,通过广告宣传自己产品可以满足不同需求的特性,并且制定出适宜的价格,鼓励消费者购买。在这种情况下,企业要协调好生产经营活动,保证有足够的产品供应市场。

(2)有限的战略变化:企业在原有的产品系列基础上向新的市场推出新的产品时需要做出的局部变化。由于产品更新的方式较多,这种变化的形式也较多。一般来讲,如果只是改进产品的形式,则企业不需要在生产和市场销售上做出很大的动作,但如果产品中附有高新技术,则会对战略实施带来新的复杂问题。

(3)彻底的战略变化:企业的组织结构和战略发生重新组合等重大变化。这种变化有两种主要形式:一种是在同一行业里的企业之间形成联合或兼并时出现的变化。作为一个新的联合体,其不仅要求获得新的产品和市场,而且会遇到如何制定新的组织结构、形成统一的企业文化等问题,这些都使战略变化复杂化。另一种是企业自身发生重大的变化。特别是在多种经营企业中,企业管理高层如果对下属的经营单位采取大出大进的方式推进联合或出售,这种变化便格外明显。

(4)企业转向:企业改变自己的经营方向。这种变化主要也有两种方式:一种是不同行业之间的企业进行联合和兼并时所发生的变化。这种变化的程度完全取决于行业之间的差异程度,以及新企业实行集中管理的程度。例如,烟酒行业的企业与食品制造行业的企业进行多种经营的联合时,基本上还是在两个类似的行业里实行转向。但是也有的企业是在两个截然不同的行业中进行联合,这种企业转向便会遇到较大的困难。企业转向的另一种形式就是一个企业从一个行业中脱离出来,转到一个新的行业中。例如,在啤酒行业里,一个小型酒厂认识到自己在这个行业中绝不会获胜,便转到包装行业里去发挥自己的特长。这种转向会使企业战略的实施变得更为复杂。因为它往往需要企业的使命发生变化,而且要开发新的管理技能和产品技能。

6.4 任务实施

1. 确定主要任务

确定实现战略目标的关键任务,一般 5~6 项,最多不超过 10 项。

2. 制定保障措施

制定人财物等相关配套政策与考核政策。

3. 撰写主要任务与保障措施报告

根据上述分析内容,撰写主要任务与保障措施报告。

6.5 任务实施过程中可能出现的问题

1. 主要任务过多

人们时常会认为哪项工作都重要,哪项都不舍得丢,都要列入主要任务,其实主要任务过多就不是主要任务了。主要任务一定是那些对战略目标实现影响最大的因素,一般5～6项就够了。大数据产业发展规划也只确定了7项重点任务。

2. 配套政策不明确

要使关键任务得以顺利实现,人财物等配套政策必须跟上,有限资源要向关键任务倾斜。正因为资源有限,才需要战略与战略管理,使有限资源发挥出最大的效益,因此,配套政策一定要明确,而且是要最大限度地为战略目标服务。

3. 考核政策不清晰

考核政策是个指挥棒,是导向,是杠杆。要什么就要考核什么。但是考核指标不要太多,如果考核指标面面俱到,也就失去了导向作用。考核一定要考核那些关键指标。同时考核指标要尽量量化,便于衡量和考核。

6.6 阅读材料

贝塔斯曼中国之必然

书友会一直被贝塔斯曼认为是一种引以为傲的图书零售模式,即通过吸纳付费会员形成读书社区,再由编辑推荐书目的方式售卖图书。在全球,贝塔斯曼已经吸纳了5500万会员。1995年,德国贝塔斯曼集团旗下直销集团与上海新闻出版局直属的中国科技图书公司成立了合资公司,开始步入中国的图书市场,经过两年准备后推出了合资的书友会,正式将其书友会的图书零售模式带入中国,目前在中国已有大约150万会员。有数字显示,书友会有800多万名会员的信息,其中150多万会员平均购买5次以上,30多万会员购买超过10次。贝塔斯曼直销集团曾在中国经营着贝塔斯曼书友会、贝塔斯曼地面直营书店业务和网上图书零售店贝塔斯曼在线。

然而,由于长期亏损并且扭亏无望,贝塔斯曼决定割弃旗下直销集团的中国公司及其业务。随着直销集团在中国的消失,贝塔斯曼耕耘多年却未见收获的图书业务在中国画上了一个句号。尽管这是一个并不让人感到意外的结局。针对这一系列事件,许多报刊纷纷用"水土不服"来报道或说明贝塔斯曼(图书业务)全面撤出中国。那么,究竟何谓水土不服? 水土不服背后真正的根源又是什么呢?

概括起来,一个过时的运营模式,一个不能紧跟时代的战略方向,13年从终点又回到了起点。贝塔斯曼中国有五错。

1. 成功的亢奋导致的僵化教条

1995年，贝塔斯曼集团开始进军中国市场，而在此之前它就已经是世界四大传媒巨头之一。它的旗下不仅有大名鼎鼎的兰登书屋，还有欧洲最大的电视广播集团RTL。当年在进入中国市场之初，贝塔斯曼选择了复制自己横扫欧洲的成功经营模式——贝塔斯曼书友会。

在德国，书友会不仅受到那些爱听德国民乐、持传统思想的空巢老人的欢迎，对于任何一个年龄层的家庭成员都有足够的吸引力。贝塔斯曼的很多会员甚至不愿去实体书店买书，书友会几乎就是他们购书的唯一渠道。德国的贝塔斯曼书友会是全世界几大图书企业之一，但它进入不同的国家之后，会在经营形式上做相应的调整，但这样的调整却一直没有在中国出现，只是照搬了德国书友会的形式。

习惯了免费入会的中国会员对20元的入会费，以及每季度都得买一本书等"游戏规则"表示反感，认为这项规定多少带有强迫购物的感觉。书友会显然忽视了中国会员的经济问题，也没考虑到这个季度内，会员可能的确没有喜欢的书。如果会员在一个季度内没有买书，贝塔斯曼就会向会员发出"警告"，然后贝塔斯曼还会向读者推荐一本书友会"精心挑选"的图书。会员如果坚持不消费，将会被取消会员身份。这样一种强制消费形式的协议，最终只会导致更多会员主动"消失"。尽管后来书友会取消了一些硬性规定，但已为之晚矣。

不仅如此，贝塔斯曼书友会的运作模式还套用了其在海外的做法：针对作家，买断版权，承诺大发行量，这和国内普遍与作家谈版税、谈起印量的做法迥异，但是往往做出承诺后卖不完。一方面，以4.5折甚至更低的价格、几万册包销的形式，买断某本书在新华书店以外的销售权，然后通过邮册直投和网站推荐，却不一定都能卖出，而销售做不好，流动资金就被会被严重占用。另一方面，高价抢来的书和低价选来的书是否合读者的意，也常常是个问题。贝塔斯曼的固执还来自于对实体书店的巨额投入，据说这是来自法国的成功经验。

贝塔斯曼在中国开设实体书店以经营失败告终，折射出当前国内传统形式的实体书店普遍遭遇的困境。在欧洲，去书店买书、看书已经成为人们的生活习惯。高书价、低房租也成为书店遍地开花的有利条件。门店在法国之所以取得成功，是法国的书籍定价高，利润丰厚，而中国一本书大多20~30多元，门店地租昂贵。即使贝塔斯曼专门聘请了一位国际知名快餐公司经营者做门店，仍然无力回天。

用过去成功的方法做未来的事情，这是多数企业的自然选择。然而，不能因地制宜进行创新，迟早陷入危机，这是必然！在美国本土相对于麦当劳处于劣势的肯德基，在中国却遥遥领先于麦当劳，值得学习和借鉴。肯德基在中国胜出的关键是清晰的客户定位、恰当的营销策略和产品的本地化创新。

麦当劳在美国本土市场占据明显优势，而单就中国市场肯德基却优势尽占；形成如此鲜明反差的真正原因是肯德基充分适应了中国市场的客户需求，其核心是准确的客户定位和策略。麦当劳在美国提供的是5美元左右的标准快餐，男女老少都当普通快餐对待，消费人群众多。如此直接搬入中国，此一洋快餐自然"水土不服"。一是各类中式快餐众多、就餐方便；二是麦当劳 20～30 元人民币的消费在中国已超出普通快餐的水平，如此消费人群骤减。肯德基却顺应中国国情，为中国消费者而改变，提供"快乐活泼、青春时尚"的餐饮服务和文化(摆脱了快餐的定位)，吸引并锁定了孩子及父母、青年及学生、年轻恋人等此类消费力强的人群反复消费，其在中国的成功自然也就不言而喻了。

2. 墨守成规，缺乏前瞻性的眼光贻误商机

在波特五力竞争模型中，最容易被忽略的竞争力量就是替代技术、产品和服务，而威胁最大也正是这股力量，这是一种彻底的、颠覆性力量。在数字时代迷失的不只是贝塔斯曼，还有柯达(胶卷)等众多明星企业。贝塔斯曼在中国 13 年最大败笔就是没有全力进军网上书店，他们的"BOL"(贝塔斯曼在线)很早就建立，但是却并没有全力进军这一业务。贝塔斯曼图书业务在中国失败的直接推手正是目前逐渐升温的电子商务热潮，当国外的电子商务稍显颓势的时候，中国的电子商务才刚刚进入高潮。

贝塔斯曼在中国曾经试图建立一个类似亚马逊的网络图书销售商城，但是在 2002 年，贝塔斯曼又改变了市场策略(与集团高层权力斗争有关，极富先见之明的米德尔霍夫在 2002 年被贝塔斯曼集团创始人摩恩家族掌控的董事会解除了董事长和 CEO 的职务)，放缓了本已经具有势头的 BOL 在线商城的建设。贝塔斯曼的迟缓和犹豫使其成了"起大早赶晚集"的注解者。

无论在中国国内，还是在美国图书市场，亚马逊网上书店凭借着互联网的崛起一跃成为全球最大的书店。网上购书平台减少了库存压力，也不受店面限制，随时备有十几万种图书可供挑选，选择余地更大，而且折扣更低。从商业模式上说，互联网以其跨越空间、快捷访问、海量数据的特点，早已覆盖了目录销售的所有优势，却没有书友会招募和维护会员的成本。从那时起，贝塔斯曼书友会目录行销的模式已经埋下了失败的种子。

与此同时，本土的当当、卓越等大型网络书店迅速崛起，这些最初"国产"的网站多多少少借鉴了贝塔斯曼的经营模式，但很快找准了吸引读者的"命门"，比如种类繁多的产品、快速投递、购书 100 元免运费等措施，使得贝塔斯曼书友会遭到了严峻挑战。由于大手笔的投入导致书籍价格偏高，许多书友会的会员选择了在贝塔斯曼邮册上选书，然后到便宜的网站上购买的方法，这也令贝塔斯曼书友会难以为继。

不仅如此，直接照搬在法国取得成功的直营店做法的弊端也很快显现出来。网络书店迅猛发展，不断蚕食着实体书店的市场份额，把实体书店的利润空间挤压得十分厉害。"当亚马逊和当当采取低价策略的时候，贝塔斯曼在干什么？居然在发展门店，一门心思把钱砸给房地产商和租赁商，这还不算人力成本。"有业内人士对贝塔斯曼书友会市场应对缓慢表示不理解。

"依靠目录卖书实际上就是一种赌博。"当当网联合总裁李国庆说，印刷成本、投递成本会随发行量攀升，如果目录上书选不好就完全失去了机会。能上目录的书数目毕竟有限，无法满足非常广泛读者群的需求，这就限制了整体销量，也无法形成规模效益；而网站上位置资源无限，所有书都能展示，成本也低。目录行销已无法满足数以万计图书零售的需要，特别是在图书电子商务兴起的当今社会；目录行销比较适合产品种类有限且可反复消费的商品销售，北京红孩子母婴用品公司成功的目录直销也从侧面验证了这一点。

3. 财务失控,运营成本居高不下

标准外企的管理实际上让贝塔斯曼书友会和直营店喘不过气来。图书销售是一个微利行业,"几千万图书销售额居然需要 700 多员工,这在业内遭到耻笑。"曾任贝塔斯曼亚洲出版公司总编辑、贝塔斯曼书友会总编辑的黄育海如是说。"外企"的名号让它运营成本远远高于本土民营书店,入不敷出也在情理之中。而"空降"管理层动辄百万的年薪,这在其他图书销售企业是难以想象的。

2001 年,贝塔斯曼书友会业务在华达到顶峰,活跃会员有 150 万之巨,年销售额超过 1.5 亿元人民币。但这些让德国总部心动的数字背后的代价则是高昂的宣传、广告费用。有数据显示,仅会员直销目录每月花费就达 300 万元人民币,《读者》10 年间从贝塔斯曼获取的广告费用更是天价。仅这两项支出就几乎可以吃掉书友会图书销售所得微薄"利润"。这样一种不计代价的宣传方式,在许多企业看来是自杀式的。

13 年从未赢利过的长期亏损,致使贝塔斯曼中国资金紧张,拖欠书款终成恶性循环。结账慢,说明资金周转不灵;拖欠款,则拿不到出版社的新书、好书,这又致使销售形势进一步恶化。高运营成本又使得留给读者的折扣非常有限,当书友会折扣优势不在,物流体系明显滞后于当当、卓越之时,书友会的销售额从 1.5 亿元最高值缩水到几千万元的水平就可想而知了。所谓 150 万会员,大部分已经处于沉睡状态,仅 30 万会员购书超过 10 次。贝塔斯曼全国图书连锁店及书友会陷入这样的恶性循环,也直接导致了其步入经营困境并最终撤出中国。

有雄厚的资本实力既是好事,却也未必。贝塔斯曼 13 年的"挥金如土",既体现了贝塔斯曼的实力,也看出了贝塔斯曼的"耐心与决心",然而,这种执着和挥洒却抵不过"名不见经传""以小博大"的当当和卓越,让我们对"富不过三代"的古训又有了新的体验和认识。

4. 淡漠本土化,盲目迷信外籍高管

为拓展中国市场,贝塔斯曼曾将在德国、法国和美国取得了巨大成功的管理者们调到中国,希望中国业务有起色。可惜,贝塔斯曼唯一没做的事就是为中国市场找个中国管理者。"虽然贝塔斯曼 99% 的员工都是中国人,但是 CEO 从来都是外国人,和当地的文化融合就有冲突。即使招募中国管理人员,贝塔斯曼也更看重员工的海归经历和 MBA 管理经验,反而忽略了图书本身的文化特点。"

13 年间,贝塔斯曼换了很多任中国区老板,一个老板来了热衷开门店,又来一个老板感兴趣增发目录,再来一个老板迷信打广告……但却始终没有出现过一位中国本土的 CEO。

法国老板认为,在法国取得成功的门店模式也一定会在中国取得成功,于是广开门店,但门店与书友会直销又形成了竞争关系;美国老板则喜欢把会员再次细分,分成依据爱好不同的书友俱乐部;德国老板则喜欢传统的经营方式,不喜欢做改变。对于在中国的宣传推广,历任老板也是各行一套,尝试了各种所谓成功的方法。

"他们一开始到中国都信心百倍,将自己成功经验复制过来,但一年后就发现这些法宝并不适用中国。"一位从贝塔斯曼离职者说。德国总部始终坚持认为书友会模式没有问题,不肯在中国做出一些必要改变。这样很多人开始绝望,陆续离开,有的就到了竞争对手公司。

这其实体现的是一种盲目的傲慢与自信,迷信德国、法国和美国成功的管理者,而对熟悉国情的本土高级管理人员却熟视无睹。李国庆认为,"贝塔斯曼最大问题就在于管理者水土不服"。黄育海也说,管理者是贝塔斯曼失败的最大原因。事实胜于雄辩,当当和卓越的杰出表现,充分证明了本土高管人员的才华与能力。

不仅如此,管理体系的紊乱也影响甚大。按照贝塔斯曼集团传统,贝塔斯曼各子公司拥有各自的管理系统,中国区也是如此。各行其是、相互矛盾的混乱状态相应产生。比如市场部会把最好的书拿去招收会员,因为考核他的只有会员数量;销售部的人就抱怨好书都白送了,读者没什么可挑的。

上海大学的学生孙良就是这种混乱状态的"受害者"。他说,有一次收到了一张贝塔斯曼的宣传单,内容是只要购买一定金额的图书就可以参加去香港旅游的抽奖。他不知道这是邮购目录部门主办的活动,将询问电话打进了会员连锁店。连锁店表示没有这项活动。此类混乱不堪的管理让很多人因此对贝塔斯曼失去了信任,退出了书友会。

5. 忽视跨国经营政策藩篱的作用

贝塔斯曼在中国几乎遭遇了一个跨国公司在开拓新市场所能遇到的各种问题。最直接的影响是来自政策层面的制约。中国政府明文规定禁止外商独资在华开展图书出版业务,中国加入 WTO 以后,政策虽有所松动,但也只有符合法律规定的各种合作形式可以采用。贝塔斯曼不知道自己什么时候才能像在德国或在美国那样成为一个出版公司,而不仅仅是一个在工商局注册的、与国内出版公司合作的"上海贝塔斯曼文化实业有限公司"。没有出版权,它就始终受制于人。尽管在之后的数年间,贝塔斯曼以各种合作方式插手了图书产业链的每个环节,但是它始终受合作伙伴和政策的牵制,无法发力。

2003 年,贝塔斯曼获得民营企业北京 21 世纪图书连锁公司 40% 的股份,成立首家中外合资全国性连锁书店,以此突破中国限制外资从事图书零售的规定。当本土图书实体店生存都面临危机之时,舶来的贝塔斯曼也没有高妙之举,更何况位于上海福州路的贝塔斯曼 21 世纪书店所售图书种类不过万余种,仅和小型书店持平。

在关闭了十多家连锁书店之后,在出版业务方面,贝塔斯曼也遭遇挫折。拥有兰登书屋的贝塔斯曼一直等待着中国政府开放出版市场,但德国人的耐心已经忍受到了极点。出版巨头贝塔斯曼自己也不知道什么时候才能在中国成为一家真正的出版公司,而不是"上海贝塔斯曼文化实业有限公司",或者没有什么发言权的合资公司。从销售、物流到出版,贝塔斯曼以各种方式渗透进图书产业各个环节,但始终受制于政策。

这些都是跨国企业必须面对且要有效解决的重要问题,需要有打持久战的心理准备并妥善安排财务计划,也许目前就是"黎明前最黑暗的时刻",度过了就是胜利者,反之,就成了彻底的失败者。贝塔斯曼在中国创造了许多第一,却也成了带着众多光环的失败者。适度是管理永恒的主题,以快制胜要适度。"领先 10 步是先烈,领先 5 步是先驱,领先半步是成功。"跑马圈地要适度,要量力而行,财务稳健最重要。速度、规模和效益是扩张需要综合考虑的三个要素。

结束语：

贝塔斯曼在中国业务 13 年未能产生盈利，不仅有战略选择和销售模式的问题，也有管理和心态的问题。比如，书友会没有考虑中国读者的消费习惯，它要收取一定的会员费，但在中国，大家更习惯免费。最初，每个会员都有每个季度买书的义务，否则半年后取消会员资格，甚至会因为没有履行会员义务而收到律师函，这都让书友会的信誉受到影响。忽视了网上书店的兴起对传统模式的影响和冲击。另外，作为一家外企，它的运营成本居高不下。当然，几年来高管频繁更换，更令公司的经营雪上加霜。贝塔斯曼书友会及连锁书店的倒掉，对国内外企业的最大警示就是要有因地制宜、因时制宜、因人制宜、因己制宜的战略选择和策略安排，做到真正的知己知彼，培育出自己的核心竞争力，在激烈的竞争中形成自己的特色和优势市场。企业制胜不仅需要可靠的盈利模式，更需要有效的管理，适应市场变化、注重成本控制、本土化运行等，这在任何企业都是值得借鉴的。

为了我们未来的成功
——为自己制定人生发展规划

只有善于思考和总结的人，才能获得最大的收获与提高。

成长在于积累。笔记是积累的一种方式，这种方式最笨，也最聪明。它记录了你的发现，你的成长，你的感悟。把它们收集起来，这是你的财富，也是你永久的珍藏。

为家乡企业制定战略规划的过程是充实而艰辛的，但更大的收获与提高在项目的总结和交流。经过了 15 周的项目开发，及时认真地总结交流和反思是必要的。15 周的项目开发带给我们的是启迪，是思考，是发现自己。

你肯定有很多感想，知识和技能也装了一箩筐，虽然可能仅仅是知识点。你也可能会有些许遗憾，因为你匆忙行动而顾不上运用相关的知识和方法，或是想当然地认为应该怎么做而忽略了相关的原理和法则，致使规划出错或是发展失利；你可能会有一个小小的愿望：假如我们可以重新再来……

那么，就开动你的脑筋，拿起你的笔进行反思和总结吧！同时运用企业战略规划的理论、流程、方法与工具进行自己的人生发展规划。只有实践才能真正检验我们学到了什么，才能真正跨越自己。

7.1　项目参与者的日常记录

成长在于积累。笔记是积累的一种方式，这种方式最笨，也最聪明。它记录了你的发现，你的成长，你的感悟。把它们收集起来，这是你的财富，也是你永久的珍藏。

7.2　提交为家乡企业制定的战略规划

提交符合规范的《××企业战略规划》文本，字数 1 万～1.5 万字。基本格式和要求如下。

0. 规划概要

对规划内容进行概要描述，字数 1000～1500 字。

1. 外部分析

外部机会：从众多机遇中找出最适合本企业的 3～5 个机会。

外部威胁：从众多威胁中找出对本企业最大的 3～5 个威胁。

2. 内部分析

企业优势：立足于行业从众多优势中找出本企业最鲜明的 3~5 个优势。

企业劣势：从众多不足中找出对本企业影响最大的 3~5 个威胁。

3. 企业价值观与愿景、使命

清晰描述企业的价值观、发展愿景和使命目标，包括定性的描述和量化的指标。战略指标不宜太多，3~5 个足矣。

4. 战略选择

在企业价值观与愿景、使命的指引下，通过 SWOT 综合分析，做出本企业的战略选择，明确战略途径（总体战略选择），设定战略举措（竞争战略和盈利模式选择）。

5. 主要任务

主要任务是实现企业战略目标所要进行的重点工作。

主要任务是影响企业目标实现的那些主要因素、主要方面。主要任务不宜太多。

6. 保障措施

保障措施是保障企业战略目标实现的重要举措。

保障措施是为了保证主要任务实现的财务预算政策、人事考核政策等。

7.3 对发展规划的再思考

企业经营的本质是盈利，那么我们不妨从"如何赢利"入手，逐级展开以下六个问题的探讨。

(1) 利润不足是成本过高还是销售不足？

(2) 如果是成本太高，找出控制成本的有效方法。

(3) 如果是销售不足，分析是什么原因造成的？

(4) 如果企业所处行业已经没有利润空间，考虑尽早进行行业调整。

(5) 如果通过市场分析，感觉企业的细分市场不够大，要么加大市场投入，要么需要重新定位。

(6) 如果既不是行业的问题，也不是市场的问题，那么问题应该是出在管理上，就需要细化管理，内部改进。

下面介绍三个案例，读者可以从中得到一定的启发。

7.3.1 联想"二次革命"全面进军移动互联网[①]

这会是联想集团的机会吗？杨元庆说，"我们看清楚了"，不管如何，联想集团上下已经在期待 4 月（2010 年——编者注）的到来了，4 月的某一天毫无疑问会是联想集团的大日子。

在这一天，联想集团的第一代移动互联网终端产品将上市，这将连接起联想的所有产品，"这将是真正具有市场竞争力的产品，"联想集团 CEO 杨元庆在接受《中国经营报》记

---

① 侯雪莲. 联想"二次革命"全面进军移动互联网[N]. 中国经营报，2010-02-21(C11).

者采访时表示。1月6日，联想在 CES 展上宣布了移动互联战略，并推出其第一代移动互联网终端产品：智能本 Skylight、智能手机乐 phone 和双模笔记本电脑 IdeaPad U1。其中，IdeaPad U1 双模笔记本电脑荣获 CENT 颁发的计算机和硬件类"消费电子展（CES）最佳产品奖"。在互联网的包装下，联想会变成何样？

1. 联想的逻辑

在联想历史上一共发布过两次互联网战略，一次是在网站 FM365 上市时，但最终无疾而终，另外就是这次的移动互联网战略。有了第一次互联网战略的前车之鉴，联想1月在美国拉斯维加斯电子展上发布移动互联网战略时显然更自信，用杨元庆的话说，"是看清楚了"，战略表达也很明确。

联想互联网战略的逻辑大致是这样的：因为 3G、云计算等技术的成熟，移动互联网应用越来越丰富，但现在还没有那么多终端产品供大家选择，就像高速公路修好了，但上面没车，因此，移动互联网将出现爆发性增长。具体到产品就是智能手机、智能上网本等将出现爆发性增长。从这个角度上看，联想移动互联网战略就是联想的"造车"战略。

从联想内部发展来看，联想 PC 的市场份额已经达到全球第四、连续多年国内领先，PC 的发展基本呈现饱和的状态。联想急于开拓下一个利润增长点。在技术的推动下，移动互联是一个颇为现实的选择，全球 PC 的几大巨头，如惠普、宏碁都在进行这方面的准备，这也充分说明了这一点。

有了 PC 市场的成功经验，联想确信自己的制造优势、成本优势、渠道优势同样可以在移动互联网市场上充分发挥出来。也就是说此前这个领域的竞争，一直靠被神话的外资的品牌、科技、高端等因素笼罩，现在终于回归到了"贸、工"这些联想的优势项目了。所以，杨元庆在接受采访时特别强调"量"，"在这个领域的终端产品如果做不到年产销 100 万台到 200 万台，就没有生存的理由。"杨元庆说。

通过上量抢夺市场份额，联想打的还是"控制成本""降低价格"的主意。杨元庆和联想移动总裁吕岩都认为，如果主流市场不被大众接受，产品就不会出现爆炸性增长，而 1000～2000 元之间将成为智能手机的主流价格。"只有当规模上去以后，研发才会把精力主要集中在降低成本上，从而推动规模的扩大，这是我们的目标。"杨元庆说。

这些都是联想在 PC 领域的惯常做法及优势所在，从某种程度上说，联想的移动互联网战略依靠的仍然是制造优势和渠道优势。

中国是联想实施互联网战略的第一站，"因为中国是我们的大本营，是我们的核心优势所在地，我们有最好的品牌优势，有很好的渠道网络，我们也有很好的关系，包括服务提供商、运营商等，天时、地利、人和都具备，应该来说现在是志在必得。"杨元庆解释道。至于海外市场，联想也在与一些运营商接洽，希望在时机成熟的时候推进。

联想集团首席执行官杨元庆表示，联想下一步的战略除了需要进一步加强和提升我们在 PC 领域里的地位外，也要大力度地发展移动互联网新领域。

2009 年 11 月 27 日，联想集团正式宣布，斥资 2 亿美元，回购之前出售给旗下弘毅投资等投资方的联想移动业务。如今看来，这是联想布局移动互联网战略的一个铺垫。

2. 联想的新突破

联想的移动互联网战略，除了凭借以往的制造优势和渠道优势之外，在用户体验及产品设计等方面也进行了突破,比如产品要轻薄、时尚、方便,要时时在线,待机要长等。

杨元庆还特意提到了设计的问题。"设计是一个基础要求,如果没有很好的设计,消费者就不会接受,另外我们也不可能给自己的品牌定到一个高端的位置上,那就意味着盈利空间不大。这是联想目前一个共识。"杨元庆说。

在设计方面,联想曾遭遇过一些挫折。据说,在联想制定互联网战略之前,生产过一款类似黑莓的智能手机,但设计太差了,拿给运营商看,人家根本就不屑一顾,这让杨元庆很受刺激。于是,杨元庆对联想研究院下命令,要求技术人员向全世界最好的设计看齐,比如 iPhone,最终由此设计出了联想的乐 Phone。

在联想内部人士看来,乐 Phone、Skylight 和 IdeaPad U1 组成的联想第一代移动互联网终端产品可以算是联想历史上设计得最好的产品,历经一年多的打磨,才投放市场。而联想过去的产品战略,往往是边设计边推向市场,在销售过程中不断完善。从这一点上看,移动互联网终端产品可以说是开了联想产品设计的先河。

更重要的是,联想认为自己还有一个优势,是外资品牌、山寨品牌都不具备的,就是联想在国内市场的品牌影响力和资源整合能力,所以联想在国内智能手机市场采用了推送的服务形式,而且整合了众多资源,像 QQ、淘宝等。对消费者来说,联想此举能保证用户使用的感受、体验更加方便,而对外资及山寨品牌来说,则是一道很难跨越的门槛。

3. 初获成功

2010 年 11 月 12 日,联想集团在京举办了 2010 年移动互联开发者大会,会上公布了联想应用商店"乐园"的发展策略,意在将其打造为最适合中国用户和开发者的移动应用软件商店,十大首发应用也随之亮相。联想还推出了 1 亿元人民币规模的"乐基金"支持中国本土应用开发企业快速、健康成长。

本次大会以"应用智慧,乐自由我"为主题。联想集团 CEO 杨元庆表示:"我们移动互联网战略的关键在于,把丰富多彩的互联网应用和硬件、软件完美地整合在一起,帮助用户随时随地享受最佳的移动上网体验。乐 Phone 上市以来的成功,证明这一战略是正确的。下一步,我们将继续开发更加先进、完整的移动互联终端,加大力度提升终端规模,并为培育、孵化更多的应用提供更加直接的支持,与开发者共赢中国移动互联网的未来!"

联想"乐园"应用商店以"聚焦精品、安全保障、提高收益、合作共赢"为四大策略,致力打造一个最适合中国的移动互联应用平台。联想"乐园"应用商店目前运营良好。数据显示:自今年 5 月推出至今的半年间,"乐园"已经收到开发者贡献的 2000 多个精品应用,成功上架 1000 多个,拥有 2774 名个人以及团队开发者,542 家企业开发者,总下载量超过 200 万,10 月以来日均下载量超过 2 万次。联想"乐园"的用户拥有极大的活跃度:81%的用户使用联想"乐园",其中 53%的用户至少每周访问一次。

专门用于支持开发者创业成长的重大计划——"乐基金"也在本次大会上正式亮相。"乐基金"首期投入 1 亿元人民币,由联想控股公司旗下专业投资团队运营管理。"乐基金"作为天使投资,将专注于支持在移动互联网应用和服务领域进行开发的初创期和早期企业。

"乐基金"将与联想集团移动互联战略互为依托,充分利用联想相关业务优势,为被投企业带来增值价值。被投企业不仅能获得资金支持,更重要的是获得"宣传推广、深度开发、上下游合作以及预装机会"等多方面增值服务。凭借在数字阅读平台领域的出色创新,广州华阅数码科技有限公司成为首家获得"乐基金"投资的企业。

7.3.2 环宇集团持续成长"四要素"①

经过十多年的不懈努力,环宇集团由一个作坊式低压电器小厂,迅速发展成为销售收入超过 60 亿元、总资产超过 10 亿元的跨地区跨行业的大型经济联合体,并跻身全国工业企业 500 强。概括起来,以下四个要素在其持续成长过程中起到了至关重要的作用。

1. 时刻践行企业的社会责任

建厂初期环宇就倡导"严质量、重信誉"的企业精神,并一直保持足额纳税,把不欠税、不偷税漏税作为必须遵守的道德底线,以追求"阳光下的利润"为荣,因而多次获得"纳税大户""纳税百强""信用 AAA 级""重合同守信用"等表彰。随着公司的发展壮大,环宇在献爱心、救灾区、扶贫助学及公益活动中对社会的回报也在不断增加,以多做贡献、多做善事为大德。创业以来,累计已出资数千万元用于各种捐赠活动,董事长王迅行荣登 2005 年"福布斯中国慈善榜",他的颁奖感言是"通过企业回报社会,通过社会提升创造财富的价值"。

2. 及时调整的企业发展战略

从创业到 20 世纪 90 年代初的以质量求发展,从 1996 年组建集团公司到 2000 年以规模求发展,从 2000 年至今以科学技术求发展,环宇集团在十多年的发展历程中,始终坚持根据形势的变化、不失时机地进行规模扩张,对企业发展战略做到合理调整,及时充实,从而增强了企业活力。目前,环宇这艘源于"草根经济"的帆板已经由"船大抗风浪"的大船开始向现代化的"航母"过渡了。

3. 不断创新为企业注入持续发展的动力

环宇集团创业的道路,从某种意义上说,就是一部科技兴业、不断开拓创新的历史。经过十多年的不懈努力,到 2005 年,与世界同步的环宇低压电器系列全部研发成功。现在公司的所有利润都来自科技创新。公司先后开发具有自主知识产权的 23 个系列 500 多种新产品,其中有省级新产品 30 多项,获得国家专利 12 项,塑壳断路器 HUM8 系列被科技部列为国家火炬计划项目。这些成绩充分显示了科技兴业的威力,环宇构筑的"科技金字塔"起到了巨大作用。

4. 文化管理开启环宇管理新境界

长期以来,环宇集团在自己的企业管理行为中渗透着许多文化因素,如倡导企业精神、经营理念,开展企业文化活动,以及企业形象的设计与宣传,并且制定了各种行为规范条例,用以提高做现代文明人的素质等。环宇强调"以人为本",特别重视培养人才和留住人才。环宇留住人才,一靠诚心,二靠周到。早在创业初期,有位为环宇做过较大贡献的电器老专家要求离职回家,公司同意了,但每个月的工资照发(寄到他家),一年下来,他被诚意感动,在家坐不住了,说让我回公司再干两年吧。2003 年环宇总部搬迁至工业园区,条件改善了,公司首先想到建设上档次的员工宿舍、员工食堂,因为这是人人有份的事,让

---

① 王拓宇. 论企业成长的四要素[J]. 温州企业家,2008(1).

全体员工都能分享到企业发展的成果。公司还特别开设了"夫妻房",被誉为"温暖工程"。这一切人文关怀,使员工心里潜移默化地产生了巨大的向心力和凝聚力,也成就了今天的环宇。

7.3.3 讨论案例:宏碁再造

宏碁的成功促使施振荣果断地筹划了"龙腾十年"的计划:第一个五年,宏碁关系企业的总营业额要达到 400 亿元(编者注:新台币,下同);第二个五年,也就是到 1996 年,营业额要达到 1200 亿元。但是,"龙腾计划"出师不利,1991 年宏碁经历了历史上最大亏损,亏损额高达 6 亿元。从而施振荣尝试进行了第一次"再造宏碁"。

(1) 再造前的情况。1991 年底宏碁发生了最大幅度的亏损,亏损金额达 6.07 亿新台币,超过预期。

(2) 再造的外在原因。计算机业新竞争对手出现,中国台湾地区主机板厂商和全球各地进口商联手形成相容计算机的组装联盟,从统合模式走向分工整合模式,挑战旧的系统厂商,包括宏碁。

(3) 再造的内在原因。宏碁经过十几年的顺利发展,背负着快速成长带来的沉重包袱,包括:资金太多引起的"大头症",缺乏忧患意识的"安乐症",反映迟钝的"恐龙症",权责不分的"大锅饭心态"。

(4) 变革的内容。1989 年 11 月推动"天蚕变",谈到组织扁平化、人力加油站等概念,将组织更改成多利润中心。1991 年执行劝退计划,精减人员。1992 年的再造——理念:全球品牌,结合地缘;组织:采用"主从结构"的分散式管理;流程:快餐店产销模式。

(5) 再造的结果。营收和获利都高度增长:1993—1995 年每年的营收增长率依次为51%、69%、81%,利润增长率依次为 2436%、207%、72%。

一造的成功让宏碁在数年内增长了活力。自 1993 年至 1995 年,每年宏碁的营收成长率依次为 51%、69%、81%,利润增长率依次为 2436%、207%、72%,已算获得了惊人成就。

2000 年年底,宏碁开始了第二次"再造宏碁"。

(1) 再造前的情况。准二造时划分五个集团的做法造成分配不均,此时宏碁的成长几乎是停滞不前的,获利不理想,靠出售长期投资有获利的股票度日。

(2) 再造的外在原因。①个人计算机产业的竞争越来越激烈,产品的售价和利润进一步下滑。②产业的大规模化,加速推动大企业外包,中国台湾地区的专业代工厂商趁势崛起,竞争力超越品牌和代工并存的宏碁。③网络公司盛行,宏碁跟随潮流积极投入网际网络事业,后来网络泡沫破灭,宏碁也受波及。

(3) 再造的内在原因。①自有品牌和代工并存,使得管理复杂度增加,资源和经营相互冲突。②自有品牌在欧美无法建立获利的运作模式。③五个次集团过度扩张,形成重复投资。

(4) 变革的内容。组织改造:将集团公司的版图重组,让品牌和代工分家,划分为研制服务事业(DMS)和品牌运营事业(ABO)。运营模式的改造:采取"三一三多"策略,"三一"是指单一公司、单一品牌、单一全球团队,"三多"是指多供应商、多产品线、多通路。

(5) 再造的成果。ABW 家族营收：2002 年 4443 亿新台币；2003 年 5411 亿新台币；2004 年预估 7500 亿新台币。

思考：

(1) 宏碁"一造"的主要内容有哪些？这些措施产生了哪些积极的作用？

(2) 为什么会有宏碁"二造"？主要内容有哪些？这些措施与"一造"有何不同？

(3) 宏碁"二造"之后又面临哪些新形势？应如何应对？

7.4　改进工作的思路

1. 扩大销售

(1) 提高产品和服务的质量，增加客户满意度。

(2) 提高附加服务。

(3) 市场渗透。

(4) 开拓新市场。

(5) 研发新产品、新技术。

(6) 加强企业品牌宣传，改善公司及产品形象。

(7) 集中资源重点投放。

(8) 并行工程。

(9) 扩建或改造生产设备，提高产能。

(10) 提高设备利用率。

(11) 其他措施。

2. 降低成本

(1) 消除生产过程中的一切浪费。

(2) 考虑替代料。

(3) 考虑委外、外包。

(4) 节约资源。

(5) 寻求合作。

(6) 规模化、标准化。

(7) 其他措施。

7.5　项目参与者总结

项目参与者总结提纲如下。

(1) 简要描述你所研究企业的经营状况。

(2) 分析你所研究企业成败的关键点及其原因。

(3) 总结你在项目团队所担任角色的得与失。

(4) 对你所研究企业下步发展的意见和建议。

(5) 对已提交规划报告的个人意见和建议。

7.6 项目总结交流

学习别人的长处,弥补自己的短处。各项目团队派代表进行项目总结交流,不一定都是项目经理,也可以是团队成员。同时允许个别发言,作为补充。

7.7 项目导师的点评与分析

记录:

7.8 为自己制定人生发展规划

人们习惯在低于自己能力的水平上工作,然而,确立目标会迫使人们调整自己的投入程度,从而提升工作绩效的水准。确立目标可有的放矢,使行动富有效率化,朝成功迈进。目标是一种期望值,每个人都渴望去实现。

目标应该是富有激励性——应当要求工作绩效较过去有所提升;可达成的——不切实际的目标会导致懊丧、气馁和失败;可衡量的——没有衡量标准,很难做出调整,取得效果。

借鉴企业战略管理理论、流程、方法与工具对自己的人生发展做规划。

1. 你所处的外部环境分析

机会:从众多机遇中找出最适合你的3~5个机会。

威胁:从众多威胁中找出对你最大的3~5个威胁。

2. 自身条件分析

优势:立足你所在环境从众多优势中找出自身最鲜明的3~5个优势。

劣势:从众多不足中找出对你的发展影响最大的3~5项威胁。

3. 你的价值观与愿景、使命

认真思考、清晰描述你的价值观、发展愿景和使命目标,包括定性的描述和量化的指标。

4. 战略选择

在价值观与愿景、使命的指引下,通过 SWOT 综合分析,做出自己的战略选择,明确实现目标的途径,设定实现目标的主要举措。设定阶段性目标,将"高不可攀"的远大目标转化为"触手可摸"的阶段性目标。

5. 主要任务

找出影响目标实现的关键任务,明确任务指标和时间节点。

6. 风险与应对

找出最可能影响目标实现的潜在的、主要风险点 3～5 个,并未雨绸缪提前制定应对措施。

7.9 阅读材料

为了前进必须付出的代价

对于一位 65 岁的老人而言,他的退休生活远没有其他人来得安逸。作为联想集团的创始人,也是外界公认的联想头号人物,面对联想在 2008 年底出现的巨额亏损,柳传志决定在 2009 年重新出山执掌联想大局。9 个月后,联想公司在 11 月份公布的 2009 年公司第二季度的财报显示,在连续三个季度出现亏损后,联想终于扭亏为盈。

这不禁让人们提出新的疑问:联想陷入巨亏是因为之前的海外并购错了吗? 柳传志一回来联想就复苏的现象,是否说明联想仍然无法切断与这位创始人的精神联系?

1. 收购时埋下的隐患

柳传志颇为坦诚地剖析了联想在这几年的艰难历程。他认为,尽管全球金融危机是让联想在 2008 年陷入低谷的直接导火索,但根本原因却是联想在 2005 年并购了 IBM 公司 PC 业务之后企业管理方面所埋下的隐患,其中最大的问题就是职业经理人的短期行为。

但如果当初就执意由中国人来执掌联想,联想可能会由于不了解国际市场和沟通障碍在当时就发生更大的危机。因此,在这样的两难之间,柳传志和他的联想被迫选择了那些方向正确但绕了一个大弯的策略,犯下了事前就心知肚明但仍然不得不去犯的"错误",这是联想为了成为一家国际化公司而必须要做出的妥协,必须要缴纳的学费。而在几经辗转任命杨元庆担任 CEO 之后,联想终于回到了当初所制定的轨迹上,重新找到了一个具有"联想魂"的企业领导人。

"救火队长""教父回归",这些都是外界对于我面对联想集团在 2008 年出现巨额亏损重新担任董事会主席时给出的称呼。但作为联想的创始人,我更愿意大家用父亲和孩子来形容我与联想集团之间的关系。面对联想 2008 年 2.2 亿美元的亏损,就如同眼看自己的孩子在成长的过程中遇到了难题,作为家长,我心里自然是最急的。于是,我义不容辞地要站出来。

我从来不认为自己是一个"教父"级的管理者,所谓的教父是要为大家明确指引方向的,是不能够犯错误的。但我不是圣人,我只是人,人都会犯错误。在面对联想的问题时,也是一样。让我最难受的是,即使在你已经意识到有些决定是错误的,会对联想造成一定伤害的时候,你还是必须咬着牙让它摔倒一次,因为这样才能够让联想拥有更好的成长空间。在我们2005年决定收购IBM公司PC业务的这件事上,联想就经历了这样的艰难蜕变。

2005年的5月1日,联想完成了对IBM全球PC业务的并购。当时,联想并购IBM公司PC业务的决定引起了业界的高度关注。我本人也听到了很多不同的意见,唱好或唱衰的声音都不少。3年后,联想2008财年第四季度财报显示,2008—2009年度全年净亏2.26亿美元,是联想历史上出现的最大亏损。这似乎给看衰联想"出海捕鱼"的人们找到了最确凿的论据。

但我从来不认为联想这次的并购可以用众人口中的"失败"来形容。我们一直都在朝着正确的方向行驶,只是在行驶的过程中,由于外部因素和自身条件的限制,我们在短时间内无法通过"两点之间线段最短"的原则前进,而是被迫要通过绕一个大弯的方法继续保持我们的行驶安全和方向正确。

对于联想史上最难看的报表而言,金融危机的爆发是最直接的导火索。联想的股票在港交所的表现,同美国道琼斯指数的走势趋于一致,从这点可以看出金融危机对于一家企业的影响;而从业务的角度来分析,联想收购了IBM全球的PC业务后,这部分业务针对的核心客户群体是商业用户,金融危机的爆发导致这些大的商业客户缩减了原有的预算,减少、延后甚至是取消了办公用品的采购计划。

所以直接导致联想集团的营业额在这一年大幅度地缩水。在我们自己绕弯的过程中,遭遇这种我们无法预见,又无力抗衡的外部大环境因素,联想业绩的下滑就引起了外界各种猜疑和说法。

我用"直接导火索"来形容金融危机给联想带来的冲击,但它并不是导致联想在2008年陷入低谷期的根本原因。在这里我可以非常坦诚地向大家承认,导致联想出现危机的根本原因其实在2005年并购的时候就已经埋下了伏笔,我个人心里其实非常的清楚,也因此在很长一段时间内备受煎熬。

2. 必要的妥协

我在前面也已经提到了,从2005年并购IBM公司PC业务起,我们就开始了一段绕大弯的过程,而联想业绩在2008年的大幅下滑是绕大弯过程中所呈现出来的具体表现。我这里所指的绕大弯更具体点说,就是联想在完成收购,成为一家国际性公司后,对于执掌企业大局的首席执行官进行甄选的问题。

大家都知道,我是1984年同朋友一起创办中科院计算所新技术发展公司,也就是联想集团的前身的。那一年,我已经40岁了。对于我这个年纪的人而言,前面的三十几年都是浑浑噩噩地过日子。国家后来改革开放了,正好也赶上我的年龄和身体状况还允许,我认为自己是赶上改革开放这班车了,所以格外珍惜联想这个机会,联想对于我来说真可谓是老来得子的感觉。

我在很多场合也讲过,我希望联想能够成为一家伟大的企业。在我的理解中,一家伟大的企业第一是得活得长久;第二,要有一定的吨位,也就是规模;第三,这家企业对社会要有强烈的责任感。作为一家中国企业,社会责任感在我看来,不仅仅是公益、环保和捐资助学,作为中国企业的旗舰,不谦虚地说,我觉得联想有责任为中国的国家品牌做贡献,为中国企业向海外进发做出自己的贡献。

所以，不管从规模还是从品牌的国际效应上来考虑，我们已经非常确定联想是要走出去，从一家本土企业变为一家国际性大公司。如果我们能够成功地把握 2005 年那次机会收购 IBM 的 PC 业务，对于联想而言是千载难逢的打开国际市场、做大做强的好机会。IBM 当年在 PC 领域的品牌知名度是联想无法比拟的，在业务量上也是当时联想的 3 倍。成功收购 IBM 公司 PC 业务，对于联想在核心技术同品牌知名度上都将是前所未有的提升，所以联想对于收购 IBM 的 PC 业务志在必得。

　　在并购过程中，为了能够更顺畅地完成，我们邀请了美国两家知名 PE 公司同联想一同参与并购工作。在谈到未来公司全球 CEO 人选的问题时，IBM 推荐了 IBM 个人系统部总经理、IBM 高级副总裁斯蒂芬·沃德。联想与这两家 PE 公司对 IBM 推荐的人选做了详细的分析和调查，当时董事会并不看好这个候选人。但如果联想当时不接受这个CEO，并购谈判很可能就此终止。我明白，这场并购对于联想要成为伟大的公司至关重要。为了能够把握住这次并购良机，也出于自身多方面的考虑，联想最后接受了这位来自IBM 的 CEO。我当时已经意识到，这是我必须要做出的妥协，而且代价可能是惨重的。

　　联想就这个问题在公司内部也研究了很久。虽然我可以说联想对于本土市场已经研究得非常透彻了，但是一旦走出家门，本土的经营方式在国外是否仍然适用，我们心里都没有底。成为一家国际公司后，你的员工都是国际人士，销售的、采购的、对外接口的等。如果收购后立马换上中国的领导，海外团队不认可怎么办？品牌的认同也就是品牌价值出现流失怎么办？联想的高管层普遍缺乏在国际市场上的经验，在面对如何带好国际团队的问题上，实话实说，我们当时的能力还有限。

　　就拿被大家认定的我的接班人杨元庆来说吧，我当然考虑过让他继续来做这家企业的 CEO。但就当时的情况，杨元庆本人单从语言的沟通上，就不具备能够立即撑起一家跨国企业 CEO 的重任。当时如果我决定任命自己最信赖的杨元庆远赴海外担任这家跨国公司的 CEO，在对国际市场经验不足的前提下，公司在决策上要是出现了任何的失误，被董事会举手表决否定这个人就十分冤枉。本土的员工到海外执掌大权，最多只是对海外市场没有充分的认知，如果这样就被完全否定掉一个人才，对联想集团、对杨元庆本人都是十分不公平的。

　　其实不仅仅是我一家企业，任何中国企业在面对走国际化路线的时候，都会遇到同样艰难的选择，在这样的两难境地下，权衡各方利弊，我最终同意了 IBM 的提议。但出于董事会对斯蒂芬·沃德的判断，我希望联想总部能够在业务上对接任的 CEO 有所把控。于是我决定自己退下来，让当时还是总裁兼 CEO 杨元庆顶替我担任联想董事局主席一职。就此，联想完成了对 IBM 公司 PC 业务的收购。

　　3. 职业经理人的短期行为

　　对于并购后联想的发展，我当时就已经对可能会到来的挫折有了预判。我暗自下了决心，一定要让中国的团队尽快成长起来，等我们羽翼丰满了，具备了充足的海外经验时，我就要让中国人担任联想 CEO 的角色。我当时为联想换将定下了 5 年的期限。

　　在斯蒂芬·沃德担任 CEO 不到一年的时间里，他对于行业的了解同做事的风格证实了董事会当初的判断。于是，董事会决定重新考虑 CEO 的人选。为了不造成中国企业收购美国公司就立即换掉美国人的误解，CEO 的离任工作由当时参与并购的 PE 公司高层同斯蒂芬·沃德进行了谈判。由美国人出面，而且完全从业务的角度出发，联想并购后第一任 CEO 的离职处理得很顺利，从媒体到股市的表现都相当平稳，我一颗悬着的心终于落地了。

随后，我们找来了戴尔高级副总裁阿梅里奥接替沃德，成为公司第二任 CEO。虽然他是电脑行业的专家，不会有人对他的专业能力提出异议，但是时间长了以后，这位洋 CEO 还是在掌管联想的问题上暴露了让我必须要解决的问题。

其实，我觉得这是运营一家国际企业时可能存在的带有普遍性的问题。我一直在思考这个问题。当一家企业，他的创始人从公司领导者的位置上退下来后，公司创始人的第二代、第三代不愿意继承企业经营的现象大有人在。在这种情况下，富二代、富三代把上一辈打拼下来的企业轻而易举地就卖了，把成果转换为现金。那么这家企业变成谁的了呢？就变成全体股民的了。以后谁还会来为这么一家公司呕心沥血地制定长远规划和愿景呢？除了创始人，我们很难苛求其他人做到同样用心。

当一家企业从创始人掌舵变为职业经理人管理时，高级打工仔是设身处地为企业着想，还是只关注自己在位几年能否交出一份漂亮的财务报表，抱着不同态度来经营企业，表现在结果上可能是悬殊的。2001 年上任的通用电气 CEO 杰夫·伊梅尔特，在接过杰克·韦尔奇的重任之前，已经在这家企业工作了将近 20 年，所以他对这家企业会充满感情，会从企业的长远利益的角度来思考问题。这样的职业经理人也是联想所需要的。

联想 2005 年并购了 IBM 公司的 PC 业务。从历史上讲，IBM 公司 PC 部门主要针对的核心用户是商业客户。但在那个时候，电脑这个领域已经有了一个明显的发展趋势，那就是商用电脑的需求增长乏力，而个人消费电脑的增长却后劲十足。联想整个公司从战略上也是要朝着消费电脑的方向前进的。但是在海外这块，让 IBM 从商业客户提供商向消费类电子产品提供商转变的过程是相当困难的。

做商业客户，你的产品是跟着客户的需求走的。客户定制怎样的产品，我们就生产怎样的产品，这种生产方式是客户拉动产品。而要做消费类产品，就像联想在国内一直走的路线，是你必须洞察市场的需求，自己先行生产然后再拉动消费。两种模式的供应系统是不一样的，需要的 IT 系统也是不一样的。

在面对电脑产业大趋势有所改变的情况下，从长远角度考虑，我希望 IBM 能够上马更适合消费类产品的 IT 系统。但这个系统的改造要花费高达 5 亿～7 亿美元。这些费用都是要从公司的利润里面分期扣除。这是一个具有长期效益的战略投资，但从短期利益来看，会对公司的年报产生很大的负面影响。

财报的表现又会牵动资本市场股价的波动，作为公司的高层，CEO 的薪酬是由年薪同期权两部分组成，这就涉及职业经理人对企业经营的眼光放在多大的时间范畴内来考虑。这个 IT 系统的投资项目在阿梅里奥担任 CEO 期间由于各方面的原因，迟迟没有能够执行下去。在大环境改变的情况下，联想在向消费类提供商转型的过程中步伐相对迟缓，公司高层对企业的战略长远着眼点也有所不同。

当然，作为一家公司的 CEO，他一定会有自己的顾虑，这是完全可以理解的。但从联想的角度来看，一个不能够从情感和血脉上跟过去一起创业的联想员工荣辱与共的 CEO，是一个标准的职业经理人，但并不是联想所需要寻找的理想领导者。这是联想海外并购必然要遭受的挫折。不仅是我，所有的中国企业在海外并购时都存在类似的问题。

在联想出现海外同本土战略步伐不一致的情况后，我也试图同阿梅里奥进行长谈，希望他能够进行改进，但事实证明这样的沟通非常困难。我曾拜读过施振荣先生的《再造宏碁》，宏碁当年也为了更加国际化请来了国际人才，结果却出现水土不服的现象，给公司带来了大麻烦。我不是说为公司寻找外援是件不可行的事情，但必须要认同你服务的这家企业的核心价值。如果核心价值不能够得到认可，企业就会出大事。所以我后来就下定决心，一定要换上有联想血脉的人，愿意关注联想长远利益的 CEO。

4. 有"联想魂"的领导者

2009 年的 2 月份，正巧赶上阿梅里奥的任职到期。回顾 3 年多联想在海外的成长之路，我们已经稳定住了公司的团队、原有的客户、品牌的价值以及市场占有率，在企业内部理顺了公司架构、决策、产品研发等流程。这些功劳都要感谢联想的前两任 CEO。在接下来的日子里，联想需要的是明确企业愿景，明确战略方向，也需要更强的执行能力。

这个时候，我觉得元庆是最适合联想 CEO 的人选。他从 1989 年进入联想工作，到今天已有 21 年了。他个人的才华和能力在国内已经得到了充分的认可。在联想并购 IBM 后的 3 个月后，为了近距离地积累海外的经验，杨元庆举家搬往了美国，开始了自己的"洋下乡"生活。几年的时间，杨元庆从自信心到同西方人沟通的能力都有了突飞猛进的提高。于是我向董事会提出了让杨元庆重新担任 CEO 的提议。

这几年，杨元庆在磕磕绊绊中已经成熟了起来。我个人认为他完全有能力担任好董事长兼 CEO 的角色。这个也是我在并购时候所想到的 5 年后的结果。企业由拥有"联想魂"的人掌舵，以前没有推行下去的 IT 系统改造已经在按部就班地执行了。我们现在新品开发的周期也从以前的 18 个月缩短到现在的 4 个半月，这是我们大量投入资金在研发上所取得的成绩。

但面对 2008 年联想的巨亏和对杨元庆团队建设的顾虑，为了给董事会吃一颗定心丸，我决定重新出山，担任董事会主席，为杨元庆保驾护航一段时间，让董事会对他的团队有更加充分的认识和信赖。但说实话，真正的工作都是杨元庆在做。从我个人的角度来看，我在不在其实真的没有太大的区别。

联想是起源于中国的公司。即便我们现在已经成为跨国企业，将会以开放的心去学习和接受新的理念和做法，但是，所有的行为都必须认同联想自身的文化和核心价值观。我们的根、我们的魂就在中国，这是联想一定要坚持的事情。

回首并购走过的几年，联想从赶鸭子上架水土不服到重新找回自己，这其中承受了必要的妥协和让步，也收获了宝贵的经验。现在，我们已经储备了充分的能量，调整好了自己的队伍，外部的大环境也相对好转了，我相信，2010 年将是联想转折的一年。

拓展阅读

柳传志喜获法国"世界企业家"大奖 联想集团国际化广受世界好评

法国时间 2010 年 11 月 4 日，联想集团董事局主席、联想控股有限公司总裁兼董事长柳传志在法国里昂市出席了由法国里昂商学院和毕马威会计师事务所联合举办的"世界企业家论坛"，并撷取了该论坛颁发的"世界企业家"大奖，该奖项是为了表彰在全球范围内有创业成就、对社会做出杰出贡献的典范性人物而设，获此殊荣的企业家今年只有柳传志一人。

评审团认为柳传志应获此奖的理由是：他们对 Lenovo 在过去 20 多年的发展历程感到印象深刻。在柳传志的领导下，这家基于中国的公司变成了一家国际公司，这一过程展现了柳传志的创业能力、领导素质，以及全球视野。更为重要的是，Lenovo 是正在全球崛起的"中国企业"的一个绝佳代表。

据了解，该国际评审委员会由来自不同国家 18 位国际商界领袖和社会学家等知名人士组成，经过严格挑选和激烈争论，最终在 42 个候选人选出了当晚不同类别的四名获奖者，他们都是负责任的企业界人士或专家，具有很强的代表性。颁奖现场，他们中的颁奖代表表示："柳传志在已经成为知名企业家后，还有这么大的勇气的在向前走出一步，并购 IBM 个人计算机业务，具有高瞻远瞩的精神，勇敢且有能力成为中国企业界的代表。"

当晚，近千人的颁奖现场座无虚席，气氛热烈。里昂市工商会会长 Guy Mathiolon、中国驻里昂总领事馆总领事李平、新加坡创业部部长等官员与 100 多位来自 55 国家的商界领袖见证了这一时刻。获得今年"世界政治家奖"的法国经济部长克里斯蒂娜·拉加德因公务不能来到现场，特别在巴黎通过视频表示："当年 IBM 个人计算机业务卖给联想时，我惊诧不已。当时就有人给我介绍这位来自中国的联想创始人，这让我看到东西方企业正走向新十字路口，这是一个新的战略时刻，希望法国新兴的创业家把握好现在创业的大好时机。"

"2004 年，我在中国一所知名商学院演讲时曾问过下面的 96 个来自企业的高管，很多就是企业家，我问他们是否看好联想并购 IBM 个人计算机业务，下面只有三个人举手，其中有两个还是我们的员工。联想国际化过去五年充满波折，近两年来业绩直线上升，我这次来欧洲在西欧与法国公司员工眼中看到同事们的脸上、眼睛里充满信心。"柳传志在发表获奖感言中如是说。

众所周知，联想集团的国际化之路并非坦途，尤其在金融危机横扫全球之时，并购 IBM 个人电脑业务的联想集团在 2008 年财年曾亏损 2.26 亿美元，遭到业界很多质疑，甚至有人认为联想处于危险的悬崖边上。2009 年 2 月，公司创始人柳传志义无反顾、挺身而出，重归联想集团董事长职位，与经历 4 年国际化磨炼的 CEO 杨元庆再度联手，迅速制定了新的全球战略并组建了强有力的国际化领导团队。在清晰而有效的战略指引下，联想集团在短短两个季度后就迅速扭亏为盈，在 2009 财年全年盈利 1.61 亿美元，此次调整也成为公司战略的一个全新转折点。

以柳传志重新担任联想集团董事长、杨元庆重新担任联想集团 CEO 为标志，2009 年初到今天，联想集团进入主动增长的国际化新阶段，尤其在全球经济继续呈现不确定性情况下，2010/11 财年第一季度，联想在全球的市场份额实现了两位数的历史性突破，达到 10.2%，实现了财年初的战略目标；并且以 48% 的增长速度，连续第三个季度在全球五大 PC 厂商中保持第一，比市场 21% 的平均增速快了一倍。

联想集团能够迅速扭转局面,展现了一个中国公司在走向世界的过程中,对企业管理规律和行业特点的深刻把握。调整后,联想集团建立了一个中西合璧的领导层,以联想多年来行之有效的管理理念和企业文化为基础,明确并有力执行了一个更加简单和清晰的战略,即"一手保卫战,一手进攻战"的双拳战略。既保卫好中国市场和全球企业客户两大核心业务,同时提升利润率。

另外,联想要向高速增长的新兴市场和全球交易型业务市场发起猛烈的进攻,着重提升市场份额。现在,联想集团已经从国内 PC 的领导者成长为世界级的企业,公司的销售额从不到 30 亿美元迅速提升到近 170 亿美元,增长超过六倍。

26 年来,柳传志一直致力于高科技产业化的探索和实践,不断引领企业开展自主创新,走出了一条具有中国特色的高科技产业化道路,并成为在全球崛起的"中国企业"的代表。柳传志在颁奖现场发表了充满激情的获奖感言。

"作为一个中国企业家,我能得到这个奖项,说明评审会对中国企业界的重视。我今年 66 岁了。我是从 40 岁开始创业的。而邓小平先生提出的改革开放是从我 34 岁那年开始的。在此之前,中国之贫穷难以想象。是开放让我们看到了外面的世界是多么美好,我们有多少东西要向外界学习;是改革解开了计划经济的绳子,让我们这些企业家能施展我们的智慧和释放我们的能量。所以我还要衷心感谢中国的改革开放的政策。得到这个奖项,我想我会以实际行动来表示我的感谢。一是把企业办好,为我们的股东创造利润的同时,让我们的员工生活得更好;二是努力为中国为全世界提供更多的就业机会;三是更多地参与各类公益活动,让社会变得更和谐;四是为环保而努力,为我们的子孙后代留下更好的环境。"

"世界企业家论坛"今年已经是第三届,"社会企业家"获得者来自印度的支持妇女创业负责人埃拉·巴特、"政治家"奖项颁发给了法国经济部长克里斯蒂娜·拉加德,"学术专家"获得者颁给了哈佛商学院的霍华德·斯蒂文森博士。据悉,前两届最受瞩目"世界企业家"得主分别是罗技公司的创始人丹尼尔·波里尔和在日本有"经营之父"之称的京瓷株式会社的创始人稻盛和夫。

2011 年 11 月 2 日新华网电 全球第二大 PC 厂商联想集团 2 日在北京宣布,集团创始人柳传志卸任董事长一职,将担任集团名誉董事长,CEO 杨元庆兼任集团董事长,同时任战略委员会和企业管治委员会主席。柳传志称杨元庆是其"生命中的一部分",信任的表情向外界表明,他终于将联想集团的未来交到了杨元庆的手里。柳传志说:"我相信,在元庆及其核心管理团队的领导下,联想集团将团结一心,取得更大的成就。"

2005 年,柳传志和杨元庆主导收购了 IBM 的个人电脑业务。之后,联想原 CEO 杨元庆接任董事长一职,柳传志退隐幕后。2009 年,联想巨额亏损,柳传志当年 2 月复出担任集团董事局主席,杨元庆则担任集团 CEO。目前,杨元庆终于全面接掌了联想集团。

"十四五"大数据产业发展规划

（工业和信息化部）

　　数据是新时代重要的生产要素，是国家基础性战略资源。大数据是数据的集合，以容量大、类型多、速度快、精度准、价值高为主要特征，是推动经济转型发展的新动力，是提升政府治理能力的新途径，是重塑国家竞争优势的新机遇。大数据产业是以数据生成、采集、存储、加工、分析、服务为主的战略性新兴产业，是激活数据要素潜能的关键支撑，是加快经济社会发展质量变革、效率变革、动力变革的重要引擎。

　　"十四五"时期是我国工业经济向数字经济迈进的关键时期，对大数据产业发展提出了新的要求，产业将步入集成创新、快速发展、深度应用、结构优化的新阶段。为推动我国大数据产业高质量发展，按照《中华人民共和国国民经济和社会发展第十四个五年规划和2035年远景目标纲要》总体部署，编制本规划。

一、发展成效

　　"十三五"时期，我国大数据产业快速起步。据测算，产业规模年均复合增长率超过30%，2020年超过1万亿元，发展取得显著成效，逐渐成为支撑我国经济社会发展的优势产业。

　　政策体系逐步完善。党中央、国务院围绕数字经济、数据要素市场、国家一体化大数据中心布局等作出一系列战略部署，建立促进大数据发展部际联席会议制度。有关部委出台了20余份大数据政策文件，各地方出台了300余项相关政策，23个省区市、14个计划单列市和副省级城市设立了大数据管理机构，央地协同、区域联动的大数据发展推进体系逐步形成。

　　产业基础日益巩固。数据资源极大丰富，总量位居全球前列。产业创新日渐活跃，成为全球第二大相关专利受理国，专利受理总数全球占比近20%。基础设施不断夯实，建成全球规模最大的光纤网络和4G网络，5G终端连接数超过2亿，位居世界第一。标准体系逐步完善，33项国家标准立项，24项发布。

　　产业链初步形成。围绕"数据资源、基础硬件、通用软件、行业应用、安全保障"的大数据产品和服务体系初步形成，全国遴选出338个大数据优秀产品和解决方案，以及400个大数据典型试点示范。行业融合逐步深入，大数据应用从互联网、金融、电信等数据资源基础较好的领域逐步向智能制造、数字社会、数字政府等领域拓展，并在疫情防控和复工复产中发挥了关键支撑作用。

生态体系持续优化。区域集聚成效显著,建设了8个国家大数据综合试验区和11个大数据领域国家新型工业化产业示范基地。一批大数据龙头企业快速崛起,初步形成了大企业引领、中小企业协同、创新企业不断涌现的发展格局。产业支撑能力不断提升,咨询服务、评估测试等服务保障体系基本建立。数字营商环境持续优化,电子政务在线服务指 数跃升至全球第9位,进入世界领先梯队。

"十三五"时期我国大数据产业取得了重要突破,但仍然存在一些制约因素。一是社会认识不到位,"用数据说话、用数据决策、用数据管理、用数据创新"的大数据思维尚未形成,企业数据管理能力偏弱。二是技术支撑不够强,基础软硬件、开源框架等关键领域与国际先进水平存在一定差距。三是市场体系不健全,数据资源产权、交易流通等基础制度和标准规范有待完善,多源数据尚未打通,数据壁垒突出,碎片化问题严重。四是安全机制不完善,数据安全产业支撑能力不足,敏感数据泄露、违法跨境数据流动等隐患依然存在。

二、面临形势

抢抓新时代产业变革新机遇的战略选择。面对世界百年未有之大变局,各国普遍将大数据产业作为经济社会发展的重点,通过出台"数字新政"、强化机构设置、加大资金投入等方式,抢占大数据产业发展制高点。我国要抢抓数字经济发展新机遇,坚定不移实施国家大数据战略,充分发挥大数据产业的引擎作用,以大数据产业的先发优势带动千行百业整体提升,牢牢把握发展主动权。

呈现集成创新和泛在赋能的新趋势。新一轮科技革命蓬勃发展,大数据与5G、云计算、人工智能、区块链等新技术加速融合,重塑技术架构、产品形态和服务模式,推动经济社会的全面创新。各行业各领域数字化进程不断加快,基于大数据的管理和决策模式日益成熟,为产业提质降本增效、政府治理体系和治理能力现代化广泛赋能。

构建新发展格局的现实需要。发挥数据作为新生产要素的乘数效应,以数据流引领技术流、物质流、资金流、人才流,打通生产、分配、流通、消费各环节,促进资源要素优化配置。发挥大数据产业的动力变革作用,加速国内国际、生产生活、线上线下的全面贯通,驱动管理机制、组织形态、生产方式、商业模式的深刻变革,为构建新发展格局提供支撑。

三、总体要求

(一)指导思想

以习近平新时代中国特色社会主义思想为指导,深入贯彻党的十九大和十九届二中、三中、四中、五中、六中全会精神,立足新发展阶段,完整、准确、全面贯彻新发展理念,构建新发展格局,以推动高质量发展为主题,以供给侧结构性改革为主线,以释放数据要素价值为导向,围绕夯实产业发展基础,着力推动数据资源高质量、技术创新高水平、基础设施高效能,围绕构建稳定高效产业链,着力提升产业供给能力和行业赋能效应,统筹发展和安全,培育自主可控和开放合作的产业生态,打造数字经济发展新优势,为建设制造强国、网络强国、数字中国提供有力支撑。

（二）基本原则

价值引领。坚持数据价值导向和市场化机制，优化资源配置，充分发挥大数据的乘数效应，采好数据、管好数据、用好数据，激发产业链各环节潜能，以价值链引领产业链、创新链，推动产业高质量发展。

基础先行。坚持固根基、扬优势、补短板、强弱项并重，强化标准引领和技术创新，聚焦存储、计算、传输等重要环节，适度超前布局数字基础设施，推动产业基础高级化。

系统推进。坚持产业链各环节齐头并进、统筹发展，围绕数字产业化和产业数字化，系统布局，生态培育，加强技术、产品和服务协同，推动产业链现代化。

融合创新。坚持大数据与经济社会深度融合，带动全要素生产率提升和数据资源共享，促进产业转型升级，提高政府治理效能，加快数字社会建设。

安全发展。坚持安全是发展的前提，发展是安全的保障，安全和发展并重，切实保障国家数据安全，全面提升发展的持续性和稳定性，实现发展质量、规模、效益、安全相统一。

开放合作。坚持引进来和走出去，遵循产业发展规律，把握全球数字经济发展方向，不断完善利益共享、风险共担、兼顾各方的合作机制。

（三）发展目标

产业保持高速增长。到 2025 年，大数据产业测算规模突破 3 万亿元，年均复合增长率保持在 25％左右，创新力强、附加值高、自主可控的现代化大数据产业体系基本形成。

价值体系初步形成。数据要素价值评估体系初步建立，要素价格市场决定，数据流动自主有序，资源配置高效公平，培育一批较成熟的交易平台，市场机制基本形成。

产业基础持续夯实。关键核心技术取得突破，标准引领作用显著增强，形成一批优质大数据开源项目，存储、计算、传输等基础设施达到国际先进水平。

产业链稳定高效。数据采集、标注、存储、传输、管理、应用、安全等全生命周期产业体系筹发展，与创新链、价值链深度融合，新模式新业态不断涌现，形成一批技术领先、应用广泛的大数据产品和服务。

产业生态良性发展。社会对大数据认知水平不断提升，企业数据管理能力显著增强，发展环境持续优化，形成具有国际影响力的数字产业集群，国际交流合作全面深化。

四、主要任务

（一）加快培育数据要素市场

建立数据要素价值体系。按照数据性质完善产权性质，建立数据资源产权、交易流通、跨境传输和安全等基础制度和标准规范，健全数据产权交易和行业自律机制。制定数据要素价值评估框架和评估指南，包括价值核算的基本准则、方法和评估流程等。在互联网、金融、通信、能源等数据管理基础好的领域，开展数据要素价值评估试点，总结经验，开展示范。

健全数据要素市场规则。推动建立市场定价、政府监管的数据要素市场机制，发展数据资产评估、登记结算、交易撮合、争议仲裁等市场运营体系。培育大数据交易市场,鼓励各类所有制企业参与要素交易平台建设,探索多种形式的数据交易模式。强化市场监管,健全风险防范处置机制。建立数据要素应急配置机制,提高应急管理、疫情防控、资源 调配等紧急状态下的数据要素高效协同配置能力。

提升数据要素配置作用。加快数据要素化,开展要素市场化配置改革试点示范,发挥数据要素在联接创新、激活资金、培育人才等的倍增作用,培育数据驱动的产融合作、协同创新等新模式。推动要素数据化,引导各类主体提升数据驱动的生产要素配置能力,促进劳动力、资金、技术等要素在行业间、产业间、区域间的合理配置,提升全要素生产率。

(二)发挥大数据特性优势

加快数据"大体量"汇聚。支持企业通过升级信息系统、部署物联感知设备等方式,推动研发、生产、经营、服务等全环节数据的采集。开展国家数据资源调查,绘制国家数据资源图谱。建立多级联动的国家工业基础大数据库和原材料、装备、消费品、电子信息等行业数据库,推动工业数据全面汇聚。

强化数据"多样性"处理。提升数值、文本、图形图像、音频视频等多类型数据的多样化处理能力。促进多维度异构数据关联,创新数据融合模式,提升多模态数据的综合处理水平,通过数据的完整性提升认知的全面性。建设行业数据资源目录,推动跨层级、跨地域、跨系统、跨部门、跨业务数据融合和开发利用。

推动数据"时效性"流动。建立数据资源目录和数据资源动态更新机制,适应数据动态更新的需要。率先在工业等领域建设安全可信的数据共享空间,形成供需精准对接、及时响应的数据共享机制,提升高效共享数据的能力。发展云边端协同的大数据存算模式,支撑大数据高效传输与分发,提升数据流动效率。

加强数据"高质量"治理。围绕数据全生命周期,通过质量监控、诊断评估、清洗修复、数据维护等方式,提高数据质量,确保数据可用、好用。完善数据管理能力评估体系,实施数据安全管理认证制度,推动《数据管理能力成熟度评估模型》(以下简称 DCMM)、数据安全管理等国家标准贯标,持续提升企事业单位数据管理水平。强化数据分类分级管理,推动数据资源规划,打造分类科学、分级准确、管理有序的数据治理体系,促进数据真实可信。

专栏 1 数据治理能力提升行动

提升企业数据管理能力。引导企业开展 DCMM 国家标准贯标,面向制造、能源、金融等重点领域征集数据管理优秀案例,做好宣传推广。鼓励有条件的地方出台政策措施,在资金补贴、人员培训、贯标试点等方面加大资金支持。

构建行业数据治理体系。鼓励开展数据治理相关技术、理论、工具及标准研究,构建涵盖规划、实施、评价、改进的数据治理体系,增强企业数据治理意识。培育数据治理咨询和解决方案服务能力,提升行业数据治理水平。

促进数据"高价值"转化。强化大数据在政府治理、社会管理等方面的应用,提升态势研判、科学决策、精准管理水平,降低外部环境不确定性,提升各类主体风险应对能力。强

化大数据在制造业各环节应用,持续优化设计、制造、管理、服务全过程,推广数字样机、柔性制造、商业智能、预测性维护等新模式,推动生产方式变革。强化大数据在信息消费、金融科技等领域应用,推广精准画像、智能推介等新模式,推动商业模式创新。

(三)夯实产业发展基础

完善基础设施。全面部署新一代通信网络基础设施,加大 5G 网络和千兆光网建设力度。结合行业数字化转型和城市智能化发展,加快工业互联网、车联网、智能管网、智能电网等布局,促进全域数据高效采集和传输。加快构建全国一体化大数据中心体系,推进国家工业互联网大数据中心建设,强化算力统筹智能调度,建设若干国家枢纽节点和大数据中心集群。建设高性能计算集群,合理部署超级计算中心。

加强技术创新。重点提升数据生成、采集、存储、加工、分析、安全与隐私保护等通用技术水平。补齐关键技术短板,重点强化自主基础软硬件的底层支撑能力,推动自主开源框架、组件和工具的研发,发展大数据开源社区,培育开源生态,全面提升技术攻关和市场培育能力。促进前沿领域技术融合,推动大数据与人工智能、区块链、边缘计算等新一代信息技术集成创新。

强化标准引领。协同推进国家标准、行业标准和团体标准,加快技术研发、产品服务、数据治理、交易流通、行业应用等关键标准的制修订。建立大数据领域国家级标准验证检验检测点,选择重点行业、领域、地区开展标准试验验证和试点示范,健全大数据标准符合性评测体系,加快标准应用推广。加强国内外大数据标准化组织间的交流合作,鼓励企业、高校、科研院所、行业组织等积极参与大数据国际标准制定。

专栏 2　重点标准研制及应用推广行动

加快重点标准研制。围绕大数据产业发展需求,加快数据开放接口与互操作、数据资源规划、数据治理、数据资产评估、数据服务、数字化转型、数据安全等基础通用标准以及工业大数据等重点应用领域相关国家标准、行业标准研制。

加强标准符合性评测体系建设。加大对大数据系统、数据管理、数据开放共享等重点国家标准的推广宣贯。推动培育涵盖数据产品评测、数据资源规划、数据治理实施、数据资产评估、数据服务能力等的标准符合性评测体系。

加速国际标准化进程。鼓励国内专家积极参与 ISO、IEC、ITU 等国际标准化组织工作,加快推进国际标准提案。加强国际标准适用性分析,鼓励开展优秀国际标准采标。支持相关单位参与国际标准化工作并承担相关职务,承办国际标准化活动,提升国际贡献率。

(四)构建稳定高效产业链

打造高端产品链。梳理数据生成、采集、存储、加工、分析、服务、安全等关键环节大数据产品,建立大数据产品图谱。在数据生成采集环节,着重提升产品的异构数据源兼容性、大规模数据集采集与加工效率。在数据存储加工环节,着重推动高性能存算系统和边缘计算系统研发,打造专用超融合硬件解决方案。在数据分析服务环节,着重推动多模数据管理、大数据分析与治理等系统的研发和应用。

创新优质服务链。围绕数据清洗、数据标注、数据分析、数据可视化等需求，加快大数据服务向专业化、工程化、平台化发展。创新大数据服务模式和业态，发展智能服务、价值网络协作、开发运营一体化等新型服务模式，鼓励企业开放搜索、电商、社交等数据，发展第三方大数据服务产业。围绕诊断咨询、架构设计、系统集成、运行维护等综合服务需求，培育优质大数据服务供应商。

优化工业价值链。以制造业数字化转型为引领，面向研发设计、生产制造、经营管理、销售服务等全流程，培育专业化、场景化大数据解决方案。构建多层次工业互联网平台体系，丰富平台数据库、算法库和知识库，培育发展一批面向细分场景的工业 App。推动工业大数据深度应用，培育数据驱动的平台化设计、网络化协同、个性化定制、智能化生产、服务化延伸、数字化管理等新模式，规范发展零工经济、共享制造、工业电子商务、供应链金融等新业态。

专栏 3　工业大数据价值提升行动

原材料行业大数据。支持钢铁、石油、管网、危险化学品、有色、建材等原材料企业综合运用设备物联、生产经营和外部环境等数据，建立分析模型，提升资源勘探、开采、加工、储存、运输等全流程智能化、精准化水平，实现工艺优化、节能减排和安全生产。

装备制造行业大数据。支持装备制造企业打通研发、采购、制造、管理、售后等全价值链数据流，发展数据驱动的产品研发、仿真优化、智能生产、预测性维护、精准管理、远程运维等新模式新业态，提升产品质量，降低生产成本，加快服务化创新升级。

消费品行业大数据。支持消费品企业打通线上线下全域数据，开发个性化推荐算法，实现产品定制化生产、渠道精细化运营，促进供需精准对接。支持企业建立覆盖全流程的质量追溯数据库，加快与国家产品质量监督平台对接，实现产品质量可追溯可管理。

电子信息行业大数据。支持电子信息制造企业加快大数据在产品销售预测与需求管理、产品生产计划与排程、供应链分析与优化、产品质量管理与分析等全流程场景中的应用，加速产品迭代创新，优化生产流程，提升产品质量，保证产业链供应链的稳定性。

延伸行业价值链。加快建设行业大数据平台，提升数据开发利用水平，推动行业数据资产化、产品化，实现数据的再创造和价值提升。打造服务政府、服务社会、服务企业的成熟应用场景，以数据创新带动管理创新和模式创新，促进金融科技、智慧医疗等蓬勃发展。持续开展大数据产业发展试点示范，推动大数据与各行业各领域融合应用，加大对优秀应用解决方案的推广力度。

专栏 4　行业大数据开发利用行动

通信大数据。加快 5G 网络规模化部署，推广升级千兆光纤网络。扩容骨干网互联节点，新设一批国际通信出入口。在多震地区提高公共通信设施抗震能力，强化山区"超级基站"建设，规划布局储备移动基站，提高通信公网抗毁能力。对内强化数据开发利用和安全治理能力，提升企业经营管理效率，对外赋能行业应用，支撑市场监管。

金融大数据。通过大数据精算、统计和模型构建，助力完善现代金融监管体系，补齐监管制度短板，在审慎监管前提下有序推进金融创新。优化风险识别、授信评估等模型，提升基于数据驱动的风险管理能力。

医疗大数据。完善电子健康档案和病例、电子处方等数据库，加快医疗卫生机构数据共享。推广远程医疗，推进医学影像辅助判读、临床辅助诊断等应用。提升对医疗机构和医疗行为的监管能力，助推医疗、医保、医药联动改革。

应急管理大数据。构建安全生产监测感知网络，加大自然灾害数据汇聚共享，加强灾害现场数据获取能力。建设完善灾害风险普查、监测预警等应急管理大数据库，发挥大数据在监测预警、监管执法、辅助决策、救援实战和社会动员等方面作用，推广数据监管、数据防灾、数据核灾等智能化应用模式，实现大数据与应急管理业务的深度融合，不断提升应急管理现代化水平。

农业及水利大数据。发挥大数据在农业生产、经济运行、资源环境监测、农产品产销等方面作用，推广大田作物精准播种、精准施肥施药、精准收获，推动设施园艺、畜禽水产养殖智能化应用。推动构建智慧水利体系，以流域为单元提升水情测报和智能调度能力。

公安大数据。加强身份核验等数据的合规应用。推进公安大数据智能化平台建设，统筹新一代公安信息化基础设施，强化警务数据资源治理服务，加强对跨行业、跨区域公共安全数据的关联分析，不断提升安全风险预测预警、违法犯罪精准打击、治安防控精密智能、惠民服务便捷高效的公共安全治理能力。

交通大数据。加强对运载工具和交通基础设施相关数据的采集和分析，为自动驾驶和车路协同技术发展及应用提供支撑。开展出行规划、交通流量监测分析等应用创新，推广公路智能管理、交通信号联动、公交优先通行控制。通过对交通物流等数据的共享与应用，推动铁路、公路、水利、航空等多方式联运发展。

电力大数据。基于大数据分析挖掘算法、优化策略和可视化展现等技术，强化大数据在发电、输变电、配电、用电各环节的深度应用。通过大数据助力电厂智能化升级，开展用电信息广泛采集、能效在线分析，实现源网荷储互动、多能协同互补、用能需求智能调控。

信用大数据。加强信用信息归集、共享、公开和应用。运用人工智能、自主学习等技术，构建信用大数据模型，提升信用风险智能识别、研判、分析和处理能力。健全以信用为基础的新型监管机制，以信用风险为导向，优化监管资源配置。深化信用信息在融资、授信、商务合作、公共服务等领域的应用，加强信用风险防范，持续优化民生环境。

就业大数据。运用网络招聘、移动通信、社会保险等大数据，监测劳动力市场变化趋势，及时掌握企业用工和劳动者就业、失业状况变化，更好分析研判就业形势，作出科学决策。

社保大数据。加快推进社保经办数字化转型，通过科学建模和分析手段，开展社保数据挖掘和应用工作，为参保单位和个人搭建数字全景图，支撑个性服务和精准监管。

建设社保大数据管理体系,加快推进社保数据共享。健全风险防控分类管理,加强业务运行监测,构建制度化、常态化数据稽核机制。

城市安全大数据。建设城市安全风险监测预警系统,实现城市建设、交通、市政、高危行业领域等城市运行数据的有效汇聚,利用云计算和人工智能等先进技术,对城市安全风险进行监控监测和预警,提升城市安全管理水平。

(五)打造繁荣有序产业生态

培育壮大企业主体。发挥龙头企业研制主体、协同主体、使用主体和示范主体作用,持续提升自主创新、产品竞争和知识产权布局能力,利用资本市场做强做优。鼓励中小企业"专精特新"发展,不断提升创新能力和专业化水平。引导龙头企业为中小企业提供数据、算法、算力等资源,推动大中小企业融通发展和产业链上下游协同创新。支持有条件的垂直行业企业开展大数据业务剥离重组,提升专业化、规模化和市场化服务能力,加快企业发展。

专栏 5　企业主体发展能级跃升行动

激发中小企业创新活力。实施中小企业数字化赋能专项行动,推动中小企业通过数字化网络化智能化赋能提高发展质量。通过举办对接会、创业赛事等多种形式活动,促进大数据技术、人才、资本等要素供需对接。

加强重点企业跟踪服务。围绕数据资源、基础硬件、通用软件、行业应用、安全保障等大数据产业链相关环节,梳理大数据重点企业目录清单,建立"亲清"联系机制,透明沟通渠道,让企业诉求更顺畅。

优化大数据公共服务。建设大数据协同研发平台,促进政产学研用联合攻关。建设大数据应用创新推广中心等载体,促进技术成果产业化。加强公共数据训练集建设,打造大数据测试认证平台、体验中心、实训基地等,提升评测咨询、供需对接、创业孵化、人才培训等服务水平。构建大数据产业运行监测体系,强化运行分析、趋势研判、科学决策等公共管理能力。

推动产业集群化发展。推动大数据领域国家新型工业化产业示范基地高水平建设,引导各地区大数据产业特色化差异化发展,持续提升产业集群辐射带动能力。鼓励有条件的 地方依托国家级新区、经济特区、自贸区等,围绕数据要素市场机制、国际交流合作等开展先行先试。发挥协会联盟桥梁纽带作用,支持举办产业论坛、行业大赛等活动,营造良好的产业发展氛围。

(六)筑牢数据安全保障防线

完善数据安全保障体系。强化大数据安全顶层设计,落实网络安全和数据安全相关法律法规和政策标准。鼓励行业、地方和企业推进数据分类分级管理、数据安全共享使用,开展数据安全能力成熟度评估、数据安全管理认证等。加强数据安全保障能力建设,引导建设数据安全态势感知平台,提升对敏感数据泄露、违法跨境数据流动等安全隐患的监测、分析与处置能力。

推动数据安全产业发展。支持重点行业开展数据安全技术手段建设,提升数据安全防护水平和应急处置能力。加强数据安全产品研发应用,推动大数据技术在数字基础设施安全防护中的应用。加强隐私计算、数据脱敏、密码等数据安全技术与产品的研发应用,提升数据安全产品供给能力,做大做强数据安全产业。

专栏 6   数据安全铸盾行动

加强数据安全管理能力。推动建立数据安全管理制度,制定相关配套管理办法和标准规范,组织开展数据分类分级管理,制定重要数据保护目录,对重要数据进行备案管理、定期评估与重点保护。

加强数据跨境安全管理。开展数据跨境传输安全管理试点,支持有条件的地区创新数据跨境流动管理机制,建立数据跨境传输备案审查、风险评估和安全审计等工作机制。鼓励有关试点地区参与数字规则国际合作,加大对跨境数据的保护力度。

建设数据安全监测系统。基于大数据平台、互联网数据中心等重要网络节点、建设涵盖行业、地方、企业的全国性数据安全监测平台,形成敏感数据监测发现、数据异常流动分析、数据安全事件追踪溯源等能力。

五、保障措施

(一)提升数据思维

加强大数据知识普及,通过媒体宣传、论坛展会、赛事活动、体验中心等多种方式,宣传产业典型成果,提升全民大数据认知水平。加大对大数据理论知识的培训,提升全社会获取数据、分析数据、运用数据的能力,增强利用数据创新各项工作的本领。推广首席数据官制度,强化数据驱动的战略导向,建立基于大数据决策的新机制,运用数据加快组织变革和管理变革。

(二)完善推进机制

统筹政府与市场的关系,推动资源配置市场化,进一步激发市场主体活力,推动有效市场和有为政府更好结合。建立健全平台经济治理体系,推动平台经济规范健康持续发展。统筹政策落实,健全国家大数据发展和应用协调机制,在政策、市场、监管、保障等方面加强部门联动。加强央地协同,针对规划落实,建立统一的大数据产业测算方法,指导地方开展定期评估和动态调整,引导地方结合实际,确保规划各项任务落实到位。

(三)强化技术供给

改革技术研发项目立项和组织实施方式,强化需求导向,建立健全市场化运作、专业化管理、平台化协同的创新机制。鼓励有条件的地方深化大数据相关科技成果使用权、处置权和收益权改革,开展赋予科研人员职务科技成果所有权或长期使用权试点,健全技术成果转化激励和权益分享机制。培育发展大数据领域技术转移机构和技术经理人,提高技术转移专业服务能力。

（四）加强资金支持

加强对大数据基础软硬件、关键核心技术的研发投入，补齐产业短板，提升基础能力。鼓励政府产业基金、创业投资及社会资本，按照市场化原则加大对大数据企业的投资。鼓励地方加强对大数据产业发展的支持，针对大数据产业发展试点示范项目、DCMM 贯标等进行资金奖补。鼓励银行开展知识产权质押融资等业务，支持符合条件的大数据企业上市融资。

（五）加快人才培养

鼓励高校优化大数据学科专业设置，深化新工科建设，加大相关专业建设力度，探索基于知识图谱的新形态数字教学资源建设。鼓励职业院校与大数据企业深化校企合作，建设实训基地，推进专业升级调整，对接产业需求，培养高素质技术技能人才。鼓励企业加强在岗培训，探索远程职业培训新模式，开展大数据工程技术人员职业培训、岗位技能提升培训、创业创新培训。创新人才引进，吸引大数据人才回国就业创业。

（六）推进国际合作

充分发挥多双边国际合作机制的作用，支持国内外大数据企业在技术研发、标准制定、产品服务、知识产权等方面开展深入合作。推动大数据企业"走出去"，在"一带一路"沿线国家和地区积极开拓国际市场。鼓励跨国公司、科研机构在国内设立大数据研发中心、教育培训中心。积极参与数据安全、数字货币、数字税等国际规则和数字技术标准制定。